丝路百城传

"丝路百城传"丛书编委会和编辑部

编委会

主　任：杜占元

常务副主任：陆彩荣

副主任：刘传铭

委　员：（按姓氏笔画排序）

丁　方　万俊人　马汝军　王卫民　王子今

王邦维　王守常　吕章申　邬书林　刘文飞

齐东方　李敬泽　连　辑　邱运华　辛　峰

张　帆　张　炜　陈德海　胡开敏　徐天进

徐贵祥　诺罗夫（乌）　黄　卫　龚鹏程

阎晓宏　彭明哲　葛剑雄　谢　刚

编辑部

主　任：马汝军　胡开敏

副主任：邹懿男　文　芳

委　员：简以宁　蔡莉莉　陈丝纶

QUANZHOU
THE BIOGRAPHY

海上丝绸之路起点

泉州传

林轩鹤 —— 著

出版说明

2013年，中国国家主席习近平向世界提出共建"一带一路"的倡议。自提出以来，"一带一路"倡议深刻影响世界，逐渐从理念转化为行动，从愿景转变为现实，建设成果丰硕，得到国际社会热烈响应。

古丝绸之路打开了各国各民族交往的窗口，书写了人类文明进步的历史篇章。新时代共建"一带一路"的实践，为沿线国家和地区相向而行、互学互鉴提供了平台，促进了不同国家和地区、不同民族、不同文化、不同文明的深入交流。

城市是人类文明的结晶。"一带一路"沿线的城市中，蕴藏着人类千年的历史、多元的文化和无尽的动人故事。我们希望通过出版"丝路百城传"，展现每座城市独一无二的历史和性格，汇聚出丰富多彩、生动可感的"一带一路"大格局，增进文化交流和文明互鉴。

这是一次前所未有的出版探索，我们虽竭尽全力，也深知有诸多不足。期待这套丛书能够得到读者的喜欢，也期待更多的读者、作者、专家、学者等各界朋友们对我们的出版工作给予指正。

"丝路百城传"丛书编辑部

前言：泉州世遗终梦圆

第一章　一座与水相伴相生的城市

以泉为名 / 3

泉州沿海大通道 / 8

小岛故事多 / 11

寻找母亲河晋江源头 / 21

有西湖也有东湖 / 24

古代城内水系八卦沟 / 28

第二章　叩开千年古城的悠悠记忆

刺桐花　刺桐城 / 33

马可·波罗与泉州城 / 37

犹太商人雅各眼中的"光明之城" / 41

寻访泉州古城墙的踪迹 / 44

城心一座塔　守城四百年 / 53

寻找泉州古城区至高石 / 55

崇武古城　威镇海邦 / 57

第三章　海上丝路起点刺桐港

泉州是联合国唯一认定的"海丝"起点 / 63

郑和在泉州留下史迹 / 65

随郑和下西洋的泉州人 / 71

史迹见证"海丝"盛景 / 75

一个奇特姓氏的沧桑 / 87

蟳埔：海上丝路鲜活的记忆 / 90

水密隔舱福船制造技艺 / 95

古船，在春风中醒来 / 99

崇武古城水关"海丝"古迹 / 104

海上丝绸之路艺术公园 / 109

"海丝"国际艺术节永久落户泉州 / 113

第四章　宋元中国的世界海洋商贸中心

闪烁海洋文明之光的城市 / 117

宋元时期世界海洋商贸中心 / 120

泉州市舶司 / 124

南外宗正司：南宋皇族居住地 / 128

聚宝街的记忆 / 131

古代泉州人成为中外交往使者 / 135

第五章　泉州"番客"下南洋

国人漫漫南洋路 / 141

泉州乡亲"下南洋" / 143

侨居国里勤奋斗 / 147

菲律宾国父何塞·黎刹 / 150

海外游子故里情 / 153

泉州籍华侨对抗日战争的贡献 / 156

侨批中的中国记忆 / 164

第六章　世界多元文化交融共生

桑莲法界：泉州开元寺 / 171

东西塔的西游缘 / 177

圣洁莲花：泉州清净寺 / 181

灵山圣墓 / 186

老君岩造像 / 190
草庵摩尼光佛造像 / 192
中印文明交流的见证 / 195
海上女神妈祖民间信仰发祥地 / 199
泉州府文庙 / 203

第七章　古街巷深处的韵味
中山路，见证泉州从古代走向现代 / 209
繁华回眸，街巷里的那些记忆 / 212
才子佳人，街巷里的那些身影 / 217
市井犹存，街巷里的那些风味 / 220
古风遗韵，街巷里的那些故事 / 223
古代馆驿，街巷里的那些名人 / 227
泉州，让你一"见"倾心 / 233

第八章　闽南古建筑"大观园"
出砖入石燕尾脊 / 237
泉南有厝"皇宫起" / 240
"中西合璧"盖洋楼 / 244
骑楼防雨又遮晒 / 246
散落在乡野的土楼 / 249
"泉州红"是建筑主色调 / 252
泉州新建筑坐标"四朵花瓣" / 254

第九章　中国首个东亚文化之都
闽南文化发祥地 / 259
闽南语，古汉语活化石 / 263
东亚文化之都 / 266

泉州民俗绚丽多彩 / 269

泉州博物馆群托起名城之魂 / 276

泉州是戏曲之乡 / 282

古音乐活化石：南音 / 284

古南戏遗响：梨园戏 / 287

丑角艺术：高甲戏 / 290

艺苑奇葩：泉州提线木偶 / 294

珍稀的剧种：打城戏 / 297

第十章　泉州南派工艺婉约精美

德化"中国白"的"海丝路" / 301

磁灶金交椅山窑址 / 308

泉州古代冶铁冶铜冶银技艺 / 310

泉州花灯 / 313

惠安石雕 / 316

闽南动人风景：惠安女服饰 / 321

中国香都见证海上丝路 / 325

第十一章　寻踪南少林

泉南千载少林风 / 329

俞大猷：剑胆如虹写正气 / 333

泉州人的江湖情结：拳头烧酒曲 / 338

白鹤拳与咏春拳 / 341

永春人曾大败沙俄军 / 344

第十二章　泉州桥梁甲闽中

洛阳江双虹 / 349

安平桥：天下无桥长此桥 / 353

顺济桥：诉说繁华与沧桑 / 355
东关桥：福建最早木梁廊桥 / 358
现代化桥梁建设见证城市变化 / 362

第十三章　海滨邹鲁光耀古今

朱熹：诗书弦诵遍桐城 / 367
李贽：卓然独立的思想家 / 373
郑成功：民族英雄名垂青史 / 376
弘一法师：悲欣交集别梦寒 / 382
余光中：乡愁是一条长长的桥梁 / 389

第十四章　舌尖上的泉州

海的味道，回味无穷 / 397
特色小吃，闽南风味 / 399
泉州伴手礼，华侨的最爱 / 402
西街：品尝出一份古朴况味 / 406
茶韵飘香，名满天下 / 408

第十五章　跨越式发展的又一次起跳

从"晋江经验"到"泉州模式" / 413
植根于海洋文化的泉商精神 / 417
重振古港雄风 / 421
泉州是中国品牌之都 / 424
老城区的新追求 / 427
展望泉州城市的未来发展 / 430

后　记 / 435

前 言：泉州世遗终梦圆

立秋时节，金风送爽，收获满满。

北京时间2021年7月25日下午5时33分，中国福建福州，海峡国际会展中心，第44届世界遗产大会开始审议"泉州：宋元中国的世界海洋商贸中心"项目。6分钟后，"泉州：宋元中国的世界海洋商贸中心"顺利通过审议，成功列入《世界遗产名录》。

20年了，泉州申报世界文化遗产，终于梦圆！

场内外响起了热烈的掌声、欢呼声，《爱拼才会赢》歌声响彻全场，泉州代表团成员们拉起了祝贺横幅，挥舞着五星红旗，喜悦之情溢于言表。人群中，有人相拥而泣，有人打电话传递喜讯……

这一刻起，泉州成为全人类共同珍视与呵护的瑰宝，这座"世界的古城、活着的古城"闪耀在世界的舞台上。

中华文明是人类历史四大文明中唯一没有中断而延续至今的文明。中华文明拥有最为成熟的农耕文明，游牧文明也被认为在与农耕文明的相互碰撞中融入了中华文明史，而对于海洋文明在中华文明中的重要地位和作用，人们却往往认识和重视不够。实际上，浩如烟海的典籍文本遮掩不住中华海洋文明的光芒，根据考古发现、典籍文献和域外文字记录表明，中国海洋文明与其他中华文明一样历史悠久、不曾间断、灿烂辉煌。

因此,"泉州:宋元中国的世界海洋商贸中心"申报"世遗"梦圆,意义十分重大。泉州作为中国海洋文明的重要代表性城市的地位更加突出、印记更加鲜明。

海上丝绸之路起点城市泉州申报"世遗",是我多年来一直所关注的。海上丝绸之路和西北丝绸之路,就这样像两条琴弦,在我的心灵深处交响。

多少年,我一直在寻觅:古道,驼铃,大漠,断垣,号角……黄沙弥漫,羌笛悠悠,多少边塞烽燧,多少西风瘦马,多少断月空弦,壮怀激烈。金戈铁马渐渐远去,只有汗青卷册,夹着驼铃声,夹着号角声,缓缓而流,沉雄而粗犷。如戈壁红柳朴实的人们,生生不息,在这里鲜明地诠释着生命的顽强。

我想,把这一切串起来,用一根精神的魂,连成千年的西北丝绸之路。

多少年,我一直在守望:渡头,樯帆,沉船,祈风,番货……水天相接的美景,翱翔的海鸥,翡翠般蓝色海水在阳光下跳跃着,还有舞蹈着的浪花。万国梯航,大海给人灵魂的启迪:让人敬畏自然,让人坚强果敢,让人激情奋进,让人忘却尘世的烦恼,让人彻悟了包容和宽广。

我想,把这一切串起来,用一根文化的魂,连成千年的海上丝绸之路。

提起"海上丝绸之路"就要先说泉州与刺桐港,因为在10—14世纪,它是与敦煌齐名的另一座辉煌城市。

作为"八闽"中最早的州名之一,作为"闽在海中"的海滨之城,作为闽船"木龙"的最早建造者,作为闽文化的发祥地之一,泉州成为古代海上丝绸之路起点城市,自有天时、地利、人和等优越条件。

泉州,简称泉,别名刺桐城、鲤城、温陵,地处福建省东南部。

泉州历史悠久,经济开发早在周秦时期就已开始。三国吴永安三年(260年),在今南安市丰州镇置东安县治。西晋末年,中原战乱,中原士族大批入泉,多沿江而居,晋江由此得名。他们带来先进的生产技术和文化知识,使晋江两岸得到迅速开发。南朝梁天监间置南安郡作郡治,为本地设置郡治之始。

唐嗣圣元年(684年)析泉州(州治福州)之南安(今泉州、厦门)、莆田（今莆田）、龙溪（今漳州）三县置武荣州，州治南安县（今福建省泉州市南安市丰州镇）。不久，武荣州废入泉州。唐圣历二年（699年）复以泉州（州治福州）之南安、莆田、龙溪三县置武荣州，州治仍在今泉州市南安市丰州镇。同时析莆田县西界置清源县（今仙游县），隶属武荣州。圣历三年州复废入泉州。

随着经济的发展和政治制度的变革，泉州行政区划建制几度变迁。唐久视元年（700年）又置武荣州，州治设今泉州市区。唐景云二年（711年）武荣州改名泉州。此后，先后设有郡、州、路、府。中华民国成立后设行政督察区，中华人民共和国成立后设专区、地区。1985年5月，国务院批准撤晋江地区设泉州地级市。1986年1月，泉州市人民政府正式成立。

海上丝绸之路是古代海道交通大动脉，形成于秦汉时期，发展于三国、隋朝时期，繁荣于唐宋元时期，转变于明清时期。它主要有东海起航线和南海起航线。与海上丝绸之路的形成相应，中国沿海地区出现了一批享有盛名的海港，有福建的泉州、广东的广州、浙江的宁波、江苏的扬州等，它们在不同时期分别起过不同的作用。其中，泉州港曾以"刺桐"一名为世界各国航海家、商人所熟知，它的兴起和发展在海上丝绸之路历史上占有重要的篇章。

国务院首批历史文化名城、2013年被评为中国首个东亚文化之都的泉州，地处福建省东南部，地形为西北部有雄伟峻奇的戴云山脉，向东南呈阶梯状倾斜，依次形成山地、丘陵、平原。而它的东南滨海，与台湾岛隔海相望。作为古代海上丝绸之路的起点，泉州曾在东西方文明交流中，占有重要的历史地位。

泉州的海上交通，起源于南朝而发展于唐朝。到了宋元时期，刺桐港的海上贸易活动空前繁盛，被马可·波罗誉为"东方第一大港"。当时的泉州已成为中国的世界海洋商贸中心。北宋前期，泉州港对外贸易已相当可观，《宋史·杜纯传》载："有蕃舶之饶，杂货山积。"《宋史·食货志·互市舶法》载，熙宁五年（1072年），宋神宗下诏说："东南之利，舶商居其一。比言者请置司泉州，其法讲求。""司"指市舶司，管理海外贸易的专门机构。宋神宗要求研究泉州设置市舶司问题，说明泉州在海外贸易中已居重要地位。正式在泉州设市舶司，则在哲宗元祐二年（1087年）。这在泉州历史或是中国对外贸易史上都是一件大事。市舶司的设立，标志着泉州进入中国最重要的对外贸易港的行列。设司以后，泉州港可以直接发船到海外贸易，也能接纳外来的商船，因而进出口贸易便得到迅速的发展。泉州在海外交通方面的地位，迅速赶上广州。《舆地纪胜》卷130《福建路·泉州府》里说："况今闽、粤，莫盛于泉州。"《梦粱录》卷12《江海船舰》则说："若欲船泛外国买卖，则是泉州便可出洋。"泉州城南，逐渐形成为外国商人和水手集中居住的地区。与之相应，泉州出现了伊斯兰教、印度教等不少外来宗教的庙宇以及外来侨民的集中住地。

到了元朝，泉州港更加繁荣。吴澄的《送姜曼卿赴泉州路录事序》中说："泉，七闽之都会也。番货远物、异宝珍玩之所渊薮，殊方别域富商巨贾之所窟宅，号为天下最。其民往往机巧趋利，能喻于义者鲜矣。而近年为尤甚，盖非自初而然也。""号为天下最"说明泉州在全国海外贸易中居于领先地位。许多外国商人、水手随着海船来到泉州，这个港口成为各国人杂居的国际海港都市。著名的外国旅行家马可·波罗、伊本·白图泰都盛赞泉州的繁荣。明朝伟大的航海家郑和率领当时世界上最大的远洋船队七次下西洋。郑和第五次下西洋时，于永乐十五年（1417年）曾到泉州灵山圣墓行香，到天妃宫祈求妈祖保佑。泉州至今留下无数海上丝绸之路遗迹：江口码头、九日山祈风石刻、灵山圣墓、清净古寺、旧馆驿……

海上丝绸之路，是陆上丝绸之路的延伸，形成主因是因为中国东南沿海山多平原少，自古人们便积极向海上发展。这一条悠久的海上丝绸之路，对外贸易达百个国家和地区，不仅包括东南亚诸国，而且西到印度和欧洲的大秦。陶瓷、丝绸是主要的输出品。输入品有珍珠、香药、象牙、犀角、玳瑁、珊瑚、翡翠、孔雀、金银宝器、犀象、吉贝（棉布）、斑布、金刚石、琉璃、珠玑、槟榔、兜銮等。

海上丝绸之路，成为我国对外贸易发展经济和促进友好往来的大通道，更是一个我们国家与各国人民相互交往学习、发展经济、增进友谊与和平共处的海上大窗口。

海上丝绸之路就这样在我的眼前延伸开来,是那样的曲折漫长,又是那样的宽广辉煌。

如今,站在海上丝绸之路起点的古刺桐港畔,思维在每一条海浪的穿插与激荡中,深入到了那历史的深处,感受着,回味着,敬佩着。

大海,充满希望,充满生机,充满魅力。泉州的先人,以坚定不拔的信念,以博大的胸襟,拥抱着大海。

海上丝绸之路,隐藏着太多的智慧与沧桑,令人好奇,令人敬畏。我在蓝天白云之下,和着那激荡的海风,细心地翻阅着,融化着,感知着。

2013年9月和10月,中国国家主席习近平在出访中亚和东南亚国家期间,先后提出共建"丝绸之路经济带"和"21世纪海上丝绸之路"("一带一路")的重大倡议,得到国际社会高度关注。

丝绸之路于2014年6月被列入世界遗产名录。

2015年泉州成功列入国家"一带一路"愿景文件中,并在规划中被确定为"21世纪海上丝绸之路先行区",成为海丝战略支点城市。泉州又赢得了一次千载难逢的新机遇。泉州作为联合国教科文组织唯一认定的古代海上丝绸之路的起点城市,在"一带一路"中的地位和作用不可替代。

早在世纪之交,泉州人站在新世纪的门口,吹响了泉州申报"世界文化遗产"的号角,他们的宏大气魄再次令世人瞩目。

海上丝路崛起在一个历史的断面上。我们的先民沿海上丝路而去,历经艰辛,付出心血。他们传播科技、促进经济、交流文化的创举,无疑是一份宝贵的遗产,留与昨天,留与今天,也留与未来。于是,泉州吸引了世界各地人们的目光,国际官员、著名专家、普通游客,纷至沓来。

2001年,泉州开始筹备"海上丝绸之路东端——泉州"申报世界文化遗产,申遗方案获福建省政府同意,并以福建省政府名义向国家文物局申请列入预备清单。

2004年1月1日,《福建省"海上丝绸之路:泉州史迹"文化遗产保护管理办法》正式施行。

伊斯兰教圣墓、草庵摩尼教遗迹、九日山石刻、洛阳桥……环境整治工作全面铺开，申报点和考察路线定了下来，申报文本数易其稿，精益求精。

国际古迹遗址理事会总协调员尤嘎博士也来了。2004年7月13日至7月15日，他深入泉州市各个"海丝"史迹实地参观访问。在随后举行的座谈会上，尤嘎博士说：泉州作为海上丝绸之路的起源地之一，占有非常重要的地位。

2006年8月，国家文物局首次将"海上丝绸之路：泉州史迹"列入中国世界文化遗产预备名单。

2017年1月1日，《泉州市海上丝绸之路史迹保护条例》正式施行。

2017年1月26日，中国联合国教科文组织全国委员会秘书处致函联合国教科文组织世界遗产中心，正式推荐"古泉州（刺桐）史迹"作为2018年世界文化遗产申报项目。

2020年，我国申遗项目"古泉州（刺桐）史迹"正式更改为"泉州：宋元中国的世界海洋商贸中心"，在原有的万寿塔、六胜塔、石湖码头、江口码头、真武庙、磁灶窑系金交椅山窑址、草庵摩尼光佛造像、洛阳桥、清净寺、伊斯兰教圣墓、老君岩造像、开元寺、天后宫、德济门遗址、府文庙、九日山祈风石刻等16个遗产点基础上，新增安平桥、顺济桥遗址、市舶司遗址、南外宗正司遗址、安溪青阳下草埔冶铁遗址、德化窑遗址等6个遗产点。

"泉州：宋元中国的世界海洋商贸中心"申遗遗产点22处包括了海洋贸易行政管理机构与设施遗址、宗教建筑和造像、文化纪念地史迹、陶瓷和冶铁生产基地，以及由桥梁、码头、航标塔组成的交通网络等，保存完好，品类多样，为古代港城所罕见，体现了宋元泉州富有特色的海外贸易体系与多元社会结构，从不同侧面展示了10—14世纪海上丝绸之路全盛时期人类文明交流的轨迹与成果。

原定于2020年6月29日至7月9日举行的第44届世界遗产委员会会议推迟举行。

2021年6月，国际咨询机构——国际古迹遗址理事会ICOMOS公布对

"泉州：宋元中国的世界海洋商贸中心"申遗项目的评估结果为"建议列入"。

2021年7月25日，在中国福州举行的第44届世界遗产大会上，"泉州：宋元中国的世界海洋商贸中心"正式列入《世界遗产名录》。

"泉州：宋元中国的世界海洋商贸中心"申报"世遗"，终于梦圆。

会议决议认为，"泉州：宋元中国的世界海洋商贸中心"反映了特定历史时期独特而杰出的港口城市空间结构，其所包含的22个遗产点涵盖了社会结构、行政制度、交通、生产和商贸诸多重要文化元素，共同促成泉州在公元10—14世纪逐渐崛起并蓬勃发展，成为东亚和东南亚贸易网络的海上枢纽，对东亚和东南亚经济文化发展做出巨大贡献。

二十载接力申遗，二十载终于梦圆。秉承"申遗是手段，保护才是目的"理念，泉州持续保护历史文化瑰宝，将和平、发展、合作、共赢的精神财富传承至今，有力印证中国为推动构建人类命运共同体所作的卓越努力。

泉州是福建省三大中心城市之一，现北承省会福州及莆田，南接特区厦门，东望宝岛台湾，西毗漳州、龙岩、三明。辖鲤城、丰泽、洛江、泉港4个区，晋江、石狮、南安3个县级市，惠安、安溪、永春、德化、金门（待统一）5个县和泉州经济技术开发区（国家级）、泉州台商投资区（国家级）。全市土地面积11015平方公里（含金门县），2021年末泉州市常住人口为885万人（不含金门县）。通用语言为普通话，闽南话为主要地方方言，并存莆仙话、客家话等多种地方方言。

泉州是全国著名侨乡和台湾汉族同胞主要祖籍地之一，分布在世界170个国家和地区的泉州籍华侨华人约950万人，占福建省华侨总数60%；香港同胞70多万人，澳门同胞6万多人；台湾汉族同胞中44.8%约900万人祖籍泉州。

海内外泉州人"爱拼敢赢"的性格体现着一种勇气，一种信念，一种胆识，一种气魄。

改革开放以来，泉州抓住机遇、扭住中心、爱拼敢赢、大胆实践，创造了"晋江经验"和"泉州模式"。经济实力隔几年上一个台阶，成为福建省乃至全国发展最快、最具活力的地区之一，创造泉州发展历史的新辉煌，也成为全国 18 个改革开放典型地区之一。全市国内生产总值在 1978 年为 7.79 亿元，1992 年突破 100 亿元，2002 年突破 1000 亿元，2013 年突破 5000 亿元。2020 年泉州全市完成地区生产总值 10158.66 亿元，在"十三五"收官之年，泉州经济总量首次突破万亿大关，连续 22 年位居福建首位。

泉州在推进经济建设的同时，抓好文化和城市建设，荣膺国际花园城市、全国文明城市、最佳中国魅力城市、国家卫生城市、国家环保模范城市、国家生态市、全国绿化模范城市、全国文化模范城市、中国优秀旅游城市、国家园林城市、中国优秀创新型城市、中国品牌经济城市、水环境治理优秀范例城市、中国十大和谐城市、中国人居环境奖、市民最满意城市、感动世界的中国品牌城市、全国综治最高奖"长安杯"获奖城市等称号和荣誉。

数典泉州的荣耀，无不与具有历史渊源的海洋文明、海丝文化一脉相承。海洋的血性涌动在今天泉州人的骨子里，蔚蓝色飘荡在这块历史浑厚、文化多元的城市里，他们秉承先民"以舟为车，以楫为马""以网罟为耕耘"、面向海洋的博大精神，创造着一个新世纪大泉州的美好未来。

丝路三万里，过往五千年。今天，如何在铅华洗尽后再续厚重沧桑的丝路文明，让昔日辉煌无比的古道再次焕发出它的青春魅力和活力，这课题已摆在我们面前。

一架相机，一本日记本，还有一个背包，行走在海上丝绸之路的起锚地，带着一颗虔诚的心灵，我看见久远的那些过往，在向我招手召唤……

而今，除了这些已知的历史和熟识的故事，丝绸之路还有许多沧桑和辉煌，正等待我们去探索，去寻觅，去发现……

QUANZHOU
THE BIOGRAPHY

泉州传

第一章 一座与水相伴相生的城市

泉州以泉命名，水是这座城市的生命源泉。

正因为水，才造就了泉州这座古代海上丝绸之路起点城市。

泉州山区的小溪，水色碧绿，就这样一年四季唱着欢快的歌，平静地流淌着，流向晋江，流向大海。溪边，牛儿在安详地吃草，白鹅在悠闲地踱步，孩童在欢快地嬉戏。

翻开一页页时光，人们看见晋人南渡从仆仆风尘中走来，听见海上丝绸之路船歌嘹亮从百舸争流中传来。

泉州海滨极富魅力，惠安崇武、山霞，石狮永宁，晋江金井、衙口，几处海滨，连绵沙堤，天风海涛，是休闲度假、玩沙浴日的好地方。海岛烟波浩渺，景观奇特。而晋江、洛阳江、西湖、东湖等，山光水色，苍松翠柳，足以怡情悦目，使人流连忘返。

这里，天连着海，海连着天，天水一色，一望无际，极为壮观。阳光照在海面上，像是撒上了一层金子，波光粼粼。总有海边的灯塔、蜿蜒的古城、迎风的帆影，点缀着人们翘望的目光。

朗朗天空下，一个海上丝路港口奔涌着多少沧桑，一座历史文化名城蕴藉着多少辉煌。

以泉为名

人类文明与水的生命相伴相生。

水，是生命的源泉。

水，从大大小小的山涧孕育而生，勇敢执着、浩渺无尽的大海是水不懈追求的志向和信念。它总是一往无前、所向无畏，奔腾轰鸣流向远方，流向河流，流向大海。

世间万物，皆离不开水的滋养。禾苗享受水的哺育，鸟儿在水边啜饮，鱼儿在水中嬉戏，大地在水的浸润下焕发出迷人的光彩，心灵在水的浇灌下焕发生机。水在这个绚丽多姿的世界里散发着无穷的魅力。

泉州正是这样一座与水相伴相生的城市。

泉州是一座以泉命名的城市，自古以来，都与水有着千丝万缕的联系，水把多姿多彩的身姿展现在片神奇的土地上。水的灵动，给这座城市增添无可比拟的风韵。

清源山国家重点风景名胜区天湖上方的岩坡上，两块石板之间的缝隙向外涌流泉水，叫虎乳泉，水清冽甘甜。清源山天湖，就是点点滴滴泉水汇集而成的，水面波光粼粼，它就像一颗明珠镶嵌在山谷之间，熠熠生辉。人们在此品茗观景，自得其乐。

一条泉州的母亲河，从戴云山脉，蓄势喷涌，像玉龙腾天，似银河落地，浩浩汤汤，奔流入海。晋朝人衣冠南渡，沿江而居，因思念故土，将此江起名为"晋江"。

泉州是海上丝绸之路的起点。宋元时期，泉州成为世界海洋商贸中心。

一眼望去，无边的海面，千变万化，包容万物，吐纳天地……

站在泉州市区文兴渡古码头上，有历史的雄风悠悠吹来。古渡口，阶梯状石条斜斜深入江中，一段璀璨的历史也延伸进海上丝绸之路的深处……

泉州先民在旧石器时代就开始海洋生产活动。

1998年7月至8月，泉州市考古专家与厦门大学考古学者分别在晋江出海口的市区鹧鸪山、洛江区桥南、惠安县洛阳以及南安市丰州等数个地方发现旧石器。

2003年1月，在北京召开的"晋江深沪湾旧石器考古新发现"评审会上，与会专家对深沪湾发现的7处旧石器时代的36件旧石器标本进行评审，确定为距今80至50万年。

2007年3月，中国社科院等单位主办的"晋江深沪湾旧石器专题研讨会"，进一步推动了研究的深入进行，该研究对东南沿海古人类的迁徙、旧石器文化的传播以及现代人的起源都有积极意义。

2008年9月，在大坪山上一处称为茶寮的地方，发现旧石器时代石器，距今1万年以上。

2009年9月，在晋江深沪湾潮间带发现一处旧石器时代晚期的遗址，出土旧石器87件，有石核、断片、碎片和石器4种类型，动物化石有亚洲象和水牛等，年代距今1.5万年左右。

泉州沿海蚁山、音楼山、庵山及金门富国墩等地的考古发掘，反映出来的海洋文化特征更是明显，时间维度从新石器时代至青铜时代。蚁山、音楼山、庵山这三个沙丘贝丘遗址都有较厚的贝壳堆积、印纹陶器、石锛等海洋文化层堆积物。其中音楼山出土的包括鲨鱼脊椎骨在内的三种鱼类，个体大于10公斤，显示出泉州先民们当时已掌握捕捞大型鱼类的海洋生活技巧。晋江深沪湾庵山遗址出土的石器数量、海生贝壳、陶片标本等比音楼山更多，成为东南沿海最具代表性的沙丘贝丘遗址。这样，泉州沿海带形成独特的"蚁山—

音楼山—庵山—富国墩"宝贵海洋文化遗存。

天湖，晋江，大海。以泉做伴，以泉起名，以泉为州。

在中国广袤的土地和悠久的历史上，曾有两个泉州：一个在北，一个在南。北在现今北京通州附近，西汉之时，最初设置泉州。《魏书·地形志》记载，至北魏太平真君七年（446）并泉州入雍奴。

而南方的泉州，在隋朝开皇九年（589）首次出现，在今天的福州。也就是说，隋朝的福州人叫"泉州"人，"泉州"的地名比福州还古老！

唐朝景云二年（711），把"泉州"（今福州）改名为闽州，而把武荣州命名为泉州。这样，"泉州"这个地名从福州移到闽南，而州治是现在的泉州市区。一直到唐朝开元六年（718），由于经济发展，才把南安县分出东南之地，设立晋江县。"泉州"地名定在今泉州市以后，曾一度改为"清源郡""清源军"，又一度改为"平海军"。北宋太平兴国二年（977）恢复"泉州"之名，从此沿称至今。

也许是缘分，也许是巧合，南北泉州被一个人联系在一起。这人便是明代著名思想家李卓吾，他一生都和名为"泉"的地名结缘。首先，他生于福建泉州；第一次做官到河南共城，其地又名"百泉"，他自号"百泉居士"；最后葬在北京通州，古时这一带曾叫泉州。

话说回来，泉州为什么以泉为名？南宋初年闽人叶廷珪《海录碎事》载："泉山，泉州之主山也，山有孔泉，故名之。"泉州的主山是北郊的清源山，素有"北武夷，南清源"之誉，这里峰峦起伏、景色天成，素以36洞天、18胜景闻名于世。景区现存宋、元时期道教、佛教大型石雕7处9尊，历代摩崖石刻600余方，米芾、俞大猷等历代名人的题字不胜枚举。清源山有"闽海蓬莱第一山"之美誉，是国家级重点风景名胜区，泉州市首个AAAAA级风景区，由清源山、九日山、灵山圣墓三大片区组成。清源山与泉州市区山城相依，相互辉映，犹如名城泉州的璀璨明珠，闪烁着耀眼的光芒。

清源山因有乳白的泉水从山上石窍间源源流出，清冽洁净，故名"清源"，亦名"泉山"。泉州的名称即以山名而得。

"虎乳泉"旁边有"孔泉"石刻。泉眼上下皆是石，上面的石似壳，下面的石如砥，中间有个孔，泉水从隙缝里流出，注入一方形石孔之中。上面有吕道人题刻"虎乳"和宋代朱熹撰写的"源头活水"石刻。"虎乳泉"长年不涸，游人走近岩石时，可闻得岩下传出阵阵"咕咚"的响声。"虎乳泉"其名何来？相传曾有乳水不足的母虎，每天带小虎到泉边啜饮，以水代乳，小虎竟然壮健长大。此虽是传说，但是"虎乳泉"甘甜似乳，澄澈清冽，以泉泡茶，醇正甘美，香气隽永，沁人心脾，乃一大快事！

弥陀岩瀑布也是清源山的精华之一，是清源山风景名胜区幽谷梵音意境区内的主要景点。进得山门，便可闻见弥陀瀑布空谷传声，走近只见飞瀑如练，从峭壁上凌空而下，颇有气势，犹如卷起千堆雪。历代文人骚客每每到此，不免文思泉涌，下笔神助。如今"洗心""清如许""流膏"等题刻仍在，为人们增加了观赏雅兴。

为再现"泉山"的历史风韵，增添清源山风景名胜区水资源景观，泉州市政府于1994年10月开始在主景区清源山第一名泉"虎乳泉"下方的紫泽洞天谷地动工建设清源山蓄水工程——清源天湖，1996年6月建成蓄水。清源天湖是景观工程，大坝雄伟壮观，水面波光粼粼，湖畔山峰林木倒映湖中，湖光山色，蓝天白云，交相辉映。

泉州又为何泉水丰沛呢？是因为四季常雨。

唐代著名诗人韩偓在福建时曾写下一首有名的诗篇《登南神光寺塔院》：

无奈离肠日九回，强搵离抱立高台。
中华地向城边尽，外国云从岛上来。
四序有花长见雨，一冬无雪却闻雷。
日宫紫气生冠冕，试望扶桑病眼开。

于是泉州享有"四季有花常见雨，一冬无雪却闻雷"的美誉，故而泉州也有"温陵"的雅称。

唐天祐二年（905），陕西万年县人韩偓等中原地区名士到达福建泉州。因泉州刺史王审邦延请，韩偓迁居南安丰州招贤院。

南安丰州九日山与莲花峰一带有一种炒青绿茶,因莲花峰的石亭得名,叫石亭绿,最初为僧人所栽制,随采制季节不同而产生类似兰花、绿豆与杏仁的不同香气,故称"三香"。莲花峰有晋代太元丙子年(376)的"莲花茶襟"石刻,为福建最早有关茶的石刻,产茶至今已有1600余年的历史。

一天,韩偓在莲花峰看到石亭绿,见其紧结重实,银灰带绿,便用当地的泉水煮茶,泡出的茶汤清澈碧绿,清醇爽口,香气浓郁,便信笔写下"柳密藏烟易,松长见日多。石崖采芝叟,乡俗摘茶歌"的诗句。这首诗对研究"石亭绿"茶具有很高的参考价值。

韩偓先后居住泉州的南安、永春、惠安等地14年,后梁龙德三年(923)卒于南安龙兴寺。他留下许多诗词,对泉州历史文化的发展起到了推动作用。他的诗中有许多写水的千古名句。

正是泉州的水,给韩偓以无尽的灵感。

泉州,一座与水相伴相生的城市,滋养在这里生长着的人们,也滋养在这里蓬勃着的文化。

泉州沿海大通道

喜欢大海的朋友，到了泉州一定要看海。

一条泉州沿海大通道犹如春姑娘手中翩翩起舞的带子，它时而迂回曲折，时而豁然开朗，串起了泉州东面沿海的城镇、村庄。

路线北面起点为国道324线泉州市与莆田市交界处，经泉港、惠安、丰泽、晋江、石狮、南安六县（市、区），终点为泉州市与厦门市交界处的前坂。路线全长228.885公里，复线60.22公里，共289.1公里。

在这条东面向海的大道边，有着大大小小与海融为一体的自然和人文景观，北有中国最美海岸线、惠安女民俗村、崇武古城，南有黄金海岸、深沪湾海底古森林遗址等。它串连起西沙湾、青山湾等12个美丽海滩沙湾和四大岩石群。

车过泉州市区后渚大桥，沿着沿海大通道往北走，一路可观海景，美丽风光在水一方。这条海岸线被《中国国家地理》评为"中国最美海岸线"。

从秀涂码头往崇武方向而去，一路没有建筑物遮挡，远离喧嚣，放眼处处皆海景，视野开阔，那种赏千里碧波、看海边沙滩的感觉，妙不可言。

首先路过泉州台商投资区张坂镇浮山村月亮湾。夏天，天气燥热，工作生活中的种种烦琐，让人迫切需要"降降温"，于是许多人傍晚时分来到月亮湾。这是距离泉州市区最近的海滨浴场，闲暇之余来此放松一下。在清凉海风陪伴下，不论是踏浪观海、沙滩休闲，还是快艇帆船，都能满足人们对大海的想象。吃着沙滩边的炸海鱼等各色烧烤，则是一大享受。

经过月亮湾，来到惠安县山霞镇的青山湾，这里是闽东南地区一处不可多得的海滨避暑胜地。连绵13公里的秀丽沙滩上，沙质细腻，无一礁石，具有海平面开阔、大陆架平坦、风浪较小的特点。人们可以选择在此尽兴游玩，也可寻一处僻静，一个人与涛声海景为伴。

走过青山湾，就到了惠安县崇武镇。海岸上，烟波浩渺，滨海沙滩蜿蜒，犹如"半月沉湾"。崇武的西沙湾拥有2000多米长的优质沙滩及有"天下第一奇庙"之称的解放军烈士庙，还有丰富多彩的惠安女民俗风情。此外，这里的沙滩排球、游艇、摩托艇等娱乐项目独具吸引力，西沙湾假日酒店、茶艺走廊、啤酒屋、休闲木屋、购物街、美食街等配套设施一应俱全。

暮色里，海是那样的美，惠安女的倩影朦胧在海滩的尽头。

这里的海，时而是平静的。海面上，那片片白帆，朵朵浪花，微微细浪，粼粼波光，翩翩海鸟，无不令人心旷神怡，身心愉悦！

这里的海，时而是温馨的。驻足沙滩，海风轻轻吹来，淡淡的，凉凉的，咸咸的，沁人肺腑；沙滩上，人们赤着脚，笑着，闹着，走着……

这里的海，时而是狂烈的。会使你疑骇千万雄狮怒吼奔来……此情此景，让人感受着"雄姿英发、气吞万里"的苍远和大气，增添人们的果敢、刚毅、强悍和坚韧！

这里的海，又是博大的，包容万物。

从泉州市区后渚大桥往南走，沿着明代古卫城石狮市永宁镇前行，粼粼碧波白沙滩，闽南黄金海岸度假村就在眼前。黄金海岸度假村集旅游、度假、休闲、娱乐于一体，整个度假区分为海面、岸线和陆上三大区域，包括海岛世界、民俗文化村、游乐园、游艇俱乐部、海滨浴场、商业街、别墅区，等等。

转至晋江市深沪镇，从镇海宫后门走出，映入眼帘的是一座宏伟的花岗岩石头建筑物——深沪湾国家地质公园大门。

远远望去，这个闽南建筑风格的石拱门，像一个无声的导游，把我们引入远古时代海底古森林遗址。这里被称为"中国独有、世界罕见的海上博物馆",是滨海国家级自然保护区和国家地质公园。

深沪海底古森林遗迹是1992年10月国务院确定的国家级海洋自然保护区,保护对象主要以已有7500多年历史的海底古森林遗迹为核心海域,每年吸引一大批中外游客和专家学者前来观摩。

深沪湾,碧波万顷,蔚为壮观。

深沪湾形似马蹄,在港湾之中,隐藏着一些古油杉树桩,每当天色晴朗、海潮低落之时,便可看到波涛之中,古树桩时隐时现。据专家鉴定,这些古树桩属于"陆相裸子植物杉柏科"。这是迄今世界上已经发现的海底古森林三处遗迹中规模最大的一处。

我来到这里,站在海边。

时光恍若虚晃了一下,转瞬万年。我随着翻腾的海浪,仿佛看到海底古森林、牡蛎礁和海蚀变质岩的影子,仿佛听到海底涌起朦胧的潮音。

万年的积累,远古的启示,这是横贯海天的巨卷啊。浪花,波光,烟涛,我读到一种比海上的风暴更伟大的力量,领略什么是澎湃,什么是深邃。

面对无垠的苍穹,面对浩渺的大海,我站在暮色的岸边,仿佛站成一棵独自怀想的树。

这时,来往的船,把天撑远了。

小岛故事多

泉州有着丰富的海洋资源，在绵长的海岸线之上，有着大大小小的岛屿，有着形形色色的海滩。岛屿共有270个，如果坐在直升机上，极目向海中远眺，只见烟波中洲矶恰似步棋罗星，也似许多蓝宝石镶嵌在纯净无瑕的蓝天和海洋之间。这些岛屿还与海上丝绸之路有着千丝万缕的关系。

这些小海岛有些还有待我们前去探索发现。当你亲临之后，你会对这些小岛产生莫名的情愫，漂泊的心会找到那份安宁。

惠屿岛

革命先行者孙中山先生在其所著的《建国方略》中提到福建的一个港口：湄洲湾。孙中山先生曾设想把素有"中国少有，世界不多"天然良港之赞誉的湄洲湾建成东方大港。

如今一个世纪过去了，经过多年的港口开发建设，这里旧貌换新颜。而在湾内，众多港口设施环抱之中，有一处安静的海岛——惠屿。

惠屿岛属泉州市泉港区南埔镇，是泉州市唯一的海岛行政村，四面环海，与大陆相隔4公里。岛上天然巨石矗立，野生植物茂密，环境清幽，沙滩干净，海水碧蓝，空气清新，民风淳朴，保持海岛的本真气息。

我们从肖厝港乘船登岛，船夫老伯憨憨地笑，很和善。

我们看到有村民在湾内从事海产养殖。船夫老伯说，这个小海岛上聚居着两三百户以打鱼和海水养殖为生的渔岛人家。路上，可见到远处的南埔石化厂及海上的灯塔。

看见远处渐渐清晰的房子，竟然莫名地感动起来，像是寻到海上桃花源。

告别船夫老伯，登岸。进岛的地方，是个斜坡式的陆岛交通码头。一群孩子在码头欢快地玩耍。

为什么采用斜坡式？一问方知是为了适应潮位的变化。这个码头成了这座小岛对外联络的窗口。

海岛总体呈长条形，北侧相对平坦，村庄就建在这里，南端是一座小山。岛屿海岸线很有特点，有的地方岩石裸露，大块的礁石自然堆垒。岛屿最北端和东侧岸线基本都是基岩岸线。基岩海岸无法靠船，地形起伏不定，大部分比较陡峭。

岛屿中部蜂腰处，有一段沙滩岸线，朝东南方向，十分干净，十分幽静。

在岛屿中部蜂腰小山上远眺，远处建筑密集而错落有致，看起来朴素美观。

从小山下来，整个岛屿没有车，路窄窄的，房子挨着房子。

走近一看，这些民居，砌石结构，坚固耐用，闽南风格民居屋顶的装饰，精美细致、色彩艳丽。墙壁靠近屋顶部分，描有很多船只、浪花等造型。这些翻卷的彩色浪花，仿佛诉说着这里人们海里来浪里去的奋斗故事。再细看，这里人们用红灯笼来装点庭院和过道，祈求四季平安吉祥。

我行走在这里的老巷子中，仿佛跨进了历史的入口。在这浮躁喧嚣的时代，这里温柔又固执地坚守着一份安静。

2003年6月29日，惠屿岛正式通电，泉州最后一个不能通电的行政村宣告终结。惠屿岛告别"电力孤岛"和"信息孤岛"的历史，走进了网络时代。

昔日岛上缺水，村民在井边排着长长的队伍。于是有了这样一句顺口溜"不怕鬼，就怕人"，形容夜半起来提水时，就怕看到已有人排长队等着提水。那口古老的水井依然保留着，井口的形状是两个同心圆。这口古石井成了一个时代的见证，它养育了一代代人，也留下了许多传说。

2010年1月，惠屿岛通水了，随着7000多米长的水管从海岛对面的肖厝村穿越海底连上惠屿岛，海岛上终于响起自来水"哗啦啦"欢唱的声音。

这里具有优越的地理位置、美丽的海岛风光、丰富的人文历史、独特的原始生态风貌，已开发渔家生活观光点、海上垂钓、海滨浴场、海上餐饮等渔业休闲娱乐项目，形成独具特色的"海上田园"优美景观，被评为福建省"水乡渔村"和泉州市"十佳魅力乡村"。

岛上晋福宫十分热闹，空气中弥漫着庙宇中传出的檀香味。

那天，恰逢岛上的佛诞日民俗活动，是泉州本地特有的"镇境神文化"，这可能是最接地气的神了，每个区域或村落都有特定奉祀的神祇，更有意思的是，有些神曾是在这片土地上生活过的人，因有善举，被后人所供奉。可见，榜样是信仰的力量。

岛上留守的大多是老人和小孩。他们坐在阳台上就能看海，在窗口就能和邻居聊天。

也有三三两两的人聚集在庙宇前聊天，准备晚上的宴席。

吃完饭，天还未黑，大家搬着自家的凳子聚集在小广场上，准备听戏了。

夕阳把滩涂照得温柔极了。岛上一处现代化的石雕，是拥吻的情侣，体现海岛的浪漫。沧海桑田，情愫永恒。

月亮终于从海平线上升起了来。夜幕下，停泊的邮轮上亮起的灯成了海面上的星辰。海岛是漂泊者的根。

也许每个人心中，都有这样一座小岛，栖息着面朝大海的诗意。

有爱陪伴，在这世上，没有人是一座孤岛。

大竹岛

惠安县净峰镇有个大竹岛，离净峰镇杜厝村的杜厝码头5海里，面积约0.62平方公里，海拔为85.7米，两侧是湄洲湾主航道。

大竹岛呈椭圆形，东峰如大象，中峰似狮子，西峰又很像猴王献宝。因早时岛上杂生毛竹，又比旁边的"小竹岛"大，故称"大竹岛"。

大竹岛是曾经的英雄岛。在半山腰的一个隐蔽处，有一个石洞。洞口被修葺过，仅容一个人进出。这个石洞就是著名的"八女跨海征荒岛"时住的地方。

1958年的中国，正值三年困难时期，为解决粮食短缺问题，净峰镇杜盾村女民兵周亚西等8名惠安女驾船上岛，居住在洞穴里，她们开垦农田，挖掘水井，种植果树。

当时由于远离人烟，而且土壤十分贫瘠，大竹岛只是被附近的村民作为捕鱼的中转站，因此八女开垦荒地时遭到了家人和一些村民的反对。然而，她们并未因此停下开荒的脚步。

在短短两三周时间里，她们已经在岛上建好了简易的饮水设施，并清理出一大片宜耕的土地。

此后的几个月里，8位姐妹凭借手中的八柄锄头，开垦出了30多亩荒地。第二年，她们又在松软的土地中，插下了绿油油的地瓜苗。经过悉心培育，地瓜的长势喜人，第一年便大获丰收，亩产量高达1600多公斤，运回的地瓜整整装满了四十大船，一时间大大缓解了村内粮食短缺的问题。

寒来暑往，八位姐妹在岛上度过了15个春秋。她们跨岛开荒的事迹广为传颂，故事多次被搬上荧屏和舞台。越南国家主席胡志明还特意赠送了"八女跨海垦荒"的石碑。自此，大竹岛又多了一个动人的名字："八女岛"。惠安女奋发图强、勇于开拓的精神，永远留在了这块她们曾经拼搏奋斗过的土地上。

如今，由于少有船只上岛，这座海岛颇显神秘。

2011年，我曾到过大竹岛。岛上住着一位六七十岁的老人，叫林颖，被称为"惠安鲁滨逊"。

岛上，空气令人神清气爽。

走过一段山路之后，来到位于岛屿南麓的一处小楼，这里是"岛主"林颖的住所。

眼前的林颖看上去显得精神矍铄，虽然岁月在他的额头上留下痕迹，却也留下慈祥和安宁。

与我同姓，又是老乡，顿感亲切，便交谈起来。

1978年，惠安县农委在大竹岛上办农业良种引进示范场，林颖就是在那时，作为农技人员来到岛上的。后来饥荒年代过去，示范场慢慢没落了，人员散去，他却选择留下，日出而作，日落而息，种地读书，享受自由自在的生活。

他住在这一幢三层楼的房屋里，楼房前有一块田畦，种着花生和番薯。

不远处就是一大片金色沙滩，还可以看见一块风动石。从海边沿着一条石头小路往上走，繁茂的树林间传来阵阵鸟叫声，路边有许多野花装点，显得宁静而美丽。

现在，小岛对面的惠安斗尾港经济建设步伐很快。大竹岛将发展特色农业观赏旅游，做活做大旅游业。

这座曾帮助人们度过饥荒的小岛，这座曾流传动人故事的小岛，将更显勃勃生机。

大坠岛

距泉州台商投资区张坂镇玉前村南海岸约2.3公里处有座大坠岛，因形似青蛙大腿，方言"腿"与"坠"谐音，故得名。

大坠岛是"浮"在海面上的几个小山头，它是泉州湾入海口最美丽的"绿宝石"，是理想的休闲度假旅游胜地。

称其为"绿宝石"是有道理的。坐直升机从高处俯瞰，所有的绿色都互相拉扯着，构成一座多姿的大坠岛，仿佛一块巨大的绿宝石，镶着它的是一圈金黄色的沙滩。大坠岛在涨潮时，会被海水分为东坠和西坠两岛，只有当潮水退去后，中间连接的礁石群才会露出海面。

这里生态环境、自然景观、自然资源、地形地貌未受大的破坏。植被茂密，在阳光的映射下，泛出一种墨绿色的光芒。绿色林区连绵成片，中间被巨大的金黄色岩壁切断，翠绿杂糅着金黄，显得妩媚多姿。沿海观光道两侧有铁树、棕榈树、针葵等植物。向晋江上游的一侧海域，出现一片形似鞋子的天然沙滩，绵延 3 公里左右，俗称"鞋沙"，沙滩洁净、柔软，是一处不可多得的海滨浴场。

岛上到处可见奇石异岩。其中有一块"泪岩石"，甚是怪异，在石头缝隙之间，常年都有水流渗出，水质清澈甘甜，无任何污染。

大坠岛原始的生态为海鸟栖息提供了良好的环境，岛上集聚了几十种鸟类。海面上经常有鸟儿悠闲地飞着，这些鸟儿不怎么怕人，只有船只经过或者有人走近时，才会飞走。这里还生长着各种美味的海洋贝类，周边海域经常有中华白海豚出没，是海洋鱼类溯流繁殖的天然场所。

古时，这里曾是洋人船只运货、抛泊的地方。英国人常运载鸦片至大坠岛，再通过洛阳、陈三坝及洛江区河市等处运往外地销售。

1839 年，一艘洋船曾抛泊在大坠岛洋面上，被清朝水师开炮轰走，20 多名洋寇命丧于此。

1994 年，惠安一家公司在此开发娱乐旅游，在大坠岛上建设码头、道路、阶梯、景观绿化、度假别墅、路灯、人工湖、海堤、护岸。

大坠岛上曾有座妈祖庙，在清代民间的航海手抄本《安船酌行科》中有所记载。后来毁坏了，信众又在其遗址上用简易的石块搭起了一座小庙，请来一尊妈祖神像用于祭祀。古时候从泉州港出洋经大坠岛时，船只经常要停靠上岛，一来祭拜妈祖祈求出海平安，二来利用岛上古井补给淡水。每年沿海民众到大坠岛祭拜妈祖、祈求平安的活动，一直络绎不绝。

2011 年底，为践行妈祖大爱精神，为海峡两岸交流提供一个文化平台，大坠岛上重建妈祖庙。现在的大坠岛妈祖庙背靠青山，面朝大海，左右有大型石头护卫，左边有一块天然大石，石上刻有"土地神"三个大字，右边不远处有一口井。

2013 年，大坠岛入选首批福建十大美丽海岛。

如今，在岛上暂住的人数已经近百人，他们大多是以租地种紫菜为生，收入相当不错。这几年，到大坠岛上的游客日益增多，岛上陆续有了烧烤、小炒和海鲜大排档。

白天，人们站在度假别墅阳台，眺望远处的大海，如同身临仙境，可以尽情地享受属于海岛特有的气息。

夏天，入夜，在阳台上，一张沙滩长椅，躺着，盖上毛毯，任海风轻轻吹拂，听不远处海浪拍打礁石发出的乐声，不知不觉进入了梦乡。

大佰岛

泉州还有一座大佰岛，位于围头湾，隶属于南安市石井镇，距离石井镇仅3海里，距金门仅2.8海里，处于泉金航线的中途。大佰岛上绿树成荫，自然景观奇特，且因民族英雄郑成功当年收复台湾时曾在此屯兵扎寨，留下了诸多历史古迹。

2012年，我和同事坐小轮船到过大佰岛。

在发动机的轰鸣中，轮船慢慢离开石井码头，打了一个小弯后，向大佰岛方向驶去。

随着距离码头越来越远，海开始辽阔起来。

开着，开着，天突然暗了下来，海上有薄雾笼罩。只见远方有一个点，同行的人说，那就是大佰岛。

后来，雾又开始散了，前方的大佰岛从雾中挣脱出来，开始露出它的真面目。

倏忽，有白影掠过，一看，是一只海鸥，擦过海面，划出一道弧线，又飞回来，落在船上。

在一望无际的大海上颠簸了将近半个小时之后，一片延绵平缓的白色滩涂映入眼帘。凝眸望去，但觉浅水湾处海波蓝莹莹的，十分清澈，就连形态各异的珊瑚也看得清清楚楚。这里，便是大佰岛。

上岸来，这里的礁石被海浪冲打得遍体鳞伤，可它不屈不挠。年年岁岁，经久不息，这里奏出的海之韵是那永恒的天籁之音。

这里有大面积树林，岛上经年云雾遮罩，总是披着神秘面纱，让人感觉"虽不能至，而心往之"。远眺，蓝色的海洋与天空浑然一体；近看，白色的浪花随涛声起落，还有金黄色的沙滩留下串串拾贝者的脚印。这里与金门岛构画成一幅天然的"海市蜃楼"佳景，让人叹为观止。

有待进一步开发的大佰岛，周边有着丰富的海洋资源，必将成为旅游、度假、休闲、娱乐及海上运动、探险寻宝的理想之地。

大佰岛四周平缓、中间高耸，中央最高处有一巨石，民间叫它"土地公石"，岛东南一带水面浩瀚开阔，是训练水师的理想场所。300多年前，郑成功准备收复台湾，就在大佰岛操练过水师，那块"土地公石"就成了他操兵的指挥台。

如今，从大佰岛东麓屹立的"海图壁"仍然可以寻找到郑成功挥师东渡的场面。在大佰岛西缘海滩边有一口"涌泉井"，相传是郑成功上岛视察虎骑亲军水师瞭望哨时，以玉带环划沙滩开凿而成的。

郑成功当年在大佰岛训练水师，因淡水奇缺而陷入困境。郑成功亲自在岛上踏勘，发现岛西北海滨有一缕清泉出自两块石头之间，顺着石壁向下流淌。他解下腰间的玉带，在岸坡上画了一个圆圈，让士兵挖土掘井。士兵挖了一米多深，便有泉水流出。郑成功俯身掬水一尝，竟然十分甘甜。他又让士兵们用石头砌成一口井。传说井刚挖好时，出水量很少。于是，郑成功站在井边，双手合十，虔诚地向天地祷告。奇迹出现了，井底泉水立刻喷涌，不一会儿就漫上井沿。这就是闽台老百姓传说中的"千兵千泉万兵万泉的国姓井"。300多年来，"涌泉井"依然水清如镜，永不干涸。

而传说中的郑成功"下船石"，如今正是垂钓的极佳去处，也是观赏日出日落美景的难得位置。

我站在海滩上，远眺，远处海上有一长条，慢慢清晰起来。

同行说，那是金门。

獭窟岛

在泉州台商投资区浮山村，藏着一座小岛，叫獭窟岛。

獭窟岛，位于惠安县南部沿海的省道S201边上，曾经是一个海上孤岛，在1970年以前没有陆路连接，出入岛屿的日常交通工具是船。直至1970年7月，惠安县启动"七一围垦"工程，人们肩挑手扛历时两年多，筑出两条1100多米的跨海长堤，才将獭窟岛与陆地连在了一起。

现在的獭窟岛，尽管与陆地相连接，但并没有失去其原生的本色。它背靠陆地，三面环海，临海边缘，怪石嶙峋，碧波拍岸。

这里的沙滩有着小而精致的特点。大陆架沉降缓慢，浅滩一直延伸到海中数十米。

在这些沙滩上，堆积着被海浪冲刷而来的各色贝壳。

沙滩边上的岩石堆，日复一日经历了海浪的冲刷侵袭，逐渐变得圆润。

靠海吃海。獭窟的许多居民们仍以出海捕鱼为生，享受着大自然的馈赠。

渔民们娴熟地驾驶着小艇，往返于陆地与自家的渔船之间。从海里收获的海鲜，被安放在小艇上，渔民们有条不紊地将小艇划至岸边，等待他们的是亲人或是前来购买海鲜的客人。赶海人虽然个个疲惫不堪，却兴高采烈，挑的挑、背的背、抬的抬，卖完了，哼着歌儿回家去。

从海里捕捞上来的海鲜，没有经过陆路的运输，都保持着大海最原始的鲜味。因此这里的海鲜小吃店很有名。

这里的海鲜品种不少，有鲅鱼、鲈鱼、黄花鱼、梭鱼、青皮鱼、鲳鱼、虾，还有螃蟹、海螺、贝类，对了，还有海蜇皮呢。这林林总总的海鲜总是那样令人垂涎欲滴。

新打上来的鱼，宰杀干净，用水直接炖熟，葱姜蒜只放一点儿，真正的原汁原味。新捕获的大螃蟹，将近一斤重，煮熟了红彤彤的，十分诱人。中秋前后，蟹子正肥，打开蟹盖儿，满满的蟹黄压着白花花的蟹肉，香气四溢，令人食欲大增。

更难忘的是，朋友邀我坐着小渔船，再次体验一下出海。

小船犹如在茫茫浪涛间跳跃的一只鸟雀，两边的波浪像猛兽时刻要吞没它的身躯。一排排雪浪扑打到甲板上，没上过船、出过海的人会被颠得五脏六腑都跟着翻江倒海。幸得我是海边人，小时曾跟船出海过，并不晕船。我坐在船上，看渔家汉子耕海犁浪。他们赤着的脚被大海浸润成古铜色，五个脚趾像五根钢钉钉在船甲板上。他们有时唠着家长里短，讲些荤荤素素的笑话，逗得大家哈哈大笑……

久久挥之不去的是，海岛街上风里飘散着的那股浓郁的腥鲜味道。这股熟悉的野性的味道，带着大海的气息，带着泉州渔人粗犷豪爽的性格，叫我感到亲切。

多年以后，依然心生渴念。

寻找母亲河晋江源头

时间倒回公元300年前后，西晋末年，在北方广阔的中原地带，一队骑兵出现在官道上，一群曾经显赫一时的士族神情惶恐，他们与衣衫褴褛的百姓仓皇向南逃去。骑兵过处，刀光剑影，一时哀鸿遍野。

这一时期，史称"永嘉之乱"。中原百姓南下避祸，形成了北方汉人入闽的第一次高潮。

为避兵燹，士族们拖家带口，纷纷自河洛出发，跋山涉水，一路向南，寻找理想的住所。这就是著名的"晋人衣冠南渡"，他们带来了先进的生产技术和中原文化。

有水的地方，就有希望。一些人辗转入闽，在闽南如今的泉州一带沿江而居。因思念故土，他们将这条江起名为"晋江"。

由此，晋江成为泉州的母亲河。

晋江流域面积5629平方公里，是福建省第三大河流，但晋江的源头却众说纷纭。晋江上源有东溪、西溪，西溪公认为晋江的正源。古今大多数文献都指出晋江发源于戴云山脉东麓，但具体位置则有太华山东北坡、佛耳山、斜屿山、任田、梯仔岭等多种说法。再加上西溪上游有众多小溪，源头的位置，在2002年之前一直无法确定。

为进一步保护母亲河，迈入21世纪，泉州组织考察人员沿河流溯源而上，登山越岭，披荆斩棘，进行考察，探访晋江源头。

考察人员利用先进仪器反复测量计算，并征询当地群众的意见，最终确定了一都溪的尾溪北支流源头为晋江正源，并形成了考察报告。

2002年3月22日，在第十个"世界水日"到来之际，晋江源头终于有了定论。当天，福建省晋江源考察报告审查会正式认定：晋江正源位于戴云山脉东麓的晋江西溪上游的安溪县桃舟乡达新村梯仔岭东南坡。据此量算，晋江主流自源头至前埔（河口）全长182公里，流域面积5629平方公里。

在渺无人迹的源头可见20平方米左右的一小片湿地，径流出自坡积残积层与基岩的裂隙，在石缝里有涓涓细流淌出，源头水清澈见底。据考证，该水源终年不涸。

2015年秋天，我和几个记者到安溪县桃舟乡探访晋江源头。从云中山梯仔岭下凉亭处下车步行，沿着近2公里的鹅卵石道拾级而上，绿意漫山，溪水道旁流淌，清澈见底。

行走半个多小时，忽闻"哗哗"流水声，寻声望去，不远处有一溪流，像一个小瀑布，挂在山涧中。

眼前豁然开朗，半山腰有一处开阔地，一块写着三个遒劲大字"晋江源"的石碑立在碧草之上。

在晋江源头树碑，旨在唤起全市人民保护泉州"母亲河"的意识，更好地保护晋江源头地区的生态环境。石碑后刻有《晋江江源碑铭》，碑铭的第二段写着："饮水当思源，定源更为护源。特于晋江源头立此碑铭，以启迪我市民众弘扬中华传统美德，珍护晋江长流，滋润锦绣山川永世常春，并纪定源。"

就是这水源，从云蒸霞蔚的戴云山东麓而出，一路执着东去——经永春，过安溪、南安、晋江、鲤城、丰泽等县（市、区），继续向浩瀚的大海进发，流入汹涌澎湃的大海，成为大海的血脉，成为海上丝绸之路的血脉。

于是，晋江这条河流，有了海的志向、海的胸襟、海的激情，也成就了不断奔涌向前的历史和百折不回的精神。

如今，晋江两岸将着重打造总部经济聚集区和东海商业中心，滨江新城将形成集商务办公区、文化产业区、总部经济区、购物休闲区、高尚住宅区、休闲公园为一体的泉州"外滩"。

沿晋江区域，规划分为五大主题段，分别为绿色生态主题段、黄色游乐主题段、紫色古城主题段、红色民俗主题段和黄色海丝主题段。

泉州另一条著名的江，就是洛阳江。

洛阳江在惠安县西南，因周边居民的先人来自中原，故取名"洛阳"作为纪念。主干流发源于洛江区罗溪镇海拔753.5米的朴鼎山南麓，流经罗溪镇鼎底、马甲镇后坂、后曾、过溪、道坝、溪东，在山边村注入乌潭水库，再流经河市镇下庵、杏墩、下河市，与支流后深溪在下庄汇合继续向东南方向流经坑下、西垵、大宅、城东街道后垵，在桥南注入洛阳江内海，最后在东海街道后渚港注入泉州湾，全长39公里，流域面积229平方公里。

洛阳江畔，郁郁葱葱的红树林首先映入眼帘，令人恍如身在阳春三月，不知不觉走进一种格外恬静、怡然、惬意的境界里。

红树林是海洋木本植物，因为树干的汁液能做红色的染料而得名，然而红树林的树叶却是水汪汪的翠绿色。这种扎根于浅海滩涂上的绿色植物，以她顽强的生命力在蓝色的洛阳江湾描绘出一片生机勃勃的生命绿来。红树林，站在辽远的洛阳江上，成为一道绮丽的风景。她高扬向上的新叶，点燃了广袤的绿野。我站在洛阳桥头，呼吸她如兰的气息，感受她顽强的律动，体味她高雅的品格。当微风吹过，那青翠的林涛，舞姿婆婆，低吟浅唱，犹如洞箫琵琶奏响的南曲，又如沐浴在春风里的歌声，从遥远的天籁，飘进人们的心田。

红树林接海连天，像巨大的绿色屏障守卫着堤岸，同时作为天然氧吧，保护着海洋生态平衡。江水温柔地亲吻着堤岸，岸边的红树林为黑嘴鸥、白头鹎、苍鹭等近十万只候鸟提供了天堂般的家园。仔细一瞧，只见有的鸟儿在悠闲地散步，有的鸟儿在半空中自在地飞翔，有的鸟儿在绿色的树梢上小憩。这里是它们的天堂，它们是这里的主人。

江面上，不时可见一行白鹭飞上青天，接着忽见一叶渔舟驶进霞光里。天地江海之间一片安详静谧，人与大自然在此显得如此和谐。

从洛阳桥头沿着江滨大道向不远处望去，但见沿江耸立起一幢幢高楼大厦，与大江，与红树林，与江滨大道绿化景观融为一体，形成壮丽迷人的景象。

有西湖也有东湖

泉州也有一个西湖。

泉州西湖公园位于泉州市区西北部清源山南麓,是西北洋泄洪排涝工程的重要组成部分。西湖繁花锦簇,波光潋滟,与北面清源山自然接壤。清源山秀丽翠绿的山色与西湖浮光荡漾的美景相得益彰,湖光山色浑然一体,极具园林之美,是市区具有良好生态环境的湖上园林。

泉州市从1996年6月起,历时两年多,建成由3座名桥、3片水域和4座小岛组成的西湖公园。西湖面积达100公顷,其中水域面积82.28公顷,广场道路面积1.72公顷,绿化面积16公顷,种植树种达200多种,形成美丽的风景线。公园由"风起筝飞""远峰近月""刺桐双塔""古城览胜""清源晚钟""双岛鹭鸣""玉桥荷色"等景点组成。泉州西湖公园于2001年12月获得建设部"中国人居环境范例奖"荣誉称号,同时还获得"联合国迪拜奖""全国绿化模范单位",是"泉州十八景"之一、"市民最喜爱的中秋赏月点",成为泉州市城市建设的亮点工程之一。

景点建筑极具闽南地方特色,公园环境优美、生态和谐,并辟有"国际友谊林""义务植树林"等10多片纪念林。

来到西湖公园的西大门前,"西湖公园"4个大字被阳光映照得金光闪闪,两旁的柱子边上,有两只栩栩如生的麒麟,像两个卫士守卫在西湖的大门旁。

进入大门，映入眼帘的便是一个花形的大花台，一棵茂密的大榕树种在大花台的正中间，四周还有一些不知名的花朵，绿的、黄的、红的……像是春姑娘涂上去的色彩，十分美艳。

公园以其"悠悠烟水、澹澹云山、泛泛渔舟、闲闲鸥鸟"的美丽画卷，向游人展示其特有的魅力。穿过花台，一片令人赏心悦目翡翠般的湖水，立刻展现在眼前。阳光下，起风时，湖面波光粼粼，无风时，水平如镜。湖面上，时不时还有几只小船划过。湖边整齐地种着柳树，碧绿的枝条飘来飘去，在风中舞蹈。

过了石拱桥，便是气派十足又古色古香的刺桐阁。它位于西湖中心，三面环水，坐落在高大的城墙上，刺桐阁东、西、南、北各处均有一个出口，表示欢迎四方宾客。每个出口旁都雕刻着一对石象，栩栩如生。

环境的改善引来众多鸟类来此繁衍生息，据专家考证，园内现有鸟类30多种，尤以白鹭、池鹭、夜鹭、苍鹭为多。公园里，但见许多小鸟在湖的上空自由自在地飞翔。

站在桥上向远处望去，湖中央有座小岛，岛上长满了茂密的树木，许多小鸟在树上安了家。它们在树上飞来飞去，叽叽喳喳地叫着，唱出一曲曲动听的歌。

灼灼桃夭，如今泉州西湖公园又在东侧水域开发桃花岛，这是一处闽南建筑风格的水上古典园林景观。桃花岛为湖中岛，树林旁、绿地中建有亭、台、楼、廊，还有名人诗词题刻、楹联匾额等。行走在岛上，随处可见满树粉红的桃花美丽地绽放。

泉州不仅有西湖，也有东湖。

泉州市东湖公园位于泉州老城区东北隅，是号称"鲤鱼城"之鲤珠所在地，又是古泉州十大胜景之一"星湖荷香"遗址。

唐代湖面曾达4000多亩，有二公亭、东湖亭，宋代又添波恩亭，明代又建揽古亭。因唐代宰相姜公辅及欧阳詹等名士曾在此活动而闻名于世。湖中盛植荷花，遂成"星湖荷香"胜景。

明代以后数百年间，历史变迁，湖区荒废。直至 1990 年，泉州市委、市政府决定重建，于 1991 年 11 月拉开序幕，1994 年春节正式开放。

公园具有历史文化名城的内涵和时代气息。其规模 308 亩，其中水域 115 亩。以中心湖水体为核心，环湖建了人文主景"星湖荷香""祈凤阁"，并建有"七星拱月""二公亭""东湖亭""揽古亭""波恩亭"等构成幽雅休息区，为"静"区；建了儿童乐园、游船码头、双舟朝阳等构成娱乐服务区，为"闹"区。同时还根据各个景点的人文景观创作了"百鲤广场""石泉松屏""星湖草坪""友谊芳林""百果秋园""荷里飘香"等近 20 个植物景观、园林小品和草坪，营造几十处景点山石和铺设形式各异的林间路，园内绿化覆盖面占全园的 85% 以上。

东湖公园是首届"泉州市民喜爱的十佳建筑"及泉州最佳夜景工程，入选"中国名园"，被国家住建部评为"国家重点公园"，多次荣获福建省人大常委会"环境优美奖"。

东湖公园紧挨着泉州图书馆旧馆、泉州华侨历史博物馆、海外交通史博物馆，靠近市区东街、丰泽广场、释雅山公园，是一处闹中取静的好去处。

夏天，处于荷花盛开的季节，泉州人以及游客纷纷前往东湖公园赏荷。

湖面上，碧绿宽大的荷叶连成一片，或红或白的荷花，有的含苞待放，秀颀可爱，有的尽情绽放，露出黄色花蕊，情趣盎然。和风送香，风动之处，凌波起舞，似灵动音符，蜻蜓立于花上，青蛙憩于莲中，令人有泛舟其中的冲动。

2015 年夏天，东湖公园荷花池内，长出一支罕见的并蒂莲，引得游客争相观赏。

自古以来被视为吉祥、喜庆征兆的并蒂莲，因其生成概率仅十万分之一，素有植物中的"双胞胎"美称，加上无法人工复制，更显珍贵。

东湖公园正以其独有的魅力向世人展现她的古韵新风。

泉州还有龙湖、百崎湖两个湖，也值一提。

龙湖位于晋江市东南，是福建省的第二大天然淡水湖。相传，因湖的南端露出两块礁石状如龙目,中部宽大弯长形似龙躯,北面枝杈旁生犹如龙尾,整个形状如巨龙伏于围头半岛之上,面向大海作飞跃升腾之势,故被先人们称为"龙湖"。如果站在湖岸边瞭望,那宽阔的湖面,涌动的湖水,清澈的水质,以及湖岸上的绿树高楼,直入眼眸,让人生出一种飘飘欲仙的感觉。微风轻拂,湖水荡漾,岸边翠柳婀娜,湖中白鸭戏水,湖亭屹立,渔翁放歌,一景一物,如诗如画。

在龙湖还有一个在当地非常出名的文物景观,那就是建于宋朝、迄今千年的"龙王宫"。古代每遇旱灾,泉州知府和晋江知县就会带领当地的老百姓到龙王宫里来求雨,并取水回府,设坛祷告。

再说说百崎湖。

百崎湖位于泉州台商投资区西侧,水域面积约 3.5 平方公里、沿湖岸线长 26 公里,被誉为泉州的"城市之眼"。泉州台商投资区借鉴上海月湖的开发建设模式,即先造景,再开展城市建设,充分利用百崎湖面景观,倾情打造"城在湖上、湖在城中"的亲水意境,通过提升整体环境品质,打造一流的居住及商务办公区域。

古代城内水系八卦沟

夏夜，微风轻拂。在泉州市区内沟河畔小径上走着，河水轻轻跟着那夏的节奏，微微泛着涟漪，仿佛正解去白天的燥热。

泉州因水而名、因水而兴、因水而美。"清泉随处涌，处处有花蹊。"这是早年人们对水流清澈的内沟河的形容。泉州内沟河在唐代就已经形成规模，作为城市排洪排涝的重要水系，功不可没。它在海上丝路对外商贸中，发挥着重要作用。

与苏州、扬州、杭州、南京等历史文化名城纵横交错的内沟河一样，泉州也有内沟河，叫"八卦沟"。八卦沟建于何时？据《泉州府志》对于城中排水沟的分类，一类叫"子城内沟"，一类叫"子城外沟"。子城是唐朝的泉州城，子城内沟必定是与建子城同时开筑的，因为城区的排水必须疏导往城外，这是建城工程的首要问题之一。古城"城池"包括城中的水沟和城外沿的护城壕。因此，八卦沟的历史可追溯到唐代建的子城。唐代的子城"外壕广深丈余"，内有支沟五条，"子城内沟即八卦沟也"。后来扩建罗城，外壕比子城大，内壕也有增加，"三面通流，萦回如带"，因而八卦沟也随之扩大。

清代道光年间的《晋江县志》记载："子城有内沟外壕，罗城又有内沟外壕，重重环绕。一以限戎马，一以利转运，一以通宣泄，深沟高垒，巩固吾圉。"明万历《泉州府志》云："罗城、子城内外壕沟，如人之一身，血脉流灌，通则俱通，滞则俱滞。"明万历《泉州府志》又云："唐文宗太和中（827—835），刺史赵棨于郡城东南开天水淮以肥沃南洋之田。"当时有城内壕沟5条，和城外护城壕相通。外壕广深一丈多，而且把东南的排水引用于肥田，取得城内排水和城外肥田双重效益。唐哀宗天祐三年（906），王审知营建泉州子城，在城内开排水沟，全长2750米，分主沟11条、支沟5条，还有许多分沟，构成明沟暗渠交错的排水网，奠定了城内排水系统的基础。

以后随着城区的拓展，历代均有扩建和疏浚，尤其是明孝宗弘治十一年（1498），御史张敏主持大规模疏浚，他按照古代伏羲八卦与方位相配学说，为东离、西坎、南乾、北坤、东南兑、西北艮、东北震、西南巽，将城内排水沟系统，按方位分别用相应的八卦瓶放置，故民间亦称其为"八卦沟"。

八卦沟的主干流"巽流"，又称大八卦沟、大壕。这一段沟原是旧罗城南护城壕，西北起自新门水关，东南至涂门水关，直线横亘泉州城，全长2250米。初建的时候仅是贴着城墙的一边有石堰岸，沟底和南岸都是土底土岸。因当时此沟尚是护城壕，后代泉州城的护城壕也是土底土岸，只在有桥处才砌石堰岸。

泉州城厢地势北高南低，形成"金交椅"形，整个排水系统就是按地势划分为"金交椅椅背"外的东北区和西北区，金交椅内的城内中心区，金交椅前的南区。

泉州城的内沟河自古以来就对这座城市起着举足轻重的作用。

八卦沟两岸，流传着很多传说和故事。在距离水门巷竹街西侧不远的八卦沟上，保留着一座著名石桥，叫"鹊鸟桥"。石桥小巧精致，桥面稍显狭窄，却颇有名气。何为"鹊鸟桥"？据说是因旧时这座桥上经常有成群结队的鹊鸟停歇于此，或站立，或低飞，或嬉戏，故被称为"鹊鸟桥"。宋元时期，"鹊鸟桥"附近的这段水沟是连接泉州市区、晋江两地的重要商船货运水道，经常能看到商家用小船将货物沿水沟运到市舶司（宋、元及明初在各海港设立的管理海上贸易的官府，相当于现在的海关），再运到城南的码头、聚宝街，然后出晋江，沿着海上丝绸之路远航……

如今站在八卦沟畔，我仿佛看见当年青石小路蜿蜒，屋舍出砖入石，飞檐翘角，古香古色。沟旁商店餐馆，旗幡招展，顾客盈门。放眼望去，小桥数座，潺潺流水。一条小船缓缓驶来，船头站着一个身穿红衣古装的吹箫女子，船尾的艄公身穿古袍，头戴斗笠。桨声轻动，箫声婉转，如天籁之音在水面飘荡……

内沟河之于城市，犹如血液之于人体，是否顺畅、清净，直接关系到城市的灵动和市民的幸福。1997年，泉州市委、市政府对平原渠、东环城河南段、田安渠、大淮渠、田淮渠西段、七中沟和小八卦沟等沟渠进行整治，相继完成主体工程和护栏、绿化等配套设施。多年来，围绕打造宜居城市，泉州又不断推进内沟河整治保护步伐。如今，经过不断改造和有效管理，古老的内沟河河水绵延不绝，绿水绕古城，不仅发挥了重要的排水排涝作用，还形成了一道道纵横交织的风景线。

长渠如练碧波荡漾，绿树繁花掩映楼宇，内沟河大大提高了城市的生态环境质量，改善了市民的居住、生活环境。

水是泉州的精气神。内河以其丰饶滋养着一方百姓，以其厚重涵养着城市底蕴。

泉州市区利用沟渠岸边的空地，新建许多口袋公园，移来花草，种上乔木，增加亲水平台，引来路灯夜景，营造出一处处幽雅别致、独具特色的街头公园，达到"河畅、路通、水清、岸绿、景美"。

有人在长廊里聊天，有人在凉亭里歇息，有人在河畔边散步，有人坐在树荫下的石凳上沉思……

QUANZHOU
THE BIOGRAPHY

泉州传

叩开千年古城的悠悠记忆

第二章

站在泉州古城的深处，踏在青石板上，行走在隐隐于市的古城遗迹里，触摸斑驳的城墙。放眼望去，阳光柔和地洒在古城的上空，让历史的光芒闪烁。流连于历史和现实的纵横交错间，思古情怀悠悠。

泉州古称刺桐城，因先人扬帆远航，从东南亚带来刺桐花遍植于城而得名。又因站在清源山上下望古城区，似一条鲤鱼，也称"鲤城"。

大海苍茫，在元朝，这里留下意大利探险家马可·波罗的身影；而更早的时候，意大利犹太商人雅各，在南宋光明之城的月色中行吟……

寻觅城市的古老印记，这座城市最真的味道，最初的记忆，便这样不期而遇。

叩开刺桐这座千年古城的悠悠记忆，她有着无数的精华我们早已挖掘，她有着许多美丽的梦想则等待我们去追寻。

刺桐花 刺桐城

在中国版图的东南沿海地图上看泉州，像极了一朵盛开的刺桐花。

这抑或是冥冥之中的巧合。

泉州城，古称刺桐城。

一座城因花而得名，带着几分美丽。这种生于印度和马来西亚的美丽花树，跟随远古贸易的船舶乘风而入中国，而入泉州，如今在山美水美的泉州，生长得如此绚烂。

五代时，泉州一方水土，已遍是刺桐花娇艳火红之姿。公元944年的一个春天，效忠闽王的留从效，发动泉州全城民众种植刺桐。

《晋江县志》记载："衙城与罗城皆留氏筑，是后于子城也。"留氏，指的是留从效。留从效（906—962），福建泉州桃林（今永春县城关留安村）人。五代后晋开运元年（944），留从效任泉州刺史。南唐保大七年（949）升泉州为清源军，兼领南（漳）州，留从效为清源军节度使，泉、南（漳）等州观察使，后累授同平章事兼侍中、中书令，封晋江王。后周显德四年（957），周世宗南征，留从效则贡于后周。建隆元年（960），留从效遣使奉表称藩于宋。

留从效依泉州北面洛阳江之险和东南面大海之利，雄踞一方，管辖闽南的泉、漳两地，自称"泉漳留后"。

留从效出身寒微，所以知人疾苦。他治理泉州17年，以勤俭养民为本，深得泉漳民众爱戴。他平时一身布衣，将公服置于中门旁边，外出和处理公务时才穿上。主政期间，他在泉州围垦海滩，兴修水利，多年粮食屡获丰收；他还大力发展海外贸易，积极发展冶炼业、陶瓷业、丝织业等与对外贸易有关的手工业。为适应经济和对外贸易发展的需要，留从效开始在子城内加筑衙城，扩建罗城。

泉州城建设要早于留从效时代。武则天久视元年（700）建泉州城，在闽南地区是最早的。当时，武荣州州治从丰州迁到现在的泉州城所在地，初始仅建六曹都堂署及参军厅，衙前辟南大街为市。开元六年（718）从南安县分设晋江县，开始建城，最初叫唐城，中心地点在现泉州市区北门中山公园一带。自唐至元，泉州府衙都设在这里。直到明朝，这里才改成武职长官署，称泉州卫指挥使司（顺治三年改为福建省陆路提督军门，为省级衙门），迁泉州府衙于东街。

唐玄宗开元二十八年（740），泉州城周长达20里，开南北两个门，北门叫泉山，南门叫镇南。唐城呈四方形，中轴线为南北大街，城外有护城河。贞元八年（792），刺史席相重修北楼。第二年，泉州首个进士欧阳詹作《北楼记》。大和年间，增开仁风、素景东西两门，一共4个门，北城墙增建立候楼，又开辟东街、西街通东西两门。

因为泉州"四序有花长见雨，一冬无雪却闻雷"，唐刺史林披的第六子林蕴在《泉山铭》就称"改温陵为泉州"，所以，泉州城一建，就又别称"温陵"。

光启二年（886年），河南固始人王潮兄弟占据泉州，王潮曾在故城内筑子城。天祐三年（906），王潮之弟王审知扩大子城范围，打破了泉州城方形的格局，并在城门外筑驿道通向四面八方。《晋江县志》说："子城周围三里，为四门，东曰行春、西曰肃清、南曰崇阳、北曰泉山。"留从效入泉州后，把府城分为三层："衙城"是开府建城的地方，"子城"即唐代城址，"罗城"是外城。罗城高6米，周长10公里，有仁风、义成、镇南、朝天、通淮、临漳、通津7座城门。城门上都设有水关，船舶可直达城下。

城内有两条十字街，即现在的东街西街、涂门街新门街，而从北边的朝天门到晋江边的镇南门，则是一条南北大街。出东街，有一条驿道经东禅、洛园、下石井、上石井、大路沟、洋店（当时外国人经商的主要地方）、后亭，直达后诸港，长7公里多，这是除浯江码头外的另一主要港口。

留从效府第在旧泉州市政府（现鲤城区政府机关所在地）附近，称"留郡园"。留从效的南园就是现在位于南俊巷的承天寺。

留从效之后，太平兴国二年（977），南唐末期清源军节度使（管辖泉州、漳州）陈洪进归宋，北宋皇帝命毁泉州三城，直到皇祐四年（1052）才重新修复三城。熙宁九年（1076），北宋朝廷命福建转运常平司修筑泉州外城。宣和二年（1120），知州陆藻增筑泉州罗城，城墙内石外砖，高2丈，合6.7米。

据泉州市城市规划建设专家顾问组、泉州市城市建设档案馆编的《泉州古城街坊摭谭》记述，20世纪初，罗城蜿蜒15公里，城墙高6米，而7座巍峨的古城门依然存在。

再说回留从效。《晋江县志》又记载"子城环植刺桐，故曰桐城"。这里提到留从效植刺桐。

留从效对刺桐花特别喜欢，史书说，"留从效重加版筑，傍植刺桐环绕"，刺桐城的名称由此而来。

随着泉州海外交通贸易的兴盛，刺桐树由商人从印度和马来西亚传入泉州。刺桐，落叶乔木，树皮灰色，有皮刺。其花木高大，枝叶繁茂，春天开花，殷红似火。

公元944年暮春的一天，刚到泉州城不久的留从效走出府衙登上城楼。此时，泉州的天色有一些阴沉，多年战乱，城墙看起来破旧不堪了。留从效心中想，需要有一种标志来重塑这座城市的精神。

突然，一阵风吹过，一朵红色的花儿飘落在他身边，他一看，是一朵刺桐花。他心想：对了，就是它！开得旺盛的刺桐花，鲜艳如火的刺桐花，正是他需要播种的啊，因为这正是他要给这座城市重新树立的蓬勃向上的精神！

于是，留从效传令下去，全城上下种植刺桐，要让刺桐花成为泉州的标志、象征，成为一种精神，永续流传。

刺桐花带着洋溢的情怀，带着人们美好的祝福，给这座城市增添了无尽活力。

　　春天，刺桐花开的时候，它的叶子就会落得精光。火一样的刺桐花俏立枝头，灿烂地开着，满树都是一簇簇的花骨朵，花色鲜红，一串一串长长的，远远看去，就好像一串串熟透了的火红的辣椒，美丽极了！一阵风吹来，刺桐花尽情地摆动自己美妙的身姿。

　　自古至今，如火旺盛的刺桐，是泉州的一个标志，是泉州的一种精神，一种蓬勃向上、爱拼敢赢、海纳百川的精神。因此泉州城被唤为"刺桐城"，泉州港被唤为"刺桐港"，也成为对外海上交通的一册史书。

　　一座城因历史文化而闻名，又带着几分厚重。

　　马可·波罗在游记中曾记述："宏伟秀丽的 Zai tun 是世界上最大的港口之一，大批商人云集这里，货物堆积如山，的确难以想象……""Zai tun"就是刺桐的音译，当时的泉州港比埃及的亚历山大港更为繁荣。

　　春秋轮回，日月转换，如今的刺桐花已被誉为"泉州市市花"，一如当初，守护着这片美丽富饶的土地。

　　刺桐城，掩映在刺桐花的笑靥里。

马可·波罗与泉州城

13世纪末，欧洲流传着一本神奇的书，书名叫《马可·波罗游记》。书中叙述了中国、中亚、西亚、东南亚的情况。书中盛赞以中国为代表的东方富庶、昌明。这本书极大地开阔了中世纪欧洲人的视野，意大利航海家哥伦布等人看到这本书，萌生了冒险航海的念头，发现了新大陆。

马可·波罗（1254—1324），出生于意大利威尼斯的一个巨商之家。

1271年，马可·波罗17岁时，父亲和叔叔拿着教皇的复信和礼品，带领他与十几位旅伴一起向东方进发。他们从威尼斯进入地中海，然后横渡黑海，来到中东古城巴格达，从这里到波斯湾的出海口霍尔木兹，准备乘船直驶中国。他们在霍尔木兹等了两个月，也没遇上去中国的船只，只好改走陆路，一路跋山涉水，终于来到了中国的新疆。

马可·波罗一行继续向东，穿过塔克拉玛干沙漠，来到古城敦煌，最后穿过河西走廊。1275年的夏天，他们终于到达了上都——元朝的北部都城，向忽必烈大汗呈上了教皇的信件和礼物。大汗一见马可·波罗，便非常赏识，请他讲述沿途的所见所闻，其后携他们同返大都（今北京），后来还留他们在元朝任职。

聪明的马可·波罗很快就学会了蒙古语和汉语。他借奉大汗之命巡视各地的机会，先后到过新疆、甘肃、内蒙古、山西、陕西、四川、云南、山东、江苏、浙江、福建等地。每到一处，他就详细地考察当地的风俗、人情、地理、历史。

在中国久了，马可·波罗十分想念家乡威尼斯，多次打算还乡，但忽必烈一直不允许。

1289年，伊儿汗国阿鲁挥汗的元妃去世，派兀鲁斛、必失呵和火者为专使，来元廷求婚。忽必烈选定阔阔真为元室公主，由三位使者和马可·波罗及父叔护送，并答应了马可·波罗顺便回国的请求。

当时因为战争原因，陆路无法通行，马可·波罗一行选择了海路，于是踏上了一座繁华的港口城市——刺桐，也就是现在的泉州。泉州的繁华、富饶，泉州人的好客，给马可·波罗留下了深刻印象。他在泉州港休整了一段时间，为船只给养。那段时间，他走在泉州的大街小巷，对泉州有了更深入的了解，爱上了这座城市，也留下了在中国最后的美好记忆。

1291年春，风和日丽，马可·波罗一行乘14艘4桅12帆的巨船，从泉州启航，经苏门答腊、印度等地到达波斯。

1298年（一说1296年），马可·波罗因参加威尼斯与热那亚的战争，不幸成为战俘。在监狱里，他结识了骑士文学作家鲁思梯谦，于是便有了马可·波罗讲述、鲁思梯谦执笔的《马可·波罗游记》，也叫《东方见闻录》。

书中，马可·波罗对泉州人评价很高："民性和平，喜爱舒适安逸，爱好自由。"

《马可·波罗游记》是这样描述泉州城和泉州港的：

> 离福州，渡一河，在一甚美之地骑行五日，则抵刺桐城，甚广大，隶属福州。此城臣属大汗。居民使用纸钱，而且是偶像教徒。刺桐港即在此城，印度一切船舶运载香料及其他一切贵重货物莅临此港。这也是一切蛮子商人常入之港，由是商货宝石珍珠输入之多竟至不可思议，然后由此港转贩蛮子境内，我敢言亚历山大或其他港运载胡椒一船赴诸基督教国，乃至此刺桐港者，则有船舶百余，所以大汗在这个港口征收税课，为额极大。凡输入之商货，包括宝石珍珠及细货在内，大汗课额十

分取一,胡椒值百取四十四,沉香檀香及其他粗货,值百取五十。

刺桐是世界最大的港口之一,大批商人云集这里,货物堆积如山。

此处一切生活必须之食粮皆甚丰饶。并知此刺桐城附近有一别域名Tiunguy(迪云州),制造碗及瓷器,既多且美。除此港外他港皆不制此物,购价甚贱。此迪云州城,特有一种语言,大汗在此中征收课税甚巨。

元代的泉州处在海外贸易和社会经济的鼎盛时期,这在《马可·波罗游记》中得到真实的反映。《马可·波罗游记》说:"大批外国商品运到这里,再运到全国各地销售。运到那里的胡椒,数量非常可观。但运到亚历山大港供应西方世界各地需要的胡椒,就相形见绌,恐怕不过它的百分之一吧。"他还说,这个地区"一切生活必需品非常丰富"。

当时泉州的德化瓷器物美价廉,一个威尼斯银币能买到8个瓷杯。马可·波罗回国时,带回多件德化窑生产的白瓷和色釉小碗。现在,意大利博物馆里还保留一件马可·波罗当年带回国的德化家春岭窑的小花插。

泉州是宋元时期重要的造船基地之一,所造海船的坚固性、稳定性、适航性,在当时都居于先进水平,而水密隔舱的安全设施更是一种创举。《马可·波罗游记》说:"大汗又下令准备了十四艘船,每船有四根桅杆,能扬九帆。""其中至少有四、五艘船可容纳船员250或260人。"

泉州佛教兴盛,自唐朝以来就有"泉南佛国"之誉。《马可·波罗游记》也对泉州人信奉佛教作了介绍。马可·波罗说,这里的"人民是偶像崇拜者"。"偶像崇拜者",指的就是佛教信徒。

中国在唐朝首先生产冰糖。《马可·波罗游记》载:武干市(今泉州市永春县)"这个地方以大规模的制糖业著名,出产的糖运到汗八里,供给宫廷使用。在它纳入大汗版图之前,本地人不懂得制造高质量糖的工艺。制糖的方法很粗糙,冷却后的糖,呈暗褐色状。等到这个城市归入大汗的管辖时,刚好有些巴比伦人来到帝廷,他们精通糖的加工方法。因此被派到这个城市来,向当地人传授用某种木灰制食糖的方法"。后来埃及人在泉州学得制造冰糖的方法,并回传到埃及。

马可·波罗在书中还说，刺桐城的纹身师以艺精出众而驰名中外，有许多印度人到这里来纹身。

元朝刺桐港的风帆送走了马可·波罗，却将他的身影和故事留在这里。

几百年来，在泉州刺桐港附近东海法石一带流传着"马可巷"和"马可井"的故事，而且颇具传奇色彩。

"马可巷"太小，本不起眼，因此一直没有名字，直到马可·波罗到此地购置商品，才得名"马可巷"。

与"马可巷"相距不足百米的地方，有一口淡水井被当地人称为"马可井"。据说马可·波罗护送蒙古公主远嫁波斯，曾来这个水井补给，这个水井随之出名。1991年2月14日至19日，联合国教科文组织海上丝绸之路综合考察船"和平方舟"在泉州考察期间，其中一个考察地点就是"马可巷"所在地。

根据古书记载，马可·波罗从泉州后渚港出发，前往波斯。现在，"马可波罗出航处"是泉州市重点文物保护单位。伫立在丰泽区后渚港区的"马可波罗出航处"石碑，还在默默述说着曾经的辉煌。

如今，在泉州东海滨城，高高矗立着巨大的马可·波罗雕像。马可·波罗双眼炯炯有神，正凝视着前方。前方是泉州古刺桐港，波光粼粼，海天一色。

犹太商人雅各眼中的"光明之城"

站在泉州大坪山公园上,俯瞰泉州市区,夕阳西下,华灯初上,一盏、两盏,一层、两层,一排、两排,高的、低的,远的、近的,一朵朵,一簇簇,一串串,像鲜花竞相绽放,姹紫嫣红,似梦似幻。一时间,整座城市都亮了,远远望去,犹如满天星斗,熠熠生辉。

城市是美丽的,夜色是美丽的,城市的夜色因为灯光更是美丽的。

一座座大桥或连接南北,或横跨西东,那桥上装饰的灯,组合成一道道不落的彩虹。

一排排路灯不断向远方延伸,汇聚成一条条流光溢彩的河流,有汽车疾驰而去,像一尾尾鱼儿在河里游动。

如果这时徜徉于泉州的街市,酒吧、咖啡厅、KTV里的灯光有些朦胧,从里面流淌出美妙的音符,弥漫着时尚的青春气息,洋溢着浓厚的浪漫情趣。街头鳞次栉比的商店门头上花花绿绿的霓虹灯,闪烁着,宣示着城市的繁华。

居民小区,家家窗户里透出淡淡的、柔柔的灯光。那灯光折射出了千千万万个幸福、温馨、和谐的场景:或是莘莘学子在伏案攻读,或是勤劳母亲在忙忙碌碌,或是爷爷奶奶在含饴弄孙……

这就是光明之城。泉州"光明之城"之称古来有之。

在马可·波罗之前,1271年8月13日,意大利犹太商人兼学者雅各·德安科纳远航东方,沿着海上丝绸之路来到中国东南沿海的国际城市——刺桐城(即今泉州市)。他在这里徜徉,在这里感受,在这里沉思,在这里度过了充满传奇色彩的半年时间,并用古意大利文写下了30多万字的刺桐见闻录手稿,这就是《光明之城》。雅各在手稿中记录了他在泉州逗留期间的所见所闻,描述了南宋末年泉州地方社会的政治、经济、民俗等情况,内容十分丰富。他写道:"刺桐人在自己房子的入口处和庭院里都点了灯,因而到处都有灯光,而那些在夜晚赶路的过路人也点着无数的灯笼以照明,因此整个城市都在闪烁,处处都有灯光。"看到这些光怪陆离的夜生活,他把泉州城称为"光明之城"。

雅各和他的同伴于1272年2月依依不舍地离开"光明之城"。

他在《光明之城》中这样介绍泉州:

这是一个很大的港口,甚至比辛迦兰(广州)还大,商船可以直接从中国海进入到这里。它的周围高山环绕,那些高山使它成了一个躲避风暴的港口。这里的江面宽阔,江水滔滔奔流入海,整个江面上布满了一艘艘令人惊奇的货船。每年有几千艘载着胡椒的巨船在这儿装卸,此外还有大批其他国家的船只,装载着其他的货物。就在我们抵达的那天,江面上至少有15000艘船,有的来自阿拉伯,有的来自大印度,有的来自锡兰,有的来自小爪哇,还有的来自北方很远的国家,如北方的鞑靼,以及来自我们国家的和来自法兰克其他王国的船只。

的确,我看见停泊在这儿的大海船、三桅帆船和小型商船,比我以前在任何一个港口看到的都要多,甚至超过了威尼斯。而且,中国的商船也是人们能够想象出的最大的船只,有的有6根桅杆、4层甲板、12张大帆,可以装载1000多人。这些船不仅拥有精确得近乎奇迹般的航线图,而且,它们还拥有几何学家以及那些懂得星象的人,还有那些熟练运用天然磁石的人。通过它,他们可以找到通往陆上世界尽头的路。

……

因此,这儿有成批的商人沿江上下,如果一个人没有亲眼目睹这一情景,简直无法相信。在江堤边上有许多装着铁门的大仓库,大印度以及其他地方的商人以此来确保他们货物的安全。不过其中最大的是萨拉森人与犹太商人的仓库，像个修道院，商人可以把自己的货物藏在里面，这其中，既有那些他们想要出售的货物，也包括那些他们所购买的货物。

……

在城里，人们还可以听到100种不同的口音，到那里的人中有许多来自别的国家。其中有萨拉森人、犹太人和许多其他有自己的寺庙、屋舍的教徒，并住在城内各自的地方。他们都有自己开的旅馆，我们船队的基督教徒和萨拉森人可以在其中找到自己的住所。

这座城市是一个民族的大杂烩，据说有30个民族之多，每一个民族都在这里居住了很长的一段时间，都有自己的语言。如萨拉森人说阿拉伯语，法兰克人说法兰克语。各民族都有自己的生活方式，按自己的意愿行事。结果那些大印度的商人很容易被人看出来，因为男人们又黑又瘦，而妇女们却非常美丽。他们都根据自己的选择，以蔬菜、牛奶、米饭为食，不吃肉和鱼。他们既不像刺桐人那样吃东西，也不遵循他们的习惯习俗。来自其他国家的商人几乎都不能掌握刺桐人的语言和文字，于是都不得不聘请那些熟练掌握其他语言的人做翻译。

……

许多城门上有城楼，每个城门口有市场，它们与城里的不同地区分布着的不同职业和不同手艺相接近。因此，在这个门口是丝绸市场，那一个门口则是香料市场；这个门口是牛市和车市，另一个则是马市；这个是由乡下人卖谷物的市场，另一个则是种类齐全的大米市场；这个是羊和山羊的市场，那个则是海鱼和河鱼的市场；其他的许多门口也都如此。确确实实，这个城市的财富极多，甚至有各种各样不同的市场。

从这些文字中，可见当年刺桐城"市井十州人"的繁华。而《光明之城》是比《马可·波罗游记》更早的欧洲人访问中国的游记，所记述的南宋时的泉州是大多数欧洲人所不了解的。

寻访泉州古城墙的踪迹

明代《闽大记》写道:"泉州府环山障海,为东南之巨镇。"

为了更好地保护古城,防止丧失历史文脉和风貌,泉州市于1995年成立了历史文化名城保护建设指挥部,特邀文物部门、大学院校、研究所等文史专家做文物、古物、古建筑包括遗址的先行调查。1996年,《泉州古城址踏勘与研究》课题组全体成员各自查阅相关资料,阅读旧志有关泉州古城的记载、稽考历史、寻找线索……前期准备工作1个多月后,分不同内容不同线路先后组织了5次集体踏勘考察调查活动。经过实地踏勘,政府部门和专家掌握了不少弥足珍贵的历史资料。

21世纪初,在政府有关部门和专家的共同努力下,泉州市土地开发有限公司受泉州市政府委托,成立北门建设指挥部改造北门街。2002年,朝天门和泉山门两座城门完成了复建工程。当年,泉州市人民政府又组织、协调、实施临漳门的复建工程,整体规划设计由泉州市政园林古建筑设计院负责,设计院根据古时城门原貌和当今的交通环境,做到修旧如旧。这些古城门被列为泉州市辖区历史建筑。

城墙是古城最重要的一部分,它延伸着历史文化名城的文脉。

泉州古城墙作为一种文化,之于人们,便像一本尘封多年的历史著作,曾经的气势磅礴,不因为沧海桑田而荡然无存,不因为白云苍狗而销声匿迹。

重修的泉州"朝天门",那伟岸端庄的气势令人震撼,站在"朝天门"前,一半是车水马龙的繁华现代都市,一半则是老旧岁月的沧桑;泉州天后宫旁德济门的重见天日,重新翻开海上丝绸之路的辉煌;在历经血与火洗礼的崇武古城前,人们仿佛听见铁马嘶鸣……

让我们从德济门、威远楼、朝天门、临漳门、泉山门等地,再次推开古城记忆之门,寻找泉州古城记忆深处的那些篇章……

德济门遗址重见天日

百年来,泉州天后宫旁,人来车往,谁也不知道在自己的脚下还有一段泉州的历史在静静地等待。直到2001年金秋,这段"藏于地下"的历史才重现于人们眼前。

2001年9月,泉州城南片区保护整改工程正式启动。9月16日正午时分,天后宫前面,深藏地下几百年的泉州古城门被工人意外发现。9月26日,千斤大炮在城南惊现;10月4日,古城门巨石露出真容;10月6日,城南又发现巨型石碑……一个接一个惊人的发现,立即引起巨大的轰动。

泉州市文物主管部门立即组织考古专家,对南城门遗址进行挖掘。考古人员在遗址的东南角(即月城城墙基部),发现一块古制城砖,长40cm,宽20cm,厚6cm。在这块城砖的侧面,可以清晰地看出"修城砖官厂"几个字,有明显的官方制造字样,较为罕见。后来,考古人员又发现了大量的古代寺院建筑构件。考古学家推测,元明时期这里及附近曾经建有寺院。经过几十位考古人员历经半年的挖掘,规模宏大、内涵丰富、极具文物价值的泉州古城门遗址——德济门重现于世,在天后宫南40米处,一段10余米长、1.5米高的古石墙被挖掘出来。石墙的最底部由花岗岩的圆柱和条石铺成,有根圆柱中一块古伊斯兰石墓盖有绽放的花纹,证明了当时泉州宗教十分兴盛,泉州多种文化融合。

700多年前,德济门是进出泉州古城的要道。德济门外的聚宝街、万寿路富美码头是泉州宋元时期进出口货物的集散地。德济门始建于南宋1230年,在元代1352年进行了扩建。古时，德济门（南门）是泉州地势最低处，护城河非常宽，人们在护城河的石板上搭盖起简易房子即可入住。据清道光《晋江县志》载：元至正十二年（1352），监郡偰玉立废罗城之镇南门，扩建翼城。内外都用石砌，南门就叫作"德济"。明、清两代，城池均有修葺。

目前，古德济门的确切位置已确定。因闽南"大门不能对小门"的风俗，古城门的位置与天后宫的大门错开。遗址总面积约2500平方米，分城门、城垣、城墙基址和月城城门、城垣基址两部分，结构完整，气势恢宏。德济门城内有一条内河，这条内河正是通过德济门排水到外面的护城河。

从考古挖掘出来的情况看，德济门由罗城的南门和瓮城门组合而成。瓮城是保护和加固德济门的，不管是德济门的正城墙还是瓮城的城墙，它们的墙基都是由宋元时期遗弃的寺庙的石柱作基础建设的。仔细观察，这些石柱一支支排列起来，使得墙基异常坚固。

德济门遗址发掘出很多宗教石刻，包括伊斯兰教、佛教、印度教、犹太教、基督教等宗教的石刻。有一块宗教石刻，一面刻的是古基督教的莲花十字架，另一面刻的是伊斯兰教的云月图，这种石刻，是泉州以前未发现过的。在一块石鼓上刻有六角星，中间填刻有花卉。在国外，犹太教也有类似的六角星石刻，所以这块石鼓很可能是宋元时泉州犹太教寺庙或犹太教大商人住宅的石刻遗物。

德济门遗址发掘后，泉州投资数百万元建设德济门遗址公园。德济门遗址公园在泉州市区天后宫对面，距地面3米，垒石结构，是一个文化休闲平台，分别设计了入口、参观平台、门址展示、遗址标志以及相关资料和简介等。

德济门遗址于2006年5月被国务院核定为第六批全国重点文物保护单位，它也是世界文化遗产"泉州：宋元中国的世界海洋商贸中心"遗产点。

文物保护与在地居民的和谐共生，在这里得到了最充分的体现。如今，人们漫步在德济门遗址广场，700多年历史的石构件依旧安然入睡。由花岗岩砌成的崭新广场，任由人们行走的脚步声轻轻拍打着，追寻古城墙遗迹历史的节拍。

现在的德济门遗址广场，虽然看不到商贾云集的"泉南番坊"景象，却仍然吸引着众多周边的居民前来纳凉、散步、跳舞、聊天。

在广场上行走，放眼那些伫立在历史深处的斑驳石头，仿佛能看到刺桐城发展、演变的轮廓。这些斑驳的石头，如凝固的历史之乐。

威远楼：古代瞭望防卫楼

朝阳穿过晨雾，将光线洒在泉州中山北路上。微风吹过，熙熙攘攘的人群，一大早就给这里增添了繁忙的景象。在这繁华之中，有一座闽南古建筑风格的高楼，远远看去，显得雄伟壮观，它如同一位饱经沧桑的老人静立在绿树红瓦之间，不悲不喜。

泉州古城地势北高南低，这一座雄伟的建筑，为南北走向的中山路，挡住东北风势，守护着中山路的安宁，这座建筑就是威远楼。

泉州威远楼又称谯楼，位于泉州旧城区中山北路古州衙前，为泉州市级文物保护单位。大致可知其建筑年代在唐至五代之间。五代王审知建立闽国后，开始在泉州州治前建双阙（瞭望防卫楼），下面垒石如城。登上双阙，古城风光尽收眼底，整个古城给人以整齐和谐的美感。

"双阙"是供瞭望的楼，因有东西两门，又称"双门"。宋代，泉州双阙为"测漏所"。南宋乾道五年（1169），泉州太守王十朋重修，并撰写《重修北楼记》。王十朋将北楼与武昌南楼并称为"天下名楼"。因它位于刺桐古城的北边，当时称为"北楼"，是刺桐古城北边的最高建筑。其作为谯楼（瞭望楼），有着军事作用。

元至正九年（1349），高昌人偰玉立任泉州路达鲁花赤（"督官"的蒙古语），新建一座规模宏伟的衙门。当时泉州已成为东方第一大港，在城市规制上需要一座代表性建筑物来体现。偰玉立于是主持重修谯楼。元代重修谯楼时，将楼命名为"威远楼"。威远楼不仅成为当时海上交通极盛时期泉州东方第一大港的城市标志，也留下泉州海上丝绸之路辉煌的印迹，令人追寻至今。

明、清两代多次重修。民国初，谯楼又因年久失修，逐渐倒塌，北洋军阀孔昭同驻镇泉州时重修谯楼，后成为治安巡逻和报时用的"更鼓楼"。那时威远楼每天傍晚6时放炮，称"放头枪"，晚上10时放"二枪"，第二天早上再放一枪，为"开路枪"。想当年，钟声鼓声炮声在古城中悠远回荡。

民国时期，晋江县国民党党部曾设于威远楼。抗战期间，晋江县抗敌后援会一度在此楼办公。

1959年春，泉州市政府接受古建筑专家的建议，拨款并全面修复威远楼。1961年，威远楼被列为泉州市级文物保护单位。1969年，威远楼被作为"四旧"拆除。

1989年重建落成，从旧址北移100米到如今所在地，也是唐宋泉州州署所在地。重建的威远楼分上下二层楼阁式造型，是座典型仿唐宋年间闽南古建筑七开间单檐歇山式木结构厅屋，远远望去，翘脊瓦筒，雕梁画栋，整座城楼古朴雄伟。

在威远楼一层东北角有一个小门，门敞开时有石阶可直上二楼。二楼先是一圈环廊，立于环廊可向四方眺望。二层中央展厅100多平方米，东西设厢房作为管理办公及接待室。

威远楼主楼中央门洞恭放一尊2米多高的铜雕弥勒佛。南广场镇守一尊民国年代遗物"风狮"石雕，北广场（楼后侧）建造仿古《九龙壁》后照墙及放生池。广场东西两侧仿古平屋走廊，四周种植亚热带奇花异草，让威远楼景观更加自然和谐。

威远楼东侧早年有生韩古庙，是北宋宰相韩琦诞生地。

威远楼地处泉州闹市区，周边有中山公园、西街、东街、中山路，是泉州文化活动的聚集地之一，已成为文化交流的窗口和纽带，每年都有很多海内外艺术家在威远楼举办各种艺术作品展。

从重建之初延续至今的"威远楼之夏"戏剧节惠民演出，已成为泉州文化的一个老品牌。夏夜，在这里露天观看戏曲和电影、听讲古，成为市民工作和生活之余惬意的享受。

繁华美丽的古城，触摸盛世，也走过沧桑。行走在威远楼前，渐渐明白，古城留下的不只是辉煌与繁华，还有时间打上的历史烙印。

朝天门：开放式的文化内涵

来到古泉州城的最北端，重建的朝天门赫然挺立，诉说着泉州文化的精髓，让人回首刺桐城的沧桑。

朝天门为泉州古代七城门之一，位于鲤城区泉山路与北门街交汇处。远远望去，城楼气势宏伟，古色古香，灰墙青瓦，构造巧妙。城楼之下，绿树掩映，鲜花布道，景色迷人。

这里，翠色掩映的飞檐翘角，和车水马龙的现代街道一起，构成一幅穿越时空的泉州古城景观。

据明隆庆《泉州府志》记载：北楼"即罗城之朝天门"。清乾隆《泉州府志·古迹》称："朝天门系南唐保大中（943—957年），留从效扩城后方予北门名号。"

由于其历史价值，泉州市于2001年8月4日开工重建朝天门，位于现北门街环岛。

该城门按照宋元官式古城门楼工程设计，占地面积为577.8平方米，建筑总高度为22.3米，城楼为五开间二层歇山式单檐木结构建筑，各道工序工艺精雕细刻。

重建后的朝天门，城门洞开，大门两侧更是无阻的大道。这种开放式的"门"，其设计有"海丝"特色，体现了泉州人"海纳百川"的胸襟。宋元时期，泉州经济繁荣，作为东方第一大港，具有无限包容、开放和亲和的品质，异彩纷呈的本土文化和外来文化在这里广泛会聚、互播衍化。古代从朝天门走出去无数秀才、举人、进士。

泉州人对不同的文明从不拒之千里，而是迎入、体察、筛选、借鉴。这种精神，正是开放式的朝天门所体现的包容精神：既不忘继承传统，又敢把心灵的门户向世界文明洞开，将新的知识吸纳进来，且自然而然汇入其中。

泉州许多文化是在兴盛发达的"海交"文化带动下发展起来的。在思想方面，引发了李贽思想的自由与叛逆；在宗教方面，泉州荟萃了世界各种宗教文化；在民族方面，包容了海内外异域民族生活的各种形态。

现在，每逢传统节日，朝天门周围都会举办民间文艺表演踩高跷，俗称"缚柴脚"。扮演者身着戏装，浓妆艳抹，且歌且舞，演出如《闹天宫》等人们耳熟能详的戏曲。表演时热闹异常，群众聚集一起，甚为壮观。

临漳门：闽南筑韵

春天，临漳门前英雄花绽开，一片红海，花团锦簇，好不热烈。让人不由穿越时光，回到南唐，想象古城临漳门优美的燕尾脊，微翘的龙须尾，优雅中又不失雄伟挺拔。

悠悠轻风吹过，红火的木棉花仿佛映衬着古代战士们的盔甲。

临漳门是泉州的古城门，位于鲤城区新门街西侧，城西路、笋江路和江滨路的圆盘交会路口。始建于南唐（约950），20世纪30年代被毁。20世纪60年代，泉州修建防洪堤，在临漳门旧址，设有旱闸，防洪堤中一段沿旧城墙而建。后来，市区新门街改造，在城门旧址规复临漳门。城门前保存了南宋时的古护城河一段，并将原新门水泥吊桥裹以杉木。

现在的城楼是按清顺治年间规制重建的，占地约23亩，2002年动工，2003年12月竣工。城楼主体设计有四部楼梯，城墙转角处设置三个敌楼。

城门墙高8.25米，门楼高24.3米，面宽39米，进深27.5米，南北双向各延伸15.6米城墙。城门以及城墙占地面积1478平方米，城门楼面积为533平方米，由门洞两侧设台阶登楼。

城楼是7间双层单檐歇山屋顶，木石结构，采用清式风格木雕花饰。由门洞两侧设台阶登楼。城门楼为二层木结构建筑，采用全木榫卯形式，不用一根铁钉，是典型的闽南古建风格。这里，山墙草花的堆砌，细腻的雕花，优美的柳条窗，无不尽显闽南古建筑的古老韵味，体现了对古老营造技术的继承。

站在城楼上，环顾四周，新门街西侧原有的城墙、城门、防洪堤、小河流、老榕树等景观与临漳门融为一体。

在临漳门外，年轻与古老、新潮与古朴交相辉映。显然，古城墙的记忆没有被新文明所遗弃，而今给充满现代化气息的美丽泉州增添了一抹魅力之光。

在它的脚下，环城门公园保留着一年四季的郁郁葱葱，绿树青草，装点着古朴的城门。绿树丛中行人如织，尽情享受着幽雅所带来的惬意。

悠悠护城河，波光潋滟。它的经久不息，带走了峥嵘岁月，也为古城墙的生命注入源源不断的活力。

泉山门：万井烟景

泉山门，在现在中山公园附近，是泉州城最古老4座城门之中的北门。据考，此门为唐天祐三年（906）所建。

从泉山门到朝天门的北门街，形成于唐末，繁荣于宋朝。当时过往泉州的官民、商旅以及泉州集散的各种货物，大多出泉山门、北门街、朝天门，翻过朋山岭，经河市、马甲，转虹山到仙游、永泰，再到福州，此条道路被称为"福州大道"。遥想当年，泉山门附近必定是车水马龙、摩肩接踵的景象。直至明代宣德年间，洛阳桥增高改建，方便了南北旅人跨越洛阳江，泉山门交通要道才逐渐被东门替代。

现在的泉山门为2002年底动工重新修建，位于威远楼和中山公园北侧，朝天门以南，在旧址的偏西偏南方向，耸立于高高的台地之上。它是继朝天门、临漳门之后，泉州修复的第三座复古城门。

复建的泉山门按唐末五代时期的规制设计，采用单层单檐九脊歇山顶，面阔三开间，进深四架椽，灰瓦青砖。在立面形式上，正脊垂脊及戗脊为叠瓦脊，大门为版门，直棂窗，偷心造五铺作斗拱，梁架用叉手。城门墙外用青砖砌成，内用碎石、三合土建造。新建泉山门楼城墙部分砖块模印"癸未泉山门修城砖""北门指挥部监"字样，有复古的意味。

时常要从泉山门边经过，便会看到有些老人在城下打牌下棋，其乐融融，印证了城楼匾书"万井烟景"的繁荣景象。城楼与旁边的中山公园，流动着一幅历史遗迹与现代文明缠绵交织的场景。

走近城楼，拾级而上，但见城门口作梯形状，城上垛口作"凸"字状。

城楼楼屋木构，单檐歇山，正脊两端鸱尾双翘，颇具古风。四条戗垂脊各布置"仙人引路"饰件一组，非常精美。

城楼三开间，四面环绕木栏。门洞过道西侧墙间嵌有许多块唐子城、宋罗城修城古砖。城匾"泉山门"三字集苏东坡墨迹而成。门楼上还有两块匾，北为"三台拱秀"，南为"万井烟景"。

泉山门整座城楼古意盎然，令人流连。

重建的古城门，令人细读泉州古老的文化：一曲南音至今依然弦声如缕，一尊老君岩还在冥想着大道无为，一座开元古刹总是弥漫着菩提的梵香，一个蓝蓝的泉州湾依然涌荡着"涨海声中万国商"的潮声……

如今，复建的古城门成为市中心令人仰慕的"遗迹"。四通八达的进出城通道已取代了古城门的作用：向南，一座座大桥飞越晋江；向东，越过了大坪山、桃花山，一路来到大海的面前……谁能想到，就在9000年前，泉州尚未有城，清源山下还是一片汪洋！

人类发展到现在，最珍贵的资源就是历史。作为历史的见证，古城墙有着不可取代的价值。俯仰之间，回望那些已经逝去或正在逝去的历史陈迹，不仅有助于我们认识城市的过去，而且有助于我们更好地把握她的未来。

我们探寻泉州的古城门，其意义也就在于此。

城心一座塔 守城四百年

泉州，这座古城的"心"在哪里？

在泉州西街井亭巷，这里位于古城中心位置。巷中有标志着古城中心的城心塔，也叫定心塔，还有明代嘉靖年间户部侍郎庄国祯的故居等。

以城心塔为圆心，向古代泉州城的东门、西门、南门、北门、涂门、水门、新门走去，除了水门稍近之外，塔与其他六门的距离大致相等。

选个阳光灿烂的春日，来到井亭巷，透过井亭巷69号的围墙，一座塔好像从院子里"长出来"似的——这就是城心塔。古代，这座塔傲立于古城的中心点。现今，它静立于一条小巷里，一个小院里，或许不起眼，但人们不应忘记它。

据清乾隆《泉州府志》载：定心塔，也叫城心塔，在万厚铺郡城之中，明万历年间造，清乾隆十四年（1749）重修。而据文史专家郑焕章考证，它的始建年代应与唐故城同时期。

城心塔，是五层五檐八角楼阁式砖塔，高约4.5米，边长约0.75米，塔身由红砖砌筑，外涂白灰，顶部装以红陶罐叠成且涂以白灰的葫芦刹。塔下有花岗岩砌筑的须弥座，一侧刻有"南无阿弥陀"五字，另一侧刻有"乾隆十四己巳年重兴"的字样。

城心塔，为何叫定心塔？《泉州府志》说"泉人堪舆"，也就是说它是一座佛教风水塔,位于古城中心,用来镇恶驱邪,守护古城的安定祥和。从古城四个城门之间的连线来看,城心塔确实就在连线交叉点附近。在城中心建塔,这在国内各个古城中非常罕见,因而显得很有特色。

与城心塔一墙之隔有个玉泉井。史载:玉泉井,又称城心井,井盘有三孔。原来没名号,明万历年间建造城心塔后,即称其"城心井"。

城心塔位于井亭巷69号院内,院中现住着清代福建水师提督万正色的后代。万正色,字惟高,一字中庵,晋江人,清朝将领。康熙三年(1664),招降海盗陈灿有功,被提为陕西兴安游击将军。后跟从西安将军瓦尔喀平吴三桂,康熙十五年,加太子少保衔,后调任福建水师总兵,继而提升水师提督。著有《平岳疏议》《平海疏议》《师中纪绩》等书。

传说万正色声如洪钟,他为官时主持重修洛阳桥、开八卦沟、建晋江会馆,乡人对其称赞有加。

万氏后裔已经精心守护城心塔200余年。

守护城心塔的围墙建于20世纪60年代,后来损毁严重,加上围墙窗户封堵,许多游客想一睹城心塔的全貌,十分不便。2018年5月,由泉州金鱼巷微改造团队对围墙进行改造,保留现代城市建设中很难见到的传统夯土墙,以修旧如旧的原则重新修复了围墙,并开了一扇窗户,便于游客在巷中看到城心塔的模样。

1983年1月,城心塔被定为泉州市第二批文物保护单位。1984年6月,泉州市人民政府竖立保护碑。

城心塔,定心塔。保护文物,保护古城的"心"。

寻找泉州古城区至高石

泉州古城的"心"已经明确,那么古城的至高点在哪里呢?据史料记载,泉州古城区最高的地方立有至高石,旁边还立有石碑,后来被破坏,踪迹全无。加上史料记载中的至高石,没有详细标明地点,考古专家寻找多年,苦无结果。

2004年上半年,泉州市鲤城区学府路改造,规划设计等部门实地考察时,听学府路一带部分居民说,学府路一古井旁是至高石所在地,也是泉州古城区最高的地点。因此,专家在设定规划方案时,将传说的地点设计成"至高石绿地广场"。

规划方案见报后,居住在旁边刺桐新村的老人对新闻媒体说:"错了,真正的至高石地点在刺桐新村内!"

于是,文史专家和泉州晚报社记者开始寻访刺桐新村里的老人。一曾姓居民介绍说,20世纪50年代,这里全是种地瓜的田地,没有什么高楼,站在土堆上能看到整个泉州城。这里的地名以前叫"顶埔",就是因为这里地势高而得名的。这个地名沿用至今,泉州师范学院旧址就在这里。

2004年12月14日上午10点,关于至高石的寻访终于出现转机。

在专家和记者寻访时,泉州南建筑博物馆文史工作人员意外发现了至高石碑。但见至高石碑和其他石条一起默默躺在顶埔60号老宅前院子里,正面朝上,约10厘米宽,三四十厘米长,下边缘有断裂的痕迹。"至高石"三个字,用行书竖排写成,旁边还有行书小字"戊辰花朝,孙文波立"。

戊辰花朝究竟是什么年代?戊辰是根据天干地支的计时方法,60年一个轮回,所以无法确认准确的时间。而"花朝"是百花的生日,有三个说法,分别为农历二月初二、十二、十五。

为何会在此立至高石,《城北志高石》有如下记载:"堪与家言,此石由城北清源山脱脉而来,地当全城最高处,立石上可望全城七门历历如会,清源山居其背,如屏障然,现碑已被乡人拔去。按志高与至高音相同也。"

"堪与家"是指风水先生,按记载的说法,风水先生说,此石是由清源山脱脉而来,意思是说至高石和清源山山脊在一条线上。当时站在石头上,泉州古城的七个城门都可以看到。

文物部门和屋主协商后,将至高石碑送到泉州南建筑博物馆保护起来。

据研究和现代相关测量数据表明,位于市区虎头山刺桐新村内的至高石实际上是泉州古城第二高度,泉州古城最高的地方在市区临漳门边的龙头山上。

由于靠海,泉州古城地势朝海方向逐渐降低。东北的虎头山和西北的龙头山,是泉州古城墙内两个最高点。旧时立于这两个最高点上,泉州城尽收眼底。尤其站在"至高石"上往西看,一眼就看到东西双塔,在天气晴好的时候往东望,东海(蟳埔村)的帆影清晰可见。

据2002年编印的《泉州唐城踏勘考察研究报告》中记载,9000年前,泉州城尚在海中,清源山下一片汪洋。5300年前,今域仅西南升文山(今龙头山)突兀海面,一枝独秀。泉州古城内龙头山,地高31米,1971年测得海拔高40.3米;北门虎头山顶埔北墙后"至高石",地高约15米,1971年同时测得虎头山海拔高24.01米。

那么,为何古人认为虎头山是古城至高处?因为,古时的科学技术很难准确测量哪处地势最高。用肉眼看起来虎头山这里更高,而且视野没有被遮拦,所以人们就误认为虎头山是泉州古城的至高点。当年孙文波正是根据流行的说法,将至高石立在此处。

至高石现早已不"至高",正映衬出泉州城市建设的迅猛发展。

崇武古城 威镇海邦

登临古城墙,俯视城下,耳畔定有清风吟唱,这是能将人轻易吹入历史之中的吟唱。面对城墙,面对历史,刹那间无可言说,唯有敬畏。

我再一次来到家乡崇武古城,抚摸着一块块如历史书般厚重的古城石,突发思古之悠情。在这个阳光明媚的时刻,我想这座经过600多年烽火的古城,到底还蕴含着多深的精华?

崇武古城坐落在泉州市沿海的突出部,泉州湾和湄州湾之间,惠安县境东南24公里的崇武半岛南端,濒临台湾海峡。1988年被定为第三批全国重点文物保护单位。崇武亦称"莲岛",也是著名的惠安女的故乡。

崇武即崇尚武备之意,宋太平兴国六年(981)惠安置县后,在崇武设小兜巡检寨。明洪武二十年(1387),明太祖朱元璋为了防御倭寇入侵,派江夏侯周德兴修建城墙,至今已600多年。城墙全部用白色花岗岩垒成,长2467米,城基高5米,墙高7米,并设有两层跑马道。明永乐十五年(1417),城墙又加高1.3米。它是中国现存最完整的丁字型石砌古城,是明朝政府为抗击倭寇,在万里海疆修筑的60多座卫所城堡中至今保存最完好的一座。

《崇武所城志》载:城"四方设门,各置楼于上""东、西、北三面月城,南无月城,门外照墙为屏蔽"。环城还有窝铺26座,系供守城士兵休息用。

墙上有墙碟1304个,箭窗1300个,四方设有敌台5座。在城内莲花山制高点，还设有瞭望台，四面城边有窝铺、月城、墩台和通外涵沟，构成我国古代一套完整的战略防御工程体系。

北城门横眉石刻"威镇海邦"，传为戚继光所书，妈祖宫后的"马蹄石"传为1651年（清顺治八年）郑成功驻此抗清时遗留。城外3公里处的大岞山"狮石晚照"的狮石台，曾经是戚继光操练水兵的指挥台。

漫步在宽阔的墙道上，感受着岁月的沧桑，仿佛一瞬间穿过时光隧道。庄严肃穆的箭楼，凸凹起伏的垛口，让人耳边仿佛又响起鼓乐齐鸣。此刻，便有一种豪迈之气荡胸而生……

明代守丞丁少鹤曾有诗句赞道："孤城三而鱼龙窟，大岞双峰虎豹关。"作为海防的最前沿，崇武古城曾经在明代倭患期间首当其冲，屡遭进犯，亦曾失利陷城，铁马哀鸣。几百年来，古城军民凭借天然的屏障和牢固的石城历经血与火的洗礼，用生命谱写出可歌可泣的战斗诗篇。抗倭名将戚继光曾亲临崇武，指挥剿倭，平定倭乱。郑成功大军曾在这里挥师东渡，收复宝岛台湾。解放战争时，英勇善战的崇武军民紧随人民解放军扬帆南征，解放祖国南大门厦门岛。

古城南门关帝庙关帝爷的青龙偃月刀，就是守卫疆土的军民英雄气概的象征。

站在崇武古城南城门外，城墙上的"炮击处"三个醒目的大字依然刺痛我的心扉。

这是日本侵略军战舰炮轰留下的铁证。1938年5月17日（农历四月十八），日寇战舰炮轰崇武，在此留下一处约一人高的大窟窿。

关于"炮击处"，崇武有个动人的传说：日本侵略军战舰炮轰崇武城时，炮口是对准城门正中的。正在这万分危急之际，城门里头关帝庙中的关帝爷显灵，用青龙偃月刀把炮弹拨到一边去。

传说，让我们在感慨岁月磨洗的同时，也看到许多历经风霜的故事依然感人。这片土地曾经有过的英雄气概和无数墨客骚人留下的千古绝唱，并不因时光的流逝而飘散。

惠安县政府为抢救城墙被炮击这段重要的历史遗迹，于1987年9月在古城墙当年受损处的右上方选择一块面积较大的砌墙石，勒石以志，全文为："1938年5月17日，日本侵略军战舰炮轰崇武，南关炮击处，即为罪证之一。今古城重修，特勒石以志。惠安县人民政府。1987年9月。"

映入眼帘的这些文字，在我眼前化成另一段历史的画卷。

古城墙被炮击两年后的1940年7月16日凌晨5点左右，侵华日军出动两批6架飞机侵入崇武进行野蛮轰炸。同时，日舰向陆上开炮轰击。在飞机、军舰的掩护下，军舰上的500多名日军从后海、三屿等处登陆，窜入崇武城。一部分闯入泉春商行仓库，搬出里面的煤油，将停泊在港关、后海、三屿等处的大小船只全部烧毁。一些渔民为了维护赖以生存的船只，竟然遭到日军野蛮的残杀。当日，崇武一地民众死95人，伤60多人，被烧毁渔船、商船521艘，被烧毁房屋566间，被劫财物无数，史称"崇武惨案"。

侵华日军的暴行，激起崇武人民的反抗。我仿佛听见军号阵阵，看到风烟滚滚、刀枪搏杀，豪气荡然。守土军民的一腔热血，都融进了岁月，镌刻进灿烂的丰碑里……

一群年轻人无忧无虑的笑声，将我穿越时空隧道的思绪收回。几个青年正陪同来崇武做石雕生意的日本客人参观古城。中方翻译在"炮击处"前向日本客人介绍那段不堪回首的历史。那日本客人双手合十放在胸前，然后弯下身深深鞠了一躬。

胸怀博大的古城人，将和平的日子演绎成生命里最美的片段。

这时，三五成群来古镇旅游的旅客在这段受损的城墙脚下摄影留念。不远处，边防战士在海滩上勤奋操练。"要是周末，学校还会组织学生来这里进行爱国主义教育活动。是啊，历史是绝不能忘记的。"随行的我的胞兄林凌鹤意味深长地说。

从南门进入崇武古城内，迎面就是香火鼎盛的关帝庙，一把硕大的青龙偃月刀竖立在庙门口。闽南乡民的习俗，一崇关公，二拜妈祖。在这里，这种习俗显得更加突出。关帝庙不远处的城门上方有一间小城楼，里面供的正是妈祖。

城门里的关帝庙中，随处可见虔诚膜拜的游客，那一束束香火缭绕成的云雾，在古城的上空翻飞，<u>丝丝缕缕</u>，轻轻飘飘，朦朦胧胧。古城以它的斑驳让人读到无尽沧桑，也用它的温馨让人读到无边的博大。

古城的老街是清一色的石头街，老街两旁是朴素的民居，石房子、红砖厝、木结构房子都没有太多的装饰。古城内外30多处分别始建于宋、明、清，后经修葺的宫庙庵堂等古建筑遗存，体现出这里多元的宗教信仰。

流连于历史和现实的纵横交错间，我用心灵去捕捉这兵家之地的英雄情结，同时也用心灵去感受这文化古镇对和平的渴望。

崇武海岸被誉为"中国八大最美海岸线"之一。"中国·崇武东海南海气象分界线"标志碑矗立在古城东南角，驻足于此，仿佛依然听到中央广播电视总台气象播报"崇武以北沿海……崇武以南沿海……"。

行走在故乡崇武半岛上，有成片的木麻黄树笔挺地站立着。海风刮过，海涛声声，呼喊出大海的广博和坚毅。就是这份广博和坚毅，造就了崇武男子汉的石雕技艺，也造就了崇武镇"中国石雕之乡"的美誉。

崇武被誉为"天然影棚""南方北戴河"，近百部影视在此拍摄。漫步于国家AAAA级旅游景区——崇武古城风景区，古城南侧的"中华石雕工艺博览城"是目前全国为数不多的石雕公园。在门楼两边有一副对联：古城威镇海门，石艺巧夺天工。

著名画家洪世清先生以古城下海礁岩崖的原始形态，依形取势，循石造型，继承和运用秦汉雕刻的古朴特点，用粗犷和残缺美的岩雕遗风，创作出充满灵性的各种艺术形象170余件，被誉为"大地艺术"。其作品的特点，即三分之一取材原始礁岩的形态，三分之一以艺术和人工加以雕琢，留三分之一让时间和大自然去风化。

公园于1998年建成，占地9公顷，石径纵横，绿茵片片。园内设置形态各异的石雕500余件，与古城、大海浑然一体。公园划分为25个景区，包括石雕动物园、狮子林、妈祖艺术展区、石雕艺术珍品馆、聊斋志异区、三国演义区、水浒人物区、西游记区、十二生肖区、二十四孝区、八仙区、惠东女、观音坡景区、华夏诸神展区、崇武石雕艺术重要工程展馆、惠女雕像广场等。

古城下，沧海边，这朵艺术奇葩以其独特的魅力吸引着八方来客。

QUANZHOU
THE BIOGRAPHY

泉州传

海上丝路起点刺桐港

第三章

站在泉州刺桐港文兴渡古码头上，有历史的雄风悠悠吹来。古渡口，阶梯状石条斜斜深入江中，一段璀璨的历史也延伸进海上丝绸之路的深处。人们仿佛看见这样一幅远去却又依然清晰的画面：碧波荡漾，风樯云集，百舸争流，潮声如歌……

　　这里是海上丝绸之路的起锚地，宋元时期，泉州向世人展示了"涨海声中万国商"的盛况，刺桐港桅樯林立，跃上东方第一大港。元朝海丝风帆，还送来了摩洛哥人伊本·白图泰的赞美……

　　泉州是一本书，是一本用漫长而曲折的海丝文化线装而成的史书。泉州，一座城，连同昔日的沧桑与辉煌，连同今朝的开拓和崛起，一起穿越数千年时光，横亘于海上丝绸之路恢宏的史册上。

泉州是联合国唯一认定的"海丝"起点

泉州是联合国唯一认定的海上丝绸之路起点。

1991年,泉州成为世界关注的焦点。1990年10月23日,由联合国教科文组织发起的海上丝绸之路考察船从马可·波罗的故乡意大利威尼斯起航,沿着充满传奇色彩的古航道向东方驶来。这支由来自30个国家的50位科学家、青年学者和新闻记者组成的海上远征队沿途访问希腊、土耳其、埃及、阿曼、巴基斯坦、印度、斯里兰卡、泰国、马来西亚、印度尼西亚、文莱、菲律宾、中国、韩国、日本等国家的21个港口及有关城市,而中国两站分别是广州和泉州。整个过程,共历时130天。其中,威尼斯、马斯喀特、泉州和大阪4处被列为考察重点。

1991年2月14日,联合国教科文组织海上丝绸之路考察团乘坐"和平方舟"抵达后渚港,在泉州进行为期5天的综合考察活动正式拉开帷幕。

那天是大年三十,天空飘着雨。当天中午11时左右,一艘巨大的白色游轮,徐徐驶入泉州后渚港。

下雨无法阻挡泉州人的热情。码头上,各种欢迎队伍,有奏响欢快乐曲的乐队,有当地政府官员和专家,有自发前来的市民,列队欢迎考察团成员。港口附近被好奇而又激动的村民围得水泄不通。队伍下船后,小型的欢迎仪式开始了。"和平方舟"的船长,送给欢迎的人们每人一套图片,图片上印有

"和平方舟"和此次考察团的考察路线，上面有船长和大副的亲笔签名。

1991年2月17日至20日，华侨大学陈嘉庚纪念馆四楼嘉宾如云，联合国教科文组织海上丝绸之路考察泉州国际学术讨论会在此召开。这是整个海丝考察过程中，计划召开的一系列国际学术讨论会之一。当时的讨论会主题为"中国与海上丝绸之路"。参加这次会议的，有中国的学者和考察团的各国专家、学者，以及为参加此次讨论会特地从海外各国、各地区赶赴而来的学者，共计100人，提交的论文有50篇。

讨论会上，来自全球各地的知名专家和学者畅所欲言，围绕着"中国与海上丝绸之路"这一主题展开大讨论，气氛融洽而热烈。

除了参与讨论会外，当时综合考察团的成员们还分成不同的小分队，到泉州天后宫、九日山等地进行实地走访。在考察过九日山摩崖石刻后，考察团深知这些摩崖石刻对于海上丝绸之路的重要性，于是在此竖立一块纪念石碑，如今成为泉州与海上丝绸之路结缘又一珍贵的历史遗存。

2月18日，联合国教科文组织海上丝绸之路考察团在华侨大学举行新闻发布会，联合国教科文组织"丝绸之路"项目协调员迪安博士向来自国内外的30多家新闻单位近80名记者宣布："丝绸之路"在泉州的考察活动取得了巨大成功。他表示，联合国教科文组织将成立一个目标性的研究机构，像研究敦煌一样，组织国际上的学者专门研究"泉州学"。

这次考察的重大意义还在于，让泉州成为联合国在中国唯一认定的海上丝绸之路起点城市，让泉州又一次因为海上丝绸之路享誉世界。

时光在历史与现实的碰撞中行进。如今，"一带一路"倡议，赋予泉州这座古代海上丝绸之路起点城市新的机遇与活力。2014年，泉州在国内地级市中率先制定"海丝"方案——《福建省泉州市21世纪海上丝绸之路先行区建设总体方案》《泉州建设海上丝绸之路先行示范区战略规划》。泉州，是"海丝"先行区，也是"一带一路"支点城市。泉州正抢抓历史机遇，努力建设成为我国深度融入世界经济的重要城市和充分展示海上丝路建设成果的重要窗口。迎着春风，泉州正演绎新的精彩，书写新的篇章。

郑和在泉州留下史迹

郑和是我国历史上一位伟大的航海家，自明永乐三年（1405）至宣德八年（1433）的28年间，他7次率船队远航东南亚、南亚、西亚，直至东非海岸的30多个国家和地区。规模最大时，船队约有200余艘大小船舶，分宝船、马船、粮船、坐船、战船等不同功能的5种船型，舟师2.7万多人。

郑和七下西洋为世界航海史上的壮举，比哥伦布、达·伽马的地理发现早半个世纪，航海规模之大，行程之远，足迹之广，历时之久，是当时任何国家无法比拟的。

郑和下西洋开辟了中国南海以西至非洲东岸、中东波斯湾的航线，对扩大中外和平友好交流，促进对外经济贸易，作出了举世瞩目的卓越贡献。

郑和下西洋，不管是起航点还是造船，都与福建有关系。《明成祖实录》记载："永乐元年五月辛巳，命福建都司造海船137艘。"郑和舟师首航西洋时，预先在造船和航海技术方面做了充分的准备工作。"始则预行福建、广、浙，选取驾船民梢中有经惯下海者称为火长，用作船师。乃以针经图式付与领执，专一料理，事大责重，岂容怠忽。"1405年底，郑和率领庞大的明朝皇家船队，自福建五虎门放洋，开始了七下西洋的远航壮举。上百艘大船人字形排开，在这广阔的海域里，千帆竞发，一路浩荡前行。船队首航南中国海、印度洋，写下世界航海史上的华章。

同时，中国商人、印度商人、阿拉伯商人、东南亚商人还有欧洲商人，都乘季风航行到泉州。中国的瓷器、丝绸，印度的棉织品，阿拉伯的奢侈品，东南亚的香料，都在这里交易。

郑和原姓马，他的先祖是阿拉伯人赛典赤赡思丁，家族于元初由西域徙居云南昆阳州。郑和是在明初当内宫太监的，后因靖难立功，明永乐初赐姓郑，人称"三保太监"。下西洋前，郑和正当壮年，身材魁伟，此外郑和兼涉佛教和伊斯兰教的宗教背景，也被认为有利于其顺利完成下西洋的使命。

作为回民的郑和与泉州回民之间有着紧密关系，第五次航行时从泉州出发，他专程到泉州灵山伊斯兰圣墓行香做礼拜。郑和船队的许多船只制造于泉州，招募的大量船员来自包括泉州在内的福建各地，郑和船上装载的大量物品出产地是泉州。郑和船队的许多货物也是在泉州装船的。

1433年4月，62岁的郑和于归国途中，积劳成疾，在南印度古里国病逝。王景弘将庞大的舰队和郑和的头发、靴帽带回中国。那是一个盛夏的傍晚，远洋船队最后一次驶入江苏太仓刘家湾，那收起的巨帆从此再也没有扬起。据《前闻记》记载，王景弘等人于1433年7月22日返回南京。皇帝诏令："下西洋诸蕃国宝船悉令停止""各处修造下蕃海船悉令停止"……至此，郑和七次浩大的远航画上了壮丽的句号。

在郑和下西洋航海壮举中，郑和与泉州有着一种天然的血脉联系。泉州的港口、造船、航海、货品、宗教、人才等方面，均在郑和下西洋中充分发挥重要作用。郑和舟师频繁辗转泉州，至今留下不少史迹和美好传说。

郑和圣墓行香

泉州东门外有座灵山，漫山的相思树掩映着两座古墓，这里安眠着唐初来华的伊斯兰教始祖穆罕默德的门徒：三贤、四贤。墓回廊中立有一方辉绿岩碑，阴刻十行阿拉伯文，记载伊斯兰历722年（1322）一批居住泉州的阿拉伯穆斯林修建了这座"祝福的坟墓"。人们一旦遭遇艰难、彷徨无策时即前来瞻礼，祈求平安。当年阿拉伯穆斯林对这两座先贤墓更是特别崇拜和信仰，当满载中国丝绸、瓷器等宝货即将扬帆返航时，便纷纷来向二位贤者祈求赐福，让船队一帆风顺，平安归国。

穆斯林航海家郑和于1417年6月第五次航行圣地麦加之前，慕名到泉州灵山拜谒先贤墓，他默立墓前祈祷，上香鞠躬。当时地方官蒲和日为之勒石为记，这块行香碑迄今仍竖立在回廊西侧。据《蒲氏家谱》记载："日和，字贵甫，寿晟公次子。……至永乐十三年，与太监郑和奉诏敕往西域寻玉玺有功，加封泉州卫镇抚司，圣墓立碑犹存。"

郑和圣墓行香之事，清嘉庆二十三年（1818）福建全省陆路提督军门漳州总镇西蜀马建纪《重修泉州灵山回教先贤墓碑》也有记载："明永乐钦差总兵太监郑和，前往西洋，行香于此，蒙其庇佑，为立碑记。"同治十年（1871），提督福建全省陆路军务执勇巴图鲁盐亭江长贵《重修泉州灵山回教先贤墓碑》也载："明永乐钦差太监郑和出使西洋，道此蒙佑，曾立碑记。"这两方碑刻现在均存。

郑和到泉州清净寺礼拜

泉州涂门街的清净寺，又名"圣友寺"，是中国现存最古老的伊斯兰教寺。

郑和后裔和赛典赤后裔留下的金石和家谱，均记载郑和是中亚布哈拉贵族赛典赤瞻思丁之后代。1965年泉州出土一方阿拉伯文墓碑，译文为"死者阿拉伯人，他是一个贵族，名叫赛典赤杜安沙，卒于回历702年（1302）"。泉州陈埭的《丁氏族谱》也印证了这一史实，泉州的丁姓与郑和同宗同脉，有着血缘相延的亲密关系。

清朝《西山杂志》记载，郑和作为虔诚的伊斯兰教徒，曾到泉州著名的清净寺去做礼拜。

郑和登九日山祈风

泉州九日山，在距泉州城西7公里的南安市丰州镇旭山村，南临晋江，舟楫可达。公元3世纪的晋朝，中原移民每年于农历九月九日登高北望，寄托思乡之情，故名九日山。因为古代帆船出海需要凭借风力，泉州历史上管理海外贸易的市舶官员和地方长官，每年夏四月和冬十月，都率领中外客商到九日山延福寺举行祈风典礼，向海神祈求航海顺风顺水。因此九日山素以"遣舶祈风"圣地闻名于世。

《西山杂志》记载，郑和船队"至泉州寄泊，上九日岩祈风至清真寺祈祷"。《郑和史迹文物选》一书说，"郑和下西洋的过程中，也曾到此设祭，以求得一路平安，往来康济"，郑和沿袭宋时泉州地方官员到九日山祈风的经典之举，登岩举行"祈风祭典"，以求"冬之祈有夏之报，夏之祈有冬之报"。

接官亭与郑和堤

惠安百崎（今属台商投资区）是"九乡郭"回族乡，这里世世代代流传着开基祖郭仲远与郑和穆斯林的兄弟情谊，并引以为荣。

这里有座接官亭，位于百崎渡口，与泉州后渚港隔海相望，系百崎回民始祖郭仲远于明初捐资建造，以供路人憩息。接官亭如今依在，亭为石构四角攒尖顶，坐北朝南，面宽7米，进深6.7米，通高5米，亭中4根金柱围成一小"口"形，外由12根檐柱围成一大"口"形，16根柱围成一"回"字。据说郑和于明永乐十五年（1417）第五次下西洋时，船队曾在泉州后渚港候风。一日，郑和到泉州清净寺礼拜，结识了也去礼拜的郭仲远。出于同族同教情谊，郑和前来探访郭仲远，郭仲远在渡口这座石亭摆设香案，带领全族子孙恭迎钦差大臣大驾光临，这个亭子就取名叫"接官亭"。当年郑和还亲题百崎接官亭匾额，在亭内宣读晋封郭仲远第三子郭博平为捕房将军的圣旨，并为郭仲远的第七子主持婚礼。据载，郭博平确有此人，明代倭寇犯境时，他曾单骑驱敌，力擒贼首及党羽。朝廷钦赐冠带，以嘉奖其忠勇。

百崎还有一条郑和堤，自埭上村西头至克圃村龙头山脚，南北走向，约有730米长，宽4至6米，堤两边遍植木麻黄树，以御风沙。当年郑和到百崎时，了解到这里常受风潮海浪浸漫，便命将士协助村民筑堤以阻海潮，村民感念其恩德，将堤取名为"郑和堤"。

琅山三宝宫设坛奉祀

惠安东园镇（今属台商投资区）琅山全村2000多人口，以林、陈、朱、郭、郑姓为多。村中有三宝宫，宫靠大海，坐落在莲花穴上。令人称奇的是，遇到涨大潮时，潮水淹至村落，三宝宫却有若莲花坐在莲花座上，总淹不到。现宫为1987年重修的小庙，面积仅10多平方米，佛坛供奉三宝佛。三宝佛俗姓郑，是海底神，船民出海均到此祈拜，据说逢有不测风涛，海底神会将船托送靠岸。宫内尚有一辉绿岩香炉，长49厘米，宽32.5厘米，正面中刻有"三宝尊佛"，旁刻有"光绪丙申"（1896）、"郑家弟子敬"。专家称，三宝佛应为三保太监郑和。

深沪三保街扎营

在晋江深沪镇南春村，有一处村民称为"三保街"的地方，是山坡顶一条数里长的平坦地。山坡临海，可望见深沪湾。郑和第五次下西洋时，曾有船队停泊在海湾里。"三保街"为驻军之处，街尽头有座名叫"柴仔岫"的小山坡，是郑和驻军砍柴烧火的地方。后来，村民曾在"三保街"上挖到铜钱、水银、火炭，以及盛食用的鲎勺，海滩上还出土了手把。民间称这些是郑和下西洋时的遗留物。

距"三保街"约500米的地方，有两口大水井叫"日月池"，系当年郑和驻军为取饮用水而开凿的小池，后来被砌成井，仍称为"日月池"。

青阳石鼓庙分香

晋江青阳石鼓山有座石鼓庙，山里有块石头圆而薄，架在大石上，用石头或者金属敲打，便会发出铿然之声，人们叫它"石鼓"。石鼓庙建于宋代，原供奉福佑帝君，后又供奉吴真人、元福王、顺正大王，以顺正大王香火最旺。顺正大王为广东潮州人，姓黄名志，生前有道术，嘉定庚辰年（1220）坐化庙门外，人们塑像奉祀。据说其成神后屡屡显圣护国。明永乐年间，青阳有人随从郑和下西洋，佩戴这里的香火，船只得到佑护。

据乾隆《泉州府志·方外》转引成书于明崇祯二年（1629）的《闽书抄》记载："明永乐中，里人有从中宫郑和下西洋者，奉神香火以行。舟次恍惚，见其灵助。和还朝，奏闻，敕封顺正王。"《青阳志·祠庙》载："明永乐间，命内监三宝大人征琉球。战舰几危，永宁卒佩香火，显应，纵火烧夷，凯奏上，封慈济显应威烈明王顺正大王。"后来，顺正大王香火分炉至台湾地区、东南亚等地，均与郑和下西洋有密切关系。

《郑和航海图》

《郑和航海图》成书于宣德年间，是中国第一部关于海洋地理的世界地图，是地文导航和天文导航相结合的航海技术巨著。它比国外认为的荷兰瓦格湿尔编制的"世界第一部印刷的航海图集"还要早1个多世纪。

该图起自南京，最远至东非的慢八撒（今肯尼亚蒙巴萨），绘有沿途的海域、岛屿、港口、居民点、礁石、浅滩等，列出自太仓至忽鲁谟斯针路56线，自忽鲁谟斯回太仓针路53线。所录约500个地名，外国地名约300个，是《岛夷志略》所录外国地名的约3倍。所附《过洋牵星图》4幅，提供了当时船队如何利用天文导航的实例，具有相当高的科学价值。图中所示当时隶属泉州的地方有：崇武所、泉州卫、巡检司、永宁卫、深户巡检司、金门千户所、加禾千户所、大武山等8处。

随郑和下西洋的泉州人

泉州海外交通发达,自然有一批熟悉西洋航路的航海技术人员和修造海船的匠师、民众熟悉阿拉伯、南洋等地情况。

当时有多少泉州人追随郑和下西洋?如今我们只能隔着历史烟波辨认600年前的那些身影。

阿拉伯巨商后代蒲和日

世居泉州的阿拉伯侨民——蒲寿庚家族,是宋末入华的阿拉伯巨商,他们熟知海外事务。然而,蒲寿庚(元朝福建行省中书左丞)曾助元灭宋,明太祖即位后严令禁止起用此类色目遗民。郑和第五次下西洋,迫切需要熟知东非航线的专家,他起用蒲寿庚的后人蒲和日,让其加盟大明舰队,以助航海。

大明舰队出海前,郑和亲自到泉州灵山圣墓行香。为此,蒲和日立有《郑和行香碑》,上书"钦差总兵太监郑和,前往西洋忽鲁谟斯等国公干,永乐十五年于此行香,望灵圣庇佑"。返航归国后,蒲和日还因此被加封为泉州卫镇抚,并负责管理灵山伊斯兰圣墓等事宜。

印尼前总统先祖陈金汉

印尼第四任总统瓦希德曾多次公开宣称，他的先祖陈金汉是中国泉州晋江人。瓦希德曾说，他的祖先从晋江迁移到南方属国占婆。

陈金汉原为伊斯兰教长老，在明永乐十五年（1417）随郑和第五次下西洋时，辗转到印尼传道，后居留开发繁衍至今。瓦希德还曾返故乡晋江寻根访祖。

爪哇岛驸马之子克昌、克盛

明代晋江人曾时懋，是南宋右丞曾怀的十二世孙，后随叔父天鸿渡海到爪哇岛，被选为驸马都尉，并与公主成亲。洪武十七年（1384）清明时节，他曾带妻儿回晋江祖地省亲。据谱载："玛王利琦珞公主生子二，长曰克昌，次曰克盛，徙居波斯。"他们曾为郑和、王景弘下西洋引航、拓展海务立下功勋。

海外成亲的白丕显

白丕显，又称"白本头""本头公"，泉州人。他入伍当兵，随郑和下西洋。白丕显随郑和船队到苏禄后，因与当地摩罗族妇女相爱而留在苏禄，成为该岛的第一位华侨。他还应苏禄居民请求，担任当地行政长官，被当地人称为"本头公"。《中菲关系史》则载为"木头公"，说他是郑和下西洋船队中的一位驾驶员，当船队停泊和乐岛海岸时，曾离船登岸，往附近的深山幽谷去探险，不幸因中瘴气或被毒蛇咬伤，踉跄逃返泊舟的海滨，因救治不及时而死。郑和把他的尸体葬在和乐岛，即现在木头公墓。《菲律宾华侨史》也说"本头公"后来死于和乐岛。看来"木头公"可能是"本头公"的笔误。另悉，追随郑和下西洋的还有晋江侯显等人。

泉州卫世袭指挥百户邓回

泉州市安溪县湖头镇湖二村邓国兴家中有本《邓氏族谱》，里面明确记载：明初，一先祖邓回曾"从郑和太监过西洋"，墓葬地在今大坪山。

在大坪山云谷寺（即云谷室）的遗迹附近发现了一块邓氏后人所立的邓回墓葬禁示碑。该碑长122厘米，宽50厘米，碑文为楷体，有"二世祖泉州卫世袭指挥百户讳回公封茔自前明成化间安葬在宪东门外三十七都大棚山土名云谷室"等内容，与湖头《邓氏族谱》的记载相吻合。禁示碑文明确记载，邓回曾任泉州卫世袭指挥百户，随郑和下西洋时，是有一定职位的随行人员，并带去了许多富有航海经验的泉州人来帮助郑和。

在吕宋遇害的吴望

晋江深沪镇科任村人吴望曾随郑和下西洋，其事迹在科任村几乎是家喻户晓。吴望随郑和下西洋回来后，因功被封为先锋将。后来，吴望再次随郑和下西洋，在吕宋遇害。吴望故宅遗址尚存一对旗杆夹，辉绿岩打制，高114厘米，宽32厘米，厚12厘米，成了历史的见证。

泉州与郑和下西洋的历史渊源深厚，因此近些年来一些有关纪念郑和的活动和影视，均在泉州举行或拍摄。

2004年12月，泉州后渚港区搭起了一艘70米的"郑和宝船"。原来，央视制作的纪念郑和下西洋600周年大型电视专题纪录片《1405——郑和下西洋》在此拍摄，剧组以写实手法还原郑和下西洋的故事。

2005年5月19—20日，福建举办纪念郑和下西洋系列活动，嘉宾到泉州实地寻访崇武古城、洛阳桥、圣墓、海交馆、老君岩、泉州博物馆、九日山、天后宫、清净寺等9个与郑和下西洋有关的史迹和泉州"海丝"史迹。

2005年7月11日是中国第一个航海日，泉州市为纪念郑和下西洋600周年，在市区东海滨城举行"郑和下西洋铜像"落成典礼暨郑和铜像个性化纪念邮票首发仪式。

2009年4月，中央电视台8套播出59集历史题材电视连续剧《郑和下西洋》。剧中扩建船队、招募水手、整编训练、补充给养、伺风开洋等不少场景都在泉州取景。该剧对泉州海上丝绸之路起点给予了充分表现。随着电视连续剧的热播，剧中众多泉州"海丝"元素一一展现在观众面前。

史迹见证"海丝"盛景

历史上的古泉州港,有泉州湾(洛阳港、后渚港、法石港、蚶江港)、深沪湾(祥芝港、永宁港、深沪港、福全港)、围头湾(围头港、金井港、安海港、石井港),此外还有崇武、秀涂、石湖等港口。

成为全国重点文物保护单位的泉州港古建筑包括万寿塔(姑嫂塔)、六胜塔、真武庙、石湖码头、江口码头(文兴码头、美山码头),都是世界文化遗产"泉州:宋元中国的世界海洋商贸中心"的遗产点。

码头、石桥、古塔、石雕、古船等,泉州有许多遗迹和文物见证"海丝"文化。

码头:江口码头文兴渡和美山渡

泉州东海街道有条充满诗意和传说、见证"海丝"繁华的千年古街,名叫石头街。

春日和暖的阳光下,我们行走在这条狭窄的街上,仿佛走进了古城泉州的历史深处。

石头街的来历颇具传奇色彩。据传,当年泉州建开元寺东西塔时,数百上千的石工巧匠来到这里上山采石,他们在山下居住,石料就堆放成了1.5公里长的石头街。

沿街走着，低矮的老房子一间挨着一间，大多是明清风格。

这条长仅1.5公里的石头街附近就有9处文物古迹，真武庙、文兴宫、美山妈祖庙、文兴古码头和美山古码头、海印寺、伊斯兰教徒墓碑遗址、"海丝"遗址、明代刑部尚书古墓。1979年这里出土的西班牙哈桑二世银币和1982年出土的宋代商船内的香料，印证了这条街是800多年前泉州最早开放的古镇。因地理位置处在晋江的出海口，所以这里也曾是番船商队聚集停泊的地方。

泉州东海街道石头街见证了刺桐港的沧桑历史，"海丝"文化遗迹在这里处处可寻。

石头街沿岸的江口码头含文兴渡码头、美山渡码头等5个系列码头，位于泉州市丰泽区法石社区文兴村和美山村，处在江海交汇处的咽喉地带，距泉州七八公里，内航沿江进城，外可扬帆出海，为宋元泉州港鼎盛时期泉州城区与港区水陆转运的枢纽、沿江的集群商业码头。江口码头始建于宋代（10—13世纪），历代沿用，屡有修缮。江口码头文兴渡、美山渡作为古泉州重要内港——法石港所留存的两处沿江商业码头，是宋元时期泉州海外交通和贸易繁荣的重要见证。该地原建有7层高的航标塔，为往返的商船和渔船引航。如今，航标塔还剩3层，上刻有佛像图案，古时在这个标塔附近还有5座3层的佛像塔。

文兴渡码头始建于南宋，是古泉州沿江的集群商业码头之一。文兴渡码头系宋至清代的古建筑，为花岗岩石构斜坡阶梯式的驳岸码头，以错缝为主筑砌。码头沿用至近现代，已部分沉陷于江中，尚可见残长近20米，基本保持历史风貌。

文兴渡石塔，俗称四面观音塔，位于泉州市丰泽区文兴村，坐落在文兴渡右侧。塔为南宋遗物，一说为元代所立。此塔是码头的风水宝塔，也是泉州湾航标塔。石塔为宝箧印经式，底为须弥座。残存的塔身两段，均属花岗岩，因年代久远，风化剥蚀比较严重，局部有残损，表面呈黄褐色。两段均呈方形，系分别雕凿后再行衔接。上段四面各有一尊浮雕的半身佛像，佛像边沿凿成上圆下方拱顶的龛。下段四面各阴刻一字（楷书），由右至左顺读为

"佛""法""僧""宝",字外围为圆圈。

渡头背后北面有祀水神的"三王府"王爷宫。左后还有座始建于宋代的祀奉吴真人(保生大帝)的文兴宫。

文兴渡是刺桐港重要码头,虽下沉已久,然而如今依然能勾起人们对海上丝绸之路东端起点刺桐港的追忆。

美山渡是宋至清代的古建筑,位于丰泽区东海街道法石社区石头街尾江滨处。该渡头水位较深,是泉州古代重要的码头之一。美山渡码头临江筑就石构墩台,以"一丁一顺"的方法交替叠砌。渡头离水面约4至5米,宽约13至15米,为花岗岩筑砌,上层约1米左右为近代筑砌,下面为旧有的石构筑砌。墩台东西两侧各附有一条南北走向的石构斜坡式道路,向南延伸到江中。

在渡头北侧有座美山天妃宫,1992年9月列为泉州市第三批文物保护单位。它于明永乐五年(1407)建造,坐北朝南,由山门、东西廊和大殿(天后殿)等组成(原梳妆楼、观音阁已废)。祀海神妈祖,配祀廿四司和千里眼、顺风耳等诸神。前廊东西两侧各建一亭,称为"虎头亭",颇为壮观。照墙雕镶"美山福地"4个大字。

美山天妃宫的前身是一座宋末元初建的妈祖神庙。当年马可·波罗护送元朝阔阔真公主远嫁波斯时,就曾路过这里,阔阔真公主曾进这座妈祖庙上香。

古代繁忙的"海丝"贸易带动了美山古渡附近街市的繁荣,这里曾是一处"涨海声中万国商"的繁忙商埠,自唐代以来,就有印度、阿拉伯、波斯等国的商船在此处交易。而美山古渡商埠的兴旺也带来了美山天妃宫香火的兴盛。美山天妃宫大殿后庭有株高大苍翠的古榕树,与天妃宫同龄,见证了当年"海丝"贸易的繁华景象。走近这株古榕,但见它20多米高,树底盘根错节,树干古拙虬曲,树冠青翠苍郁,枝叶遮天蔽日。因靠海边,枝叶随着阵阵海风摇曳,仿佛向人们诉说着历史的一幕幕。在这棵古榕树下,有一块泉州市园林管理局树立的石牌,标明此榕树为一级保护的"古树名木"。

明朝时,这一带还设有河泊所,清代时设有文馆、武馆及海关。

站在海边,我们眼前仿佛看见这样一幅画面:宋元时期,成千上万的船舶、熙熙攘攘的人群、来往频繁的海上贸易……

庙：真武庙

寻访泉州海上丝绸之路历史遗迹，一定要去真武庙。

真武庙就在见证"海丝"繁华的千年古街法石社区石头街上。因地理位置处在晋江的出海口，真武庙附近古代曾是番船商队聚集停泊的地方。

据史书记载，法石真武庙俗称上帝宫，祀真武大帝（北极玄天上帝），它始建于宋代，南宋泉州太守真德秀曾于13世纪初在此祭祀真武大帝，祈求航海平安。作为泉州官员祭海的场所，真武庙体现了政府对海洋贸易的鼓励与推动。它被称为玄天上帝八闽第一行宫，有"小武当"之称。现存真武庙为明清时重修，为泉州一大胜境。

春日，我沿着石头街来到真武庙。这是一座具有闽南传统建筑特色和道教建筑规制的古庙。庙宇坐北朝南，依山而建，山门为牌坊式，砖石建筑。山门旁有明万历年间挖掘的古井"三蟹龙泉"，低头探视，泉水十分清澈。由山门而入，抬头可见上方悬着一块"武当山"牌匾，很有气势。依山拾级而上，两旁扶栏石柱皆雕石狮，十分古朴。往上，有天然巨石数块，岩上立有明嘉靖"吞海"石碑。碑右边建四角凉亭一座。

真武庙中轴线上有山门、拜亭、大殿。庙前有宽敞的露庭，置有石桌石凳；庙四周有古榕数株，树龄均百年有余，榕荫蔽日，微风习习，不失为一个供游人休憩的好场所。真武殿左后侧有"玄天上帝圣纪"石碑，碑旁有石阶可上，通寺庙后的小花园。

大殿为真武殿，砖木结构，面阔三间，三进深，白石基，红砖墙，石窗，石柱，红瓦。左右侧门门楣上有"吞长江""衔远山"字样。正殿大门上挂匾额"真武圣殿"，由闽南著名书法家、诗人、学者虞愚先生题写。殿大门两侧绘有"龙吟虎啸"图。殿柱上有清道光年间进士翰林庄俊元撰写的对联："脱紫帽于殿前，不整冠而正南面；抛罗裳于海角，亦跣足以莅北朝。"紫帽、罗裳与清源山、朋山皆是泉州名山，此联情景双关，堪称妙对。

踏进殿中，但见奉祀的真武大帝雕像，披发仗剑，跣足踏龟蛇。神龛上有巨匾"掌握玄机"，系清乾隆年间提督马负书所书。

真武大帝，也叫玄天上帝，即玄武帝，北宋宋真宗时避赵玄朗的玄字之讳，改封为真武大帝，泉州一带俗称上帝公。神话传说中，真武大帝是天宫二十八宿中的北方神，又是水神、海神，后被道教所祭祀。

相传玄天上帝的诞生，是古时善胜皇后梦见吞日，怀了孕。王子在母亲肚子中14个月才降生。这位小王子长大后，竟离家入武当山学道。其父王思念王子，派五百武士入山探寻，众武士竟随小王子学道。王子在武当修行42年，功德圆满，白日飞升，被玉帝封为玄武真人，五百武士也随之登仙，成了五百灵官。唐初，据说因玄天上帝显灵助战有功，被唐太宗封为佑圣玄武灵应真君。

真武庙里身着帅服的真武大帝足踩龟蛇，是有来历的。北宫玄武是古代天文学的名词，古代先民观察天象把天空均分为四宫，分别以动物命名：东宫青龙、南宫朱雀、西宫白虎、北宫玄武，合称四方之神。玄武是龟的美称，玄为黑色，指龟背颜色，后汉时又以龟蛇合体作为北宫的象征，所以大帝着帅服更为威武，更切玄武的含义。丰泽法石的真武庙始建于宋代，当时《太上感应篇》等道教理论盛行，用善恶有报的思想，劝人向善。真武大帝亦为劝善惩恶之神，因而广受民众尊崇。

法石真武庙里，最引起我兴趣的是，山门石级上方大石头上那一块刻有"吞海"二字的石碑，为明代嘉靖十二年（1533）晋江知县韩岳所立，阴刻楷书，寓真武势盛，气可吞海之意。

见我对石刻饶有兴趣，真武庙里一位老人告诉我，这"吞海"是有寓意的。传说，古时石头街所在的位置被大水淹没，唯有这块石头裸露在外，当地人就把这块石头命名为"吞海"，寓意出海平安，要让船吞海，而不让海吞船。因此，渔民出海前，都喜欢到这块石头前拜一拜，保佑出海平安。

明万历《泉州府志》记载："玄武庙在郡城东南石头山，庙枕山漱海，人烟辏集其下，宋时为郡守望祭海神之所。"法石毗邻举世闻名的古刺桐港，宋代，泉州海外交通昌盛，当时作为海神的玄天上帝被用来祭海。为方便人们祭祀，求得真武大帝的庇佑，人们便在依山面海处，建起真武庙。每次航海前，人们都要到这里祭祀朝拜，故千余年来香火不断。法石真武庙是海上丝绸之路祈风保航的珍贵遗迹，在泉州的海外交通史上占有很重要地位。1991年1月，联合国教科文组织海上丝绸之路考察团来到泉州，特别赶到真武庙考察，给予了高度评价。泉州市、丰泽区两级政府及文物主管部门进行了全面的立面整治，建成了以真武庙为名称，以蚵壳厝建筑工艺为主体的真武庙美食城，整个文物环境得到彻底改善。2006年5月，真武庙被列为第六批全国重点文物保护单位。真武庙是"泉州：宋元中国的世界海洋商贸中心"遗产点。

真武庙里的那位老人还告诉我，在石头街的下面，沉有一艘宋元时期的古船。不知道那些慕名而来寻访真武庙的人们，会不会像我一样，用手指轻轻触摸这些历经沧桑的古迹，感叹古代"海丝"古港的繁华，于涛声中让自己置身于那充满传奇的年代里……

大海浩瀚，吞没了悠悠岁月。而劝善惩恶的大爱，却心纳苍茫天地，气可吞海。

山：九日山

说到泉州"海丝"文化，一定要提及南安丰州镇九日山。

九日山坐落在南安市境内丰州镇西面，距泉州市区7公里处的晋江北岸，由东西北三峰环抱而成，其形如钳。青峦叠嶂，高在百米左右，岩石峥嵘。西峰因唐代著名诗人秦系在此隐居，故称高士峰，或称西台。顶峰有五代石佛造像，称石佛山。石佛为五代陈洪进倡议镌刻，高4.5米，宽1.5米，袒胸盘坐于莲座上，衣纹流畅对称，十分精美，是泉州最早的石雕造像。为保护石像，外筑一方形石亭，硬山式屋顶，面阔进深。东峰因唐代宰相姜公辅贬谪隶泉，寄迹于山中，卒后葬在此地，所以称作姜相峰，或称东台，又因其形似麒麟，称为麒麟山。北峰连接东西两峰，叫北台。三峰环抱成一坞，叫白云坞。坞中白云出岫，碧潭幽涧，甚是辽远空灵。

九日山后面是迤逦自闽中腹地的戴云山脉，山下金溪江碧波荡漾，风光旖旎，景色迷人，吸引众多游人登临游览，成为闽南著名的旅游风景区。

九日山于1988年被国务院列为第三批公布的全国重点文物保护单位，是国家5A级景区——泉州清源山风景区的重要组成部分。九日山祈风石刻是世界文化遗产"泉州：宋元中国的世界海洋商贸中心"的遗产点。

九日山与晋代入泉的先人有关。据《南安县志》记载："自晋以来，士大夫避世氛多游息赋咏于此，至唐而益盛，笔墨与兹山并传。"晋代中原人南渡后，聚居晋江两岸，每逢重阳节，登山怀乡，遥望中原，由于重阳节为九月初九，因此这座山就被命名为九日山。西晋太康九年（288），先人们在山麓创建延福寺，是泉州最早的佛教寺院。南朝时，天竺（今印度）高僧拘那罗陀在此翻译金刚经，又学习汉语，如今山上还留有翻经石古迹。

山中古迹遍布，如今留有80多处，多数集中于西峰东坡和东峰南麓，最珍贵的为宋元祈风石刻群，也让九日山以"山中无石不刻字"而闻名遐迩。现存宋元以来的摩崖题刻70多段，或海交祈风，或景迹题字，或登游题诗，或游览留名，或修建纪事。

宋代泉州港是东方贸易大港，北宋时泉州已设市舶司。

古代帆船在海上航行主要依靠信风，所谓"北风航海南风回"。宋时，出入泉州港的许多外国船队，夏季御西南风而来，冬季顺东北风而去，一年两次，十分热闹。宋时，晋江下游河宽底深，大船可抵达泉州东南城外码头，换坐小船向西，可直抵九日山下的金溪。

由于当时的远洋航行，靠信风驱动，所以商人祭神祈风习俗由来已久，其目的是"俾波涛晏清，舳舻安行，顺风扬帆，一日千里，毕至而无梗"，祈求航海平安。宋代这项活动成为泉州官员和市舶司一项遵行不悖的职责。

北宋元丰二年至六年（1079—1083），泉州知州陈傅在南安九日山通远王祠（后改称昭惠庙）举行海舶祈风祭典，是目前已知的最早九日山祈风仪式。此后，每逢海舶往返季节，就由泉州郡守（知府）或市舶司等主管官员，率领有关僚属到延福寺旁边的通远王祠举行祈求海舶顺风的典礼。参加祈风典礼的地方军政官员有知府、典宗、宗正、统军、总管、别驾、左翼权军、邑令尹等，还有市舶司提舶、提舶寺丞、舶模、权舶于、监舶、提举集事等官员。祈风典礼非常隆重，当时可谓江畔舟舶遮江，山下庙前车马络绎，香烟缭绕。仪式现场旗幡蔽日，鼓乐喧天。祈风典礼完成后，参与活动者饮宴于延福寺，并乘兴登游九日山，然后将经过镌刻于山中岩壁之上。因此在九日山留下中国现存最多的祈风石刻，记载泉州海外交通的历史，是宋时我国人民和亚非人民和平友好的历史见证，堪称中国古代海上丝绸之路的丰碑。

宋代石刻现存时间最早的是在南宋淳熙元年（1174），最晚的是在咸淳二年（1266），历经孝宗、光宗、宁宗、理宗和度宗五朝皇帝，跨度近百年。

有十方石刻记载了有关海交职事和海交活动情况，内容有"有郡守倪思正甫，提舶全茂实腾，遵令典祈风于昭惠庙……""大守贰卿颜颐仲，祷回舶南风，遵齐曲也，提舶寺丞刘克逊俱祷焉……""舶司岁两祈风于通远王庙……""以遣舶祈风于延福寺，通远善利广福王祠下，修故事也"等。

1991年2月，联合国教科文组织来泉州进行海上丝绸之路综合考察，来到九日山时各国专家学者对此胜迹赞叹不绝，并留下了考察记事石刻，又为九日山的石刻碑文增添了光彩。

现在，泉州时常在九日山举行祈风仪式，还原千年前的盛况。

2017年12月冬祭，我曾来到九日山祈风仪式现场，但见人山人海。

仪式开始，鸣锣击鼓，古乐奏响，旗幡舞动，凉伞、宫灯、香炉等依次登场，身着盛装的祈风人，扮成泉州知府、南安县令、市舶司官员、僧人、道士、国内外客商，他们依次献礼晋爵、恭读祝文、行叩拜礼……随后，伴随着悠扬动人的南音乐曲，那不断旋转的凉伞象征有福气，婀娜多姿的舞伎们手拿如意祈求平安，气势非凡的武士们手握拂尘寓意扫除瘴气，场面蔚为壮观。

穿插表演的"串灯花钹""跳鼓""水族欢舞""车鼓闹春""太平鼓舞"和武术"蛇脱壳"等民间民俗，把欢送、欢迎番舶船队遣舶、回舶时的欢乐气氛表现得淋漓尽致，仿佛将我们带回千年之前"东方第一大港"的盛景。

塔：姑嫂塔和六胜塔

傍晚时分，华灯初上。从石狮市区学府路远远望去，宝盖山上的姑嫂塔笼罩在绚丽的灯光下。

宝盖山是石狮第一高峰，矗立山顶的姑嫂塔是"泉州八景"之一，号称

"关锁烟霞",也是国家级文物保护单位和世界文化遗产"泉州：宋元中国的世界海洋商贸中心"的遗产点。

姑嫂塔的正名是"万寿塔"。早在南宋绍兴年间（1131—1162），泉州高僧介殊因宝盖山地处晋江东南端滨海风口、水口的交汇处，有碍"风水"，便四处募缘，在宝盖山顶兴建一座石塔，作为关锁风口、水口的镇塔，命名"关锁塔"。《泉州府志》称其"关锁水口镇塔也，高出云表。登之可望商舶往来"。姑嫂塔真正的作用是作为航标使用。

姑嫂塔占地388平方米，塔坐东朝西，外观5层，实为4层，层层缩小，通高22.86米，底层加围廊，底座边长5.2米。塔无须弥座，只建副阶，这在福建的石塔中仅此一例。塔门前建方形仿木石构单檐歇山顶门亭一座，亭内存有清乾隆四十三年（1778）维修碑记一方。塔身自下往上层层缩小，塔心通顶，每层翘檐迭出，纯朴自然，雄伟奇特，巍峨壮观，大有"镇南疆而抗东溟之势"。一层正面门建一方形石亭，两边的亭柱镌刻一副对联："胜地有缘方可进，名山无福不能游。"横联曰"泉南福地"。二层门额刻"万寿宝塔"四字。二至五层均建有两个门洞，转角倚柱体梅花形，顶置护斗，塔内有石阶回旋直至塔顶，塔外围栏环卫，塔顶层的外壁建有方形龛，龛内刻两位女神像，据说是传说中姑嫂两人的形象。

关于姑嫂塔有个传说，史书中有记载。明何乔远《闽书》说："昔有姑嫂为商人妇，商贩海，久不至，姑嫂塔而望之，若望夫石然。塔中刻二女像……""另传古有姑嫂二人，切盼漂洋过海的亲人，竟日垒石登高远眺，伤心而死，时人哀而筑塔祀之，故名姑嫂塔"。

这个故事说的是，从前，有一家兄妹二人日子过得艰苦。后来哥哥借钱娶了媳妇，日子过得就更加辛苦了。那个时候，很多人迫于生计漂洋过海去外面做生意。哥哥便跟媳妇、妹妹商量说，他也想出去做点生意以改善家里生活。媳妇和妹妹同意后，哥哥就跟朋友到南洋去了。

哥哥这一去就是好几年，没有回家，也没有寄一封书信回来。姑嫂两人十分焦急，万分挂念，每天到宝盖山上张望，希望能看到客船载着她们的亲人回家！后来觉得看得不够远，就搬来石头，不断地垒高。

直到有一天，她们看到亲人站在船头的身影。她们高兴地挥舞着手臂，大声地叫喊着。可就在这个时候，一阵强风携着一排巨浪袭来，哥哥坐的船不幸翻入海底。姑嫂两人悲痛欲绝，她们双双跳入海中。后人为了纪念这一对有情有义的姑嫂，就用她们垒起的石头，建起了一座高塔，取名叫"姑嫂塔"。

古时候，泉州先民劈波斩浪，筚路蓝缕，过台湾海峡、下南洋，动人的"姑嫂塔"传说也随之流传到金门、澎湖、台湾地区以及菲律宾、新加坡、马来西亚、印度尼西亚等东南亚国家。每逢农历正月，当地人纷纷扶老携幼，上宝盖山，登姑嫂塔，祭拜石塔内供奉的姑嫂神像，寄托对远方亲人的思念。

明万历三十二年（1604），泉州地区发生8级地震，姑嫂塔却安然无恙，不能不说是世界建筑抗震史上的一大奇迹。

姑嫂塔是古刺桐港海上丝绸之路遗迹，它历经800多年的风雨沧桑，至今依然屹立于宝盖山上，依然守护着这片蓝色的大海，为海上往来的船舶引航，勾起无限的乡思。

石狮市还有座六胜塔，在蚶江镇石湖港边金钗山上，与姑嫂塔一样同为航标塔，2006年同时与石湖码头以及泉州真武庙、江口码头文兴渡、美山渡等一起作为"泉州港古建筑"列入第六批国家重点文物保护单位。它也是世界文化遗产"泉州：宋元中国的世界海洋商贸中心"的遗产点。

六胜塔，俗称"石湖塔"，始建于北宋政和元年（1111），由檀越薛公素、僧祖慧、宗什募资兴建。六胜塔之名，据说是由佛教的"六胜缘"而来。南宋景炎二年（1277），六胜塔被元兵毁坏大半，元惠宗至元二年（1336），当地富商凌恢甫重建，历时4年才建成。

塔为花岗岩石构，八角五层，通高约36米，底围约47米，须弥座，四面作台阶通四门，外观和形制与泉州开元寺双塔略同。塔身转角立圆柱（第一层为通体式，其余各层为三截拼接），上坐莲台状栌斗，柱头铺作、补间铺作均为双杪一下昂，柱头两侧、阑额之下浮雕雀替，每层双挑斗拱出檐，上盖扇形瓦纹石板，盖顶雕筒瓦及瓦当。塔檐八角作吻首翘脊，上坐镇塔武士各一尊。塔身每层设4道拱门，4个佛龛，各层交替错位。拱门、佛龛两侧浮雕佛教人物立像各一尊。

登上塔顶，可以俯瞰海中舟楫往来，面南则与姑嫂塔遥遥相对。由六胜塔方向右行，有一条通往海滩的水泥路。夏天，这里是人们休闲的好去处。

港：石湖港

春和景明，漫步于泉州湾南岸的金钗山上，草木郁郁葱葱。六胜塔下，有着崛起的现代化石湖港区。

蔚蓝的泉州湾内，有一个天然条件优越、港池水域宽、常年不淤积、避风条件好、全年作业天数可达320天以上的核心作业区，它就是位于石狮的石湖港。这里，每天都是一派繁忙景象，现代化的码头、屹立泉州湾畔的十余个塔吊、井然有序排列的集装箱、循环不止的巨型货轮，都在争分夺秒地运作着。

天高云淡，站在石湖港码头，海风拂过，心旷神怡。

海面上，一艘远洋货轮缓缓靠岸，船板上堆着的是整齐的集装箱。货轮靠岸后，这些集装箱陆续被码头大型吊塔的机械臂卸下来，然后由大货车装运走。休整后，装满各类货物的集装箱被送到船上。远洋货轮离开码头，沿着这个古代海上丝路港口远航。

石湖港的前身林銮渡，曾经是泉州港的重要渡口，千百年来，它见证了"东方第一大港"的辉煌历史。

来到林銮古渡，一块巨大的礁石卧伏于海水之中，台阶蜿蜒其间，那是1300多年前人工开凿的，供渡口装卸货物的通道之用，当时全长113.5米，末端向东，呈曲尺状。现存引堤为宋代修建，全长70米，宽2.2米，高2.41米，为长石纵横筑砌而成，上横石板，现保存完好，被人们称为通济桥。这里是研究泉州海外交通历史及海上丝绸之路的重要实物资料。

林銮是唐代航海家，为了通航渤泥而建这个渡口，后人称其为林銮渡。开元八年（720），林銮就拥有大船数十艘，航行东达夷州、琉球，南达菲、蒲端、甘棠、渤泥、三佛齐，西南达维力、扶南、占城、交趾一带。他用以物易物的方式，以彩缎、竹编、陶器等换回楠木、象牙、茴香、犀角、樟脑。开元十年（722），林銮引来番舶，时因"蛮人喜彩绣，武陵多女红"，所以彩缎换香料为多。

明代之后，海运衰败，林銮渡渐渐淹没在历史的尘埃中。

到 20 世纪 20 年代，林銮渡所处的石湖港成为外海轮船往来泉州的主要寄泊锚地。

如今的林銮渡古渡口与岸地的对接处，是一座"再借亭"。亭中有明代大学士张瑞图题写的石碑，讲述了一位深受百姓爱戴的地方官曾樱的故事。

港通天下兴。1987 年石狮建市后，在林銮渡一侧建石湖港。石湖港是蚶江港外港，位于石狮市蚶江港东突出部。有 3 公里长的深水港道延伸入蚶江港，海床为平底花岗岩结构，常年不淤，可供万吨级船舶停靠，是良好的深水锚地。

1993 年，石湖港筹建方案出台，建设万吨级多用途泊位码头，泊位长 200 米，年吞吐能力 40 万吨。1996 年 4 月，石湖港由交通部三航局六公司承建；1998 年 9 月 6 日，石湖港区开港，按万吨级多用途码头设计的 1 号泊位正式投产。

2016 年 10 月，福建省重点建设项目——石湖港 5 号、6 号泊位工程项目正式开工。海面上，一艘挖泥船的马达声轰鸣，巨大的机械臂探入海里，一阵铲挖，吊杆将铲斗带出水面时，已是一斗的黏土粗砂。2019 年 8 月 19 日，5 号、6 号泊位沉箱出运安装圆满完成。

石湖港区内热气腾腾，货车来来往往，集装箱高耸堆砌，桥吊在头顶穿梭。

2019 年，在新中国成立 70 周年之际，石湖港喜讯频传。4 月 30 日，石湖港至厦门港的外贸内支线开通运行；5 月 15 日，日本航线实现首航；5 月 17 日，越泰航线实现首航。此外，菲律宾马尼拉航线加密至周双班运营；台湾高雄航线与香港航线保持常态化运营。这是石狮"买全国、卖全球"市场采购贸易模式和外向型经济发展的重要外贸运输通道。

2021 年 5 月，石湖港集装箱业务、散杂货业务均实现同步增长，其中外贸进口荒料石业务创历史新高。

历经大浪淘沙，兴衰沉浮，如今石湖港区将承载着复兴亿吨大港的历史重担，在海峡西岸经济区的建设热潮中发挥举足轻重的作用。

一个奇特姓氏的沧桑

初春。在泉州内沟河畔小径上走着。河水轻轻跟着春的节奏，泛着青涩的涟漪，仿佛正解去那尘封一季的倦意。

你可知，就在泉州的寻常巷陌里，竟藏着锡兰王国（今斯里兰卡）王子的后裔，而且，这一族已在此开枝散叶、繁衍生息了500多年！

一个家庭5个世纪的起落荣衰，一个奇特姓氏背后的沧桑，让置身其中的一切都显得如此耐人寻味。

世纪之交的一天，家住泉州大隘门的一位女子拨通了泉州市市长办公室的电话，她说她复姓许世，名吟娥，先祖是锡兰王子。接着，她说其家位于泉州市郊清源山麓世家坑的祖墓群——锡兰侨民墓区被某建筑单位的推土机所毁，请求市长制止，并且说明她本来并不想暴露自己是锡兰王子后裔的，为了保护祖墓不得已才说出来。就是她的电话，竟然把500多年来锡兰国落难王子的后裔隐居泉州的神秘面纱揭开，并为世人所瞩目。

公元1459年，锡兰国王世利巴来耶为了增进与中国的交往，特地派遣王子世利巴交喇惹带了许多金银珠宝前往中国进贡。此时中国的航海外交家郑和已经去世多年，但他的堂侄郑远在泉州港任港督之职。郑远曾作为郑和的随从两次出航西洋，曾得到过锡兰国王及其王子世利巴交喇惹的热情款待，这次锡兰王子到来，郑远自然待之上宾，并向泉州知府要来马队和兵丁，亲自护送王子一行进京。

此年为明天顺三年（1459），明英宗朱祁镇见了锡兰王子进贡的宝物和特产后，龙颜大悦，不仅回赠了不少金银财物，还赐锡兰王子在中国居住一年。英宗皇帝得知锡兰国信奉佛教，还特地把皇宫内珍藏的一尊小巧玲珑、制作极其精美，并印有"大明天顺皇帝供奉"一行细字的观世音菩萨瓷像赠送给锡兰王子。

锡兰王子在北京未住多久冬天就来临了，风寒的浸淫使他患起病来。在郑远的建议下，他强支病体辞别了明英宗，一路舟车日行夜宿地来到气候温暖的南方城市泉州，在郑远的官邸住下来养病。他病了好几年，直到1466年春季才痊愈。

正当锡兰王子世利巴交喇惹收拾船只准备回国之时，锡兰国王世利巴来耶突然因病逝世，由于王储世利巴交喇惹出使中国多年未归，生死未卜，王位无人接任，于是宫廷里很快就发生了政变——国王的外甥巴罗剌达乘虚篡夺了王位，还派人不远万里前来中国寻找王子世利巴交喇惹的下落，意欲斩草除根。

与王子有深厚交情的郑远得知这一情况之后，为了不使王子遭到巴罗剌达的毒手，在泉州城郊的清源山麓为王子买下了一处住宅，并在夜晚悄然将世利巴交喇惹及其随从送到那里居住。

世利巴交喇惹定居泉州那年，年已三十有九。他在郑远的牵线下，娶了一位因受迫害流落到中国的阿拉伯贵族女子蒲氏为妻。

在泉州的街道上，王子行走倦了，便在河岸的青石上坐下休憩，或到茶肆去。一泡乌龙茶，伴随着流水淙淙声，倾听远去的喧闹声，他什么都不说了，什么都不想了，在孤独中寻求着快乐。

王子为了隐藏自己的身份，便取自己名字的第一字"世"为姓，他的子孙也均以"世"为姓，世姓后来在泉州置产购业、登科及第，成为泉州的一大望族，在明清两朝颇为显赫。虽然当时世利巴交喇惹到底生了几个子女现在已无法考证，但泉州自锡兰王子来此之前所有文字记载均未发现有姓"世"的。

但至近代，100多年来，世氏家族的状况长期不为外界所知，人们以为世氏家族早已消失在历史的风烟中。1985年，斯里兰卡致函国务院文化部外联局亚洲处,要求中国代为寻找锡兰王子后裔。泉州文史界千寻百觅却一无所获,不知其中关键在于泉州这一支的世氏已改名为许世氏。

世氏祖厝就在泉州市区涂门街关岳庙西边,那是清初所建的具有闽南地方特色的硬山式古大厝,占地面积780多平方米。世家旧屋前,我惊讶了,它经受风吹雨打,依然坚挺不拔。在这里居住了一代又一代锡兰王子的后代。

许世吟娥曾祖的母亲是世家的二女儿,因祖上多为单丁过代,到该代又仅有三女而无男丁,遂招许姓名闯的男子入赘,后世便取"许世"这一个在《百家姓》里找不到的复姓。

许世吟娥的父亲打小就示以她身世之秘,并叮嘱不可向外人张扬。

一个曾经显赫一时的王子家族,一个曾经通过海上丝绸之路为东西方文化交流做出贡献的家族,居然不愿显山露水,可见他们心中曾经的苦痛是何等刻骨铭心。

2002年,斯里兰卡政府官员及考古学家,先后数次来到泉州,拜访许世吟娥和锡兰王子古墓群。经过反复求证,确定了许世吟娥正是锡兰王子的后裔。当年6月,斯里兰卡政府向这位"锡兰公主"发出邀请,希望她能"回家"看看。

很快,许世吟娥与泉州代表团一行,踏上了为期10天的美丽佛国之旅。许世吟娥还将从泉州带去的树苗,亲手种植在斯里兰卡国家公园,取名为"中斯友谊长青树"。

如今,在泉州的世家一间间百年老屋,虽已经暗淡了历史的恩宠,远去了荣华富贵,但古城古朴的街巷里,那浓郁的历史气息,依然向人们诉说着前尘往事……

一个家族遭受过苦难,很有可能一蹶不振,陷入颓唐。另外还有可能,是这个家族从此抛弃精神中柔软的部分,以另一种坚强的姿势伫立。锡兰王子的后代选择了后者。

我穿行于泉州古城的街巷,回首夕阳,夕阳远去,岁月远去,历史尘烟中的粉墙黛瓦,飞檐雕窗,和所有过往的历史碎片,都在静静的夕阳下站成悠久历史的一帧剪影。

蟳埔：海上丝路鲜活的记忆

泉州沿海大通道中段有个蟳埔渔村，在水一方，远离喧嚣，自成一格。

蟳埔是泉州市丰泽区东海街道的一个小渔村，位于晋江的入海口，距泉州老城区不过10公里左右。这里的女人头上常年戴着鲜花做成的漂亮簪花围，身着棕色的斜襟掩胸大裾衫，她们和惠安女、湄洲女一起并称福建三大渔女。如今，这里的人们仍然虔诚地传承着祖辈世代沿袭的生活模式。

一个千年渔村，作为历史见证，鲜活在泉州湾古刺桐港畔的古代海上丝绸之路上。历经沧桑的"蚵壳厝"闪耀着鱼鳞般的光亮，弥漫着海的气息；妈祖顺济宫香烟缭绕，信众虔诚叩拜祈愿；蟳埔女生生不息，代代相承，容颜渐渐老去，头上鲜花依然……

头上的"四季花园"

这里让人印象深刻的是蟳埔阿姨头上的"四季花园"。

10多年前菲律宾华文作家访问泉州，说要到蟳埔采风，由我和丰泽区作家协会的青年作家小王陪同。一大早，我们驱车从泉州城区沿着沿海大通道行走，10多分钟的时间就到了蟳埔村。

但见村头一块大石头上写着"蟳埔"二字。走进村子一看，眼前展现的是一座座三四层的小洋楼，街道两旁有不少店铺，却少见红砖、白石、翘檐的传统闽南民居。这时，有淡淡花香袭来，一看，是一位挑担的女子从我们旁边经过，头上戴着漂亮的簪花围。我们跟着走了几步，便见一小菜市场，有卖鱼卖肉卖蔬菜的，还有人在卖鲜花。

空气中有丝丝缕缕的暗香浮动。街头的女人开始多了起来，背孩子的，独自赶路的，三三两两聊天的。她们与我家乡的惠安女不同，前面不留刘海和碎发，长长的头发在后面绾成圆髻，髻心插一根象牙筷固定，旁边别着金钗、牛角梳等首饰，圆髻的外围簇拥着一层层漂亮的簪花围。仔细一瞧，很多簪花围都是用应季的小朵鲜花扎成整齐的花环，大多数是三围，有菊花、含笑、茉莉、玉兰、桃花蕾、小玫瑰，等等，而且还都是花苞，不寂寞地串在一起，就像是头上顶着一个"小花园"。虽然最常用的花就那么几种，但不同品种不同颜色的花相搭配，簪花围就有了千变万化的组合，好一片姹紫嫣红。

同行的小王介绍说，蟳埔女睡觉时取掉鲜花养在水里，如此可以戴四五天。

清代乾隆年间诗人笔下形容："家住鹧鸪大海汀，阿姨少小贩渔腥。罗巾竹笠新妆好，不插闲花鬓越青。"蟳埔女头戴簪花围这一习俗的起源，众说纷纭。一说是源自宋元时代遗留下来的阿拉伯人的风俗。宋代的时候，有个阿拉伯人在附近建了一座云麓花园，园里的许多奇花异木是从西域引进的，阿拉伯人常将鲜花赠送给相邻的蟳埔女簪戴，渐成习俗。如今，云麓已成为花村，蟳埔女所用的鲜花仍来自这里。也有人用泉州地方戏曲高甲戏《桃花搭渡》唱词中的"四月围花围，一头簪两头重"，来印证泉州汉人早有这种风俗。无论哪种说法更接近事实，村子里上了年纪的老妇人用的阿拉伯式"番头巾"，确实让人感受到些许伊斯兰遗风。

蟳埔女爱花成痴，据说在20世纪70年代末，蟳埔女买花的钱和购粮的费用差不多。

她们的头饰十分繁复，脚下却简单得不能再简单。她们时常踩着一双人字拖，渔女的质朴、开朗、自信本色显露无遗。

蟳埔女喜欢人家给她们拍照，拍完了回放给她们看，她们会用淳朴的笑容作为回报。常年的海风和炎日把她们的皮肤吹晒成褐色,可那灿烂的笑容,那漂亮的簪花围,那份快乐的神情,一下子就感染了我们,让我们对这个小渔村多了几分亲切。

晨曦照在老屋墙上。从丈夫手中接过刚刚从海里捕回来的海产品,蟳埔女挑起竹筐,奔走在小巷中青青的石板路上。她们是这小渔村一道不褪色的风景。

冬暖夏凉"蚵壳厝"

这里冬暖夏凉的"蚵壳厝"房子也因为独特而闻名遐迩。

蟳埔村小街两边大多是小店,有老人在撬着蚵壳,并熟练地将现剥下来的蚵仔分大小只放到不同的盆里。

来之前,我已了解蟳埔村有种独特的房子"蚵壳厝"。闽南话中,"厝"乃房屋之意,"蚵"就是海蛎。如果说蟳埔女的头饰是一道移动的风景,那么蚵壳厝则是海上丝路遗迹的历史见证。

我问小王,"蚵壳厝"是不是用老人撬的这种蚵壳建的。小王说,"蚵壳厝"用的材料可不是这些从本地海域捞起来的蚵壳。古时候"蚵壳厝"用的蚵壳原产于非洲东海岸,每个大概有15厘米长,分为上盖和下臼,上盖3厘米厚,下臼大概5厘米厚。

于是,我对"蚵壳厝"兴趣倍增。

寻找"蚵壳厝"其实并不轻松,因为蟳埔的"蚵壳厝"散落在村子的角落里。我们在小巷中寻访那些夹在条石建筑或钢筋水泥建筑之间的"蚵壳厝"。穿行于弯弯曲曲的小巷,宛若步入迷宫,终于在"后巷"这个地方,见到迄今保留较为完整的4座"蚵壳厝"。它们一字排开,约300米长,占地面积约3000平方米。"蚵壳厝"的建筑形制同传统的闽南红砖厝大致一样,只是用白色蚵壳墙体,乍一看,如同片片鱼鳞,在阳光下熠熠生辉。房子红白相间,鲜艳古朴。蚵壳厝散发着浓浓的海上丝路余韵。还没见到海,就已先嗅到海的气息。

我们站在一座"蚵壳厝"前，有几株小草从墙缝中伸展出来，在微风中摇曳，给沧桑的老房添加几分生机和灵动。这座"蚵壳厝"距今已经有300多年的历史。抚摸着那些坚硬、漂亮的大蚵壳砌成的墙壁，仿佛触摸到一段尚未淡去的历史。

上台阶，走进去。屋子比较暗，只有一个老阿婆住在里面，一问，原来她的儿孙都已搬到了附近新盖的小洋楼中。当时搬家的时候，老阿婆说她住了一辈子，习惯了，舍不得搬，就留守下来。

蟳埔是泉州这个海上丝绸之路起点的重要港口。宋元时，大部分载满丝绸、瓷器的商船从这起航，航行到达南洋，经印度洋、非洲东岸，然后再到北岸卸货。返航的时候，如果舱内不载货就会形成空船，重心不稳则不利于航行，于是船员们就将散落在海边的蚵壳装在船上压舱，载回来后就堆放在蟳埔海边。当地人拾蚵壳拌海泥筑屋而居，建起一座座蚵壳厝，无意间成就了一个建筑奇观。

2002年10月，联合国教科文组织官员亨利来到这里考察，惊叹说在西欧的挪威、荷兰等海边也曾见过类似的"蚵壳厝"。蚵壳有天然的气孔，用它砌的墙在炎夏可以隔热，到寒冬又可保暖。蚵壳墙体不易腐蚀，也不渗水，闽南的海风里有腐蚀性的盐分，但也奈何它不得，长年累月的风雨还将它们洗刷得格外明丽。

砌蚵壳墙需要精湛的手艺，砌时，凹的一面向下，第一个叠好，另一个要叠在前一个的一半处，这样，一个叠一个，同时要和内壁一起砌，内外交叉，避免蚵壳脱落。可惜，会建这种房子的师傅现在很少了！

告别蟳埔渔村时，天色已晚。暮色中的蟳埔格外美丽，清澈的海水在夕阳下，泛着金色的波光，像蟳埔女的头饰一样，绚丽多彩。

盛大的"妈祖巡香"

这里盛大的"妈祖巡香"踩街游行，吸引无数文艺家和游客前来参观。

一棵大榕树。树下有三两位老人在织渔网。树的后面有座妈祖庙，叫顺济宫。

蟳埔靠海，妈祖是村民心中的"航海女神"。农历正月廿九是蟳埔妈祖巡香的日子，也叫"添香日"，人们用盛大的踩街游行活动来表达自己对大海的敬仰，祈求海神的保佑。

听说妈祖巡香很热闹，2019年正月廿九这天，我和几位摄影记者再次来到蟳埔。早晨7点多，顺济宫已热闹非凡。挑着黄竹筐的蟳埔女们不断从四面八方赶来，筐里盛的都是自家准备的供品。

不一会儿，家家户户门口摆起了"香妈桌"，桌面上供有鲜花、水果等，同时村民在家门口的地面摆下数串长鞭炮。

上午10时，妈祖神像被小伙子用八抬大轿抬了出来。平日安静祥和的画面，顿时被耳边的锣鼓声取代。村民们簇拥着、奔跑着，都希望能挨近抬妈祖的轿子。大街小巷上人潮如织，几乎所有的村民都身着节日的盛装，加入到盛大的踩街队伍，组成了一幅颇为壮观的流动民俗画卷。

踩街队伍行进着，最前面的是一面高约5米的旗帜，上面绣有"天上圣母彩路旗"几个大字，举着这面旗的年轻人把旗帜左右摆动，动作的弧度越大越表示新的一年里人寿年丰。其后是执"头香"的阿婆，手中拿着又长又粗的香。她们的身后是一队阿婆执扫把做扫地状，意为扫除一路上的污秽和邪气。几千人组成的队伍里，有腰鼓队、舞龙队、打锣队等各种彩妆的队伍，浩浩荡荡绵延几百米。一些奶奶级的腰鼓队员，动作一点也不含糊，干脆利落，整齐有力，岁月在她们脸上留下的痰迹都被按捺不住的喜悦抹去。队伍从海边走过，停泊在海边的渔船也燃放烟花爆竹迎接，响声震耳欲聋，硝烟弥漫。

游行中最刺激的要算是跳神火了。踩街队伍行进一段路程后就会遇到用稻草垒起来的火堆，这时抬着妈祖金銮的小伙子们一起吆喝着，绕着火堆快步跑了二圈，然后一鼓作气欢呼着从火堆上跃过。当地老者介绍，火烧得越旺，小伙子们跳得越起劲，象征着这一年渔民出海打鱼收获越多，生活越红火。

队伍中殿后的是一群吸引人眼球的蟳埔女，她们头上的簪花围格外鲜艳，整条街顿时成了花的海洋。

水密隔舱福船制造技艺

福船,是对福建沿海所造木帆船的统称,又称福建船、白艚,是中国古帆船的一种。

福船是我国古代航行于海上丝绸之路的最优秀的木质帆船,是中国尖底型海船最优秀的代表。最早在《宋书》中就有关于"八艚舰"的记载。这一船舶结构大约发明于唐代,宋以后在海船中被普遍采用,部分内河船也有采用。宋代,福船便以"海舟以福建为上"而著称于世。根据《宣和奉使高丽图经》记载,宋代的海船"上平如衡,下侧如刀,贵其可以破浪而行"。其船上平如衡,下侧如刀,底尖上阔,首尖尾宽两头翘,从外形看全身上下蕴藏着美的因素。明嘉靖年间胡宗宪所著的《筹海图编》,对福船的外形和用途有着更加详细的描述,有"高大如楼,可容百人,其底尖,其上阔,其首昂而口张""矢石火炮,皆俯瞰而发。敌舟小者,相遇即犁沉之。而敌又难于仰攻,诚海战之利器也。但能行于顺风顺潮,回翔不便,亦不能逼岸而泊,须假哨船接渡而后可"等赞美之词。明崇祯刻本何汝宾所著的《兵录》,则有"高大如楼,底平深大""旷海深洋,回翔稳便""斗头高阔,裕于冲犁"等描述。

福船不仅适合做深海捕捞的渔船,还适合做远洋运输的货船,同时也是明朝水师的主要战船。明嘉靖年间,戚继光就充分利用了不同类型福船的战斗性能,屡败倭寇船队,获得了辉煌的战果,因此福船也成为明朝巩固海防安全的海上长城。明嘉靖年间，戚继光所著的《纪效新书》，描述福船"高大如城，吃水一丈一二尺""福船乘风下压，如车碾螳螂，斗船力而不斗人力，是以每每取胜"等优缺点。船上装备大发贡、碗口铳、鸟嘴铳、喷筒等大小火器。明万历乙未刊本谢杰所著的《虔台倭纂》，则有"高大如楼，底尖上阔""矢石火炮皆向下而发""乘风冲犁如车辗""敌舟遇之，随犁随沉，又不能仰攻"等描述。

此外，福船还是我国使臣出使海外的重要交通工具。北宋徐兢出使高丽、明朝郑和下西洋以及册封使出使琉球都是乘坐福船。超大型福船被通称为"宝船"。郑和的"宝船"，是当时当之无愧的世界第一艘万吨船。明末清初，郑芝龙、郑成功的舰队称雄海上，也大大得力于福建高超的造船技术。

300多年前，施琅将军率军收复台湾用的就是福船。有意思的是，施琅将军墓园形状酷似一艘古船。施琅是晋江衙口人，原为郑成功部将，后归顺清朝，力主收复台湾。清康熙二十二年（1683），被称为"海霹雳"的施琅作为福建水师提督，率军横渡海峡，收复台湾。施琅临死前，撰写遗疏《君恩深重疏》，奏请在家乡"择地安葬"，获康熙皇帝恩准。施琅墓现为全国重点文物保护单位，它坐东北朝西南，长120多米，占地约6800平方米。墓庭随山势分7层而上，石马、石虎、石羊、石狮、石雕文武官等立于墓庭左右两旁。陵园中轴线像是船甲板中间的舱盖板，而两边的8个方框类似"水密隔舱"的8个舱位，主墓所处的地方像是船尾，陵园的入口处则像船头。

福船的先进性是有科学依据的。据现代船舶机械工程学对福船的研究，以接近一般帆船的速率来看，若是能提供5千瓦的功率，福船可达4.7节的速率。福船稳定范围甚大，能在天候险恶的海域航行，是理想的航运船只，适合远洋航海。

船，让泉州人走向世界，因而造船、修船成为泉州人的拿手绝技。

泉州传统的造船用料，需选择既坚固又耐水的木材。一艘船的制造，从备料、立龙骨到上画油漆，全都是手工操作。船只制作过程相当复杂，要经过安竖龙骨、配搭肋骨、钉纵向构件舷板、搭房、做舵等工序，最后油灰工塞缝、修灰、油漆上画，才完成全船。制造这样一艘木帆船，需用400工日，杉、樟等各种用材 80 立方。

师傅们都是凭借经验，一般无需图纸，要造多大的船，就备多大的料，很有把握。在长期的造船过程中，泉州沿海民间形成了一套带有浓厚传统色彩的奇异风俗。在造船的重要环节，如起工、安龙骨、安梁、立桅、画眼、下水等均有祭祀仪式，每艘船上均奉祀妈祖神像等神位。

在泉州传统的造船技艺中，中国水密隔舱福船制造技艺，于 2010 年被联合国教科文组织列入"急需保护的非物质文化遗产名录"。

水密隔舱制造这一传统手工技艺，保留在泉州至今已有千年历史。如今，水密隔舱造船技艺已是一种濒临消亡的民间手工技艺，堪称中华绝活之一。

古代泉州素以发达的造船业著称。清嘉庆年间蔡永蒹《西山杂志·王尧造舟》记载："天宝中，王尧于勃泥运来木材为林銮造舟。舟之身长十八丈，……银镶舱舷十五格，可贮货品三至四万担之多。"该史料记载了唐天宝年间泉州所造海船的情况，其中"十五格"即为 15 个隔舱。这是目前所见关于泉州海船中采用隔舱的最早记载。1974 年，泉州湾后渚港出土了一艘宋代远洋货船残体，其舱位保存完好，已具有极为完善的水密隔舱结构。在 1982 年试掘的泉州法石宋代古船中，同样发现有水密隔舱结构。以上两艘古船的发掘无可辩驳地证明：最迟于宋代，泉州所造海船已采用成熟的水密隔舱结构。

水密隔舱，亦作水密舱室或防水舱，就一个单独的水密隔舱而言，它由隔舱板、船壳板、水底板、船甲板围成，构成一个相对独立的空间，隔舱板的位置、隔舱的尺寸大小和舱的用途密切相关。

这一船舶结构是中国在造船方面的一大发明，它提高了船舶的抗沉性能，增加了远航的安全性能。水密舱壁在规范的水压条件下不渗水，它将船体内部空间划分成若干个水密隔舱，一旦某几个隔舱发生破损进水，水流不会在其间相互流动，如此一来，船舶在受损时，依然能具有足够的浮力和稳定性，进而减低立即沉船的危险。

13 世纪末，意大利旅行家马可·波罗在他的游记中，对中国发明的水密隔舱海船制造技术作了详细的描述。1795 年，英国海军本瑟姆将军受英国皇家海军的委托，设计并且制造 6 艘新型的船只，第一次采用中国人首创的水密隔舱技术建造新型军舰。此后，水密隔舱技术逐渐被世界各国造船界普遍采用。水密隔舱至今仍是船舶设计中重要的结构形式。

水密隔舱造船技艺至今仍在泉州民间使用。在晋江、惠安等沿海地区，现在还可见造船师傅带着他的徒弟忙着赶做海船。晋江的深沪镇，几年前建造了一艘名为"太平公主号"的木帆船，从船型设计、选料、建造工艺到外观涂装，甚至建造过程中的种种仪式都遵循传统。该船有14道隔舱板，将船分为15个舱，隔舱板下方靠近龙骨处设有两个过水眼，每个隔舱板中板与板间的缝隙用桐油加麻绳掺石灰制成的油灰密封，以确保水密。

在泉州地区，福船安龙骨、下水等，都有隆重仪式，每一个流程都带着从古时候就流传下来的美好寓意。这些传统至今保留着，表达了泉州人对船只和大海的敬畏。

古船，在春风中醒来

春天的早上，细雨随着春风，纷纷扬扬轻轻地洒着，丰泽法石真武庙广场更显空气清新、洁净美丽。

此时，大鼓奏起，礼乐吹响。祈风仪式上，旌旗高扬……主祭、陪祭手捧礼器行三跪九叩大礼，唱颂祭文，祈求海上一帆风顺……

这场独特的祈风盛典，再现了当年泉州古港的繁华景象。

一个尘封的故事，随着飘拂的春雨，随着悠扬的乐声，穿越岁月深处的记忆，伴着不远处的涛声，在我心灵之中回荡着……

我仿佛听到风帆呼呼的响声，仿佛听到海滩之上贝壳的歌唱。

在人类文明的发展史上，千百年前，曾经有着一个穿越西太平洋和印度洋之间的辽阔海域，那时候有人借助季风航行，勾连起沿岸众多国家和地区的海上航运和贸易线路体系，这就是古代东西方之间最重要的文化和文明交流通道——海上丝绸之路。

如今，春风习习，我站在真武庙前，似乎可以触摸到那段历史的荣光。

离真武庙不远的后渚港，位于泉州湾内，宋为临江里，元为后渚浦，清属三十六都。它的西北面有桃花山的支脉为天然屏障，东南面与白沙、百崎隔海相望，背山面海。这里水深港阔，终年不冻，自古以来就是泉州通往世界的重要远洋口岸。在后渚，曾有一艘古沉船，搁浅于岁月的沙滩，用沉寂的灵魂守望在海上丝路，见证着泉州这座古代东方大港的地位和风韵。

1973年8月，晋江地区（今泉州市）文管会协同福建省博物馆、厦门大学历史系等考古工作人员，到后渚港考察时，发现一艘沉没在港道边缘的宋代远洋古船。它静静躺着，寂寞的姿势，是在回忆那曾经与狂风巨浪搏斗的艰辛时光，还是在默默编织一个扬帆远航的梦想？

船，当然是与风浪为伍了，但是船不怕，总是坚定地迎着风浪前行，它知道前方有岸在等它——于是船便有了从容与勇敢、力量与智慧。于是，船的每一次远行，也就成了满怀着期待的归程。

这是一艘远洋回归的航船，那么，因何而沉没呢？船里又有什么文物？

经国家文物局批准，古船的发掘自1974年6月9日正式拉开序幕。经过两个多月的辛苦工作，在发掘队成员的共同努力下，以及各界人士的大力支持下，发掘工作于当年8月25日顺利结束，沉睡已久的古沉船终于完全展现出来。当沉船上面2米多厚的堆积层被揭开后，一条残长24.4米、残宽9.15米的沉船赫然出现在世人面前，在场所有人欢呼雀跃。大量的出土文物和船体特征表明：这是一艘宋代海船，是闽浙沿海一带有名的"福船"，而且是我国发现的体量最大、年代最早的海船。从古沉船船体结构上看，除龙骨外，舷侧板用三重木板，船壳板用二重木板，与《马可·波罗游记》中称，中国船"侧面欲坚固，用三重木板"一致。海船共有13个船舱，水密隔舱是唐宋以来我国木造海船的特点之一，这在中外文献中也都有记载。

在随后的船舱清理中，香料、药物、瓷器、皮革制品等一件件文物被取出来，共计14类69项。其中，唐宋钱币504枚、用于识别货物主人的木质牌签96件、未脱水香料药物2350公斤，可谓"大舶高樯多海宝"。

出土的陶瓷器不少，如青釉花瓣式盒盖、青釉碗和青釉洗等器物，是宋代龙泉窑烧造的。这类青釉器内外均施釉，釉汁光亮莹润，表面呈细小碎裂纹，其装饰花纹，如莲瓣纹、刻划纹和缠枝花纹等，也都具有宋代装饰艺术。黑釉器中兔毫盏标本，是宋代建阳水吉建窑的产品。

从船舱出土物来看，数量最多的香料木和胡椒等，都是我国从南洋诸国进口的大宗货物。宋代泉州海外通商贸易发达，香药、香料的海外输入很频繁。这些香料木和胡椒的出土，正是宋代中外经济交流的物证。

船中还出土了木牌与木签，墨书文字的木牌（签）上写有"曾干水记""林干水记""张干水记"等，结合宋代官制研究，"干"系"干办官"的简称，这样的称谓在元代未见沿用，这也是推断海船年代的一个佐证。

沉睡了7个世纪的宋代古船在泉州湾后渚港出土，揭开了我国造船史及海外交通史研究崭新的一页，引起了海内外考古界的轰动，被誉为"世界考古珍闻"，也为1991年联合国教科文组织将泉州认定为海上丝绸之路起点，提供了重要的物证。

1974年12月1日，郭沫若应邀题写了"泉州湾古船陈列馆"几个大字。1979年国庆期间，建造于泉州开元寺东侧的古船陈列馆正式开馆，"泉州湾古船陈列馆"几个鎏金大字在阳光中折射出一片耀眼光芒……

如今，古船陈列馆里的古船，首尾翘起，像春风中的叶子一样荡漾在碧海中。或许，它每天遥望着那片曾经属于自己的海。

在灿烂的中华文化里，船，不仅仅是一种水上交通工具，更是一种具有丰富内涵的文化符号。

值得一提的是，1982年，在泉州湾内法石晋江之畔，又试掘到一艘宋代沉船。这两艘船不仅是中外人民友好往来的历史见证，也为人们了解我国宋代的造船技术、航海史，以及经济贸易活动，提供了极为重要的实物。

历史，是一艘不会沉没的航船，从一个时代驶向另一个时代。如今，海洋的血性依然涌动在泉州人的血脉里，他们秉承先民"以舟为车，以楫为马"的精神，以海纳百川的博大胸襟，面向海洋，面对未来。

在泉州，这承载着历史风云的古船，不会搁浅在时间的岸边，不会在岁月的风烟中孤独老去。

古船，正从春风中醒来……

岁月悠悠，历史往往在意外中翻开昔日不为人所知的那一页。

现在，让我们潜入时间的深海里，打捞中国南海沉船上的瓷器，也打捞那些锈迹斑斑的记忆。这是另一艘与泉州有关的沉船，同时见证着海上丝绸之路。

1987年,广州救捞局与英国海洋探测公司合作在广东台山与阳江交界的海域内寻找一条东印度公司的沉船,意外发现一条沉没千年的宋代商船,并打捞出200多件绿釉小瓷盘、锡壶、青白釉瓷器盖等。经鉴定,这些瓷器主要是福建、浙江、江西等地出品的珍贵文物。同时发现的还有一条铜鎏金带钩,此物在国内尚未出土过,可能是外国人的饰物。世界考古学界顿时瞩目南海:这一发现极有可能与海上丝绸之路有关。

沉船随之被国家文物管理部门命名为"南海一号"。2000年,考古部门对"南海一号"正式展开调查。

2002年春天,3月至5月间,水下考古队对海底沉船进行细挖掘、细打捞。由于定位准确、准备充分,考古队很快就找到了沉船。

海面看似平静,水下却水流湍急。"南海一号"沉船位于水面下20米深处,沉船被2米多厚的淤泥覆盖着,考古队员扒开厚厚的淤泥和附着在沉船上的凝结物,接近船体。

这艘商船约30米长、10米宽,是目前发现的最大宋代船只。令人惊奇的是,这艘沉没海底近千年的古船船体保存相当完好,船体的木质坚硬如新,敲起来当当作响。整艘沉船没有翻,没有倾斜,它静静地、不事张扬地、无声无息地端坐海底,在岁月中定格,而船头两侧的鱼眼,依然栩栩如生,千年不眠。

当水下考古队员从沉船上凿开一个窗口进入商船时,他们惊呆了:在一个面积仅几平方米的小舱内,他们就捞起4000多件完整文物,另外还有近2000件碎片。在这4000件文物中,还有一些"洋味"十足的产品,比如一些"喇叭口"大瓷碗,直径足有二三十厘米,其式样在国内从未发现过,却与阿拉伯人常用的"手抓饭"饭碗很类似。据估计,该船上的很多商品都是当时国内厂家根据国外市场要求,特别"来样加工"制作的。而整条船装载的文物可能有6万至8万件。

全部是稀世珍宝!

与这些瓷器年代、工艺相当的一个瓷碗,此前在美国就卖出了数十万美元的天价，而这里却是整船、成批地出现。打捞出来的古瓷不仅数量多、种类多，而且质量好，全是当年刚出厂的崭新商品。这些文物的价值不可估量。福建的考古队队员，对出产于福建的珍贵古瓷器此前也仅仅见过一些碎片。

考古学家兴奋不已，"南海一号"的发现和打捞，其意义不仅在于找到了一船数以万计的稀世珍宝，它还蕴藏着超乎想象的信息和非同寻常的学术价值。"南海一号"不仅正处在海上丝绸之路的航道上，而且它的"藏品"数量和种类都异常丰富和珍贵，给海上丝绸之路历史的研究提供了最可信的模本。

宋代是我国瓷业发展史上的繁荣时期，有"瓷的时代"之说。这次出土的宋代古瓷器，以福建生产的数量最大。这些福建古瓷从胎和釉的成分来看，大部分是德化窑和晋江磁灶窑所产。这些瓷器造型独特，工艺精美，远非陆地出土的同类瓷器所能比。其中很多都是前所未见，甚至从未有过记载的。

福建德化与江西景德镇、湖南醴陵并称"中国三大瓷都"。在唐代，德化的陶瓷制作已初具规模。宋元时期，德化陶瓷成为对外贸易的主要商品。晋江磁灶窑是宋元外销瓷的主要产地，产品远销朝鲜、日本、东南亚各国，已列入"泉州：宋元中国的世界海洋商贸中心"世界文化遗产的遗产点。

显然，这艘满载着货物的商船当年曾在泉州港口靠岸装过货，然后扬帆远航，估计是要前往中东地区，不料在南海触礁沉没。

那么，这艘千年前的大型越洋国际贸易商船的主人是谁？

考古人员打捞出一些当时船上的生活用品，包括一只因生锈而膨胀了的铁锅，锅中还保存有船上人们残留下的食物——一块猪骨头。但考古人员却未找到船上人员的尸体或遗骸。当年船上的人哪里去了？

沉船，你沉没时是那么悲壮，人们为你惋惜。然而，因为千年的湮没，才使你和那些瓷器永生。没有这次沉没，那些稀世珍宝或许早已成为残破的碎片，消失在历史的长河里。你因湮没而永生，海上丝绸之路因你的永生而见证辉煌。只是，不知道是先人多少次的磨难，才铸就了海上丝绸之路的辉煌！

海面依然平静。沉船，你那千年不眠的双眸，在我们的心海激起千层涟漪。

崇武古城水关"海丝"古迹

早在新石器时代,就有先人在崇武渔猎生息。

在惠安县崇武古城内的西南角"水关"内,有个小渔村叫潮乐村。这里古老而沧桑,俯拾皆是"海丝"史迹:林广记、染丝井、古濠旧家、显公祠、黄吾野故居……一处处史迹,一个个故事,见证着璀璨的东亚文化交流史。

从崇武古城风景区大门往北走100多米,首先映入眼帘的是号称崇武古城"第五城门"的水关门。古城墙根立一石碑,刻着"水关"二字。水关高2.1米,宽1.3米,扼交通隘口。崇武古城的制高点在城中的莲花峰,而最低点正是水关。关外是澳口,大潮时,海水从城根下的涵洞涌入,水关则是排泄用的。

水关虽小,但600多年的文脉在关内外留下了丰富的人文历史,特别是"海丝"遗迹。

走过水关门洞,古城墙内就是潮乐村,村里的绝大部分建筑基本保持着古老的风貌,以砖石建筑为主。村中的街巷纵横交错,路面不宽。

往左转,走过石块铺成的小道,不远处有一群典型的闽南古建筑,称为"侯伯林祖厝群"。

明洪武十四年(1381),作为戍边民军,林姓军户入崇武建城,自此,后世便在水关门附近定居。后来规模不断扩大,形成祖厝群,有一世祖厝、二房三房祖厝、西四厝、广记厝等。因林氏祖先在建城中成绩显著,江夏侯周德兴赞誉说"功可比侯伯",自此"侯伯林"就这样传世。至清朝康熙年间,该族先有林琦、林瑞兄弟随施琅将军征战台湾,因屡建战功,被"驰封二代,当世荣之"。林瑞曾任虎门副总兵。其后,林家又有林琦的堂侄林麒,于雍正五年(1727)就任象山副将,年至70岁,方致仕归家。据《崇武林氏族谱》记载,林麒生15子,其堂叔父林瑞生11子。一时,林家门庭兴旺,位高官显,成为崇武望族。

新中国成立前夕,祖厝群曾为中共地下党活动据点,林祖慰、林祖茂兄弟及其兄嫂林祖德、陈赏等家人组织领导革命斗争,又为家族增添红色光彩,泉州市闽粤赣边区革命史研究会在此立碑纪念。这里还是泉州市闽南文化生态保护区展示点。近年,有林枕玉等林氏三代合璧的《合和集》《合和墨香》等诗、书法作品集出版。

相隔不远是"林广记",属侯伯林祖厝群落,其建筑风格与一般石屋完全不同,是典型的清代建筑。深深的宅院,气派的宅门,红墙赤瓦,飞檐翘角,都显出主人的富有。林广记是清代中期当地闻名的三大商铺之一,其店面商铺,绵延百米,主要经营丝绸、布匹,并以下庵井为中心,设有相当规模的印染作坊。由于经营有方,百年来长盛不衰。在当时,崇武人流传一句"林广记"的广告语:"广记布,穿不破。"作为海上丝绸之路的一段商贸历史,"林广记"为泉州的丝绸出口做出了重要贡献。

沿着石条的台阶往下有口井,叫"下庵井",也叫"染丝井",被当地人称为崇武"第一福井"。崇武古井很多,潮乐水关区域就有古水井20多口。

下庵井是有故事的。其凿于宋代,外沿呈四角形,井内则为六角形,井深3米,常年出水量大,历代称它为"不枯井"。清代中期,林广记经营丝绸、布匹,就是汲取这井水漂染丝布,成品从泉州海上丝绸之路出口海外的。

岁月悠悠,下庵井依旧清澈如初。

从下庵井旁边石板路往东走,100米后可看见一个石楹门,这就是古濠旧家。

一个古旧的石门,立于只有一间小屋的祠堂边,门楣上有"古濠旧家"4

个字。数百年前，它有一段动人往事，如今却静静地站立在那里，默默向我们展示一段古泉州的东亚外交史。

那间祠堂是经家的祖祠堂。祠堂左右两壁上，各绘有两幅武将的骑马图。正堂之上，挂有一幅黑白的武官提刀骑马图——这位先贤，便是经氏的先祖经胜。祠堂主人经胜，号勋旧，原是安徽临淮人，明洪武年间就任崇武所百户，人称经百户。据《崇武志》记载，经百户曾遵朝廷之命把一艘战船送给琉球国中山王。这是一艘"勇字五十九号"大官船，属"福船泉舶"，在崇武城西门外西港边打造的。

这是一艘400料的大官船。明朝时，一般战船按照大小，分为400料战座船、400料巡座船、200料战船、150料战船、100料战船、叁板船、浮桥船、快船，等等。战座船也被称为"官座船"，是舰队指挥官乘坐的海船，又称"官船"。"料"是古代战船的舰级单位，400料的战座船大概长为8丈6尺9寸、宽1丈7尺，双桅，配有16橹，载重量大概达到175—180吨。

明朝时，像琉球这样一个海中岛国，渴望先进的航海工具。因此，经胜奉命送出的大海船，是宝中之宝。

据载，"古濠旧家"毁于明末清初的兵灾火患。那场熊熊大火，烧去了历史的陈梁古柱，却烧不去那一段曾经渴望和平的愿望。20世纪80年代，泉州与日本的浦添市结为友好城市，经胜奉朝廷之命赠送琉球战船的往事，成为中日友好的佳话。

顺着路往前走，拐过几个弯，是"水头祠堂"的显公祠。《泉州人物》记载，宋朝崇武鉴湖先人张公显因反秦桧奸党被贬黜。后来他改名张显，在崇武以丝绸印染为业，为泉州丝绸出口做出贡献。

据潮乐村现存的族谱《黄氏家谱》记载，当年潮乐一带夏布生产很兴盛，吸引来自晋江安海等地的商人争相收购。另据嘉靖《惠安县志》记载，崇武一带加工编织的夏布，早年已远销海外。张显做起丝绸印染生意之后，往来客商有丝绸需要印染的都来找他。由于崇武古城的海路和陆路离泉州不远，张显的染丝行业占尽天时、地利和人和，故而他的染丝行业开张之后，一度生意兴隆。

从显公祠往北走，是明代著名布衣诗人黄吾野故居。

明代布衣诗人黄吾野，字孔昭。据载，黄吾野 51 岁时进京，诗书画轰动京城而受当朝皇帝召见。然而他坚不受官，一生布衣不仕。他好游大山名胜，足迹遍及中国东部南北各地，结交诗朋墨友，纵意人生，好不潇洒，"历宇内名胜与公卿抗礼，时历下琅琊共主坛贴"。其著有《金陵稿》《匡庐集》《北游草》《蓟州吟》等，诗文"情自景生，语必自铸，气完而神定，色浑而味永"。当时人称："山有武夷，人有孔昭。自是孔昭诗名闻于天下而不识者，世群鄙之。"《天下一统志》《御定书画传》等书均介绍或收集其诗、书、画作品。大思想家李贽将他与整理南音的名琴师郑佑合称为"崇武双绝"。

值得一提的是，明神宗万历十三年（1585），黄吾野游南京时，曾作有《送琉球生还国》诗：

> 圣教无天外，华风自海中。
> 三臣辞卉服，五载入槐宫。
> 返国君恩重，谈经汉语通。
> 片帆看渐小，万里去何穷。
> 托宿凭鲛客，传书倚水童。
> 重来应有日，临别此心同。

古代琉球与福建关系异常密切，朝廷如有遣员出使琉球，或琉球派贡臣、使节来华，多从福建出入。明代以前，琉球与泉州贸易往来频繁。明万历八年（1580），琉球派遣 3 位大臣到南京国子学学习中华先进文化。当年，黄吾野游历至南京，经友人介绍，与这 3 位留学生相识。由于在诗词方面的投缘，他们曾在一起饮酒论诗，交往甚深，结下了一段异国情缘。

万历十三年（1585），三位琉球留学生结束了学业，请辞回国。作为明朝的友邦，他们满载对中国人民的深厚友谊，挥泪与黄吾野辞别。酒席间，黄吾野欣然挥毫，写下这首五律诗赠别。诗中谈及分别之际，双方依依不舍的情景。《送琉球生还国》真实反映了明王朝与琉球友邦友好往来的"海丝"史迹，是我国外交史上一篇不可多得的诗作，至今仍有许多专家学者进行研究。

从黄吾野故居往前走，沿路经过涂去病故居、翰圃馆等人文遗迹。

这里的"海丝"遗迹，留下了许多故事，也留下许多宝藏，等待我们去寻找、去挖掘。

2005年7月11日是郑和下西洋600周年纪念日。经国务院批准，自2005年起，每年7月11日为中国"航海日"，同时也作为"世界海事日"在中国的实施日期。

那年中秋的晚上，惠安县崇武古城海边，火树银花，万众欢腾。蜿蜒的古城墙上高高挂起的红灯笼，如一颗颗从海上出水的夜明珠，辉映着古城、大海、天穹。

晚上7时，中央电视台开始在这里录制"中国魅力城市颁奖晚会分会场节目"——泉州市纪念郑和下西洋600周年万人仿古祭海仪式。唢呐悠扬，锣鼓喧天，民俗表演在崇武古城的灯塔旁举行，拍胸舞、女子排子吹、火鼎公婆、舞龙、舞狮……

沿海渔民，自古以来就有祭海的习俗。到了中秋晚上，人们自发来到沙滩上祭海。明月圆似盘，海滩弯如弓。月光如故，涛声依旧。人们摆上桌子，燃上烛，点上香，放上月饼，供上水果。祭海的人们，对大海有的是敬畏。海民们解开缆绳的手，一代代高高举起，扯开风帆。出海，成了他们唯一的选择。

祭海，是对大自然、对海洋的敬重。善待海洋就是善待人类自己。

海上丝绸之路艺术公园

"哇！好漂亮！"我站在泉州台商投资区百崎湖畔的海上丝绸之路艺术公园·亚洲园入口处，不时有这样的赞美声在耳畔响起。

这时，在公园正门，我被富有气势的园名标识所震撼。这组标识，由石雕用中英文分别呈现，长数十米，高两米左右。特别是中文字体"海上丝绸之路艺术公园·亚洲园"，在视觉上像是迎风飘展的丝带，仿佛海上丝绸之路上展开的一轴历史长卷。

放眼望去，前方是一幅壮美的图画。泉州湾口，百崎湖畔，秋日暖阳，蓝天白云，湖光潋滟。水中央是由中央美术学院设计的公园主雕塑"帆影"寓意"海丝梦"，主体为钢结构，造型由两片"帆"组成，自底座向上，高35米，最宽部分33米，位于公园中心轴线上。与普通船帆的完润圆滑不同，"帆影"的帆叶以凹凸的造型，营造出实体造型和"虚空间"的结合。

雕塑在粼粼波光的倒影之下，如帆如影，如梦如幻，绽放的是追逐"海丝"的梦想，表达了人们对航海、对远方、对未来的无尽向往。

海上丝绸之路艺术公园，将2015年11月举行的第十四届亚洲艺术节暨第二届海上丝绸之路国际艺术节活动的精彩成果永久地保留下来，转化为一份文化财富。这高起点、高标准、国际化的大手笔，是泉州以文化艺术与亚洲乃至世界深情对话的新载体，复活了泉州文化中开放、多元、融合的一面，激荡着泉州人面向未来的自信与豪情。

这座艺术公园，是此次亚艺节和"海丝"国际艺术节的主题公园活动板块主阵地，也是全国乃至全世界首座以"海丝"为主题的大型艺术公园。根据规划，亚洲园用地面积1069亩，以互联互通、文化融合、经济发展为主题，以古代海上丝绸之路为文脉，全面展现"海丝"沿线亚洲各国历史、文明、艺术、生活风俗。特别值得一提的是，从文化景观格局上看，以"海丝"文化为统领，亚洲园按照各地区艺术文化特色，引入名家大家作品，形成东亚、东南亚、南亚、西亚四个文化片区。

在"帆影"前的广场地面上，有一张巨大的海上丝绸之路地图，以地雕的形式，点明主题，通过对"海丝"途经地区国家的标示，清晰完整地呈现出古代"海丝"路线。漫步其中，我仿佛徜徉在"海丝"路上。万国梯航，海上丝路给人灵魂的启迪；让人敬畏自然，让人坚强果敢，让人激情奋进，让人彻悟包容和宽广。

在广场上，有长达120米的东亚组雕，以恢宏气势，再现了"市井十洲人"的"海丝"盛景。跟平常单面雕塑不同，这组雕塑还借鉴了"双面绣"的灵感，正反两面不同。正面分别表现了丝路听涛、妙音飞天、双塔南音、丝绸交易、瓷器交易、清净寺外香料珠宝石交易和文化交流、商人进城、使团到港、商舶装卸货、货物盘点、船只启航等场景。背面则是海上航行、海边集市、亲人重逢、喜迎客商、木偶表演、观赏花灯、抚琴等场景。这些石雕，或精致绝伦，或栩栩如生，有着丰富的泉州元素，让我驻足观赏时，有了一种回到宋元"东方第一大港"的穿越感。我依稀看见，渡头、樯帆、祈风、番货……水天相接的美景，翱翔的海鸥，翡翠般蓝色海水在阳光下跳跃着，还有舞蹈着的浪花。

宋元时期，泉州城南，逐渐形成外国商人和水手集中居住的地区。与之相应，泉州出现了伊斯兰教、印度教等不少外来宗教的庙宇以及外来侨民的集中住地。到了元朝，泉州港更加繁荣。吴澄的《送姜曼卿赴泉州路录事序》中说："泉，七闽之都会也。番货远物、异宝珍玩之所渊薮，殊方别域富商巨贾之所窟宅，号为天下最。其民往往机巧趋利，能喻于义者鲜矣。而近年为尤甚，盖非自初而然也。""号为天下最"，说明泉州在全国海外贸易中居于领先地位。而海外贸易的发达，使当地的社会风气发生了巨大的变化。当时诗人对泉州有这样的描写："厘头赤脚半蕃商，大舶高樯多海宝。"许多外国商人、水手随着海船来到泉州，这个港口成为各国人杂居的海港都市。

紧挨着"海丝"地图，有一个可以倒映天空的水镜广场。水镜广场作为整座公园的核心，与公园大门以及主雕塑"帆影"在同一条轴线上。整个广场上装设了数百组与地面相平的水雾喷头。平时看起来是一个普普通通的广场，若是所有的水雾喷头全部打开，平静的水面会倒映出天空和云朵，宛如广场上安放了一面"天空之镜"，如梦似幻。

这座艺术公园，也是一个充满情怀的平台，寄托着海上丝绸之路起点城市泉州以文化和艺术对话世界的梦想。

在公园的左侧，是著名的"红房子"，取名"山海梦窗"。这栋"红房子"用传统的红色陶瓦与旧石材巧妙组织，在地面上铺设出一幅海岛图画，以传统砖石的方式呈现山海画意，凸显泉州的海洋文化以及在海上丝绸之路中的重要历史地位。

"红房子"的外在造型从泉州传统大厝建筑优雅平缓的屋顶曲线蜕变而来，钢结构龙骨配以出砖入石的建筑，令人惊艳，红的砖，白的石，对比如此鲜明，又如此和谐。庭院地面用红瓦堆积，闽南味儿十足。屋顶开有圆窗，宛若梦境。

与之相映成趣的是公园右侧那绿植篷盖的"绿房子"，现代创意中渗透出大自然的馨香。这座建筑在视觉上借鉴了中国传统园林意象，2000多平方米的垂直面和1000平方米的顶层，全部铺设了绿植，并在视线所及的室外，种下几丛疏竹、一树虬木，为整座建筑注入了生命力。行走其中，仿佛在探索具有诗情画意的园林。而在格局上，采取小空间的隔断，使现代建筑有着传统院落和楼阁之感。

此外，公园遵循"一窗一景""移步换景"的设计原则，极符合诗人卞之琳"你在桥上看风景，看风景的人在楼上看你"的意境。这里，花木扶疏、小桥流水、长廊曲径、草地如茵、木椅古朴，水边湿地保留野生的芦苇和水草，有一种亲近自然的诗意。

2015年11月10日，中国著名作家、诺贝尔文学奖获得者莫言在走访"海丝"艺术公园后，十分赞叹。他动情地说："保存完好的泉州古城，是历史留给泉州的财富，而'海丝'艺术公园，将是泉州留给历史的礼物。泉州可圈可点的文化遗产太多了，而其中'海丝'文化是独特的泉州符号，'海丝'文化公园既是昔日泉州'海丝'繁盛景象的缩影，也是以当代艺术形式展示丝路精神的创意结晶，是一件古代文化与现代文明结合、交相辉映的独具创意的艺术品。"

可以说"海丝"艺术公园建设意义重大。这个主题突出、建造精美的"海丝"文化艺术精品工程，饱含着泉州市委、市政府，福建省委、省政府，直至文化部等上级部门的智慧和心血，体现着众多艺术大家的探索创新，也是建设者汗水的结晶，是泉州的城市新名片。

如今的"海丝"艺术公园，也是市民休闲的好去处，游客解读品味泉州的好窗口。源于"把艺术交给人民、使人民亲近艺术"的宗旨，"海丝"艺术公园是一个不设围墙的公园，每天都有数以万计的市民游客，扶老携幼、呼朋唤友，涌入公园。人们或坐在长廊里休息，或在草坪上散步，或在小桥流水之畔留影，或在广场中间回眸四望，真是心旷神怡。

我站在"海丝"艺术公园里，思想的根须，就这样在海上丝路的历史画卷里网织着一个个立体的形象。泉州的先人，以坚韧不拔的信念，以海纳百川的胸襟，以拥抱大海的气魄，穿越了惊涛骇浪，在船只所到达的那些海岸线上播下真情。

蓝天白云之下，迎着那激荡的风儿，望着前方的"帆影"，我想：泉州这艘巨轮，已在"海丝"新征程的清风中，鼓荡起长风破浪的云帆。

"海丝"国际艺术节永久落户泉州

品乌龙名茶清香,听南音古韵悠扬,古城泉州迎来了1000多位海内外嘉宾。2019年11月22日至27日,第四届海上丝绸之路国际艺术节在泉州举办。本届海上丝绸之路国际艺术节由文化部和福建省人民政府联合主办,福建省文化厅、泉州市人民政府等承办,以"多彩海丝 文明互鉴"为主题,有艺术展演、文化论坛、联动项目、网络艺术节等四大板块多项活动,展示泉州"海丝"文化魅力,打造"艺术的盛宴、人民的节日"。

来自50多个国家和地区的130多个文化团体,在泉州演绎了一场别开生面的艺术盛会,共计1200多名艺术家、专家学者和国际友人参与。

千年之前,市井十洲人,是泉州作为海上丝绸之路起点的辉煌;千年之后,一台再现当年远渡重洋传奇故事的民族歌剧《大海承诺》,将东西方艺术融为一体,拉开了这场艺术盛会的序幕。

11月22日晚,《大海承诺》精彩亮相。这部原创歌剧讲述了宋元时期,忠臣之子林旭为逃避追捕,躲进泉州的傀儡戏班"锦升班",班主陈锦升和女儿若兰,为了保护林旭,同时带着让泉州木偶艺术走向世界的使命,与戏班成员一起,从泉州刺桐港启航,前往埃及亚历山大港,其间发生的一幕幕生离死别、爱恨交织的故事。整台演出充满了泉州元素,木偶戏、南音、闽南童谣等非遗项目纷纷登场,令嘉宾、观众一饱眼福。

泉州历来十分重视非遗保护工作，目前拥有县级及以上非遗代表性项目近500个，是中国唯一囊括联合国教科文组织非遗保护三大名录（册）的城市。近年来，泉州加大非遗传播基地建设，建成梨园古典剧院、南音艺苑、木偶剧院等文化场馆，进一步推动了艺术与生活的融合……

活动期间，在国际展区，意大利西西里马车彩绘、土耳其彩瓷、伊朗波斯地毯、南非兽皮画、马来西亚蜡染等瑰宝纷纷亮相。

回溯到首届海上丝绸之路国际艺术节，它于2014年11月于泉州举办。

2015年，第二届海上丝绸之路国际艺术节和第十四届亚洲艺术节一起举办，地点还是泉州。活动从1月18日开始，为期8天，吸引了40多个国家和地区参与。活动由文化部和福建省政府共同主办，是国务院批准的首个也是唯一一个区域性国际艺术节。活动包括表演艺术、视觉艺术、文化交流对话、文化之都魅力、网络亚艺节、主题公园等6大板块，旨在凸显国际水平、亚洲风情和"海丝"元素，让更多人领略到亚洲文化共同发展、共同繁荣的成果。

在此期间，海陆丝绸之路城市联盟工商理事会在泉州成立，给泉州留下了历史性的文化遗产。《人民日报》、新华社、《光明日报》、中央电视台等各大媒体纷纷以消息、通讯、特写、评论等方式，浓墨重彩地报道艺术节盛况。海外媒体也高度关注。人民网、新浪网、新华网、中国网、东南网开设专题进行报道，短短1周时间里，阅读量达到1198.6万人次。

联合国教科文组织总干事博科娃发来贺信："联合国教科文组织对此次活动主题具有浓厚兴趣，热切希望能分享此次活动的成果。"

"海丝"精神，在此延续。全球第一个以"海丝"命名的艺术公园（海上丝绸之路艺术公园·亚洲园）开园，不同国度、不同文化背景的文艺工作者达成了《泉州共识》，迈出了"维护世界文化艺术多样性和建设共生共荣亚洲文化生态"的坚实一步。

由于第十四届亚洲艺术节暨第二届海上丝绸之路国际艺术节成功举办，中央批准同意，海上丝绸之路国际艺术节每两年一届，永久落户泉州。

QUANZHOU
THE BIOGRAPHY

泉州传

宋元中国的世界海洋商贸中心

第四章

坐落于中国东南沿海的泉州，是一座写满海洋记忆的港口城市。"泉州：宋元中国的世界海洋商贸中心"是世界文化遗产，承载着关键价值特征的22处遗产要素及其关联环境，包括了行政管理机构与设施遗址、多元社群宗教建筑和造像、文化纪念地史迹、陶瓷和冶铁生产基地，以及由桥梁、码头、航标塔组成的水陆交通网络，完整地体现了宋元时期泉州富有特色的海外贸易体系与多元社会结构。

泉州作为宋元时期中国与世界文明的对话窗口，展现了完备的制度体系、发达的经济水平以及包容的文化态度，为当时亚洲海洋贸易的高度繁荣以及东亚与东南亚的社会发展做出了突出贡献。

千年之后，泉州依然是一座活着的古城。

闪烁海洋文明之光的城市

泉州，与海相伴，向海而生。

泉州是中华海洋文化的重要发祥地、世界海洋文化的发祥地之一。

泉州是座闪烁中华海洋文明之光的城市，这可追溯到史前时代。

在史前及舟船时代，生活在台湾海峡的泉州古闽越土著先民，就是个善于牧海扬帆的航海人群，台湾海峡是他们生活的家园，这里也成了海洋文化的摇篮。他们与中国东南沿海各地的先民，共同创造了古老的中华海洋文化。其后，中华海洋文化对外传播，影响整个东亚、东南亚及南太平洋等区域。

远在三四千年前，"刳木为舟，剡木为楫"的泉州古代先民，开始制造独木舟，后来从逐步掌握造船技术，到成熟运用航海技术，为中国及世界造船技术及航海事业做出了巨大的贡献。

泉州造船航海历史悠久。据《越绝书》记载，远在先秦时代，泉州就是古越族人居住的地方。泉州背倚西北高耸云天的戴云山，面向东方浩瀚的东海和更加辽远的蔚蓝色海洋，这个天然优越的地理位置，让泉州先民向海而生成为必然的选择。

古代闽越人"以舟为车，以楫为马"，公元前5世纪就已开始制造头尾高翘的独木舟，这种独木舟被叫作"了鸟舟"（鹞船）。除这种船外，闽越人还造出了方舟、戈舟、楼舟、舲等。先民们通过不断的航海实践摸索，并进行经验总结，造出这些船只，并且掌握航海技术。

公元前112年，强大的西汉王朝，以当时先进的楼船征伐南越。当西汉王朝舰队浩浩荡荡一路南下时，这种高大壮观、防御设施特强的多层战舰，令南方人十分震惊。受此影响和启发，南方沿海造船技术进一步得到发展。

据《汉书》记载，闽越人"习于水斗，便于用舟"。汉晋南北朝时期，闽越人渐渐与东洋诸多岛国及东南亚地区进行海上贸易。

《续高僧传》记载，南朝的时候，泉州的大船已能够到达南洋的棱加修国（马来半岛）。隋唐时期，泉州成为全国造船基地之一。所造海船具有船身巨大、结构坚固、载重量大、抗风力强等特点，在造船工艺上大量采用了钉榫接合技术和水密隔舱。

唐代，发达的泉州造船业，为泉州海外贸易的繁盛奠定基础，也让其成为与明州、广州、扬州齐名的中国四大港口之一。泉州当地望族的《留氏族谱》记载，唐末五代（907—960），泉州就以"刺桐港"闻名，泉州建造的远洋大舶，可运载大量当地生产的陶瓷产品及铜铁制品出海，"泛于番国"。

2003年5月，泉州丰泽区北峰镇招丰村发掘出一座五代时期的古墓。经考证，墓主王福是五代闽国泉州司马。专家发现墓内出土有玻璃器残片3件，这是福建发现最早的玻璃皿，实物印证了泉州海外交通史的悠远。

宋代的时候，朝廷经常派人到福建招募海船和舟师。宋人谢履有诗写道："州南有海浩无穷，每岁造舟通异域。"从诗中我们可以看到，泉州所造的海船在宋代已被列为上贡之品。宋人吕颐浩说："南方木性与水相宜，故海舟以福建船为上，广东西船次之，温、明州船又次之。"甚至北方的金人也曾来请福建造船师去打造战船。

宋元时期，泉州有许多造船厂和修理船舶的船坞，主要分布在泉州沿海地区。据《舆地纪胜》一书记载，宋代，随着指南针的广泛使用，泉州造船技术更为先进，建造大型海船进行海内外商贸活动，为泉州赢得了"东方第一大港"的美称。此时，各国商船纷纷靠舶泉州，刺桐港热闹非凡。当时的泉州海船，被《诸蕃志》称为"泉舶"，无论从形体到规模，都属全国一流。20世纪70年代，从泉州后渚港区出土的宋朝大型古沉船，有力地证实了"泉舶"的先进。

元朝时，伊本·白图泰对泉州有过描述。伊本·白图泰（1303—1377），生于摩洛哥的丹吉尔，是中世纪伟大的穆斯林旅行家。1325年，22岁的伊本·白图泰去麦加朝圣，开始了周游各国的旅行。元顺帝至正六年（1346）6月，他到中国游历，从泉州刺桐港登陆，后又去广州、建昌、鄱阳、杭州等地。他目睹了中国各地的风土人情，深深感到贸易之盛况，他还拜访了各地穆斯林教长、商人，参观穆斯林的宗教活动。伊本·白图泰对这一切都感到十分新奇，便将旅途的见闻讲给人听，后来由穆罕默德·伊本·朱赞·凯洛比记录下来编成书，取名叫《异域奇游胜览》，俗称《伊本·白图泰游记》。

《伊本·白图泰游记》是这样记载泉州的："我们渡海到达的第一座城市是刺桐城""这个港口是一个伸入陆地的巨大港湾，以致与大江会合"。这个巨大的港湾就是泉州湾，与泉州湾汇合的大江就是晋江。他还说"该城的港口是世界大港之一，甚至是最大的港口。我看到港内停有大艟克约百艘，小船多得无数。……该城花园很多，房舍位于花园中央"。他说中国的船分3类，大的称"艟克"，中者为"艚"，小者为"舸舸姆"。这些船在刺桐城和广州城制造。

如今，在泉州海外交通史博物馆里，可见200多艘从远古到清代的船舶模型和实物，这些船舶模型让一个东方海洋大国的舟船历史尽显无遗。

2010年11月，波利尼西亚独木舟协会6名船员使用原始的航海技术，乘独木舟经过4个多月共1.6万公里航程，来到泉州海外交通史博物馆参观。馆里展出的古代海帆伐模型以及捆绑使用的椰子纤维做成的绳子，让他们眼前一亮，这跟波利尼西亚使用的基本相同。其实，泉州古代海洋文化标志，如纹身、印文陶、石锛、石凹、鱼钩、干栏式房屋建筑等，在台湾岛和东南亚、南太平洋群岛的考古中均有发现。

2016年9月，新西兰毛利族代表团来泉州进行"寻根之旅"访问，他们欣喜地认为，泉州的海洋文化与毛利族的海洋文化十分相似，尤其在用有锻石锛造舟、航海、纹身、倒刺鱼钩等方面。

中华海洋文化发祥地、富集区之一的泉州海洋文化，留下了独具中华海洋文明特色的文化遗产体系。

宋元时期世界海洋商贸中心

古代的泉州可谓蜚声中外，商贾云集，这些来自世界各地的客人将泉州称为"刺桐城"，将泉州港称为"刺桐港"。这是因为从唐代开始泉州城遍植刺桐树，每到春季，城内就会盛开艳红似火的刺桐花。这些海外来客从刺桐港踏上泉州的土地，又从刺桐港启航，载回中国的丝绸、瓷器、茶叶……

宋元时期，泉州成为沟通东西方文明的海上丝绸之路的起点。当年有关海外交通、贸易的 500 多件石刻留了下来，如今就放在泉州海外交通史博物馆里，既有阿拉伯风格的墓盖石，也有印度教保护神的雕像，更有带翅膀的天使形象……

2021 年 7 月 25 日，"泉州：宋元中国的世界海洋商贸中心"成为世界文化遗产。

"泉州：宋元中国的世界海洋商贸中心"是公元 10—14 世纪产生并留存至今的一系列文化遗产，分布于以今天泉州城区为核心的泉州湾地区，包括九日山祈风石刻、市舶司遗址、德济门遗址、天后宫、真武庙、南外宗正司遗址、泉州府文庙、开元寺、老君岩造像、清净寺、伊斯兰教圣墓、草庵摩尼光佛造像、磁灶窑址（金交椅山窑址）、德化窑址（尾林—内坂窑址、屈斗宫窑址）、安溪青阳下草埔冶铁遗址、洛阳桥、安平桥、顺济桥遗址、江口码头、石湖码头、六胜塔、万寿塔等 22 个遗产点，具有鲜明的海上贸易和东西方文明交融特征,古老、生动,世所罕见,见证了"刺桐"这座古代东方大港的地位、奉献和风韵。

这一系列文化遗产记载着宋元时期泉州令人瞩目的繁荣与成就,它是世界海洋贸易引擎型港口的杰出范例,见证了积淀并传承至今的多元共荣的海洋商业传统。

在大自然的精心雕琢下,泉州湾、深沪湾、围头湾构成了古刺桐港(亦称泉州港)。

"港口兴,泉州兴",凭借大自然的恩赐,泉州的先民打开了城门,积极开展对外经济文化的交流合作。南朝间,天竺(今印度)高僧拘那罗陀,一路风尘来到泉州,到南安九日山延福寺翻译梵文佛经,是迄今已知泉州最早的海外交通、文化交流的例证。

唐朝,泉州成为中国对外贸易的大港口,朝廷特地在泉州设参军事,管理海外交通贸易事宜。唐朝来泉州贸易的外国商人主要是阿拉伯人和波斯人,还有东南亚以及印度、埃及、日本、朝鲜等国家和地区的人。7世纪初,阿拉伯正式派遣使节来中国。至武则天时期,阿拉伯人经商于广州、泉州、杭州诸良港恒数万。泉州港也因"南海蕃舶"常到,而"岛夷斯杂",出现了"市井十州人"的盛况。

8世纪后期,阿拉伯的阿拔斯王朝兴起,注重从海上经天竺和中国进行经济贸易和文化交流。

五代时期,泉州为闽国辖地,闽王王审知很重视海外贸易,招来海中蛮夷商贾,泉州的海外交通得到进一步发展。特别是五代后期,泉州扩大了城市范围,并增辟了海上交通路线,并建置货栈,以此适应海外交通贸易发展的需要。这些都为宋元时期泉州的繁盛奠定了坚实的基础。

宋元时期,中国东南地区是亚洲海洋经济最具活力的区域之一,以泉州为中心的航海贸易活动,与亚洲海域"北洋""东洋""西洋"实现了连接与互动,形成了东方的海洋经济圈。宋元时期,泉州成为世界海洋商贸中心。

宋朝时期,泉州海外交通东至日本,南通南海诸国,西达波斯、阿拉伯和东非等地。进口的商品主要是香料和药物,出口的商品则以丝绸、瓷器为主。北宋元祐二年（1087），泉州设立市舶司，后来又设来远驿，接待贡使和外商。为鼓励海外交通贸易，宋代的泉州市舶司和地方官员，每当海舶入港或出航的季节，特为中外商人举行"祈风"或"祭海"活动，以祝海舶顺风安全行驶。

宋代泉州有3条海外航线：东北线为泉州——明州（宁波）——高丽（今朝鲜/韩国）——日本；东南线为泉州——澎湖——三屿（今菲律宾）——麻逸（今印度尼西亚的苏拉威西岛）等地；西南线为泉州——西沙——占城（今越南中部），其中一路至渤泥（文莱），另一路自占城抵三佛齐（苏门答腊），越过马六甲海峡，经细兰（今斯里兰卡）、印度故临——波斯湾，沿阿拉伯海西行至亚丁湾和东非的弼琶罗（今索马里）——层拔（今桑给巴尔）。当时泉州与日本、高丽、占城、渤泥、真腊（今柬埔寨）、暹罗（今泰国）、马六甲（马来西亚）、蒲甘（今缅甸）、天竺、细兰、波斯、大食、弼琶罗、层拔等70多个国家和地区有海上交往贸易关系，泉州港呈现"涨海声中万国商"的繁荣景象。

当时，番商都居住在泉州东南隅的"番人巷"。他们运来犀象、珠玑、玻璃、玛瑙、香料、胡椒，运去丝绸、瓷器、茶叶。1974年，泉州湾后渚港出土的南宋古船，反映了宋代泉州湾对外贸易的繁荣。这对我国与世界的海洋商贸考古具有重大价值，引起国内外专家学者的关注和研究。

当然，泉州海外贸易的发展也经历过艰难曲折。南宋嘉定年间，泉州知府真德秀就任时，正是泉州海外贸易有所衰退的时期。见此情景，他采取措施重振泉州经济和海外贸易。3年间，来泉州港的番舶大增，泉州海外贸易雄风再现，一直延续至元朝。

元初，世祖忽必烈委任弃宋投元的阿拉伯人后裔蒲寿庚招徕番商，在泉州互市。蒲寿庚任福建行省左丞后，受命诏谕南海诸国番商。此后，元朝政府几次重大的招谕活动，都从泉州港启航，而且主要由泉州官府负责。元朝时，泉州多次设行省，恢复市舶司，与100多个国家、地区有政治、经济、文化联系，是海洋商贸的鼎盛时期，与埃及的亚历山大港并驾齐驱，成为当时世界最大的海港之一。宋元时期，泉州港的繁盛，为泉州、福建的经济发展和中外文化交流、友好往来做出了重大贡献，对当时亚洲海洋贸易的高度繁荣以及东亚与东南亚的社会发展做出了突出贡献。

《文汇报》社《学林》原主编施宣圆评价说：泉州作为"世界最大港口"达200多年之久，这在中国历史上是少见的。

元末至正十七年到二十六年（1357—1366），泉州发生一起持续10年之久的战乱，史称"亦思巴奚战乱"，或"亦思法杭兵乱"。《八闽通志·至正近记》和《福建通志·元外纪》均有详细记载。这场战乱，不仅重创了泉州一带的社会秩序和经济发展，更导致当时世界最大港口泉州海外贸易大幅衰落。

明清两代实行闭关锁国政策，影响了泉州港口的发展。明中晚期，倭寇严重扰乱，破坏沿海地区民众生活，海上交通也受到一定影响。再加上明朝政府施行了严厉的"海禁"，只允许泉州港通琉球，使得泉州港对外贸易受到极大限制。成化八年（1472），市舶司移设福州，泉州的来远驿也随同市舶司废置，此举标志着泉州港外贸地位的下降。清初禁海迁界，港口海滩日渐淤塞，加上官吏贪赃舞弊，使泉州海外贸易逐渐衰落。

1949年后，由于海峡两岸的对峙和紧张的军事形势，泉州港于1957年关闭。

1957年以后，国家投入大量资金对泉州港基础设施进行建设，在后渚等作业区陆续开展码头建设。

1978年，中共十一届三中全会以后，泉州在原有基础上重建港口。

1980年，泉州港务管理局成立。

1983年1月1日，泉州港正式恢复对外籍船舶开放，被中华人民共和国国务院批准为全国24个对外开放港口之一。

2006年，在原泉州港务管理局基础上，设立泉州市港口管理局（加挂泉州市航道管理局牌子），受市政府委托行使港口、港务、港政和航政等行政管理职能。

2019年，成立福建省泉州港口发展中心。

历经千年，宋元时期中国世界海洋商贸中心遗存在泉州得到精心呵护，活化利用。进入新时代，"一带一路"倡议赋予这些遗存新的活力，也给泉州带来新的机遇。着力以世遗为平台，泉州乘着"一带一路"的东风再度启航。

泉州市舶司

在泉州市鲤城区水门巷竹街，有一块石碑静静伫立，上书几个大字"泉州市舶司遗址"。这里有着曾经的辉煌。

根据乾隆《泉州府志》记载，"市舶提举司在府治南水仙门内""鹊鸟桥水关北沿水道六十米有水仙宫"，也就是现在的水门巷竹街。另据道光《晋江县志》记载：市舶提举司在府治南水仙门内。有关方志记载：南薰门在市舶司之旁，即今泉州市内水门巷竹街南薰门（水门）遗址西北，西到水仙宫，东到三义庙，北到马坂巷洪厝山。泉州港兴于唐，盛于宋元，衰于明中叶。北宋元祐二年（1087），朝廷设立福建市舶司于泉州，一直到明朝成化八年（1472年），市舶司才迁往福州。

这处貌不惊人的遗址，是我国现存唯一一处古海关遗址，在千年前是远渡重洋来到泉州的"番人"进入这座城市的必到之处，也见证了宋元时期泉州海外交通和贸易的鼎盛。想当年，这里熙熙攘攘，好不热闹，各国商人、宾客往来于此。

市舶司是我国古代管理海上对外贸易的政府机构，市舶司在特定港口遵照朝廷指令，统一管理对外贸易事务，其主要官员市舶使及其下属由朝廷任命。在很长一段时间，海外贸易一般由地方长官兼管，直到唐玄宗即位（713）后，开始在广州设立市舶司，进行专职管理。

宋代李邴曾在《咏宋代泉州海外交通贸易》中如此描绘泉州："苍官影里三洲路，涨海声中万国商。"

泉州市舶司的设置，使刺桐港成为国家法定口岸，本埠海商可就地办理出航手续，而更重要的是外地船只靠泊泉州港，不用再寄港广州就可直接通航。因此，在泉州港发舶和登岸的中外客商纷至沓来，泉州一时热闹无比。泉州市舶司设置伊始，就奏请派员到海外"招商"，崇宁二年（1103）获得宋廷批复。泉州当即派遣官员赴占城国、罗斛国"说谕招纳"。此后，海外招商风行一时。

到了南宋，因朝廷将重心移至江南，泉州重视发展社会经济，大力发展海外贸易。据《晋江县志》记载："赵崇度提举市舶司，度与郡守真德秀同心划洗前弊，罢扣买，禁重征，逾年舶至三倍。"建炎二年至绍兴四年（1128—1134），泉州所交的税金相当于当时全国收入的1/10，而这与泉州港贸易的繁荣及市舶司的管理是分不开的。文史资料中关于泉州市舶司收入的记载，让后人仿佛依然能抚摸到那段时光。至南宋乾道二年（1166），朝廷诏罢两浙路市舶司，泉州市舶司与广州市舶司成为当时南宋仅有的两个市舶司。广州和泉州成为相互辉映的双子灯塔，呼唤着远航的船舶靠岸，又引导它们航行远方。

到南宋末年，泉州阿拉伯后裔蒲寿庚被任命为泉州市舶提举，相当于今"海关长"。蒲寿庚"蕃舶利者三十年"，使泉州地位走到广州之前。而到元代，为招徕更多外商，泉州还实行优惠的低关税政策，其他港口"蕃舶货物十五抽一""惟泉州三十取一"。也因为这样，元朝时的泉州海外贸易空前繁荣。

1276年，元军入闽，次年蒲寿庚拒南宋帝端宗于泉州城外。蒲寿庚的这一举动，取悦了元朝执政者，使泉州免于朝代更替的战乱和动荡。而同为南宋两市舶司之一的广州就受战火牵累不少。

元代，泉州派遣使团赴外国招商的活动，受到东南亚诸国的积极回应，从而建立起双向互动的密切贸易关系。

当时的泉州港与近百个国家和地区有贸易往来。当时的政府曾经以泉州作为我国海外交通计算航程的起点，出口的大宗货物有丝绸绢缎、瓷器、茶叶、铜铁制品等；进口货物有各色香料、胡椒、宝石、珍珠、象牙、犀角等。

这个时期，泉州的海外贸易与社会经济达到了鼎盛。

据《泉州海关志》记载，宋元明三代对海外贸易管理严格，国内外商人从泉州港出海或靠岸，必须先赴市舶司登记，凡从海外运货抵港，要先经市舶司抽分博买，即征收关税，否则没收船货并治罪。在宋初，泉州已是"蕃舶之饶，杂货山积"，"走泄"等偷税漏税行为屡禁不止，为打击走私行为，宋元明历代均制定了严厉的罚没规章，泉州市舶司还依靠当地驻军的力量查缉走私。

泉州市舶司除了船货管理、征税缉私外，还兼具另外一项重要职能——招徕迎送。宋代政和年间，泉州市舶司设来远驿，并制定犒劳馈送制度，指定专门人员接待各国使臣。诸藩国贡使抵达或者离开港口时，市舶司定会派官员用轿子或马匹迎送。而对于来泉的外商，市舶司则行使管理监督职责。

泉州市舶司每年在九日山下通远王祠举行两次祈风仪典，在祈风的同时，官方还要设宴席款待外商。这是官方服务海外贸易事业的仪式，也说明泉州当时对外开放的程度走在全国前列。

宋代至明代，远洋商船的人员，其货物往来，可通过小船，沿晋江、破腹沟、水关、壕沟，直达市舶司报关。

元至正十二年（1352），在古城德济门至临漳门中间水关左建南薰门。水关后有石闸门，其长石槽尚存。桥北的鹊鸟桥至今也尚存。

明代的市舶管理体制沿袭元代旧制，于太祖洪武三年（1370）设置泉州市舶司，但是其职能与前朝已有不同，政府衙门的作用加强了，市舶对外贸易的职能逐渐削弱。至洪武四年（1371），明朝政府下了"禁海令"，撤销福建（泉州）及广州、明州（宁波）市舶司。不久再恢复设置泉州市舶司，但是限定"只通琉求（今冲绳）"。宪宗成化八年（1472），泉州市舶司被移置到了福州，结束了其辉煌的历史篇章，前后历时385年。经历宋元明三代，泉州设市舶司历史近400年，推动了泉州海外贸易发展繁荣。

泉州市舶司遗址，对研究海外交通史意义重大。清代富美海关遗址中有"示禁碑"，是官府为杜绝陋规恶习，将告示勒石成碑示禁。清康熙五十五年（1716），晋江县立奉督抚两院"示禁碑"，禁止泉州海关关役横征关税，并重申海关货税。这些都是研究清代泉州经济、商贸、税制、律例的重要史料。此外，市舶司内还有著名的"清芬亭"一座，南宋初傅伯成等名人曾有诗吟咏，是一座戒贪颂廉亭。

据泉州最新发布的考古成果显示，市舶司遗址出土遗物包括建筑构件、陶瓷器，还有部分铜钱等。建筑构件共453件，主要有瓦当、筒瓦、板瓦和砖等。此外，还出土了陶瓷器共16551件，有青瓷、白（青白）瓷、黑（酱）釉器、青花瓷等；器形主要有碗、盏、碟、洗、杯、盘、盒、壶、瓶、炉、器盖、罐、缸、杵等。涉及的窑口有泉州地区的晋江磁灶窑、德化窑、南安窑、安溪窑、泉州东门窑等。

如今，广州、明州（今宁波）、杭州的市舶司遗址都已湮没，泉州市舶司遗址成了我国唯一保存下来的古海关遗址。

古代泉州市舶司作为有着近千年历史的古港雄关，见证着泉州经济发展与文化交流的灿烂历程，它在泉州对外交流史中烙下了不可磨灭的印记。

望着这块石碑，人们不禁抚今怀古。

南外宗正司：南宋皇族居住地

泉州旧馆驿西侧大船亭以北、古榕巷西北隅，有泉州市南外宗正司遗址，现存有石碑和一尊塑像。

北宋末年，金兵入中原，汴京失陷。靖康之难后，宋皇室南渡，宋高宗赵构在临安府（今杭州）建立南宋朝廷，偏安东南。管理赵氏皇族的南外宗正司也迁徙至京口（今江苏镇江）。因该地仍处于抗金前线，出于安全考虑，南宋建炎间（1127—1130），又迁至今浙江绍兴。因泉州港口发达，建炎三年（1129），又先将宗室349人迁往泉州，管理皇族宗室事务的南外宗正司随迁，将旧馆驿内西侧的泉州添差通判厅改成皇族居住地，南外宗正司司署设在古榕巷内的水陆寺中。这时，北方战火纷飞，泉州却偏安一隅，因而大批皇族纷纷入泉。

宋太祖六世孙子镠、子伕于建炎年间入泉，"泉之有赵自子镠、子伕始也"。何乔远诗曰："宋家南渡刺桐新，凤凰冢上卧麒麟。至今十万编户满，犹有当年龙种人。"正是当时泉州的真实写照。

南外宗正司规模不断扩大，聚居地建筑堂皇富丽，司内设有睦宗院、惩劝所、自新斋、芙蓉堂，还有天宝池、忠厚坊等。同年，在泉州州治西南袭魁坊睦宗院东设立专为教育皇族子弟的"宗学"，学制两年。

在泉州的宗室子弟初期仅349人，后来日益繁衍，至庆元则在院1300余人、外居者440余人，至绍定年间则在院者1427人、外居者887人。他们从中原地区带来先进生产工具，带来罗、绢、纱、绫等新产品，传入织、绣、彩、绘、染色、印花等先进技术以及先进文化，促进泉州经济文化的发展和海外贸易的繁荣。南外宗正司的设置进一步强化了国家对泉州海洋贸易的推动，体现了强有力的官方管理保障。

但赵氏皇族大多生活奢侈，歌舞声色。宴席时常汇集名馔，择取时鲜海味，搜寻山珍异兽，席间专请名师演奏古乐伴宴。其庞大的生活费用，除朝廷少量补贴外，大部分由泉州地方财政来负担。此外，南外官属与居官宗子的养廉、宗学的养士，每年钱1.11万贯、米1500石，也皆由泉州出备。

绍定五年（1232），真德秀再次任泉州知府，为了解决皇族高昂的生活费用，他针对泉州的实际情况，采取具体措施，发展海外贸易，使泉州港重振雄风。

南宋末，元兵入侵，京城陷落。南宋景炎丁丑（元至元十四年，1277），张世杰奉宋主端宗南逃至泉州，由海路至泉州法石时，向当时任市舶司提举安抚使的蒲寿庚要船，但蒲寿庚闭城拒命，张世杰只好率淮军攻城，然而久攻不克，便南下粤东。同年，元将唆都带兵攻泉州时，蒲寿庚降元，在城内"尽杀南外宗子及士大夫三千余人"，制造了一起骇人听闻的大血案，南外宗正司皇族男丁几乎惨遭杀害。这时的皇族幸存者逃至远郊邻县，四处避难，规模宏大的南外宗正司及睦宗院等建筑，毁之一炬。后来此处改为织染局。

明代，织染局迁至南俊巷，南外宗正司只剩遗址，无法再现当年繁华景象。

几百年来，泉州温陵甲第巷宋皇室宗祠却有幸存下来。几经沧桑世变，居泉赵氏宗子保护有加，使其避免兵燹之毁。

古榕巷与许多泉州历史上赫赫有名的人物联系在一起，如明代著名的富商、慈善家李五，明代著名理学家、有着"泉州第一通"之誉的陈紫峰，清代嘉庆年间进士、林则徐的至交许邦光等，让这里充满深厚的人文气息。

古榕巷有明代大富商、慈善家李五的故居。李五，晋江凤池（今晋江池店）人，名英，因排行第五，人们习惯称之为李五。

明代泉州制糖售糖业已经非常发达，李五利用家乡土地肥沃、水陆交通方便的优势，发动乡人广泛种蔗榨糖，收购外运，生意越做越大。

据民间传说，在一次暴风雨中，李五的一座黑糖糖仓倒塌。雨过天晴之后，李五发现部分被泥土覆盖的黑糖，糖色变淡，味道却更为清甜。他得此启发，萌生制糖新工艺的念头，经反复试验，开发出"赤砂糖"，因为质量和口感远胜其他蔗糖，"凤池糖"声名远播，销路越来越好。

李五以南糖北运为主，兼营闽南各种土特产，用商船贩往江、浙、京、津一带，然后在北方购买丝绸、棉纱等运回南方，分发给各家妇女纺纱织布，再把织成的丝绸和棉布转销海内外。苦心经营数十年后，终成一代巨富。"富得像李五一样"，这句话成了闽南和东南亚广为流传的谚语。

明宣德六年（1431）正月，新到任的泉州郡守冯祯和晋江县令刘珪共议把洛阳桥墩增高，以彻底解决潮水淹没问题。由于工程巨大，地方财政困难，时人推荐："惟俊育（李五）可以成其议。"李五当即拿出巨资重修洛阳桥，历时三年，将桥墩增高三米，此后遇上大潮，潮水再也不会淹没桥面。洛阳桥如今也成为中国四大古桥之一。

明正统六年（1441），英宗钦赐"乐善好施"金匾，悬于晋江凤池李氏家庙。

现在，古榕巷这里还有一口不大的水池，名为船亭池。由于形状像一对眼睛，坊间又称为"眼睛池"，这是历史悠久的水陆寺旧址。

唐天宝六年（747），这里称为水陆堂，用来做佛家的水陆法事。唐乾符六年（879）扩为院，改名为护国水陆院。北宋郡守蔡襄把它改为禅院。明洪武年间，禅院命名为水陆寺。明成化年间，理学家蔡清曾在此讲学，不少学子慕名前来听课，座无虚席，成为佳话。

现在人们穿行于古榕巷中，还可以时刻感受到悠久历史赋予的厚重之感。

聚宝街的记忆

春日。泉州古城南门。

驻足在聚宝街尾的车桥头,仿佛走入时光的拐点。时光如水,顺济古桥、富美渡头、明来远驿、聚宝老街、青龙旧巷、李贽故居、德济城门,还有闽南风格与南洋特色融为一体的古民居……这些已经汇入时间洪流中的前尘往事,像晋江的潮水拍击着岸堤,涌上记忆的码头。

行吟在车桥头,几块从水泥路面裸露出来的大青石板,仿佛在诉说着那段湮埋在历史烟尘中的岁月。

旧梦如烟,随风飘缈,忽而又清晰起来。

唐宋元时期,那些载着奇珍异宝来到泉州的"番船",冒着风浪,远渡重洋,顺流而下由后渚港进入晋江,经法石直入顺济桥码头停泊,然后用小船把货物经圆通港载到如今的车桥头起卸,就近在街巷上交易。金银珠宝、绸缎布匹、香料药材、茶叶瓷器等来自五湖四海的珍奇宝物都汇聚在此,加上这条街东西两头地势高,中间地势略凹,形状如盆,故取名为聚宝街,以寓吉祥、发财之意。据说,当年为方便中外商货起卸吐纳,解决运输繁忙状况,特架设此桥,车可从桥上通过,所以叫车桥头。明永乐三年(1405),附近的车桥村建有"来远驿",专为接待外国贡使和番商,现立有一石碑为记。古时的聚宝街,容纳了海关口、税关行、银行、信局、典当行、银号等商业、外贸要害部门。

附近的海上丝绸之路文物古迹，更是见证了曾经的辉煌。

2013年11月30日，在聚宝街开店的市民，于污水沟改造现场发现一块写有"系官船"三字的石碑残块。该石碑再次印证聚宝街一带曾是古刺桐城海外交通贸易繁荣发达的重要场所，也印证了官府有效加强管理、掌控海上交通贸易的能力。

这里有个富美宫，临晋江下游富美渡头，始建于明正德年间，主祀西汉名臣萧太傅，配祀文武尊王及王爷24尊，清光绪辛巳年（1881）移建于现址。现存庙宇为清代建筑，庙中檐椽斗拱雕刻精美。泉州民间王爷崇拜由来已久，富美宫被称为"泉郡王爷庙总摄司"，萧太傅信仰自此地发祥之后，英灵显赫，香火日盛。随着泉州先民移居境外谋生，萧太傅信仰也传入台湾地区和东南亚各地。

泉州等闽南地区和台湾地区、东南亚各地有"送王船"习俗，"送王船"于2020年12月17日被列入联合国教科文组织"人类非物质文化遗产代表作名录"。

2019年12月4日晚，泉郡富美宫历经半个世纪后再现"送王船"。这是富美宫自1948年来的首次再现。

送王船是通过掷筊，在固定的农历月份确定仪式的日子。

首先要用杉木或纸制造一艘王船，把宫里的王爷雕像请上船，祭奠后，进行出巡活动，然后将船在海边焚烧，这就是"送"。送王船是广泛流行于闽台两地的王爷崇拜习俗，最早可追溯到明初，如今已列入国家非物质文化遗产项目。

在闽南众多的王爷庙中，坐落于晋江下游富美古渡头畔的泉郡富美宫最有名，是名副其实的两岸王爷信仰发祥地。

据传，明代中后期，泉州屡遭灾难，瘟疫横行，泉州沿海民众为了抵御灾难，求得生存，纷纷创设小祠，奉祀王爷。

泉郡富美宫除了主祀萧太傅，还配祀了24位王爷。事实上，一般宫庙也只供三五位王爷。

富美宫"送王船"习俗声名远播，让萧太傅信仰的影响不断扩大。

关于富美宫的萧太傅信仰，有学者介绍道："王爷是瘟神，有很多。萧太傅是正神，管王爷的，是王爷的王。地方上瘟疫发作，就是王爷作祟。信众向萧太傅祷告。萧太傅管理的办法不是镇压，而是收编，与王爷称兄道弟，让厉鬼变成正神。送王船就是把收编的王爷往海外送，一般送三个、五个或七个，都是奇数。如果烧王船，不能烧萧王爷；送王船一定有萧王爷。有些王爷庙没有萧王爷的神像，但一定有萧太傅的令旗。"萧太傅，名萧望之，西汉名臣，后因奸臣诬陷，被迫饮鸩自尽。

旧时富美宫旁就有专门制造王爷船的作坊，由于萧太傅地位高，富美宫制作的王爷船规模也大。富美宫放出的王船，装饰华丽，装备齐全，经得起风浪考验，沿着海水漂流，台湾民众拾到富美宫王船的机率比较大。台湾民众大多是闽南移民过去的，王船漂流到台湾，他们非常敬畏，视为天意，于是举行游海仪式后将纸船焚化，并建庙奉祀王爷。神灵的传播通常有分灵、分香两种方式：分灵是在祖庙恭请一尊神像的分身，携带到新的地区建庙供奉；分香是在祖庙取香火或神符，到新的地区祭祀。而在闽南送王船的习俗中，又多了一种方式：漂流。

2019年12月4日晚，送王船习俗十分热闹：先是迎船入宫、开坛净船、安妈祖，然后在船上中部设神位，正中为主神，左右为陪神船，两旁插有大牌、凉伞、彩旗和刀、枪、剑、戟等兵器，供桌上祭祀有柴米油盐等日常生活用品。

然后是送王船。传统送王船有两种主要形式：一是送王船出海漂流，称为"游地河"；另一种是将王船送至海边焚烧，称为"游天河"。

这次富美宫送王船选择的是"游天河"。信众将王船抬到江边安位"王船化吉"。吉时来到，在欢呼声中点火化吉。与此同时，鞭炮声四起，信众们面朝江面，合掌诵经，十分虔诚。整艘精致的王船转眼在火势中噼里啪啦地燃烧，直到王船的主桅倒下，代表王船已游向天河。这时，船灰经海风轻拂，被吹向远方。

这是闽南的古老民俗，也是时代传承在人们心中，对于大自然的崇敬与对美好生活的向往。

"番货远物、异宝珍玩"的聚宝街,历经千年沧桑,至今风貌犹存。街道两旁是凤凰树和具有浓厚闽南特色的古老建筑物及带有异国风格的建筑物,那具有西欧建筑风格的古教堂依然屹立着,悠悠的钟声仿佛还在倾诉着当年"海丝"之路"舟车辐辏,舳舻相接"的繁华。

车桥头是刺桐港与陆地连接的交通要道,当地至今还流传着一句古谚语:"南门兜,挤烧包,挤不能过路角头。"这充分反映了当年车桥头的繁华程度。古时候抵达顺济桥码头的货船一靠岸,商人们蜂拥而至,扛的扛、挑的挑,熙熙攘攘,摩肩接踵,犹如"挤烧包"一样。实际上,四五十年前的车桥头,依然可以用"挤烧包"来形容。

记得孩提时,我老家崇武的运输船时常载货到泉州,便是从顺济桥码头上岸,然后用车运到车桥头这里。

有一年,我跟着运输船载家具到泉州南门伍堡姑姑家。记得当时车桥头上曾有一个插满亮色蜡纸的风车,有个老人佝偻着背在此守着摆满火柴和香烟的小摊。后来,我时常跟着大人进城,在南门小巷里漫步。而码头轮船的汽笛声,不时传入耳畔。

20世纪80年代初,我在泉州城里读书。富美古渡头便是我常来的地方,当时很多聚宝街住户卖起了小百货,从牙刷、火柴、拖鞋、袜子到孩子们的玩具,再后来还有电子表、的确良衬衫,虽然是路边摊,但都是普通人家需要的,我的第一条喇叭裤就是在这里买的。

如今,我在这里徘徊,追寻着曾经的繁华旧梦。聚宝街上最热闹的依然是车桥头,现在这里变成了一个小型菜市场,小贩们高高低低的吆喝声,采购的居民们的寒暄声,似乎在应和着不远处的晋江潮声。那些随着顺济桥码头的繁盛潮涌而来的车流和人流,如今已经退潮般远去,只剩下春日暖阳照耀着凤凰树叶投下的细碎光影。

古码头的流水带走了峥嵘岁月,但它作为一个不可磨灭的记号,被深深地筑在历史的江海里。

古代泉州人成为中外交往使者

古代泉州港同东南亚、印度洋、波斯湾、红海和东非等地区的海上贸易及民间友好交往频繁，一些泉州人成为中国与海外交往的和平使者。

苏禄国是古代以现菲律宾苏禄群岛为统治中心的、区域有时包括苏禄群岛、巴拉望岛等和马来西亚沙巴州东北部的一个信奉伊斯兰教的酋长国。

苏禄国政治体制为政教合一的苏丹制，掌握国家主要权力的是东王、西王和峒王，其中以东王权力最大。

苏禄国很早就出现在中国史书的记载中，元代的古籍《大德南海志》(1304)中便记有其名，而在元代著名学者汪大渊所著《岛夷志略》中更是详细记载了苏禄国的地理位置和主要物产。

汪大渊(1308—?)，字焕章，江西南昌人，元代航海家，两次从泉州出海周游世界。第一次是泰定四年(1327)到至顺二年(1331)，第二次是至顺三年(1332)到至元三年(1337)。第一次归来后，他以纪实体裁，整理游历笔记，记录游历东南亚、南亚和西亚一些国家和地区的见闻。第二次航海中，他又记下大量见闻，不仅涉及东南亚、南亚和西亚，还包括非洲。回国后，他在第一次游历笔记的基础上，用新的资料进行修改和补充，使内容更加丰富，直到至正九年(1349)才完成这部笔记，并附于《清源续志》之后的《岛夷志》。不久汪大渊回南昌，将书名改为《岛夷志略》，刻印单行本发行。《岛夷志略》涉及国家和地区220多个。汪大渊两次从泉州（清源）出洋，并将书附于《清源续志》之后，是因为元代泉州海外交通空前发达，成为世界最大贸易港之一，是市舶司所在地。正如《岛夷志略后序》所说："顾以清源舶司所在，诸蕃辐辏之所，宜记录不鄙。谓余方知外事，属《岛夷志》附于郡志之后，非徒以广士大夫之异闻，盖以表国威德如是之大且远也。"

翻开《岛夷志略》，里面记载经泉州出口的商品有丝、瓷、铜鼎、铁锅、白糖、黄油、伞等，记载泉州人到海外经商以及外国人到泉州纹身的情况。此书是研究泉州海外交通史的重要参考资料。

后人给予《岛夷志略》很高的评价，《四库全书总目》说："诸史外国列传、秉笔之人皆未尝身历其地，即赵汝适《诸蕃志》之类，亦多得于市舶之口传。大渊此书，则皆亲历而手记之，究非空谈无征者比。"

中国与菲律宾两国早在1000多年前就有贸易往来和文化交流。北宋太平兴国七年（982），摩逸国商人运土特产到广州与中国贸易。咸平六年（1003）至大中祥符四年（1011），蒲端国曾5次遣使来中国访问。宋元时期，中国商船定期到菲律宾进行贸易。

据记载，从明洪武元年（1368）至永乐二十二年（1424），菲律宾来中国的使团多达15次。其中永乐十五年（1417），苏禄东王巴都葛叭哈剌、西王麻哈剌叱葛剌麻丁、峒王妻叭都葛巴剌卜率领340多人到北京朝贡，受到朝廷的隆重接待，双方互赠礼品。苏禄东王回国途中，在山东德州不幸病故。明成祖命按照明代诸侯王陵墓规格修建苏禄东王墓，亲自撰写碑文和悼文。又按照中国的习惯，册封其长子麻都合为苏禄国新东王，让其次子、三子和王妃、随从等10余人留德州守墓3年。王妃和另两个儿子留在德州守墓并定居，其后裔在清朝获得中国国籍，取安、温姓氏。现在，东王后裔早已融入中国。1987年，中国、菲律宾合作拍摄的电影《苏禄国王与中国皇帝》，再现了这个故事。这部电影许多镜头在泉州崇武古城拍摄，海边"泉州古渡"石碑还在，仿佛聆听着阵阵海涛激起的历史回响。

1915年，美国驻菲律宾摩洛省总督同苏禄素丹基朗二世签订协定，素丹放弃在苏禄的统治权，仅保留宗教领袖地位，从那以后，苏禄成为菲律宾的一部分，苏禄国消亡。

泉州早就与苏禄国有友好往来。

明朝泉州人龚补伯出使过苏禄。龚补伯，泉州晋江安海人。《安海龚氏族谱》有关龚补伯的记载："七世，字道安，讳康保，诸瑞公之子。洪武十四年，调守云南楚雄卫，在任。生子一。"当年郑和下西洋时，在故乡云南招募一些人同行。龚补伯任军职于云南的楚雄卫，应征参加郑和下西洋活动，曾到苏禄。《龚茂良·世德录》说："龚补伯，晋江安海人，明永乐随郑和出使，留驻西洋，后随苏禄国（今菲律宾）使臣入贡还乡。"

清朝中菲使者、商人龚廷彩是泉州人。康熙五十一年（1712），龚廷彩去菲律宾吕宋经商，雍正三年（1725）由吕宋到苏禄经商。当时苏禄国王母汉未田母拉律林欲派人出使中国，恢复两国中断的邦交关系，见龚廷彩"虽为商贾，而品行端方"，便于雍正四年（1726）委派他为正使，让苏禄国人阿石丹作为副使、华侨杨佩宁作为通事，率苏禄国官员11人，舵工、水手31人，携带国王信件和珍珠、玳瑁、燕窝等贡品，于8月2日从苏禄群岛开船。一路航行。船只于8月29日在泉州湾石湖港停泊，龚廷彩登岸后向晋江知县呈报。晋江知县叶祖烈立即禀报浙闽总督高其倬，总督同意船只进入泉州湾内港，并奏报雍正皇帝。皇帝下旨："闽省起送来京之时，著沿途地方官员护送照看，应用夫马、食物，著从厚支给。"同时又派官员陪同龚廷彩等进京。龚廷彩一行到京后受到隆重礼遇。次年夏天，龚廷彩一行准备回苏禄国，雍正以蟒缎、锦、罗、纱等回赠苏禄国王。正使龚廷彩、副使阿石丹、通事杨佩宁等，各赏给彩缎、罗绢等物。

雍正十年（1732），苏禄国王又派龚廷彩再次奉使来华，具疏奏请修葺东王巴都葛叭喇在山东德州坟墓，慰问留在中国看守坟墓的苏禄国王子孙。雍正十一年（1733），雍正命山东"清查苏禄国王墓址，所有神道、享亭、牌坊等项，修饰整理"，并设春秋二祭。著看守坟墓之东王族裔安、温两姓中"遴取稍通文墨者各一人，为奉祀生，给予顶戴，永以为例"。龚廷彩不辱使命，恢复了两国中断的外交关系，促进了中菲友好，留下佳话。

乾隆十八年（1753），晋江人杨大成也曾奉苏禄国王之命出使中国。

此外，泉州与琉球的交往历史也很悠久。

明朝泉州晋江人王元卿曾出使琉球。王元卿擅长写诗，常与泉州名士何乔远、郭维贤等诗词唱和。明万历三十四年（1606），朝廷派兵部给事夏子阳为正使、行人王士桢为副使出使琉球，册封琉球国王尚宁，王元卿应聘跟随前往。据载，在回中国途中，使团遭遇风浪，王元卿镇定自若，取出诏书，向船头宣读，不久竟风平浪静，一行人平安归来。回国后，王元卿将琉球的风土人情、地理物产等介绍给国人，让国人对琉球有了进一步了解，促进了双方交往，增进了两国人民的情谊。

"泉州：宋元中国的世界海洋商贸中心"成为世界文化遗产后，泉州这座古城的荣光以及背后的丰富内涵和动人故事，正被更多人看见、听见。

QUANZHOU
THE BIOGRAPHY

泉州 传

泉州『番客』下南洋

第五章

泉州是著名侨乡。作为海上丝绸之路的起点,泉州早早地就把自己与东南亚乃至整个亚洲、整个世界紧密地联系在一起。泉州籍华侨、华人到达侨居地后,拓荒垦殖、修建道路、建立村镇、兴办文化教育和其他社会福利事业,与当地人民和睦相处。在移民的过程中,他们将泉州传统文化逐渐融入当地的文化之中,并在东南亚产生深远影响。

目前,祖籍泉州的华侨、华人约950万人,分布在世界五大洲的170个国家和地区,其中90%居住在东南亚各国。新加坡、印度尼西亚、马来西亚、菲律宾等地的泉州籍华侨、华人数量均超过百万,成为中国与东南亚国家联系交往的纽带。他们在许多领域创造奇迹,涌现出一大批工商巨子、政界精英、文化名人和社团领袖。

泉州华侨、华人"下南洋"的历史以及他们在异乡拼搏奋斗、传播友谊的动人故事,被一代代传诵着。

国人漫漫南洋路

早在古代就有一群人，扬帆耕浪，踏上了远渡重洋的"下南洋"征程。他们带着乡音，"过番"谋生，扎根异国，为东南亚国家带去了泉州的传统文化，他们共同的名字叫作"番客"（华侨）。

"下南洋"与"闯关东""走西口"，被并称为近代中国的三次移民潮。

南洋，是清代对东南亚一带的称呼，是以中国为中心的一个概念。包括马来群岛、菲律宾群岛、印度尼西亚群岛，也包括中南半岛沿海、马来半岛等地。南洋的地理概念主要是指包括当今东盟10国在内的广大区域。而广义的南洋还包含当今的印度、澳大利亚、新西兰以及附近的太平洋诸岛。在中国文献中，这一地区先后被称为"南海""西南海""东西洋"，清代泛称"南洋"至今。

中国一些封建王朝的末年，不堪战乱的百姓和权力失落的前朝贵族纷纷移居海外。由于地缘上的毗邻关系，东南亚成为中国移民的迁徙地。因此，这种迁徙历史上称为"下南洋"。

中国与东南亚的交往，可以追溯到两千年前的汉代。据《史记》《汉书》等文献记载，公元1世纪左右，中国就与缅甸等国互有来往。唐代，移民人数开始增多，他们被当地人称为"唐人"，聚居的地方叫"唐人街"。不过，中国人的漫漫南洋路，一直到了明朝和清朝前期，才越走越宽。

历史上大规模"下南洋",主要有以下几次:一是西汉末年,一批汉儒学者、军政官员数千人逃往越南。二是南北朝时"五胡乱华",中原人士纷纷移居印度支那。三是唐朝后期,黄巢袭击广州时,广东人、福建人争相逃往东南亚。四是元灭南宋时,大批遗臣遗民移居到东南亚。五是明末清初,大量的难民、被清兵打散的农民军、抗清失败的明军余部以及不愿侍奉清廷的明朝遗民,移居到东南亚。六是近代劳务输出,出现"下南洋"移民浪潮。

"下南洋"是有其地理原因和历史原因的。

先来看看地理原因。

东南亚与中国毗邻,早在秦汉时期,就有海商进入东南亚的记载。唐宋时期,中国与东南亚往来频繁,中国海商遍布东南亚沿海地区。15世纪初,爪哇、苏门答腊等地出现了华人聚居区。明中后期虽然政府下令限制出海,但由于海外贸易的兴盛,前往东南亚的人口依然不断。而真正形成规模并影响至今的移民活动,则是近代以来称为"下南洋"的移民潮。

在"下南洋"的移民浪潮中,福建、广东人占绝大多数(95%以上),这与其地理、人文因素有关。闽粤两省海岸曲折,老百姓与海为邻;两省距离南洋较近,往返方便,路途近、费用省,比去拉美等地更具"可选择性"。

再来看看历史原因。

从明末到清末,国内时有战乱。同时,"闽广人稠地狭,田园不足于耕,望海谋生",福建、广东一带人多地少,生活艰难,为了谋生计,老百姓一次又一次、一批又一批地移居南洋。

17世纪以来,荷兰、西班牙、葡萄牙、英国等国家先后在东南亚开辟商埠,将远东地区纳入殖民贸易体系。这些国家开发东南亚,就急需大量劳动力,他们把目光投向人口众多的中国,"鼓励"华人前往东南亚。而闽粤地区自古以来便是海上贸易、对外移民活跃的地区,因此,许多人移居南洋。鸦片战争前,"下南洋"的华侨、华人以经商谋生者居多,当时东南亚华侨、华人已有150万之多。

泉州乡亲"下南洋"

作为著名侨乡,数百年间,一代代泉州人乘风破浪,漂洋过海。他们怀着对故土的眷恋,对未来的向往,肩负着养家糊口的重任,义无反顾,背井离乡,远下南洋谋生。泉州早期的移民在异域他乡垦地辟田,疏浚河道,使穷乡僻壤变成千里沃野,使荒滩浅湾变成繁荣渔港。

随着海上丝绸之路的开辟,越来越多的泉州人走向海外,其中有几个关键条件和原因。

第一,泉州位于季风气候地带,古代泉州人就懂得利用东南季风和西北季风的风向,驾驭木船,出海捕捞,为泉州人"下南洋"创造了有利条件,使泉州人比其他地区的人们更有能力出洋。其次,泉州位于东南沿海地区,宋元时期成为海上丝绸之路的起点和东方第一大港,泉州人出洋贸易成风。其三,历史上,泉州沿海一带田不足耕,泉州人开始沿着海上丝路出洋谋生。东南亚地区自然条件良好,泉州人首选这些地区移民,将先进的耕作技术带到当地。其四,泉州人拥有爱拼敢赢的精神和勤劳勇敢的品格,扎根海外,努力拼搏,成家立业,获得成功,鼓励着越来越多的泉州人出洋发展。

泉州人在南洋,向侨居地人民展示着华侨、华人群体的朝气与活力、精神与品质。

泉州乡亲"下南洋",可追溯至唐代。

唐代，泉州人开始移居南洋和东洋。

据《南安县志》记载，唐龙朔元年（661），旅居菲律宾的南安县人郑国希过世，葬于菲律宾礼智省马亚辛。另有文献记载，唐天宝十二年（753），昙静和尚带10多名泉州工匠随鉴真和尚东渡日本。他从此定居日本，成为一位著名的传戒师，对佛教在日本的传播做出了一定贡献。

宋代，有大批泉州人在南洋"住番"。

宋代的手工业、商业兴盛，海上交通比唐朝更为发达，为泉州人下南洋创造了很好的条件。当时泉州人下南洋，乘的是风帆船，要靠季候风的风向来行驶。到南洋后，有些泉州人错过返航的季风，只好在当地住下来，待来年再返回。后来，随着贸易的发展，为便于商品交易，渐渐有泉州人在南洋居住下来，叫作"住番"，而且一住就是10年、20年，娶当地女人为妻，生子繁衍，代代相承。南宋著名学者洪迈在《夷坚志》中提到，泉州商人王元懋出洋往占城（今越南）侨居10年，并娶了国王的女儿，然后返回家乡。这些"住番"者就是早期的华侨。

元代，泉州移民在南洋组建"新村"。

元代泉州的海上交通进一步发展，元朝政府以国库资金造船，通商海外，进一步激发了泉州人驰骋海疆的热情。"风樯鳞集，舶计骤增"，泉州港在元朝发展到鼎盛，这一时期的泉州人出现了成批出国的现象，华侨人数显著增加。华侨居住地也随之增多，广泛分布于南洋各地，而且在南洋一些地方进行了开发，以至出现了由华侨移民组成的"新村"。华侨与当地妇女通婚更为普遍，与当地民族和谐相处。

据元代汪大渊撰写的《岛夷志略》记载，当时泉州对外交往已达90多个国家和地区。那时，泉州与爪哇之间有船舶往来，那里的泉州人众多。书中还有泉州人前往苏禄等国的记载。

明清时期，泉州人冲破"海禁"纷纷下南洋。

明朝，在1405至1433年间，出现郑和七下西洋的壮举。郑和船队访问了30多个国家和地区，其中有14个在南洋。郑和第五次下西洋是从泉州出发的，当时有不少泉州人随郑和船队往南洋，有的因病在那里居住下来。

之后，明清官方实行"海禁"，泉州港随之衰落，泉州商人、手工业者、农民等纷纷冒险出洋谋生。

鸦片战争以后，中国沦为半封建半殖民地社会，被迫与列强签订了一系列不平等条约，外国人在中国招工。中英《南京条约》签订后，曾长期隶属泉州的厦门辟为通商港埠，成为华工出洋的口岸。泉州华侨在这一时期移居的地方遍及世界各地，但主要还是集中在南洋，有一部分人是通过"契约华工"的方式出国的。

新中国成立后，相当一部分人为了省亲、接业、留学等办理移民手续到各侨居地定居。

……

泉州洛江区马甲镇有一棵苍劲虬拔的老榕树，还有千年泉榕古道、石拱桥、溪沙河和顺济宫庙、贞孝牌坊，见证了乡亲"下南洋"的历史。

在洛江区马甲镇蔡内村，一条千年"泉榕古道"从村中穿过。泉榕古道即泉州通往福州的古道。在洛阳桥未建成前，泉州的通省城的陆路叫"泉榕古道"，泉州人前往省城、京城都要走这条道。如今古道大部分已被草丛淹没，但只要留心，还可见一些路段留下了当年斑驳的痕迹。

古道边有一棵老榕树，数百年来，蔡内村人爱护这株充满神圣感的老榕树，把老榕树叫作母亲树。如今这棵树依然郁郁葱葱，守护着古村居民。

这棵老榕树约有500年了，高达16米，树围近7米，4个大人都合抱不了。这棵树的树冠宽大，树荫浓密，覆盖了500多平方米，榕树的树根，有的像游龙，有的像木桥，有的像牛头，造型十分奇特。

村口另有一棵数百年的老榕树，两棵老榕树一前一后相对而立，紧靠泉榕古道，村民亲切地把这两棵榕树称为姐妹树。

明末以后，虹山、罗溪、马甲等山区很多村民出外谋生，许多人就是沿着这条"泉榕古道"，一直走到泉州城里、厦门，然后乘船去南洋一带谋生。单单蔡内后梧一个自然村，据不完全统计，海外乡亲就有300多人。

早年蔡内村民"下南洋"谋生，他们一大早就背上行李，在村中老榕树下会合，然后在村里长者的带领下，到前面的顺济宫跪拜妈祖，祈求一路平安。然后又到祖姑庙祭拜祖姑,祈求在异国他乡能子孙兴旺、家族幸福。然后,这些准备下南洋的村民又回到村中老榕树下,抓起一把黄土,在晶莹的泪光中,告别亲人,穿过祖姑贞孝牌坊,走到村口榕树下,回望村中的老屋,依依不舍地走了……

泉州人在东南亚地区从事的行业是多种多样的。老一辈的华侨、华人主要从事传统手工业、采矿业,一部分人会参与当地经济作物的种植,例如种植橡胶、甘蔗等,也有一部分人从事餐饮业,将闽南特色的菜肴、菜品引入当地。

新一代的华侨、华人,从事的行业则更加广泛、更具现代化,呈现出与当地经济社会发展紧密联系的特点。他们有的人涉足经济领域,在当地做生意、搞贸易、促投资,成为杰出的商界人才;有的人涉足文化艺术、科学教育领域,成为科研、教育、医学界精英。当然,也有不少泉州人加入当地国籍,涉足政治领域,成为当地政界领袖。

泉州人到了海外,将中华文化传播到当地,表现在4个方面。

第一,传播中华传统文化。闽南文化是中华文化的重要组成部分,忠勇仁义、"和为贵"等价值观伴随着移民也融入当地文化当中。尤其是泉州人从事商业活动时秉承的诚信、义气、协作等信念,赢得当地人的好评,并得到效仿。

第二,传播闽南传统民俗。东南亚等地至今仍保留着闽南地区的传统习俗,如除夕的祭祖、守岁,初一的"开春"迎新,元宵的观灯,清明的扫墓,端午的吃粽,中秋的赏月,等等,均与泉州本地习俗如出一辙。此外,华侨、华人也将泉州本土的妈祖等民间信仰带到当地。

第三,传播泉州人的价值观。泉州人凭借拼搏进取、吃苦耐劳、乐善好施、团结乡邻的精神,在东南亚闯出了一片天地。这种价值观富有感召力,对移民民族性格的塑造产生了积极影响。

第四,传播闽南语言文化。俗话说,乡音难改。泉籍的华侨华人每到一处,除了学习当地的新语言外,在家中仍会坚持使用闽南语。特别是在一些社区活动、宗教仪式甚至经济文化交流场合,泉州人聚集的地方,常会用闽南语交谈。据初步统计,海内外讲闽南语的人数超过7000万人。

侨居国里勤奋斗

泉州华侨、华人在他们的居住国里生活,从事各种行业,取得骄人成绩。

在菲律宾,他们从销售业发展到金融业。

菲律宾华侨中,福建籍占80%,其中又以泉州人为主。20世纪以前,泉籍华侨在菲律宾从事各种行业,有工匠、种植园工人、店员、小贩、商人、教员等。泉籍华侨凭借他们的资金、能力、经验,在当地从事重要商品的收购与销售业务,因为诚信而深得西方商人和当地居民的信任,渐渐地形成了遍布全国的收购和销售网。泉籍华侨也重视零售业,当地称为"菜伢店"的零售商店遍布菲岛。

20世纪初,华侨经济力量有了较快增长,从此奠定了菲华经济的坚实基础。

1920年,由"木材大王"李清泉(泉州晋江人)等为主,联合泉籍著名华侨富商发起创办第一家华商银行——中兴银行,菲律宾等华侨金融业开始蓬勃发展。

在印尼,泉州人的经济发展则一波三折。

15世纪以前,很多泉州商人到印尼进行贸易,并长期定居下来,早期华人聚居区主要集中在爪哇岛的雅加达、文登、三宝垄、泗水,以及苏门答腊岛的棉兰、巨港等地。

从 15 世纪开始，葡萄牙、西班牙、英国先后入侵印尼，从此开始了漫长的殖民地时期。也是在这时，大量的中国移民来到印尼，他们从事农业、渔业、手工业、服务业等，经济发展不快。1870 年，荷印政府放弃贸易垄断政策，实行自由经济政策，华侨经济得到较大发展。

1929—1933 年，世界经济危机，华侨经济每况愈下。日据时期，华侨经济遭到空前浩劫。印尼独立后，华侨经济开始恢复，慢慢发展起来。其中泉州籍华侨经济以种植业和加工业发展最为迅速。

20 世纪初，泉州籍华侨开始投资民间经济出口作物的加工制造业和金融业。这个时期是印尼华侨工商业发展的兴盛时期。苏哈托时期，华侨经济遭重创。60 年代后期，印尼政府的政策有所改变，经济开始发展。70 年代中期，泉籍华商经营的多元化企业集团开始出现。

1977 年，印尼政府规定，禁止非印尼籍人从事外贸商业活动，许多华侨只好加入当地国籍，华侨经济演变为华人经济，成为当地民族经济的一部分。

在马来西亚，泉州人的种植业得到发展。

从 18 世纪起，成批的泉州人移居马六甲和槟城等地，他们用劳动的双手开辟成片的田庄、种植园和锡矿场。

19 世纪中后期，马来西亚的泉州籍华侨种植甘蜜、甘蔗、椰子树、木薯、胡椒、烟草等经济作物和蔬菜。一些泉籍华侨在开发、建设侨居地的过程中，通过长期积累和勤奋经营，发展企业，促进当地经济走向繁荣。19 世纪末，泉州籍华侨开始种植橡胶。第一次世界大战爆发后至第二次世界大战前，橡胶业得到迅速发展。

在马来西亚槟城可看到一些建在海上的木屋，这是著名的姓氏桥。1882 年，槟城填海扩城，逐渐兴建起沿海一带这些用木柱支撑的小屋，原来只是用来卸货，后来才慢慢以先贤姓氏各自聚居，大概 19 世纪末，姓氏桥成为固定居所。

2010 年上映的《初恋红豆冰》在这里取景，由演唱《桃花朵朵开》的阿牛执导。2008 年，槟城乔治市被列入"世遗"城市，也给姓氏桥颁了一块"免拆金牌"，再加上这部电影中的诸多知名艺人联手推动，现在已经是很有名的景点了。

姓氏桥，一个姓氏一个"桥"，有姓林桥、姓周桥、姓陈桥、姓李桥、姓杨桥，还有杂姓桥。这些"桥民"大部分都来自福建，其中最出名的姓周桥，是从19世纪中期仍属于泉州的同安杏林村下南洋过去的。20世纪30年代，还有人从鼓浪屿上船，航行两个月抵达槟城海港。出生于1909年的周忠诚，就是这时过去的。早年他曾经回忆离乡，人口大约1200人，而到槟城姓周桥谋生的就达300人。目前，姓周桥的人口最多，规模最大，最具特色，商业性也最高，是许多人去槟城必到的一个旅游景点。姓周桥总长度300多米，有70多户人家。现在仍严守一桥一姓的原则，除了姻亲，不同姓氏的人不得入住。乡人在外也很团结。姓周桥的桥头有座朝元宫，祀奉的还是保生大帝。

还有一座姓郭桥，来自泉州惠安县。

大批乡人流落海外，是为谋生。然而，"离唐容易返唐难"，早年离乡者"过番"几乎是花尽家中所有，因此如果一事无成都不敢回故乡，怕被讥为"番仔乞丐"。

在新加坡，泉州人早期以码头搬运和水上运输业为主。

18世纪新加坡开埠后，大量泉州人涌入，以农民、工人、手工业者、小商贩为主。码头搬运和水上运输业是泉籍华工赖以谋生的行业之一。新加坡早期从事舢板、拖船、电船等驳船运输业者多为同安人，其次是惠安人、金门人，舯舡业者则多为晋江人。他们用舯舡为停泊在码头外的货轮卸货，也替土产出入口商运货到货轮。20世纪初，泉州华侨、华人的橡胶业和建筑业发展迅速。

菲律宾国父何塞·黎刹

位于菲律宾首都马尼拉市中心，有一处非常开阔的绿地，有一个非常漂亮的公园，叫作黎刹公园。公园面对马尼拉湾，自然环境雅致，这里纪念着一位因为反抗殖民统治，追求民族独立解放运动，而被殖民当局杀害的华裔医生何塞·黎刹（也译"扶西·黎刹"）。

公园大门前伫立的纪念碑和何塞·黎刹铜像，被鲜花环绕着。而这里也正是他的遇害地点。公园里还有"天下为公"牌坊、"我的最后诀别"碑和中国风格的庭园。

园内建有巨大检阅台，是菲律宾举行国家庆典的地方。

在公园的北部，是黎刹行刑的三维立体模型，与实物一样大小，通过8个纪念碑式的雕塑群和声光的效果，再现了黎刹的殉难过程，以此来纪念这位菲律宾的国家英雄。

何塞·黎刹被称为"菲律宾国父"。每年12月30日是菲律宾的法定假日——"黎刹日"，西班牙殖民当局当年关押黎刹医生的地方如今被设为纪念馆，访问菲律宾的外国领导人也大多会到黎刹纪念公园献花。

1861年6月19日，黎刹出生于菲律宾。黎刹祖籍泉州，他的高祖父柯仪南是泉州晋江上郭村的一个贫苦农民，清康熙年间迫于生计而"下南洋"来到菲律宾定居。

黎刹从小勤奋学习，14岁的年纪就取得了文学学士学位，之后又先后攻读了哲学、美术、医学等学科，均成绩优异，被称为"百科全书式"的人物。

1882年，黎刹远赴欧洲留学，先后在多个国家学习。1885年，24岁的黎刹获得医学博士学位，并在欧洲的大学里任教，成为一名优秀的学者。

这时候的菲律宾，处于西班牙的殖民统治之下。西班牙派遣的菲律宾总督，独揽军政大权，剥削、压迫菲律宾人民，激起菲律宾人民的愤怒。

黎刹年少时目睹殖民者的统治，从小就表现出对国家前途命运的思考与担忧，心中种下反抗压迫的种子。欧洲求学期间，他写出对后世有深远影响的小说《不许犯我》，揭露殖民统治给菲律宾人民带来的痛苦。1887年，他出版了自己的著作《社会毒瘤》，揭露西班牙殖民统治者的罪恶。1889年，他又出版《贪婪的统治》，对西班牙人的横征暴敛进行控诉。

黎刹曾经说过："在葡萄牙航海家麦哲伦来到菲律宾前，中国人已经熟悉了菲律宾，并与菲律宾有了经济和文化的联系。""华人到菲律宾是为了谋生，他们同菲律宾人民一起辛勤劳动，共同开发菲律宾群岛。而西班牙人来菲律宾的目的是要征服菲律宾，达到统治菲律宾的目的。"在黎刹博物馆的众多展品中，一件特殊的展品吸引了人们的注意，黎刹医生曾经作为眼科医生在香港活动，这里展示的就是他在香港行医时所使用的名片。

1892年，黎刹返回菲律宾，参加了"菲律宾同盟"成立大会。

1892年7月7日，黎刹被殖民者逮捕并流放到菲律宾达皮丹岛。

1896年，黎刹在获释并前往古巴行医的途中，途经西班牙巴塞罗那，在那里再次被捕并被押解回菲律宾。

1896年12月30日，殖民者以"通过写作煽动人民叛乱"罪名将黎刹处死。

黎刹在被西班牙独裁政权枪毙前，于诀别诗《永别了，我的祖国》中写下："我将去之国，没有暴君也没有奴隶，那里亲善和睦。"

临刑前，他与一位美丽的英国女孩约瑟芬·布蕾肯举行了刑场上的婚礼，场景令人泪目。之后，黎刹慷慨就义，年仅35岁。

黎刹的死，点燃了菲律宾人民的愤怒之火，摆脱殖民统治的思想开始深入人心。

1897年，梁启超翻译了黎刹的绝命诗："方见天际破晓，我即与世长辞。朦胧夜色已尽，光明白日将至。若是天色黯淡，有我鲜血在此。任凭祖国需要，倾注又何足惜。洒落一片殷红，初升曙光染赤。"

鲁迅先生也在自己的作品中提到黎刹，表示自己"总愿听世上爱国者的声音以及探究他们国内的情状"。

英雄的血不会白流。1946年7月4日，黎刹牺牲50年后，菲律宾终于赢得了真正的独立。

何塞·黎刹是菲律宾最著名的民族英雄，他激励菲律宾人创立自己的国家。黎刹也是泉州华人的骄傲。泉州晋江市也有一个"黎刹纪念广场"。

夕阳西下的傍晚，我来到晋江市区，穿过拥挤喧闹的街巷，顺着城区干道旁的绿荫辅路步行几分钟，一座绿植环绕、花缀其间、幽静整洁的市民广场展现在眼前。

广场的中央是一座高耸的柱状纪念碑，碑上一座铜像左手持书站立，目视远方。碑座前有几行鎏金石刻："扶西·黎刹博士，菲律宾民族英雄根在福建。"这里是晋江上郭村的"扶西·黎刹广场"，也是中菲友好交流独特的纽带。

1999年，经过中菲两国资料记载的共同佐证，晋江上郭村被确认为黎刹的祖籍地。在旅菲华侨和菲律宾黎刹家族后裔的积极倡议下，2002年，晋江上郭村也建起了一座和马尼拉"黎刹纪念广场"同样造型的黎刹雕塑。

这座纪念碑高18.61米，以纪念黎刹出生在1861年。整个黎刹广场占地面积达86亩，纪念碑由时任菲律宾总统约瑟夫·埃斯特拉达奠基。纪念碑落成后，时任菲律宾总统格洛丽亚·马卡帕加尔·阿罗约等政要及华人华侨都曾参观献花。

我在黎刹雕塑前伫立。这时，夕阳将天空染红，在挽留那暖光之时，伸开双臂，拥抱整个清丽的世界，为人间绘出那浓墨重彩的一笔。

海外游子故里情

重踏故土,拜祖祭宗,在宗祠里点几炷清香,泪已盈眶。这是无数老华侨、华人回泉寻根谒祖的真实写照。海外游子,远离家山,却常怀赤子之心。

首先是文化交流寻根谒祖。

祖籍泉州的华侨、华人与祖籍地泉州保留着深厚的血缘亲情,这种血缘亲情形成独特的宗亲文化。泉州华侨初到国外,谋生不易,处境艰辛。随着华人社会的形成与发展,带有血缘、地缘、业缘、神缘性质的各种社团组织纷纷建立起来,主张同乡、同宗的人团结互助。

多年来,泉州积极开展以宗亲文化为纽带的海外文化交流。泉州的南音社、木偶剧团等到东南亚演出,东南亚南音社团也经常来泉交流和"打馆"(会唱)。不少华裔青少年跟随父辈们的脚步,踏上了回泉寻根的道路。近年来,在国务院、福建省以及泉州市侨务部门的支持下,不断有东南亚华裔新生代回到祖籍地,参加"青少年寻根之旅夏令营",国学馆里书声琅琅,演武场里跃跃欲试。此举促进了华侨与祖籍地双向互动,培育了两地青少年之间的友谊。这在无形之中,也将泉州文化进一步发扬光大。

海外华文教育是华社三大支柱之一,也是中华文明在海外传承的重要方面。早期华侨对子女的教育,以家庭教育为主。18世纪以后,借助会馆、宗祠等场地兴办的"私塾"大量出现。20世纪初,新式华文学校蓬勃发展,二战前达到鼎盛时期。华文教育是继承和发扬中华文化、泉州文化的重要手段。随着改革开放的深入，海外华侨、华人更加重视推动中外文化交流，增进与祖（籍）国之间的文化联系，华文教育正是在这种背景下逐渐走出国门。以菲律宾为例，菲律宾的汉语教学环境得到了明显改善，出现了许多致力于华文教育和汉语教学的机构，如陈延奎基金会、菲律宾中华研究会、亚典耀大学孔子学院、布拉卡大学孔子学院、红奚礼示大学孔子学院等。同时，泉州籍乡贤创办或参与创办《光华日报》《南洋商报》《商报》《世界日报》等华文报纸。多年来，菲律宾华文作家与泉州作家相互交流，以文会友。

泉籍华侨、华人的脚步遍布东南亚，但他们从来没有忘记自己来自何方。他们弘扬闽南文化，兴师重教，惠泽子孙。

泉州南安人、著名爱国侨领、慈善家李光前先生一生好学，尤其推崇具有悠久历史的中华传统文化，对于传播闽南文化和兴办教育等工作总是不遗余力地给予支持。李光前深受岳父陈嘉庚"倾资兴学"的影响，创业成功后，本着"取诸社会、用诸社会"的精神，极力创办学校，振兴教育。1952年设立"李氏基金"，作为资助教育慈善事业的永久性基金，此基金至今仍在反馈社会。

菲律宾著名华人实业家、教育家陈本显，祖籍泉州晋江。早在1991年，他就召集一些教育界热心人士，倡议发起了"菲律宾华文教育研究中心"（后更名为"菲律宾华教中心"）。他身先士卒，献出巨资，作为中心活动的启动经费，教研中心大大推动了闽南文化与中华文化在菲律宾的发展。

祖籍泉州永春的马来西亚IOI集团董事局主席李深静热心华文教育，在马来西亚捐资兴建了多所华文中学及小学……

这一切激励着海外新生代华人不断奋勇拼搏。除了保留父辈们那一抹浓浓的爱家思乡的情怀，新生代华侨们还顺应时代发展的潮流，从经济、政治、社会等多领域向所在国传递泉州文化的价值内涵，为推动亚洲区域合作、共同谱写亚洲文明新篇章贡献自己的力量。

泉州籍华侨、华人还热心故乡公益事业。

多年来，泉州籍华侨、华人是侨乡大地持续快速发展不可或缺的力量。

改革开放之初，泉州经济正是从侨资、侨房、侨眷、侨属组成的家庭式小作坊起步，逐步发展壮大，缔造出今天闻名中外的"泉州模式"。泉州籍海外华侨、华人素有热心公益事业的光荣传统，他们积极投资家乡实业，积极修桥铺路，捐助教育、卫生、文化等公益事业。

华侨、华人在居留国的民俗见证故乡情。

泉州人即将出国谋生或华侨、华人回乡探亲后又将返回居留国的时候，亲朋好友纷纷前来送行，赠送的东西比较特别，是家乡土特产或中成药，这种送别活动俗称"送顺风"。如果是设宴送行的话，则称为办"送顺风桌"。华侨、华人自海外归来，亲朋好友闻讯赶来相见，会送鸡蛋、面线、美酒等物，也会设宴接风洗尘，俗称"褪草鞋"（因旧时出远门，常穿草鞋步行）。记得小时候，邻居有一个定居菲律宾的伯公，每次回来，总能在村里引起一阵轰动。

泉州还有"南音""南戏"，被东南亚地区的乡亲引以为"乡音"。

泉州与东南亚地区在民间信仰上也有诸多相通之处，如妈祖、关帝、保生大帝等，其中尤以妈祖信仰为盛。宋元时期产生的妈祖信仰通过数次移民在海峡两岸及周边地区已经形成一个妈祖信仰圈，泉州天后宫妈祖宫庙香火旺盛，每年都有大批东南亚的侨胞前来进香。从福建传播至台湾、东南亚等地的妈祖宫庙就有数百座。

泉州人下南洋后，饮食文化也与当地交流、融合，泉州的闽南菜不但影响漳州、厦门、潮汕、台湾等地区，还输出到广大东南亚地区。许多到东南亚旅游的泉州人会惊讶地发现，吃的饭菜正是家乡的味道，街头的小吃摊也能吃到海蛎煎、花卷、肉粽。近年来，不少外来饮食不断进驻泉州，一些侨胞也回到故乡开起了饮食店，泉州人上街就能吃到地道的印尼菜、越南菜、缅甸菜、新加坡菜。

泉州籍华侨对抗日战争的贡献

泉州籍华侨遍布世界各地，但主要聚居在东南亚各国。20世纪三四十年代，他们为支援祖国伟大的抗日战争，做出了巨大的贡献。

"九一八事变"和"七七事变"爆发后，消息传到海外，泉州籍华侨群情激昂，强烈抗议日本帝国主义的侵略罪行，纷纷建立各种抗日救国团体，开展抵制日货、筹募捐款寄回国内等多种形式的支援祖国抗日的爱国救亡运动，声势浩大。

"九一八事变"后，菲律宾华侨成立了两个规模比较大的抗日救国组织，其领导人都是泉州籍华侨。一个是由南安籍华侨曾建泉领导的"菲律宾华侨救国会"（成立于1931年11月30日），一个是由晋江籍华侨李清泉领导的"菲律宾国难后援会"（成立于1932年2月3日）。菲律宾华侨救国会成立不到1年，即筹募国币5万元汇回上海支援十九路军的淞沪抗战，20万元捐给福建省政府作为国防建设经费，2万元汇给马占山，支援他领导的东北义勇军。

1937年"七七事变"后，全民族抗日战争爆发。泉州籍华侨与广大华侨一样，开展的抗日救国运动进一步高涨，被誉为继辛亥革命之后海外华侨的第二次爱国主义热潮。旅居在东南亚各国的泉籍华侨虽然身居异域，但心怀祖国，许多青年华侨放弃自己的学业，辞去自己的工作，告别温暖舒适的家庭，回到祖国，奔赴战火纷飞的抗日战场。

1938年3月18日,毛泽东在接见东南亚华侨战地记者泉州永春县籍华侨辜俊英时,为东南亚华侨题词:"全体华侨同志应该好好团结起来,援助祖国,战胜日寇。共产党是关心海外侨胞的,愿意与全体侨胞建立抗日统一战线。"

"七七事变"后,菲律宾的中华总商会,华侨文化教育等社会团体,立即于7月16日召开紧急会议,联合组成"菲律宾华侨援助抗敌委员会",作为菲律宾华侨抗日救国的统一领导机构,并一致推选时任菲律宾中华总商会会长李清泉为主席。在李清泉和菲律宾华侨援助抗敌委员会的领导下,整个菲律宾华侨的抗日救国运动开展得有声有色。

李清泉,1888年出生于晋江金井镇石圳村,被誉为"菲律宾经济发展史上占有永久地位的人"。他也是菲律宾华侨史上最有建树、声誉卓著的爱国华侨领袖,其抗日救亡的事迹至今在海内外广为流传。

1901年,13岁的李清泉跟随父亲从家乡晋江前往菲律宾。1902年,他到香港读书,4年后重返菲律宾。1907年,他父亲将公司交给他经营管理,业务蒸蒸日上,他也成为全菲律宾最大的木材出口商,被誉为菲律宾"木材大王",连续担任七届菲律宾马尼拉中华商会会长。

"七七事变"后,李清泉挺身而出,肩负起领导在菲华侨抗日救国运动的重任。李清泉两次致函陈嘉庚先生,建议东南亚华侨组织一个筹赈总机关,便于统一行动。1938年10月,"南洋华侨筹赈祖国难民总会"(简称"南侨总会")在新加坡成立,李清泉被推选为副主席。

"南侨总会"和"菲侨抗敌会"的首要任务是筹款支援祖国抗战。在李清泉以身作则、积极领导和发动下,菲律宾华侨的爱国主义热情空前高涨,筹集了大量的资金和物资,寄回祖国支援抗日战争。

李清泉在四处奔波、积极发动侨胞从各方面支援抗战时,积劳成疾,不幸于1940年10月27日病逝于美国加利福尼亚州,终年52岁。临终前,他在遗嘱中吩咐将10万美元遗产捐献给祖国作抚养难童之用。菲律宾侨团及其生前好友深受此举感动,决定再筹集40万美元,捐助祖国难童。

李清泉去世的噩耗传至世界各地,慰问和悼念的函电像雪片般飞来。1940年11月1日,李清泉的遗体从美国运回菲律宾,菲律宾华侨5000人到码头接灵。李清泉逝世后,他的姓名和事迹被收入《菲律宾百科全书》中。

李清泉夫人颜敕在晋江金井镇洋下村出生,后赴菲律宾。在丈夫的影响下,她积极投入轰轰烈烈的抗日救国运动中,成为菲律宾华侨的女中英杰。她组建"中国妇女慰劳自卫抗战将士会菲律宾分会",并被推选为主席。她不辞劳苦,积极领导和发动菲律宾华侨妇女募捐筹款、赶制寒衣和救伤袋等,支援祖国抗战。

1938年3月,颜敕女士汇款1万元给八路军士兵添作雨具之用,并写了一封热情洋溢的信给朱德总司令,称赞他"公率三军,捍卫北疆,捷报频传,侨众欣慰"。朱德总司令、彭德怀将军为此致电向她表示感谢。同年8月,她又汇港币1万元,捐给八路军购买医药;10月,她又汇1万元给新四军,用以救济伤兵和难民。

1971年11月,颜敕在菲律宾病逝。乡人闻讯,无不悲痛。

有一个浴血奋战的故事不能忘记:一支骁勇健壮的队伍,书写闽粤青年华侨在菲律宾进行的可歌可泣的抗战历程……

1942年1月2日,日军先头部队进入马尼拉,当地居民人心惶惶,菲律宾华侨陷入敌人的魔掌里。这时,爱国华侨抗日团体揭竿而起。

当时,在马尼拉西北郊滨海马拉汶社一个偏僻的渔村里,晋江籍华侨青年施性维联络上几位正计划组织地下抗日团体的青年。这些爱国华侨青年聚在一起,在施性维的茅屋里宣誓,并用针刺破自己的中指,将鲜血滴在宣誓词"良心"的"心"上。由福建、广东华侨青年组成的战时特别工作总队诞生了,这是一支铁血之师。

经过一段时间的工作,特别工作总队的成员不断增加,共有6个组,5个大队,除一个特务队之外,还有一支属于女青年的独立中队,其中泉州籍占总队人数的一半多。

炮火纷飞的年月,总队所做的是地下工作,包括出版地下报纸《前锋报》及刊物《中国魂》等,采集敌人情报并由秘密电台发出供给盟军总部参考,以及打击奸伪。他们的工作隐秘而高效。

菲律宾沦陷后，当地也秘密组织了一支抗日游击队。

1944年6月，这支游击队受日军的利诱，突然投降变节。总队发现有异，为了取出最后一批文件，派出队员施中坚执行任务，结果施中坚一去不复返。为了解救队员，高文煜、洪德全、王德芳等7人前赴后继深入敌窝，都不幸牺牲，十分悲壮，令人叹惋。

雷伊泰岛战役，是第二次世界大战太平洋战争中重要一战，此战役为解放整个菲律宾群岛及结束日本在菲律宾3年多的统治拉开序幕。雷伊泰岛登陆战爆发后，特别工作总队执行保护侨区安全的任务。敌军南撤后，总队则帮助受难侨众撤出战区。随后，特别工作总队成立难侨收容所，收留战后无家可归的难侨同胞，并设立救伤诊治所，义务救助伤患者。

1945年3月，马尼拉市光复。此后，特别工作总队由地下工作转为光明正大地配合盟军清扫马尼拉战场，他们十分勇敢，解放了圣道多玛斯大学集中营。

据战后统计，从1942年初成立到1945年抗战胜利，特别工作总队共牺牲了36人。其中蔡荣华、施性维、王德芳、林清江、洪德全、俞聚成等31人为泉州籍。他们的名字永远被载入史册。

来到南安市省新镇满山红村，这里有著名的"林路大厝"，大厝是南安籍新加坡著名华侨建筑家林路于1908年在老家南安建成的。这里4座不同功用的古厝一字排开，进宗祠，又到住宅，再上叠楼，最后是书房。整个建筑群碧瓦红墙、飞檐翘脊，显得典雅、古朴、精湛、壮观。古厝座座精雕细镂，引人注目的是，墙裙贴的是新加坡舶来的彩石，铺地的花砖也是从南洋运回。

透过这些南洋的印记，我们遥望70多年前的烽火南洋，感受着一个感人的故事。

当你在为林觉民的《与妻书》而感动时，70多年前，隔着重洋的新加坡那头，有人读着另一封《与妻书》，泪如泉涌。

那封《与妻书》，写在20世纪40年代炮火纷飞的东南亚，是林路儿子、新加坡著名华侨林谋盛写给妻子的绝笔信：

> "当我在那个难忘的二月早晨离开你的时候,原以为这只是短暂的别离。我本计划在苏门答腊某处先找个栖身之处,等候安全时日再回来。我没想到,这一别竟成永诀……"

林谋盛用凄切而深情的文字,跟妻子告别,用顶天立地的英勇气概跟祖国告白。

1925 年,16 岁的林谋盛从老家随父到新加坡,进入莱佛士书院继续学业,后到香港大学深造。林路过世后,林谋盛成为他的商业接班人,成为新加坡华人社会的领袖。

全民族抗日战争爆发后,出自富贵人家的林谋盛投身抗日,在马来西亚和新加坡之间建立情报网。

1942 年 2 月 15 日,日军攻陷新加坡。此前 3 天,林谋盛匆匆离开新加坡,历尽千辛万苦,花了两个月时间才回到祖国,并接受了一个秘密使命。于是,他抱着牺牲的决心,给妻子写下了这封《与妻书》:

> "我明知道这是一项危险任务,但一旦接受就必须勇往直前。我的责任与自尊决不允许我却步。每天有成千上万的人民为他们的祖国牺牲,如果中国要屹立于世界之林,她的人民必须作出牺牲。自 1937 年以来,我试图以个人绵力,为抗战事业作出贡献,这项任务正好可以继续我的报国志愿。……然而,我唯一顾虑的是对你及子女们的责任,我把这责任全部托付你,是一件痛苦的事。我希望你把子女抚养成人,我相信你可以做到,而且可以做得好,如果上苍有灵,一定会庇佑你们的。"

信的最后,他写道:"望汝勿为余悲,且当以余之为国牺牲而引以为荣,并抚养儿辈成长。当告儿辈以余之所遇,知道彼等善继余志,勿堕家声。最切要者,儿辈学业应中英并重。"

这封绝笔信是用英文写的,后由新加坡文史老师翻译成中文,信中不忘交代只会英文的妻子，要让孩子学中文，不忘祖国。

林谋盛在收集日军情报时被捕，1944年6月在狱中被日军严刑拷打牺牲，年仅35岁。

为纪念这位抗日英雄，新加坡的伊丽莎白公园里建有林谋盛烈士纪念碑，一代代新加坡中小学生都会前往瞻仰这位来自泉州南安的英雄。

如今，在南安省新林路大厝叠楼二楼厅堂的木扇墙上，林路在光绪年间请人挥毫写下的《朱子家训》依在："读书志在圣贤，非徒科第；为官心存君国，岂计身家。"林谋盛正是用生命践行了这几句名言。

烽火连天的年月，天各一方。然而，林谋盛的《与妻书》还是传到故乡，感动着无数乡人。

如今，读着林谋盛的《与妻书》，我仿佛听到一个沧桑的男低音在诵读，念到深情处，令人潸然泪下。

菲律宾有一座古达磨岛，岛上耸立一座"百雅渊廿九位殉难义士纪念碑"，纪念在抗日战争中被日本侵略者围捕后坚贞不屈惨遭杀害的29位华侨义士。这29位义士，大多来自泉州晋江、南安等地。

当时菲律宾华侨组织一支"抗日游击队"，黄瑞华是其中"华侨抗日反奸大同盟"的杰出领导人。妻子叶玉琴当年才20多岁，也是活跃在菲律宾抗日活动中的积极分子，两人志同道合并结为夫妻。

叶玉琴家是"抗日之家"。叶玉琴的父亲叶再添是名商人，积极投身抗日活动。"七七事变"爆发后，叶再添与女婿黄瑞华和几位同乡在菲律宾当地开了一家"七七商店"，经营日用百货，以此作为抗日活动的一个据点。在家人的影响下，叶玉琴的两个妹妹叶玉秀、叶玉环也投身抗日活动中。

黄瑞华是南安码头镇宫占村人，现在黄瑞华的南安老家还留有一幢名叫"胜利楼"的房子，此楼始建于全民族抗日战争爆发初期，是黄瑞华与他的哥哥共同出资建造的。当时黄瑞华期盼抗日战争能够取得胜利，遂将胜利的愿望铭记于自己的新房上。只可惜1944年6月，29名爱国义士被害，黄瑞华没能在这"胜利楼"上见证抗战胜利的那一刻。

南安诗山公园内建有一座忠烈祠，供奉很多爱国义士的牌位，黄瑞华的牌位也在其中。

那次到诗山采风，早晨，穿过拥挤喧闹的街巷，我来到诗山公园，这里绿植环绕，花缀其间，幽静整洁。

仿佛有一阵风，历史的风，与无数仁人志士一道穿越历史幽深的隧道而来。我精神为之一振，踏着霞光，向前走去。

我们心中，有座高高耸立的纪念碑，将永远铭记着对先烈的思念和缅怀。

泉州籍著名作家、外交家司马文森是归侨，他在其《粤北散记·题记》中写道："我觉得我们这次的抗战，其意义非常重大。在这件大事中，每一片段、每一细节的记录，只要它是真实的，都足以作为历史纪念碑的珍贵材料。"

司马文森，原名何应泉，我国杰出侨领，第一届全国政协委员。1916年出生于泉州，8岁进泉州衮绣小学（今泉州东门小学）读书，1928年赴菲律宾打工。1931年，司马文森回国，在泉州黎明中学学习。他1932年参加共青团，1933年参加共产党。

"九一八事变"后，司马文森和文艺界友人集结一支"笔部队"，掀起一波又一波抗战文艺浪潮。他们揭露敌人的残暴罪行、汉奸无耻的行为，宣传英雄事迹，组织、动员民众投身民族解放的洪流。

"七七事变"爆发后，上海文艺界救亡协会于1937年7月成立，司马文森在宣传部工作，宣传抗日。

后来，司马文森到桂林，这是他创作的高峰期，写下大量纪实文学作品，他以独特视角，从不同侧面反映抗战历程。

《南洋淘金记》是司马文森的代表作之一，开创了华侨社会文学的先河。《南洋淘金记》创作于1948年9月9日香港《文汇报》创刊之际。其中有对华侨祖先辛苦拓荒的血泪记载，有"番客婆"海外寻夫的动人描写，有菲律宾华侨社会形形色色的生活，有帝国主义对侨胞的种种压迫，有黑社会争权夺利的惊险打斗，有爱国华侨不屈不挠和恶势力苦斗的场面，被誉为反映华侨社会生活的最杰出长篇著作。连载文章轰动东南亚华侨圈，当时很多读者每天打开报纸首先看的就是《南洋淘金记》。

1949年,司马文森随流寓香港的著名诗人柳亚子、文学家茅盾等人北上,参加第一届全国政协《共同纲领》的起草工作,并出席中华人民共和国开国大典。随后,他反映新中国成立的报告文学集《新中国的十月》《会师记》出版。

1955年夏,司马文森出任驻印度尼西亚大使馆文化参赞。1962年底回国后,担任国家对外文化联络委员会西亚、非洲司司长。1964年,出任中国驻法国大使馆文化参赞。

1968年,司马文森去世。

司马文森的另一部著名长篇小说《风雨桐江》描写的是1935年红军北上长征后,侨乡泉州人民同敌人斗争的故事。后来,《风雨桐江》由司马文森的女儿司马小加改编成电影剧本《欢乐英雄》(上)、《阴阳界》(下),并拍成电影上映。

2011年,正值"九一八事变"80周年,由司马文森的三个女儿司马小萌、司马小莘、司马小芹共同选编的司马文森抗战纪实文学选《南线》,由团结出版社出版。司马文森在泉州的亲属特意送给我一本。

历史或许会被尘封,但它不会消失。不经意间回眸,历史的印记依然熠熠生辉。

侨批中的中国记忆

万里孤云，羁旅天涯，游子像风筝，家书是一根长长的线，把游子的心与家人紧密相连。早年，中华民族传统节日期间，许多海外侨胞纷纷回到家乡祖地谒祖，未能回乡的则寄来家书表达思乡之情。海外华侨的这种书信方式，史学上称之为"侨批"。

主要分布在泉州的闽南侨批，占据了福建侨批90%以上的份额。2013年，闽南侨批为泉州赢来一块世界性的金字招牌——世界记忆遗产！由"福建侨批"和"广东侨批"两部分组成的"侨批档案"，成功入选"联合国教科文组织世界记忆遗产名录"。这也让福建省首次拥有了世界记忆遗产项目。

千里共圆缺，家书抵万金。"闽南侨批"作为中华民族民间文化的组成部分，是集文学、美学、书法、礼仪、邮政、包装、纸张等文化于一体的综合载体。从鸿雁传书到鱼传尺素，书信迢递，侨乡人们对"闽南侨批"寄予了绵绵不尽的眷眷深情。

"闽南侨批"有其历史渊源。

烽火连天的年月，天各一方，前途未卜，全凭一封封家书往来穿梭织补精神破损的洞子。和平时期，家书同样珍贵，奔波的旅人，赶考的学子，风尘荏苒，一去数月经年。更有茕茕苦守的妻子织成锦字回文，织进了寂寞忧伤，寄去了思念期盼。而侨批更能让人解读到什么是"家书抵万金"。

闽南话称信为"批",寄信称"寄批"。后来,"批"成为南洋华侨寄托银信的代用词。经营侨批的民间机构则为"侨批局",也称"侨信局"或"批局";负责收送侨批的人则叫"派批员""批客""批脚"。

侨批出现于清朝末年,到现在已有100多年历史。鸦片战争后,中国沿海的闽南、广州等大批百姓出洋谋生,他们打工攒钱后要寄钱回乡,而当时金融和通讯业并不发达,侨批便成了海外华侨给国内侨眷寄钱和家信的途径。

19世纪上半叶,随着银信的增加,一些较为富裕的"水客"(负责递带"人、信、财、物"者)或侨商便开设了专门机构——侨批局。侨批局在1928至1937年进入鼎盛时期。20世纪30年代,闽南侨汇中心由厦门转移至泉州。

从1871年泉州安海出现第一间侨批局——郑顺荣批馆,到1976年正式并入中国银行,百年的侨批成了华侨与侨眷重要的情感纽带,也造就了中国侨乡独特的侨批文化。侨批馆(后改侨批局)必须定期收集、解送、投递侨批,并在侨批封正面写上国内收信人地址、姓名、寄钱币种数及南洋寄信人姓名。背面则盖国外侨批局图章,并在信封上写上编号、设簿登记;同时列出清单,附在侨批总包内寄出。为了减轻重量,节约邮费,当时侨批用的信纸一般薄如蝉翼。

如今退出历史舞台的一封封侨批已渐渐被人淡忘,但它们仍然生动地记录着活生生的华侨移民史、创业史,也是那个年代金融史、邮政史的重要篇章。侨批是历史最真实的记录,是记载翔实、内容丰富、语言朴素、感情真挚的"经济社会百科全书"。因其丰富的文化内涵,侨批被誉为"东方侨史的敦煌"。

有关侨批的最早记载,来自泉州石狮大仑一本《蔡氏族谱》。该族谱中提到,明嘉靖年间,一位菲律宾华侨托人带信及钱款回家,供父母兄弟度日使用。现今,泉州市档案馆收藏有侨批实物件3500多封,侨批扫描件3.1万封,另有汇票、票据、账本和证件若干,包括正批、回批等种类。从侨批的来源地看,有菲律宾、印尼、马来西亚、缅甸、新加坡、泰国、越南等;从时间跨度上看,有清朝末期、民国初期、抗战时期、新中国成立初期、改革开放时期等。

在邮政机构尚未建立或完善的年代，侨批局就成了海外华人华侨情感的寄托，泉州王顺兴信局就是其中具有代表性的一个。

据《泉州市邮电志》记载："清代光绪二十四年（1898），泉州王世碑在家中开设王顺兴信局。"

王顺兴信局创始人为王世碑，泉州王宫人。王世碑自幼家庭贫困，以剃发为业。1851年，19岁的他前往厦门谋生，在一条往返厦门与小吕宋（菲律宾）的大帆船上当船工。王世碑人缘极好，深得华侨信任，因此经常帮助华侨捎带银物书信。后来，他干脆辞去船工，以代客传送信款为业。1896年，中国设立邮政机构，王世碑瞅准商机，于1898年在厦门向清政府挂号创办王顺兴信局。由此，王世碑完成了从船工到信局老板的成功转身，成为泉州名副其实的"邮政之父"。1912年，王世碑去世，子侄辈王为针、王为奇两个堂兄弟接管信局，两人分别负责海内和海外的邮政业务，王顺兴信局营业愈发壮大。随后，两人兴建了奇园、船楼建筑群，并保留至今。2009年底，王顺兴信局成为福建省重点文物保护单位。2010年8月9日，国家文物局对该遗址进行了实地考察验收。

王顺兴信局遗址包括奇园和船楼两片主体建筑。奇园是一座典型的欧式建筑，又融合了中西艺术精粹。其建筑独特，地基离地将近2米，这是因为侨批的关系，要防洪水侵入楼中。中式镂空门窗，西式琉璃玻璃，加上十二根刨光的通顶欧式圆柱，有古罗马风韵，又有中国传统特色。第一层楼高约4.5米，房里有木质雕花梳妆台和床、民国初期的浴缸，还有一些民国时期的物件摆设。人们沿着29级台阶上行，登上二楼，其中一间房间内一个旧式衣柜正如"魔橱"，打开衣柜门，把里面的底板推开，竟然另有玄机，往右转有一道"天梯"直上三楼。离奇园不远，就是形似大船的船楼。

2016年初，王家后人开始对奇园进行适当加固整修，并进行布置和管理。在建筑外围的空地上，精心种植了小片竹林，草坪修剪整齐，青石地板错落有致。经过修整，百年信局渐渐恢复了昔日的光彩。

在现存的侨批中，可以看到，一封封侨批里隐藏着一个个令人心酸或备感温暖的故事。有分隔两地新婚夫妇对彼此的思念，有漂泊的儿女对年迈父母的问候，也有父母对年幼子女的殷殷嘱托，更有华侨对国家命运的关心、对家乡公益事业的热爱……

侨批中有关心国事家事的故事。

抗战初期，晋江一名叫施能杞的华侨南渡菲律宾后，多次给家乡亲属寄来侨批。解读其仅存的4件侨批，可见其在菲创业之艰难，尽管如此，他仍关心时局，以实际行动戒酒断烟，支援祖国抗战。

施能杞，晋江龙湖衙口人。20世纪30年代末至40年代初，为筹建故乡南浔小学校舍，施能杞受乡亲委托南渡菲律宾筹募经费。但工作还没来得及进行，太平洋战争就爆发了，他未能遂愿。在此期间，他忧郁成疾，不久逝世，终年56岁。

既为家书，谈的主要是家庭之事。但施能杞作为侨居海外的华侨，谈家事的过程中无不流露出对祖国前途和民族命运的关切。在第三件家书中，他写道，"抗战胜利，吾辈便可回家"，把旧房改建成"两层楼屋"。

抗战期间，一些由华侨寄给家乡的信封、信笺上面印着宣传抗日的内容，有文字也有图案，称为"抗日笺"。1933年7月6日，旅居菲律宾的陈琼林寄给晋江深沪港内詹廷团一封信笺。信笺版首印有"抗日笺"3个字，左侧上方印有一幅有线条外框的漫画，画中两只貌似雄狮的高大猛兽，横眉冷对，威武地站立在木栅栏内守望，一只背上印有日本国旗图案的矮小哈巴狗趴在栅栏外窥探。左下方印有文字"早回狗窝，何所逃命"，讽刺日本侵略者的寓意十分明显。信笺右边印有"同胞速起，抗日救国"一行文字。

1938年10月，广州被日军占领后，滇缅公路成为运输军需物资的重要干线。1939年2月，应西南运输处要求，"南侨总会"发布征募汽车修机驶机人员回国服务的通告。经挑选和批准后，共有3200多名机工分批返回祖国服务，其中800多名福建籍南侨机工中有很多是泉籍华侨青年。他们在敌机空袭频繁的情况下，与饥饿、疾病、死亡顽强斗争，驾车奔驰在长达1100公里的滇缅公路及粤、桂、黔、滇、川、鄂各地，抢运军用物资，为抗日战争的胜利做出重大贡献。马来西亚槟城华侨女青年白雪娇为了参加南侨机工回国抗日，瞒着父母报名。她写了一封当时轰动一时的家书："家是我所恋的，双亲弟妹是我所爱的，但破碎的祖国更是我所怀念热爱的。"华侨青年的热血情怀让人动容。

侨批中也有乐捐公益事业的故事。

多年来，泉州重视"闽南侨批"保护。

中国抢救民间家书项目自2005年清明节启动，而更早的时候，泉州就已经重视保护"闽南侨批"了。我本人在泉州晚报社通过报道连续关注"闽南侨批"保护工作。在泉州晚报社的呼吁下，保护"闽南侨批"引起强烈共鸣。因为侨批有着重要价值，泉州于2009年1月正式启动侨批档案申遗工作。泉州市档案局牵头开展侨批整理申遗工作：投入资金收购侨批及扫描件，组织人员进行核对整理，建立侨批档案专题数据库，组织学术研讨会，在全国率先开展侨批遗址踏访和侨批口述历史档案工作，在全国首次赴国外（新加坡）举办侨批展……2010年3月，"侨批档案"成功入选第三批中国档案文献遗产名录。2012年5月，福建与广东两省联合申报的"侨批档案"，成功入选联合国教科文组织世界记忆亚太地区名录。2013年6月19日，在韩国全罗南道光州市召开的联合国教科文组织世界记忆国际咨询委员会评审会议上，"侨批档案"成功入选"世界记忆遗产名录"。2021年10月，泉州侨批馆正式开馆。

"闽南侨批"在家书中尤为独特，是研究华人华侨历史的宝库。首先，侨批表现出侨批业者高度的诚信精神。虽然批局和"批客"经手侨汇数以万计，却很少发生贪污钱款的事情。不少寄信人没钱寄回家，批局还主动让其赊账。有的信件地址不明、收信人姓名不清，他们耐心查访，千方百计将信送到收信人手中。不少"批客"还为不识字的侨眷写回信。其次，侨批反映了中国一百多年来货币的流通使用情况，以及币种的更替和金融汇价的变化。其三，侨批体现出当时的社会和经济情况。如在20世纪二三十年代，许多"侨批"都标有商店的广告和商号标记；在抗日战争时期，大部分则写上抗日的标语……这些都说明政治宣传、商业广告等已充分利用了侨批。

侨批作为侨乡历史阶段的一个特定产物，具有极高的文物参考价值。

如今，手写的家书渐渐离我们远去，可是家书的文化魅力依然存在。灯光下手写家书的温情，特别是熟悉的笔体、思念的泪迹产生的恒久情感，有着永不消逝的魅力。

QUANZHOU
THE BIOGRAPHY

泉州传

第六章 世界多元文化交融共生

位于福建东南海滨的泉州，是一个令理学家朱熹感叹"此地古称佛国，满街都是圣人"的文化圣地。作为古代海上丝绸之路的起点，泉州以她"东方第一大港"的宽博胸怀，接纳来自世界各地的商贾，多元文化得以在此和谐相处、交融共生，并留下了许多世界遗产。

联合国教科文组织将全球第一个"世界多元文化展示中心"定址泉州。

2002年11月1日上午，在一阵锣鼓声中，联合国教科文组织特项部兼公共部主管阿丽丝女士、文化遗产年项目主管拉姆兹女士、礼宾司司长让·鲁克·常先生与泉州市领导，共同为定址泉州的"世界多元文化展示中心"培土奠基。"世界多元文化展示中心"通过博物馆、展览馆、剧场、艺术培训等方式，展示中外各种有形或无形的文化遗产。

也许是唐风宋韵千年的浸润，泉州的多元文化如今依然鲜活在这片神奇的土地上。

桑莲法界：泉州开元寺

来泉州，那已走过1300多年岁月的泉州开元寺，是不能不去的。

泉州开元寺位于泉州市区西街，是福建省内规模最大的佛教寺院，福建省"十佳"风景区。1982年，开元寺被列为国务院公布的第二批全国重点文物保护单位，属于世界文化遗产"泉州：宋元中国的世界海洋商贸中心"遗产点。

古寺的前面是古老的西街，老街上有很多商业店铺，仿佛向来人诉说着老街昔日的繁华与热闹。

泉州开元寺与洛阳白马寺、杭州灵隐寺、北京广济寺齐名，其占地面积7.8万平方米，历史悠久，构筑壮观，景色优美，名扬海内外。海内外佛门信徒、旅游客众、海外侨胞以及国际友人纷至沓来，虔诚膜拜，静心观瞻。

开元寺始建于唐垂拱二年（686），初名"莲花寺"，后改为"兴教寺""龙兴寺"。唐开元二十六年（738），唐玄宗下令全国各州建一座开元寺，因而改为现名。开元寺建筑布局为三部分：中轴有照墙、天王殿、拜亭、东西两廊、大雄宝殿、甘露戒坛、藏经阁；东翼有檀樾祠、准提禅寺；西翼为功德堂、尊胜院、水陆寺。东西两边还有巍峨的双塔——镇国塔、仁寿塔，组成严谨、匀称、宏伟、壮丽的建筑群。

怀着虔诚之心，越过紫云屏，跨过山门，站在开元寺的中轴线上，眼前便是大雄宝殿。门前中间一个巨大的青铜香炉，里面香火旺盛，青烟缭绕。站在门前，顿觉迎面扑来一股佛光，吹干心中嘈杂，只剩下虔诚和宁静。

这里，给人一种灵魂的震撼和肃穆，让人忍不住双手合十去参拜，去聆听最深沉的智慧。

大雄宝殿雅称"百柱殿"。全殿原计划设立柱子100根，后来因为需要放置佛像和给佛教徒朝拜腾出地方，便加长了横梁，减少了立柱，成为86根柱子的"百柱殿"。因传说建殿之时有紫云盖地，所以又叫紫云大殿。大雄宝殿石柱上悬挂有一副木制对联"此地古称佛国，满街都是圣人"，由南宋大理学家朱熹所撰，近代高僧弘一法师所写。

大殿上方有块巨匾，写有"桑莲法界"4个魏碑风格的大字，因开元寺有"桑开白莲"之说。

相传建开元寺的这片地，原是大财主黄守恭的桑树园。一天，黄守恭梦见有僧人向他募地建寺，黄守恭是个信佛之人，便允诺如果桑园桑树绽开白莲就献地建寺。不曾想，几天后，满园桑树竟开出白莲。黄守恭闻讯前往观赏，眼前的景象令他震撼，便将桑园捐献作为建寺之用。

传说开元寺大殿建成后，忽然天降"紫云盖地"，致使殿前庭院1300余年寸草不生。每逢农历二十六吉日，这片凡草不生的拜庭都会人山人海，梵呗声声，信众和游客纷纷前来朝觐祈福，盛况空前。

走进大雄宝殿，这就是殿内供奉着金光闪闪的五方佛像，是汉族地区少有的密宗轨制。大雄宝殿先是供奉御赐佛像毗卢遮那佛（汉译大日如来），是佛教密宗高神祇。它的两旁是五代王审邦修大殿时，增塑的四尊大佛，依次为东方香积世界阿众佛、南方欢喜世界保生佛、西方极乐世界阿弥陀佛、北方莲花世界成就佛，合称"五方佛"，也叫"五智如来佛"。

大佛金光闪耀，神容慈爱，面相庄严，工艺精巧，令人叹为观止。

大殿后面正中供奉密宗六观音及善财、龙女和神态各异的十八罗汉。

开元寺历代主持皈宗不一，有法相宗、律宗、净土宗、密宗、禅宗等宗派。

抬头望向屋顶，在五方佛前石柱和横梁接合处，有两排相向的24尊天女,体态丰腴、纹饰华丽、色彩斑斓、双翼舒展,这就是妙音鸟(梵文"频伽")。这些妙音鸟不但给人以美的艺术享受,而且用以代替斗拱,依托粗大的横梁,减少其过大的跨度,极为巧妙地将宗教、艺术与建筑技艺融合起来,令人不禁称绝。殿前月台须弥座的72幅狮身人面青石浮雕,殿后廊的两根古婆罗门教青石柱,同为明代修殿时从已毁的元代古印度教寺移来。

大雄宝殿后面的甘露戒坛,建在中轴线的第二台阶上。开元寺甘露戒坛与北京戒台寺、杭州昭庆寺并称中国三大戒坛。开元寺甘露戒坛始建于宋朝,明末重建,重檐八角攒尖顶,四周环廊,占地645平方米。坛有5级,最高一层供奉明代卢舍那佛坐像木雕。

据说唐朝时候,此地常降甘露,一个叫行昭的和尚在此挖了一口井,取名"甘露井"。北宋天禧三年(1019)在井上建坛,遂称甘露戒坛。南宋建炎二年(1108),敦炤和尚认为戒坛不符合规范,又按《南山图经》改建为5级,其间高低宽窄都有严格的限制。后经元朝、明朝多次重修,现存建筑是清康熙五年(1666)重建的四重檐八角攒尖式结构。往上面看去,坛顶正中藻井采用如意斗拱,藻井下分5级,交叠上收,如蜘蛛结网,似回纹织锦,结构复杂而精巧。坛的四周立柱斗拱和铺作间有24尊"飞天乐伎",它们没有翅膀,身系五彩飘带,手持琵琶、二弦、洞箫、响板,轻歌曼舞,翩翩若飞。传说飞天不仅能弹琴歌唱,全身还会发散出芬芳馥郁的香气,所以又称"香音神"。这些飞天乐伎体型苗条,面部丰满,神态温柔,动作潇洒。它们既是建筑艺术的瑰宝,也是研究南音与南戏宝贵的形象资料。

坛台的最上层供奉明代的卢舍那佛木雕坐像,其所坐莲花台座有一千叶莲花瓣,每片莲叶上各刻一尊6厘米大小的佛像。卢舍那四周各层侍立着金刚钩、金刚索、金刚铃、金刚锁4位菩萨,还有释迦牟尼、阿弥陀佛、寒山、拾得、千手观音及韦驮天将等24尊菩萨神像。只见八大金刚塑像结发怒目,袒胸赤足,显得无比威严。

大殿的左右两边,是闻名遐迩的东西塔。泉州东西塔相距约200米,都是八角五层楼阁式仿木结构石塔,是开元寺的重要文物。

东塔叫"镇国塔",始建于唐咸通六年(865),由倡建者文偁禅师建成五层木塔，前后经过几次毁坏与重修，改木结构为砖结构，南宋宝庆三年（1227）改七级砖塔。现存的石塔是南宋嘉熙二年（1238）至淳祐十年（1250）间重建的，高48.27米。东塔塔平面分回廊、外壁、塔内回廊和塔心八角柱4部分。塔为框架式结构，正中的塔心柱直贯于各层，是全塔的支撑。各层塔心柱上的八个转角处均架有石梁，搭连于2米厚的塔壁和倚柱，顶柱的护斗出华拱层层托出，缩小石梁跨度。石梁与梁托如同斧凿，榫眼接合，使塔心与塔壁的应力连结相依，形成一体，大大加强了塔身的牢固性。塔壁使用加工雕琢的花岗岩，以纵横交错的方法叠砌，十分科学，计算精确，筑工缜密。东塔于1997年入选中国四大名塔邮票，可称得上"石塔之王"。

西塔叫"仁寿塔"，始建于五代后梁贞明二年（916），初为七级木塔，称"无量寿塔"。北宋政和四年（1114年）奏请赐名"仁寿塔"，前后毁坏与重修多次，改木结构为砖结构。宋绍定元年至嘉熙元年（1228—1237），由自证法师改为石结构，先于东塔建成。现在石塔高45.06米，略低于东塔，其规模与东塔几乎完全相同。

泉州开元寺内的东西两座塔，是现今全国建筑高度最高、年代最古老的一对石塔。如此高的石塔，到底要用多少石头奠基和建造塔身呢？传说，当年造塔用的石头从西街排到泉州城郊，即现在泉州城东南的东海镇法石村，所以那里街名"石头街"。

古时没有起重机、千斤顶、推土机等设备，建塔用的大石头一块重千斤，全靠人扛。这么高的建筑如何垒上去的？据说，当时设计建造的人是先建一座土山，然后用土山做斜坡，建塔的工人从土山脚往土山顶慢慢将石头一块块地往上叠，塔造愈高，土山堆愈高，土山因此也就越伸越远，一直堆到现时中山路的十字路口，那儿就叫作"土山街"。

说到建塔的历史，当地人还流传着一个"东塔神西塔鬼"的故事。说这两座东西塔，当时是由师徒二人主事，师傅建东塔，徒弟建西塔，建到塔尾，两人都没办法下来。师父就拿起身边的一把雨伞展开跳下来，徒弟看见师父这样做，也展开一把雨伞跳下来，结果徒弟摔亡。

原来师父用的是布雨伞，跳下去就像降落伞，慢慢着地，所以安然无事；徒弟用的是纸雨伞，一跳下去，纸伞就破，结果徒弟摔死了。这本是无稽之谈，因为两座塔建造时间不一样。但它说明了一个道理：盲目模仿有时会走入死路。于是，这个故事在泉州民间流传至今。

开元寺东西双塔经明朝万历年间泉州八级地震以及多次台风的考验，如今仍巍然屹立。远远地仰视双塔周身塔面，可见菩萨、高僧、罗汉、神将、金刚等人物浮雕，其雕刻工艺十分精湛，历经千年仍栩栩如生。其中的男性有须观音及猴行者浮雕，引起游客与学者的广泛兴趣。

带着敬仰，走过戒坛、藏经阁、水陆寺、檀樾祠、准提禅林。千年古寺，经历了历史的风云，依旧鲜活在岁月的长河里。

这里传承着佛经的要义：普度众生。这里也传承着佛祖的教诲：苦海无边，放下执念才能渡过这片汪洋。

回过身来，为那桑树的开莲花的美丽传说，寻路到大雄宝殿的后侧西边，找到开过白莲花的千年老桑树，即"桑蓬古迹"。它已有1000多年历史，而普通桑树最长寿命为200年。1925年，这株老桑树被雷电一劈为三，其中一技坠落在地上，僧人用一块花岗岩托起，老桑树竟奇迹般地活了下来。如今，"三树同根"的老桑树向着北、东、南三个方向延伸开去。但见那参天的茂密树权，恍若如来佛手，在空中伸展开来，枝杆上的叶子绿意葱葱，形成一道绿荫。千年老桑树枝叶翠绿，彰显着生命的力量，让那段千年的记忆依然苍翠，默默地陪伴着古寺天长地久。

开元寺里的千年桑树，是柔善的代言，也是生命的化身。它有坚韧的质地，也有善良的心灵。这里，幽然静谧，融入人与自然的和谐之中。

泉州著名的佛寺还有被称为"闽南甲刹"的承天寺。

闽南古刹承天寺位于泉州市中心承天巷对面南俊巷东侧，原为五代节度使留从效的南花园。南唐保大末年至中兴初年（957—958）建寺，初名"南禅寺"；北宋景德四年（1007）赐名"承天寺"。因寺宇第一山门横匾上有金光闪烁的"月台"二字，所以又有"月台寺"之名。承天寺素有"闽南甲刹"之称，与开元寺、崇福寺并称为泉州三大丛林。清代，晋江县设僧纲司于承天寺内。

1000多年来，承天寺兴衰交替。五代、两宋时期，承天寺最为鼎盛。宋时承天寺香火旺盛，殿堂十分宏伟，有榕径午阴、偃松清风、塔无禽栖、瑶台明月、卷帘朝日、推蓬晚雨、方池梅影、啸庵竹声、鹦山暮云、石如鹦鹉十景。元代末期，寺宇遭受严重破坏，几乎废圮。明朝之后，僧众陆续修造殿宇。清康熙三十年（1691），靖海侯施琅掘地三尺发现阿弥陀佛铜像被深埋土中，于是将其扶出，并建法堂供奉。

如今站在重建后的承天寺里，眼前殿堂楼阁垂檐飞甍，气势雄伟。寺的中轴线依次分布着天王殿、弥勒殿、大雄宝殿、法堂、文殊殿，东侧重建有禅堂、祖堂、龙王殿和僧舍等。承天寺的山门面西，高悬"月台"两匾额，为硬山顶三开间建筑，传说历史上"月台"二字时竖时横，有"月台倒影"奇观。寺内植有5株老榕树，7座石塔分立于榕树之间。这里高大的榕树从不越出墙外，有"榕不过墙"之说。天王殿中供奉四大天王像。殿前有一座青石砌成的石经幢，幢顶有一小石狮，传说嘴巴能吐青烟，称作"狮子吐烟"。石阶上嵌着一块长石条，一枝淡红色的梅花映现石上，传说有暗香浮动，称作"梅石生香"。弥勒殿前有宋朝石塔和石经幢。左右钟、鼓楼对峙，为攒尖顶重檐建筑，楼顶藻井结构复杂，被称作"蜘蛛结网"。

步入主殿，善男信女们诵祷着经文。这诵祷，让心找回安宁……

从钟楼、鼓楼开始，东西两侧各有一条长达150米的长廊，连接着弥勒殿、大雄宝殿和法堂。廊壁上塑有高达2米多的赭色脱胎浮雕二十四诸天像，别具一格。大雄宝殿前有两口放生池，池旁有两座飞来塔。

因环境雅静，文士骚客喜欢来此读书。明代著名才子陈紫峰出仕前曾长时间住在寺里，读书于"月台书馆"。

常年有一种亲切和宁静，通过花草，延伸在这座千年古寺里。暖冬时节，承天寺的桃花开得出奇早，后门进门处那几株桃树，早已敞开心胸。旁边的石凳上，有醉心花荫者手持黄卷潜心阅读。我一路慢行，屏住呼吸，生怕惊扰那些仙逝高僧的酣梦。

岁月在此间，安然如春天的桃花。

东西塔的西游缘

一个筋斗云就能行十万八千里,有着七十二般变化,手持原本为东海"定海神针"的金箍棒,擅长降妖除魔,这就是中国四大古典名著之一《西游记》中的齐天大圣孙悟空。

孙悟空一路上保护唐僧西行取经,历尽一场场春夏秋冬、一阵阵酸甜苦辣,斩妖除魔,任劳任怨,恪尽职守。最终,经历九九八十一难取得了真经,并成了斗战胜佛。

1986年版电视连续剧《西游记》中有多处取景地在泉州。其中第一集孙悟空出世,来到街上偷鞋帽、被围观、吃面喝酒,直到从偏门离开的画面是在泉州浮桥挖角街拍摄的;第六集有开元寺大雄宝殿前和西塔的画面;第二十三集《传艺玉华洲》中也能清晰地看到清净寺的画面。2006年10月底,吴承恩故乡的媒体记者还组成采访团来泉州探秘西游往事。

泉州东西塔与《西游记》有缘。这得先从塔身说起。

东西塔各建五层,每层有飞檐,有楼阁;塔身八角形,四面开圆拱门,设有佛龛,每层的拱门和佛龛互相调换;塔尾有一粒铜葫芦,8个角有8条链和塔尖相连;每层塔角挂风铃,整座塔共挂40个风铃,风铃随风飘动,发出叮叮当当的响声,十分悦耳动听。

塔身有许多浮雕石像,刻有武士、天王、金刚、罗汉,每座各80尊,造型生动，神态各异；塔底座的中部还有40幅青草石绘画雕刻。

明代吴承恩的名著《西游记》尚未出炉时，泉州开元寺东西塔上的南宋浮雕就已显现《西游记》人物。

泉州东西塔的西塔上有南宋时的猴行者浮雕。如果上塔仔细观察，会发现西塔第四层，汇集了持大刀的猴行者以及面相庄严的男相观音、光头大耳的唐三藏、幻化成取经龙马的东海火海太子等西游形象。

先说西塔第四层东北方向的一面浮雕石像。这面浮雕石像是一个猴头人身的形象，十分有特色，嘴巴尖尖的，眼睛圆圆的，鼻子凹凹的，两腮凸凸的，头上套着金箍，耳朵挂着耳环，脖子上挂着一串念珠，一直垂到肚脐那里。其上身穿皮毛的僧侣直裰，腿上扎着绑带，脚上穿着罗汉鞋，腰上挂着经书葫芦，袖子卷到肩头顶上，左手举着一把鬼头大砍刀，刀尖指向右角，刀柄上有一条丝带套在左手腕上，右手握在胸前，手里拿一粒"念珠"。值得注意的是，浮雕左上角刻有"猴行者"三字。

这个猴行者的形象，刻在西塔第四层已有700多年了。

1926年10月31日至11月3日，厦门大学国学研究院教授陈万里、张星烺与哲学系教授艾锷风到泉州考察文物古迹，对开元寺进行研究。1935年，由戴密微和艾锷风合著、美国哈佛大学出版的《刺桐双塔》一书，真实记录了开元寺及泉州的古朴景致。该书的中间插图和最后十几页，收录了数十幅珍贵的照片，包括不少东西塔的雕像照片。其中，书籍的第35页收录了西塔第四层孙悟空（猴行者）雕像的照片。《刺桐双塔》是对西塔上孙悟空（猴行者）雕像进行较早研究的书籍。

1983年8月，日本北海道大学中野美代子女士来到泉州，发现西塔上的猴行者雕像，十分惊喜。她认真进行实地考察研究，认为西塔上的这个猴行者就是印度教经典《罗摩衍那》里的猴王，叫哈努曼。哈努曼是风神的儿子，天生神力，能拔山越海，可一跃千里，本领十分了得，而且心地善良，富有同情心与正义感。当时有一位王子叫罗摩，受到迫害，被逐出国门，王妃又被魔王罗波那夺去。猴王哈努曼目睹王子罗摩的不幸遭遇后，毅然挺身而出，施展法力，帮助王子罗摩打败魔王罗波那，夺回王妃，收复王位。猴王哈努曼成为印度教里的神，受到信徒的崇拜。

　　印度的猴王哈努曼和中国的猴王孙悟空，两个形象如此相似。泉州西塔猴王哈努曼的雕像成于南宋，远远早于明代《西游记》中的美猴王，所以日本的中野美代子说孙悟空的故乡在中国福建的泉州，意思是说中国的孙悟空受印度的猴王哈努曼影响，吸收了印度的神话传说，而且最早出现在泉州。其实，孙悟空是一个综合的艺术形象，是一种正义的化身。可以这样说，印度猴王哈努曼和中国猴王孙悟空是中印文化交流的见证，而这种见证就在泉州。

　　泉州东西石塔是南宋时建的，塔有猴王哈罗曼的雕像，说明猴王的神话故事在那个时节就已经传到泉州了。其实这不奇怪，泉州人历来对猴这种有灵气的动物情有独钟，譬如泉州人素来爱看猴戏，打城戏有孙悟空《龙宫借宝》《三探无底洞》，嘉礼戏（木偶戏）有《火焰山》等。

　　其实东塔上也有猴行者、唐僧、观音形象。浮雕中，有比唐僧更早西行取经的法显，还有诸如文殊、普贤、阿难、迦叶、四大天王等《西游记》出现的人物。另外，《西游记》中辨别出真假美猴王的白犬谛听，也出现在塔上。

　　登东塔而上，逐层仰视浮雕。

　　在东塔第二层，唐三藏与猴行者"同框"，令人称奇。

　　但见此幅浮雕上，唐僧形象高大，左手拿着一串佛珠。猴行者则在他的衣角边，高度不及唐僧腰部，牵着唐僧的衣袂。从着装上看，这里的猴行者有点像央视电视连续剧中的"弼马温"。已故泉州学者王寒枫所著《泉州东西塔》中，以"头戴软脚幞头，身穿宽袖纱袍"来描述猴行者，并认为这和南宋时刊印的《大唐三藏取经诗话》中的猴行者"白衣秀士"形象吻合。细看浮雕，可清晰看到猴行者一脸猴相。让人遗憾的是，唐三藏的鼻子已损坏。

　　《大唐三藏取经诗话》中的猴行者还是一只不敢逾越规矩的猴子，研究《西游记》的日本学者中野美代子在《西游记的秘密》中提出，成为佚书的元代刊本就已出现"大闹天宫"的"泼猴"了。她还认为，泉州东西塔浮雕与《大唐三藏取经诗话》较为相似的是，这时候唐僧的随行者还没有猪八戒。

　　在东塔第四层，可见到观音浮雕，展现的是善财童子遇见手持净瓶的观音，请求听佛法的情景。可惜时间久远，地藏菩萨浮雕面容已失。

在东塔第四层，还有地藏菩萨浮雕，在地藏菩萨身边有一只谛听。谛听又名"善听"，集群兽之像于一身，聚众物之优容为一体，有虎头、独角、犬耳、龙身、狮尾、麒麟足，是地藏菩萨经案下伏着的通灵神兽，可以通过听来辨认世间万物，尤其擅长听人的心。

在《西游记》第五十八回中有详述谛听辨别真假美猴王的故事。悟空和六耳猕猴去找地藏菩萨辨真假的时候，被他的坐骑谛听分辨了出来。

西塔旁边有一块"麒麟壁"，引起游客关注。它是1979年从泉州大城隍庙迁移过来的。麒麟壁是清乾隆时期洪阳辉所造，上面的砖雕工艺精湛，动物、昆虫、植物等栩栩如生。这幅砖雕中间有一只断了脖子的麒麟，脚踩文房四宝等物，头向上张望。这幅原本立于大城隍庙的雕像，是告诫来泉州为官者应清廉，不要贪得无厌，否则会身首异处。

而在砖雕的右侧，有一幅岁寒三友及猴子、鹿等动物的砖雕。砖雕上，一只猴子一只手抓住树干，另一只手拿木棍捅树上的马蜂窝。"蜂、猴"可以理解为"封侯"的谐音。古人通过这幅画，寓意只要清廉为官、一心为民，封侯指日可待。而在砖雕的右侧还有小象膜拜大象的形象，意为"拜相（象）"。

此外，在开元寺大殿后门石柱、大门上方的木质雕刻纹饰及阿育王塔的4个石角，都有猴子的形象。开元寺俨然是"猴子的世界"。

圣洁莲花：泉州清净寺

因地理上襟江带海，泉州早在唐代海上交通就很发达，各国商旅、传教士纷至沓来，形成了"市井十洲人"的景观。唐太和八年（834），文宗皇帝颁布了保护番商的诏书，其中已提到福建的番商。

宋代时泉州港同阿拉伯世界的贸易更为频繁。当时，泉州海上交通、对外贸易和经济发展臻于鼎盛。泉州以"刺桐城"饮誉世界，在阿拉伯文、波斯文中则被称为"宰桐城"。后来由于来泉州经商留居的穆斯林日益增多，北宋大中祥符二年（1009），在泉州城区侨居的穆斯林创建了涂门街的"圣友寺"（清净寺）等场所。当时，在泉州古城南门一带有穆斯林商贾聚居的"番坊"，侨居的商贾被称为"番客"，或被称为"南番回回"。

元代，泉州海外交通贸易空前发展，大批穆斯林商人、工匠、宗教职业者接踵而来，或经商，或寄居。当时，在泉州的外商"数以万计"，伊斯兰教十分盛行，城内和城郊建有清真寺7座，除了"圣友寺"以外，还有"也门教寺""穆罕默德寺"等场所。这些寺院作为穆斯林礼拜和社交活动之用，泉州城出现了"回半城""蒲半街"的盛况。

明清以来，泉州港虽然趋于衰落，但穆斯林的后裔仍然留居泉州。明代，泉州回族人士有不少儒士化的知识分子，他们找到儒、道、释、回四者的共同点。他们保留着部分回族的传统习惯，并与当地各族人民和睦相处，互相通婚。这些穆斯林后裔成为中华民族的一员，对中国灿烂文化的发展做出了贡献。

迄今仍然屹立在古城涂门街的中国现存最古老伊斯兰教寺清净寺，隐卧于城区东郊灵山的古老圣墓，以及尚存的数百块雕有阿拉伯文、波斯文以及伊斯兰图案的碑刻，都向人们诉说着当年泉州伊斯兰教的盛况。

泉州清净寺，又称"艾苏哈卜清真寺"，创建于伊斯兰历400年，也就是北宋大中祥符二年（1009），仿照叙利亚大马士革伊斯兰教礼拜堂的建筑形式所建。其占地面积约2500平方米，主要建筑分为大门、奉天坛、明善堂等。清净寺壮丽雄伟，充分显示了中国古代劳动人民的智慧和才能，1961年被列为第一批全国重点文物保护单位，是"中国十大名寺"之一，也是世界文化遗产"泉州：宋元中国的世界海洋商贸中心"遗产点。

泉州清净寺门楼高达20米，宽4.5米，全部用青岗石、白岗石砌叠而成，是一个3层穹形顶的尖拱门，分外、中、内3层。走近细看，在外中两层的上部都有青石作圆形穹顶，有着和中国古建筑的"藻井"相类似的石构图案，顶盖采用中国传统的莲花图案，表示伊斯兰教崇尚圣洁清净。

门楼后墙上有两行阿拉伯文石刻，上面记载着清净寺的创建年代、重修时间以及最早的名称。门楼顶层是望月台，是伊斯兰教"斋月"用来望月、决定起斋日期的地方。望月台的周围是三面建筑"回"字形的垛子，像城堞一样，别有回教的风韵。平台上原来还有望月楼和尖塔，可惜在清朝初年倒塌。

清净寺里有宣礼塔塔址。当年宣礼塔塔形如柱，高高耸立，可与广州怀圣寺的光塔媲美。16世纪有副对联赞美道："一柱千云，并紫帽峰而作对；七级凌日，参开元塔以为三。"对联嵌入泉州紫帽山、开元寺等泉州元素。古时，穆斯林宣礼员登上塔尖，夜间塔顶点起火把，为商船导航，方圆百里，都能看得清清楚楚。秋冬时节，阿拉伯人的商船满载丝绸、瓷器、茶叶扬帆离去。春暖花开，阿拉伯人装运香料、药材的船队启航驶往泉州港时，穆斯林齐聚寺内，沐浴更衣，登塔眺望。他们虔诚诵读《古兰经》，祈求万能的安拉赐福穆斯林船队一路平安。

寺里礼拜大殿，又称奉天坛，占地面积约600平方米，殿的门楣部分雕刻着阿拉伯文《古兰经》。大殿四壁由花岗岩石砌成，巨大的窗户遍布各墙，增加殿内的采光效果。大殿上面罩着巨大的圆顶，使清净寺显得格外宏伟壮观。16世纪末的一份记载，这样描述泉州清净寺大殿："堂以西为尊，叠叠重重，规制异人间之庙宇，昂昂唅唅，天上之楼台。"可惜，大殿圆顶在1607年泉州8.1级大地震中坍塌，殿内的设施和圆顶深深地埋在大殿地下，致使大殿现有的地面增高了一米多。

墙中凹入部分是当年礼拜大殿的讲经台，墙壁上有阿拉伯文石刻，字迹十分清雅，全然是《古兰经》经句，这是公元10世纪以前阿拉伯伊斯兰礼拜大殿的流行建筑模式，如今即使在中东阿拉伯地区也不多见了，因此十分珍贵，是研究伊斯兰教寺庙建筑的稀有实物资料。

由于无法复建主礼拜大殿的圆顶，公元1609年，穆斯林在寺内增建一间小礼拜殿，取名"明善堂"。

现在，这里设有"泉州伊斯兰史迹陈列室"，是泉州伊斯兰宗教文化的历史缩影。国内外史学家来泉州，都要到清净寺考察伊斯兰史迹。近几年专程来泉州考察伊斯兰史迹的阿拉伯国家友好人士和学者、专家络绎不绝，中国国家领导人也多次亲临此地考察。

清净寺自创建以来，历代穆斯林相继集资修葺，并勒碑为志，碑石保存于寺内。历年遗留下来的汉文和阿拉伯文石刻，包括尤为珍贵的公元1407年明成祖颁发的保护穆斯林和清净寺的《敕谕》碑刻，至今仍完好无损地嵌置于寺北的墙壁上。

一天黄昏，我来到清净寺，站在礼拜大殿。不时有一些戴着白色、黑色圆顶小帽或披着头巾的穆斯林男女从我身边走过。见殿里有一个年约50岁的中年男人站着静观，我主动上前打招呼。他说自己是回民，很早以前祖先来此经商，然后就在此定居繁衍下来。现在，他经常来寺内做礼拜。说完他转身离开。一会儿，我回头一看，那中年男子跪拜在地上，双手合胸，嘴上念念有词，声音带着虔诚。中年男子背对着我，我只能看见他的背影。黄昏中，他的每一次躬身跪拜，都让我的心更安静。

肃穆，神圣，仿佛远离了红尘。我走出大门，门外一角的一株小桃树，在宁静中泛着尘香，让人想起一些世俗的热闹……

2007年11月30日，泉州市举行阿曼苏丹捐建泉州清净寺新礼拜堂的签字仪式。早在宋元时期，泉州和阿曼的友好往来就很密切，双方通过海上丝绸之路，加强了经济和文化等方面的交流。中阿建交后，泉州与阿曼的友好关系得到进一步提升。2007年，阿曼苏丹卡布斯陛下出资50万美元修建泉州清净寺新礼拜堂，旨在纪念两国人民源远流长的友好交往历史。

新礼拜堂坐落在清净寺东侧，建筑面积为480平方米，仿伊斯兰文化风格建设，与历史上的"奉天坛"相仿，一年之后建成。清净寺新礼拜堂建成后，为这座千年古寺增添光彩，成为两国人民友谊的新见证。

2009年10月30日，古老的清净寺周围张灯结彩，彩旗飘扬。这座充满着异国情调的伊斯兰教寺，迎来了新礼拜堂落成仪式暨建寺一千周年庆典。

泉州清净寺，从建造到现在，已有1000多年历史。清净寺的建立和古代泉州海外交通、中国与亚非各国人民在历史上长期友好的和平往来，有着密切关系，是中国和阿拉伯国家友好往来与文化交流的历史见证，是泉州海外交流重要史迹之一。

千年来，穆斯林的后裔长期居住在泉州，比较集中的有位于惠安县南部沿海（现泉州台商投资区）、泉州湾北部、洛阳江入海处的百崎回族乡的郭氏人家和晋江市陈埭镇丁氏人家。在泉州的其他回族姓氏还有金、夏、蒲、马、葛等。

百崎郭氏家庙位于台商投资区百崎回族乡内，始建于明宣德年间，后世又经多次重建，至今留有明清时期的建筑风格，建筑崇宏壮观、装饰独特。1992年被惠安县人民政府列为文物保护单位，2018年被列为第九批省级文物保护单位。据史学家考证，现存的厅前木柱础石，中间两礅雕有简洁明快的方框图案是明代风格，而两侧阳雕动物图案的则是清代风格。在家庙中庭的左侧墙上，嵌有"百奇郭氏家庙重修记"碑刻，上端有阿拉伯文字样。距家庙围墙60多步的西南角，迄今还有"午门"遗迹。此门居中向阳，位当子午，故名"午门"。门前两侧竖立着花岗岩石礅，上面雕有云月图案。宗祠砖埕围墙的西侧水沟涵口处，放置有一盘形"分水石"，寓意宗支派衍、脉旺流长。

百崎回族乡有个古渡口，历史可追溯到南宋时期。随着海上贸易量的不断增加，当年海内外商人纷至沓来，到百崎贸易。古渡口相继建了不少货栈，渡口附近店铺林立，形成了一条半里多长的古街，至今仍存。百崎郭氏家庙里如今还放置着一大一小两砣"公砠"，即"公砣""公秤"，反映出当年百崎回民海上运输、经商贸易的繁荣景象。择海而居的百崎郭氏，秉承先祖驾驭风涛的特长，自古代至今，近海捕捞或远航重洋都有过他们矫健的身影。

坐落于晋江市陈埭镇岸兜村的陈埭丁氏宗祠，2008年6月10日成为全国重点文物保护单位。陈埭丁氏宗祠始建于明代初年，以营造有度的恢宏规制，装点适宜的平实修饰，彰显着它那独树一帜的民族特色。

据厦门大学陈国强教授考证："陈埭回族是泉州回族的一部分，他们是中亚的阿拉伯穆斯林，从宋、元时代由苏州、杭州来到泉州市，在泉州居住几代后，与汉族及其他民族通婚，才融合成为回族。"元末，丁姓祖赛典赤瞻思丁后裔避居于陈埭。明初建祠，明嘉靖三十九年（1560）毁于兵燹，万历二十八年（1600）重建，清康熙二十四年（1685）再修。

祠坐北朝南，砖木结构，建筑形制别致，正中是四方形石砌平台，台上建祠厅，单檐硬山顶，抬梁式木构架，三开间。前面是门厅，后面有后堂，左右建廊庑，四周环抱，成独特的"回"字形。外观建筑形式则采用闽南民居"三开间双护厝"的方式，渗透伊斯兰教文化装饰风格，寓意独特，是宗祠中所仅见的。正门上挂有明代书法家张瑞图题写的"丁氏宗祠"匾额。祠内遗存多处阿拉伯文《古兰经》雕饰和一块清代重修碑记。

镶嵌于正门门楣上方中央的鸟形图案木雕，用阿拉伯文字组绘而成。这只鸟的形状，似孔雀的头、凤的尾巴、鸽的身躯、鹰的爪牙，传说是伊斯兰教"祈求真主赐予吉祥与安宁"的"吉祥鸟"。木雕贴金箔，显得富丽堂皇。

丁氏宗祠建筑的木作、砖作、石作、泥作，均颇具匠心，令人叹为观止。雕饰技艺精湛，题材纹样丰富，彩绘艳丽多彩，无不散发着汉族文化的魅力，而宗祠建筑上又深深刻上阿拉伯回族文化的烙印。

灵山圣墓

说到泉州穆斯林，人们自然会提起泉州市区涂门街，这里有座清净寺。如今清净寺依然耸立在那里，在秋风中诉说着历史的沧桑。

其实，清净寺的东北边，丰泽区东湖街道办事处圣茂村有座灵山，灵山上葬着唐朝时来到泉州传教的两位穆斯林圣贤的圣墓，它的历史要比清净寺久远。

于是，我拜谒完清净寺后，便去了灵山圣墓。

走出泉州市区东门，循着东湖湖畔向东行进，不到半小时工夫，便到达灵山脚下。灵山上中国伊斯兰教重要遗址之一的灵山圣墓，依山而筑。灵山圣墓是世界伊斯兰教中最古老、保存最好的圣墓之一，与麦地那的穆罕默德圣墓、纳夫的阿里圣墓齐名，被称为"世界伊斯兰三大圣墓"之一，也是世界文化遗产"泉州：宋元中国的世界海洋商贸中心"遗产点。

静。

一种洗涤灵魂的静。

深秋的风，徐徐吹拂。一片树叶，悠悠落下，完成一段生与死的距离。

此时，泉州灵山圣墓，没有普通墓地的阴森之气。你走进这个穆斯林圣贤的墓地，会有另一个感觉：平静安宁。

灵山默默地矗立着，永恒地矗立着。伊斯兰教圣墓静静卧躺着，孤寂而神秘，和我保持着生与死的一段距离，等着我的参悟。

据说，伊斯兰教圣徒三贤、四贤长眠于此后，夜里常有灵异之光发出，所以人们就称之为"灵山圣墓"。1000多年来，这座占地面积约300平方米的伊斯兰教圣墓一直受到历代泉州人的保护，它是我国极为珍贵的伊斯兰历史文物，成为研究泉州海外交通史及伊斯兰教传播史的重要实物资料，1988年成为全国重点文物保护单位。

展现在眼前的是两座墓冢，东西并排于石构墓亭内，坐北朝南，墓盖下是三贤、四贤长眠之处。墓冢用花岗岩雕刻，分三层，呈阶梯状，通高60厘米。底层长方形，长2.15米、宽1.1米，四面浮雕莲瓣纹；中层素面，洁白；顶层呈券形，长1.55米。墓盖底下为覆盖墓坑的石板。墓后东、西、北三面依山建有石构回廊拱卫，廊的正中立有一块元代重修圣墓的阿拉伯文石碑，记载1322年一批居住泉州的阿拉伯穆斯林修缮了这座"被祝福"的墓冢。右有明永乐十五年（1417）郑和第五次下西洋前来此处行香的一块石碑，系地方官蒲和日勒碑为记："钦差总兵太监郑和，前往西洋忽鲁谟厮等国公干，永乐十年五月十六日，于此行香，望灵圣庇佑。"

墓冢表面润泽，纹理间闪烁着花岗岩晶体的莹光。我端详着，它尽管经历了1000多年的岁月消磨，但依然净洁。

墓冢前方有一块风动石，上有明嘉靖年间泉州知府周道光题刻的"碧玉毬"和清嘉庆年间提督马建纪题刻的"天然机妙"。墓前两侧还有数以百计的明清以来泉州穆斯林的祖坟，拱绕在两位先贤墓的周围，成为中阿人民友好相处的历史见证。

史料记载，伊斯兰传入中国的时间是唐高宗永徽二年（651）。当年大唐盛世之名，远传到中东的阿拉伯帝国。所以伊斯兰教始祖穆罕默德发出号召："学问虽远在中国，亦当前往求之。"穆罕默德的号召，是信仰的力量。从那时起，向往"学问"的圣贤们，不远万里来到中国。

据明代何乔远《闽记》记载，唐武德年间，穆罕默德派遣他门下的四大贤士，来到中国。现在我们还能通过史书记载想象当时的情景：4位贤士，经历了海上的磨难，来到中国，他们看到了广州，于是大贤留下了，后来二贤独自去了扬州,三贤沙仕谒、四贤我高仕到了泉州。

我仿佛看见当时那段往事:大海浩渺,一条帆船长途航行抵达晋江的入海口,水手们都是虬髯碧目,浓眉高鼻梁。他们操着阿拉伯语,缠着洁白的头巾,走上岸来。随他们而来的,还有两位手捧着《古兰经》的贤士。

刺桐港,寂静的月夜中流转着海风。两位贤士对着大海开始了吟唱。当语言成为沟通的最大障碍时,他们或许迷茫过,失落过,感受到了孤身来到异国他乡的困惑。但好客的泉州人接纳了他们,因为心灵是相通的。于是,他们用文化碰撞出的火花,留给我们亘古不变的精神。

他们从中东而来,带着求知的心,而数百年后的郑和在圣墓行香,然后从他们前来的路线上逆向而行,下西洋成就了航海伟业。

我曾听说过一个生动的传说:三贤、四贤到了泉州之后,在灵山上面看海,只见海水一直淹到灵山下面,海湾没有半条船,只有鳄鱼成群结队在水中出没。三贤、四贤就在灵山上筑坛,率领伊斯兰教徒向西跪拜,口念《古兰经》。三贤用手向鳄鱼群指去,鳄鱼就听从指挥,聚集在江面浅水的地方。四贤手一指,只见飞来一群神鹰,抓起石头向鳄鱼砸去。鳄鱼从此不敢再入泉州湾了。三贤、四贤为泉州湾除害,受到泉州人民的尊敬。神鹰扔的石头,人称"护法之石",简称"法石",石头堆成一座小山,就叫"法石山",那里的村子就叫"法石村"。神鹰扔石头时,有一块大石头遗落在灵山边。这块大石头说来很奇怪,立在一片礁石上面,风吹来会摇,用手轻轻推一下也会晃动,但就是不会掉落下来。这块石头就叫"风动石"。

风动石四周,山林凝绿,草木苍郁,花果掩映,景色宜人。风动石下方,北渠如练,盘绕萦回,碧水粼粼,流光闪闪。石的底座是一平直展开的大石盘,可供游人憩息品茶。游人伫立石盘上,极目远眺西南,则"灵源、宝盖山隐约横亘,蚶江、法石村周遭环抱,晋(江)泉(州)风光一览无余"。

什么是灵山的"天然机妙"?我思忖着。

风在动,石在动,灵山不动。

圣墓周围很安静,除了几个穿着阿拉伯服饰的浓须人和我之外,便是寂静的空气中弥漫着芭兰香的味道。

三贤、四贤把他们的梦永远留在了第二故乡泉州,留给灵山圣墓。1000多年的风雨春秋之后,我来到灵山,拜谒这两位圣贤。

思绪再次飞向大唐。

三贤、四贤的葬礼肃穆而隆重。穆斯林为逝者举行葬礼,是对逝者的告别,也是对生者的一次教育,思考生命的意义。

圣贤静静地躺着,主持葬礼的人伸出虔诚的双手,让一股股清净的水从汤瓶鹤头一样的壶嘴里流出,依次洒在圣贤的手上、七窍和全身。人生经历了风霜和雨雪,经历了酸甜和苦辣,终归要回归大地。

送葬队伍像一条河,缓缓地流淌在泉州的街头,流向灵山……

人,生与死的距离,究竟有多长?之于浩瀚宇宙,无非沧海一粟,何其细微,何其短暂!

身为凡人,我们无法把握生命的长度,但我们可以力求如圣贤们一样,将良善安放于精神的渡口,用净洁的灵魂增加生命的厚度。

灵山,满麓浓荫。苍穹中,有声响,凝神屏息,是风。不远处,风动石,依然站稳。

心若无尘,风又奈何。

这,不正是——天然机妙?!

老君岩造像

如果问泉州道教圣迹何处最有名,当数清源山"老君岩"。

清源山在泉州城北3公里左右的地方,因此又名"北山"。山上清泉迭出,流水淙淙,又有"泉山"之名,泉州因此得名。经过历代开发,山上留下了大量文物古迹,现存完好的石雕造像多处,号称"老子天下第一"的"老君岩"便是最著名的。它也是我国现存最大最古老的老子石雕,1988年被国务院列为第三批公布的全国重点文物保护单位,也是世界文化遗产"泉州:宋元中国的世界海洋商贸中心"遗产点。

老君岩在清源山南麓的山坳上。出泉州城不远,来到清源山风景区,穿过一层树林,便能见其尊容。走近细观老君造像,只见老君左手依膝,右手凭几,食指与小指微微前倾,似能弹物,面额丰润圆亮,两眼深邃,目光平视,双耳垂肩,脸含笑容,苍髯飞动,独具超尘脱俗、仙风道骨神韵。头、额、眼、苍须等细部雕刻十分精致,衣裙分明,线条柔软而有力。整座石像神态浩然,和蔼可亲,炳焕生光,充满魅力。它雕于宋代,高5.63米,厚6.85米,宽8.01米,席地面积为55平方米。

清源山不高却时常能见到云雾缭绕,据说老子骑青牛出函谷关后不知所踪,闽南人说他就在此羽化登仙,所以古人就按岩石形状略施雕琢而成"老君岩"。据清乾隆年间编纂的《泉州府志》记载:"石像天成,好事者略施雕琢。"

说明它原为一块形状好似老君的天然巨岩，是巧夺天工的民间工匠略施技艺，把它雕刻成春秋时期著名哲学家、思想家、道教开山鼻祖老子的坐像。

生动逼真的造型，精美传神的韵味，质朴淳厚的内涵，天人合一的意境，使这尊老君石像充满令人心驰神往、百看不厌的魅力。而最令人喜爱和赞叹的，是石刻老君的神态和蔼可亲，目光深邃而睿智，豁达大度，平易近人，充满温馨的人情味，一点也没有威严凌厉的神仙架势。

如果有心人从侧面仔细观赏，会发现老君面容忧愁。想必，老君大慈大悲，以天下苍生之苦为己苦，而又把这种感受默默藏在心里。

在民间，这尊老子石像还是健康长寿的象征。泉州有句方言："摸到鼻，吃百二；摸到目，吃百六。"意思是说，谁能摸到老君的鼻子，可以活上120岁，摸到眼睛，可以活上160岁。现在这尊文物是不能摸的。其实清源山空气清新，又有山野之趣，常到此地，身心得益，实可延年益寿了。

老君岩造像原先有一座高大的道观围护，规模宏伟的真君殿、北斗殿等道教建筑颇为壮观，后来道观被焚毁，老君岩便露天屹立，与大自然浑然一体。它的存在足以证实，在宋代誉称"世界宗教博物馆"的泉州古城，道教文化的发达兴盛。

老君岩周围开旷辽阔，碧草如茵，风景怡人。近年，泉州有关部门在老君岩造像前两侧增刻老子《道德经》，供人诵读这部五千言的历史名著。

老君岩造像千年来任凭风吹雨打，岿然不动。法国学者黛安娜·李作为中国外文局专家，随外籍专家组来泉州考察时，在参观老君岩时，题留一段耐人寻味的文字："这已是我第二次参观老君岩，但我仍和上次一样激动，因为这位老人和大地紧紧地融为一体，他好像知道一切，又理解一切。"

草庵摩尼光佛造像

人们对《倚天屠龙记》是耳熟能详的。

"张无忌翻开书来,但见小楷恭录,事事旁征博引。书中载得明白,明教源出波斯,本名摩尼教,于唐武后延载元年传入中土。其时波斯人拂多诞持明教'三宗经'来朝,中国人始习此教经典。……至会昌三年,朝廷下令杀明教徒,明教势力大衰。自此之后,明教便成为犯禁的秘密教会,历朝均受官府摧残。明教为图生存,行事不免诡秘,终于摩尼教这个'摩'字,被人改为'魔'字,世人遂称之为魔教。"

以上一段文字就是选自金庸的武侠小说《倚天屠龙记》。现代人对明教的认识在很大程度上是通过金庸的武侠小说知晓的。然而小说毕竟是文学作品,其中不乏作者的想象和发挥。所以,想要还原一个真实的明教,还应该实地考察。

泉州有一处珍稀的宗教遗址,那就是摩尼教(明教)遗址——晋江草庵。它被列为全国重点文物保护单位,是世界文化遗产"泉州:宋元中国的世界海洋商贸中心"遗产点。

明教正式名称叫"摩尼教",又作"牟尼教",发源于古代波斯萨珊王朝,为公元3世纪中叶波斯人摩尼所创立，受基督教与伊朗祆教马兹达教义所影响，是一种带有诺斯底主义色彩的二元论宗教。其主要教义为"二宗三际论"，崇尚光明。摩尼教约于六七世纪传入中国新疆地区，复由新疆传入漠北回纥，从而盛行于该地。唐代宗大历三年（768），江淮等地应回纥之请，纷纷建立摩尼寺。唐武宗会昌五年（845）灭佛时，摩尼教亦遭严重打击，转而成为秘密宗教，并吸收道教及民间信仰，从而改称明教。明教因相信黑暗就要过去，光明即将来临，故敢于造反，屡有反政府之举。自北宋末年起，浙江、江西、安徽等地，皆发生过明教造反之事。其后明教又与弥勒教、白莲社相结合，而演变成明代末年的白莲教。明教一词至清代已不复见于文献。

1991年2月，联合国教科文组织海上丝绸之路综合考察团在泉州晋江参观后，认为草庵摩尼教寺是此行15个国家考察活动中的"最大发现"。作为摩尼教（明教）在世界上的最后消亡地和消失前最后的记忆，泉州至今还保留着世界上最完整的明教遗址——晋江草庵。它是海上丝绸之路的重要实证。

2004年，著名作家金庸专程来此，因为《倚天屠龙记》中曾多次提到明教，但很多人以为明教是杜撰的，真实历史中并不存在。金庸苦无实例，当他听闻泉州有摩尼光佛时，激动万分。他特地来到草庵，站在光佛石像面前，凝视许久，连声说道："草庵的存在说明明教不是我杜撰的。"

草庵位于泉州晋江罗山镇苏内村，始建于宋代，最初为草筑，所以叫"草庵"，元至元五年（1339）改为石构歇山式建筑。

来到罗山镇苏内村，在村民指点下，找到草庵。草庵寺建在一高台上，后面依巨石作壁。寺内正壁白色花岗岩天然石上，雕凿有圆形佛图，中有摩尼光佛雕像，雕刻时间是公元1339年。光佛天造地设，高1.52米，宽0.83米。佛像脸部呈绿色，手部呈粉红色，服饰呈灰白色。佛像长发披肩，脸方眉弯，耳大垂肩，颔下两撮长须下垂。其身着广袖僧衣，无扣，有襟结下垂作蝶形，双手叠放在盘腿上，掌心向上。雕像的背景刻有波线状佛光，世称"摩尼光佛"。这尊摩尼光佛是目前世界仅存的一尊摩尼教石雕佛像。

1923年，僧人瑞意和广空法师筹资修复草庵摩尼光佛殿堂。1932年，在殿堂东面建成"意空楼"。按照《摩尼光佛法仪略》中《寺宇仪》规定，摩尼教寺院只能建一个经图堂、一个斋讲堂、一个礼忏堂、一个教授堂、一个病僧堂，这五堂为法众共居。法国学者伯希和认为，这五堂各有用途：经图堂用于储藏经典和图像，斋讲堂用于吃斋讲道，礼忏堂用于礼拜忏悔，教授堂用于教授宗教，病僧堂用于居住病僧。

1938年，在重建后的草庵殿堂大门石柱上，广空法师题刻楹联："皆得妙法究竟清净，广度一切犹如桥梁。"

现在大门石柱内侧刻有近代高僧弘一法师集《华严经》句题联："广大寂静三摩地，清净光明遍照尊。"许多参观者对这些对联十分有兴趣。

关于草庵的创建年代，弘一法师在其撰书的《重兴草庵记》里说："草庵肇兴，盖在宋代，逮及明初，轮奂尽美。"显然弘一法师认为草庵肇兴于宋代。这个说法后来被证实是正确的，因为近年来在草庵遗址前方20米处，发掘出宋代完整的黑釉碗，碗内阴刻有"明教会"三字。宋末元初时烧制这种黑釉碗，说明罗山草庵摩尼教遗址的文字记载与黑釉"明教会"的瓷碗相印证。

翻开历史隐秘的一角，可以窥见，宋元时期泉州的摩尼教活动公开、活跃。明初，由于明太祖嫌其教义上逼国号，于是遣散教众，毁其宫宇，摩尼教从此一蹶不振，逐渐被其他宗教所融合。

而草庵何能得以幸存，留存至今，目前仍是个谜。

中印文明交流的见证

印度教是世界上最古老的宗教之一,起源于古代印度河流域。宋元时期,许多印度商人沿着海上丝绸之路来到泉州,也带来了他们的宗教和印度教建筑艺术。他们在泉州修建了印度教寺和祭坛。据《印度史》载,元初南印度马八儿王子孛哈里,与其父不和,携其妃来泉州寓居。

明代《清源金氏族谱》记载:元代晚期,西域人那吹呐在泉州城南校场建有一座番佛寺。《晋江县志》内也有"番佛寺池在城南隅"的记载,可见当年确有番佛寺。因其建筑、雕刻、寺内布局以及祭拜对象,与泉州当时一般传统的佛刹不同,于是人们称之为"番佛寺"。番佛寺在泉州留有踪迹,在城南附近蒲寿庚故宅遗址的东北隅,曾有一口池塘,泉州人称为"番佛寺池"。

由于历史悠久,印度教寺与祭坛现在于泉州已不见其影。但历史总会有痕迹。20世纪初以来,泉州陆续发现了近300方印度教石刻,成为中国唯一留下印度教寺遗存的城市。这些石刻是元代印度教寺及祭坛的建筑构件,以印度教主神和有关神话传说为题材,糅合中国传统装饰,创造了一种表现外来宗教内容的独特风格,具有很强的艺术感染力。泉州海交馆内共收藏有118方印度教石刻。这些石刻见证了中印两国早期的文化交流。

印度教的三大主神,分别是创造之神梵天、保护之神毗湿奴和毁灭之神湿婆。中世纪,南印度流行毗湿奴崇拜和湿婆崇拜,这两个主神相关化身的石刻在泉州都有发现。可贵的是，实物发现的地点与《晋江县志》及民间传说相符合，证明番佛寺确是一座印度教寺庙。

泉州的毗湿奴造像于1934年在泉州南教场（番佛寺池周围），即现在的旧汽车站附近被发现。神像高115厘米，头戴尖顶宝冠，两眼下视，鼻梁高耸。宽肩细腰，有四只手臂，上面两臂举起，右手持宝轮，左手持法螺，下面两臂右手伸出，手掌已断失，应作无畏手印，左手倚一根棒形矛，双足立于半月形的束腰圆台上，台座底部有榫卯。石像整体造型保留印度本土风貌，显得高贵、静穆。但衣饰表现上较印度本土的毗湿奴造像要简洁许多，纹饰很少，面部特征综合了印度人和中国人的特点，有中西结合的韵味，很是独特。

泉州还发现五方印度教财富女神拉克希米龛状石构件，其中一石龛中雕刻的四臂神像是毗湿奴之妻拉克希米，即吉祥天女，是印度教中象征财富和繁荣的女神。女神袒露着上体，丰胸细腰，下身穿裙子，跌坐于莲花中。莲花是拉克希米的重要象征。她左上手持环状神器，右上手持矛状神器，右下手作无畏手印，左下手残断。

1956年，在泉州市区南门五堡街一位居民家中，发现一块泰米尔文碑，碑上有六行泰米尔文字和一行汉字。泰米尔文字经翻译为："向庄严的褐罗致敬。愿此地繁荣昌盛。时于释迦历1203年哲帝莱月（1281年4月），港主挹伯鲁马尔，为感谢蒙古察哈台罕的御赐商业执照，特建寺庙，庄重地把乌帝耶尔，马鲁迦尼－乌帝耶－耶尔那尔神灵敬请入坐，并愿吉祥的察哈台罕幸福昌盛。"从碑文可知，公元1281年，一位印度商人在泉州捐建了一座湿婆神庙。这位商人应该是一位南印度的泰米尔人。南印度的泰米尔纳杜地区为寺庙之乡，以规模宏大的湿婆神庙著称。这也与碑文相符。

泉州开元寺大雄宝殿后廊正中两根绿辉岩印度教的十六角柱原件，是元代印度教寺的遗物，明代开元寺重修时移入开元寺。柱分成上中下三部分，分刻成四面，每面各刻一个圆盘，圆盘内浮雕印度教神话故事和图案。神话故事的内容大都出自公元前10世纪的印度著名史诗《摩诃婆罗多》和公元前5世纪的印度著名史诗《罗摩衍那》，内容有：毗湿奴骑金翅鸟救象王，杀死鳄鱼的神话故事；毗湿奴以十臂人狮的相貌，擘裂凶魔的神话故事；阎摩那河七女出浴的神话故事；顽童被系，用力拉倒魔树的神话故事；象与鳄鱼互斗千年的神话故事，等等。大雄宝殿前拜坛的须弥座束腰部，砌有73方印度教的狮子和人面狮身石雕，这些完全是希腊、印度的雕刻艺术风格。

两根十六角柱上，除了刻有印度教经典图案外，还有一组极具中国传统雕饰风格的吉祥图，其中有寓意"爵禄封侯""双狮戏球""双凤朝阳"的图案，还有莲瓣、海棠、菊花等中国花卉。印度教经典图案和中国传统图案艺术风格是截然不同的，然而却雕在一根石柱上，成为奇观。这正是不同文化和谐相处的缩影。

此外，开元寺大雄宝殿大门顶上"御赐佛像"的石雕门楣石，是1281年马八儿国人挹伯鲁马尔、泉州港主创建湿婆神庙的石构件。明末泉州著名僧人木庵作开元寺"六殊胜"诗，把"御赐佛像"作为佛教之物，列入开元寺的"六殊胜"之一。他又把大雄宝殿后回廊的两根十六角形印度教石柱称"石柱牡丹"，作为开元寺的"八吉祥"之一。

1925年，泉州城县后街白耇庙内的焚纸炉上，发现一方辉绿岩材质的石刻，图像雕刻得十分精美。石刻上的大象头戴帽子，背挂镫踏，用鼻子卷起一朵花，轻轻地罩在林伽上。林伽安放在树下，被云彩缭绕着，边上的树枝繁叶茂。从雕刻中看得出，大象欢快地翘起后脚，这是因为它完成一件神圣的使命正感到无比高兴。这里描绘的是《往世书》里对湿婆崇拜的故事。工匠将故事刻画得动静相宜，十分传神。林伽是湿婆最神圣的象征，林伽崇拜是朱罗时期南印度的主要信仰。南印度古神庙里供奉的林伽与泉州几个龛状石上雕刻的林伽颇为相似。这一切表明，明代泉州县后街小山丛竹亭一带有一座印度教祭坛。

明永乐八年（1410），郑和下西洋到达锡兰，永乐皇帝封赐邪把乃那为锡兰王。锡兰王在位52年（1410—1462），与明朝保持长期的朝贡关系。泉州白耇庙的焚纸炉上，发现印度教湿婆教派（12世纪分裂出来的林伽教派）的磨盘、牛、尊者和蜘蛛等石雕。石雕里的神话故事都盛行于古代的锡兰，是海上丝路文化的体现，也证明泉州与郑和下西洋的渊源。

元代泉州印度教寺还为今天留下了石柱、柱头、柱础、底座、石垛、雀替、装饰石等建筑基础构件。从图纹上看，有植物纹、动物纹等，其中以蛇纹最为独特；从图形上看，有几何形、钟形、屋脊形、柱形、龛形等；从风格上看，有希腊式、中国式、印度式、锡兰式等。这些构件不仅具有强烈的艺术表现力，也隐含着丰富的文化。如横梁石上的装饰石，是狮头类雕刻，风格与气韵，与中国式狮头不同，带有明显的西域特征，但与印度本土的造像也略有不同，含有泉州制作者的创作与设计，是中印文化结合的结晶。

更为独特的是，泉州临漳门外（新门外）有一"石笋"石雕塔，由五段圆柱体花岗岩雕琢垒叠而成，高3米多，底周长4米多，下段较粗，上段较细，末端略作尖锥状，其状如巨笋耸立，故俗称"石笋"，专家称是早期婆罗门教的遗物。宋代泉州太守王十朋有诗句云："刺桐为城石为笋，万壑西来流不尽。"《晋江县志·古迹》则记载，北宋大中祥符四年（1011），"宋守高惠连以私憾击断为二"。可见泉州的石笋于11世纪初就已经存在。宋初，泉州人认为石笋与"镇邪"风水有关。后来泉州对石笋的图腾崇拜融入民间信仰，人们认为对它崇拜，可以人丁繁衍，所以保存至今，成为独特的景观。

石笋位于晋江下游，滔滔江水从石笋旁边迂回而过，奔泻入海，所以这段江水也叫笋江。而石笋西南侧始建于北宋皇祐元年（1049）的浮桥临漳桥，也因此而叫"石笋桥"。

石笋周边建有石笋公园，绿草茵茵，古树浓密，内有一座著名景观是泉州市级文物保护单位"接官亭"，接官亭一侧的潭水碧波荡漾。接官亭创建于宋朝，为迎接宋幼主莅泉而建，明万历年间重修。公园内的山川坛和甘棠桥、龟山桥、棠荫桥（俗称"三桥"）等历史遗迹，随处可见，是游客休闲的好去处。

海上女神妈祖民间信仰发祥地

怀着一颗虔诚的心，来到我国现存最早、海内外同类建筑中规格最高、规模最大的妈祖庙——泉州天后宫。

泉州是我国宋元时期的最大港口，妈祖在海外交通贸易繁盛的泉州港成为泉州海神，并因漕运及海外交通的发展，成为全国性海神并远播海外。泉州天后宫是海内外同类建筑中礼制规格最高的，是大陆妈祖庙中第一座被国务院审定公布的全国重点文物保护单位。它是世界文化遗产"泉州：宋元中国的世界海洋商贸中心"遗产点。

宋徽宗宣和四年（1122）对莆田湄洲妈祖庙赐额"顺济"，称为顺济宫。"顺济"者，即顺风以济之意。74年后，宋庆元二年（1196），妈祖文化正式传播到泉州广大地区，泉州天后宫开建。

据说那年，"泉州浯浦海潮庵僧觉全梦神命作宫，乃推里人徐世昌倡建。实当浯江巽水二流之汇，番舶客航聚集之地。时罗城尚在镇南桥内，而是宫适临浯浦之上"。当时建的那座妈祖宫规模已经很大，有三殿、山门、两廊、两亭。

现在泉州天后宫正殿是明清木构建筑，依然保存完好，仍保存了16世纪之前形成的前殿后寝的布局特征。正殿占地面积635.5平方米，筑于台基座，高出地面1米，采用花岗岩石砌筑的须弥座，束腰处雕有鲤鱼化龙、雄狮、八骏云火、仙家法器、鹤舞云中、宝盖莲花等图。殿内木梁骨架，立于圆形花岗岩石柱，柱头浮雕仰莲连珠斗，挑出斗拱承托梁架作九架梁，建筑结构比较特别，空间变化很丰富。门窗雕花精致细密，纹饰丰富，托木部位有凤凰戏牡丹，显示是女性神庙。

殿内画有绿地雕彩西番莲及喜鹊登梅图案，象征吉祥。殿内浮雕，更是琳琅满目，有八骏、傅古鸟龙及各种花卉。但见鱼龙腾空翻浪、百花争妍，以道教主题图案福禄寿吉祥物作衬托，呈现仙家的非凡境界。

为什么出生于湄洲岛的海上女神，在泉州得到最高尊荣？事情还得从泉州兴盛的海交贸易历史和历史上行政区划的变动说起。

妈祖姓林，名默。北宋泉州府（清源军）莆田县湄洲岛人，生于建隆元年（960）农历三月廿三，雍熙四年（987）九月初九"羽化飞天"。她出生于仕宦望族之家，是福建晋代晋安郡王林禄的二十二世孙女。祖父林孚，官居福建总管。父林愿（惟悫），宋初任都巡检。

据说在她出生的那个傍晚，邻里乡亲看见一颗流星化为一道红光从天空的西北面射来，晶莹夺目，照耀得湄洲岛上的岩石都发红了。

见此，父母感到这个女婴不简单，便特别疼爱。因为她出生至弥月间都不啼哭，父母便给她取名林默，又称她为默娘。据史料记载，林默幼年时就"不类诸女"，比其他姐姐聪明，8岁从塾师启蒙读书，不但能过目成诵，而且能理解文字的含义。

林默从小生长在大海边，是个奇才，既通晓天文气象，又熟习水性，还懂得医理。湄洲岛与大陆之间有不少礁石，风高浪急时，常有渔舟、商船在此遇险。危急之际，但见林默出手救助，哪里有危险，哪里就有她的身影。民间甚至传说她能乘席渡海救难。此外，林默还会测吉凶，在事前就告知船户可否出航，当地人说她能"预知休咎事"，称她为"神女""龙女"。

林默一生扶危助困、济世救人，做了大量感天动地的好事，受到人们的敬重和爱戴。宋雍熙四年（987）农历九月初九，林默在一次海上救险中不幸遇难。人们十分悲痛，怀念她的恩德。从此以后，航海的人又传说常见林默身着红装飞翔在海上，救助遇难呼救的人们。因此，海船、商船上就逐渐供奉起妈祖神像，以祈求航行平安顺利。

妈祖生前常救人于海难，去世后又"辄显灵应""海舟救护无数"，被尊称为"航海保护神"。据传北宋宣和五年（1123），宋朝派使者率船队出使高丽（今朝鲜），在东海上遇到大风浪，其中八条船沉了7条，只剩下使者所乘的船还在风浪中挣扎，这时忽见船桅顶上闪现一道红光，一名红衣女神端坐在上面，身体四周放出光芒。神奇的是，海上随即风平浪静，使者所乘的船只转危为安。使者十分惊奇，便问船上一位莆田人，那人告诉他说：这是湄洲神女妈祖搭救。

妈祖，生前奉献爱心，名闻遐迩；殁后灵迹彰显，声动朝野。自北宋开基后，历代帝王莫不尊崇有加，叠赐褒封，其中宋代14次、元代5次、明代2次、清代15次，共达36次。封号从"夫人""妃""天妃""天后"直至"天上圣母"。历代朝廷都遣官员致祭并列入国家祭典。

妈祖数次以"泉州神女"被册封，一是因为历史上，莆田长期归泉州管辖。宋太平兴国四年（979）才析泉州的莆田县、仙游县置兴化军。也就是说，妈祖在生的28载，前20年是地地道道的"泉州人"。宋代以后，莆田县、仙游县又长期复归泉州管辖。

除了籍贯以外，更重要的是她累获制封，多由泉州奏请。而之所以这样，正是与当时泉州兴盛的海上交通历史有关。泉州天后宫地位的进一步提高是在元朝。那时，泉州一跃成为东方第一大港，与100多个国家和地区有着频繁的贸易往来。元代皇帝为了漕运、海运的顺利，多次诏封妈祖，以求庇佑。其中元世祖和元文宗都在诏文中直呼妈祖为"泉州神女"，封其为天妃，并在外国人云集的泉州港多次御祭，影响十分深远。

到了明代，妈祖不仅是海商、渔民的保护神，就连使节奉使海外，也多祈求妈祖保佑。其中就有一位著名人物——明代航海家、曾奉命七下西洋的"三宝太监"郑和。

明永乐五年（1407），郑和第二次出使西洋时途经泉州，遣使祭拜妈祖，因宫庙"历岁既久、寝以倾颓"，特奏请"令福建守镇宫重建其庙"。

永乐十三年（1415），郑和部属"少监张谦使渤泥（今北加里曼丹岛）得乎州，发自浯江（泉州），实仗神庥，归奏于朝，鼎新之"。

永乐十五年（1417），郑和第五次下西洋再次到泉州，在祭拜妈祖之后，又去灵山伊斯兰圣墓行香。

一直到清代，靖海侯施琅在平定台湾、统一祖国后，"感念涌潮济师之神恩"，再次上书请封妈祖。康熙帝"以将军侯福建水师提督施琅奏，特封天后"。泉州天后宫名称由此而来。为报答海上女神神恩，施琅还对天后宫进行了重修和扩建。清道光年间，皇帝加封妈祖为"天上圣母"。可以说泉州是妈祖"发迹地"和妈祖文化的发祥地。

到了清代，妈祖信仰随着泉州商人和移民的足迹广泛传播。据不完全统计，目前世界五大洲20多个国家和地区建有数以千计的天后宫，拥有3亿多信众，妈祖也成为与西方海神波塞冬齐名的海上神明。更可贵的是，与波塞冬代表的破坏力不同，妈祖是和平守护的海神，在人类海洋史上产生重大影响。其中，台湾地区现有800多座妈祖宫庙，很多是泉州"温陵妈祖"的分灵，像台湾最古老的妈祖庙澎湖天后宫，其妈祖神像就是从泉州天后宫分炉过去的。自20世纪90年代以来，泉州台湾两地妈祖信仰交流日益密切。妈祖文化已成为连接海内外，特别是海峡两岸民众的重要精神纽带。

妈祖安静地站在春夏秋冬四季的轮回里，感受着日出月落，体会着花开花谢，见证着时代前进的每一个脚步，也陪伴着善良人们的每一个普通日子。

泉州还有独具特色的"温陵迎妈祖"活动，热闹非凡。开锣鼓、头旗、绣旗、执士队、神轿、凉伞、庄仪团……人潮汹涌，簇拥着和平女神。侨乡女身着鲜艳的红衣，手中拿着几炷点燃的香，心中表达着共同的祈愿。

妈祖不但是一种信仰，也是扎根于海峡两岸民众心中的一种亲情文化。

走近泉州天后宫，走近妈祖，走近圣洁。在妈祖文化真善美的殿堂中，充满着圣洁的光辉。此时，人们远离浮躁，远离功利，远离烦恼，使内心洁净无疵。

人间最为永恒的是那种泽被四海的大爱，它令天地动容，值得我们用一生珍藏。

泉州府文庙

泉州市区涂门街,这条才一公里的小街,排列着清净寺、泉州府文庙、关岳庙、世家大厝、棋盘园、状元第等十几处文化遗存。

泉州府文庙便是这些文化遗存中的一颗璀璨明珠。府文庙位于泉州市鲤城区百源川池畔,又称孔庙,又名府学。泉州府文庙历史悠久,规模宏大,规制完整,建筑优美,造型独特,是宋代中原文化和闽南古建筑艺术的有机结合,是中国东南地区最大的孔庙建筑群,是东南沿海乃至东南亚地区传播以儒学为中心的中华传统文化的重要基地。2001年,文庙被列为全国重点文物保护单位,它也是世界文化遗产"泉州:宋元中国的世界海洋商贸中心"遗产点。

孔子有"素王"之称,历代晋封到"文宣王",被树为"百世文官表,历代帝王师"。唐中叶于泉州州治的衙城西(现泉州六中一带)建有鲁司寇庙(孔子曾任鲁国司寇,即此为名),庙额系唐玄宗时贤相张九龄所书。北宋太平兴国初(976—981)移建今址。北宋大观元年(1107)建泮宫门。南宋绍兴七年(1137),按照"左学右庙"(即东学西庙)建制,重建明伦堂、大成殿、东西两庑。南宋嘉泰元年(1201),建棂星门。

泉州府文庙建筑于贯穿南北的中轴线上,规模最大时占地100多亩。大成殿是府文庙的中心建筑。东有海滨邹鲁亭、夫子泉、明伦堂、育英门、教授署、尊经阁等,西有泮宫、杏坛。庙学范围内还有十几座乡贤名宦祠、状元祠。

从市区涂门街过来就看见一座五门的大牌坊，中间门额有"文庙"两个大字。走过府文庙牌坊，走上洙泗桥。"洙泗"是孔子家乡的两条河流——洙水与泗水。传说中，孔子曾在洙水和泗水之间设坛施教，拓展文明。因此，"洙泗"也就成了儒家的一个代名词。

过了洙泗桥，是府文庙广场。广场由清一色的花岗岩铺就，周边是种着榕树的草坪花圃。广场上人们正在做着各种运动，一群老人在打一种太极柔力球，有对打的，也有单打的。而孩童天真无邪地奔走追逐着，成双成对的恋人手牵着手，还有匆匆而过的行人，让文庙在安静祥和中，又有了生气。

广场左侧、孔庙西南边，面临泉州中山路南大街，是两层阁楼式的泮宫古迹。泮宫虽地居闹市旁，却显得闹中有静。泮宫亦称"圣贤门"，坐东朝西。宋代时候建筑已经损废，后来改为水泥，仿木建筑，2013年又重修。歇山顶二层楼阁式，面阔三开间，中间为通道，门楣上横书"泮宫"两个大字。泮宫即学宫，周代诸侯的学校前面有半月形的水池，取名"泮水"，诸侯的学校就称为"泮宫"，意思是在泮水边建学宫。到了明清时期，科举制度规定，学童考进县学成为新进学员后，必须入学宫拜谒孔子，这种仪式叫作"入泮"或"游泮"。泉州泮宫刻有一副楹联："海国闽疆东南重镇，典章文物邹鲁遗风。"到访府文庙的专家、游客，时常先往这里赏读这副楹联。这副楹联便成了府文庙乃至历史文化名城泉州的生动写照。

广场一侧还有棂星门遗址和几通古碑。棂星即天上的文曲星，各地文庙门以"棂星"命名，则表示孔子是天上文曲星而降。府文庙棂星门建于南宋，几经重修和移建，最后被拆于1972年。古代学子们赶考之前，拜完大成殿的孔子像后，就来到棂星门边的"夫子泉"，求个好彩头。他们在此饮一瓢清洌的夫子泉水，祈求应考能够高中。泉州古代从这里走出去无数秀才、举人、进士，他们的背影定格在史书上，构成泉州一道延伸的文脉。

步入广场走向大成门。大成门是文庙第二进院落的正中大门，在露庭北面，现存的是清末建筑。走近观赏，其为单檐悬山顶，砖木结构。有三开间，二进深，东西两端连接"金声""玉振"两个旁门，并连成一体，宽61米，深

10米。大成门与"金声""玉振"两门,取自《孟子·万章下》"孔子之谓集大成者"一语,意为孔子思想集古代圣贤学说之大成。仔细一看,大成门的两边有一对青石花鼓,屋檐下则左右立有两尊"避邪",明间有大型"万字不断墙"的砖砌壁饰,突显文庙谨严的气氛。

进入大成门,再下几级台阶,正中间是一露天广场——露庭,由花岗岩石板铺砌而成。露庭东西各有一座石构朝门,原来是木结构牌坊,后来改为石构建筑。东朝门内写有"贤关",外写有"礼门";西朝门内写有"圣域",外写有"义路"。露庭宽66米,深60米,面积约2000平方米,原来铺有石板3000条,暗喻孔子三千弟子。

在大成门内大成殿拜庭前方是一方形大水池,叫"泮池",呈半月形,南岸半圆,北岸平直,池水可随潮汐变化。中间纵贯一座石桥,桥长约20米,中间稍略拱突,用石板横铺,并护以栏杆。栏柱雕石像,象征太平景象。桥板共72条,隐喻孔子有72贤人。此石桥筑于元代,整体风格朴素端重。桥下微波荡漾,人从桥上走过,清风拂面,顿生神态举止端庄雍容之感。

进入正殿,但见孔子塑像落座中厅。我注视着孔子塑像,感觉他目光炯炯,似乎在望向远方,又似乎在思考着什么。我静静注视着,想象着他当年讲学时的情景。正殿正厅上方梁上悬挂有清康熙皇帝御书"万世师表"、雍正皇帝御书"生民未有"、嘉庆皇帝御书"圣集大成"等匾额,显得金碧辉煌。大成殿殿身为斗拱抬梁式木结构,以48根白石柱承托。再看那两根浮雕盘龙金柱和六根浮雕盘龙檐柱,风格素雅古朴。殿内东西两边对向放置四个木龛,称为四配,供奉颜回、曾参、孟轲、孔伋等孔子四大贤弟子。殿内东西两侧还设有两龛,分别供奉闵子骞、仲弓、子贡、子路、子夏、有若、冉耕、宰予、冉求、子游、子张、朱熹等十二贤哲的画像。这里还展示一些传世文物,如祭孔乐器、舞器、礼器等,人们可在此了解一些祭孔的礼仪。

府文庙里还设有"泉州府文庙文物陈列馆""泉州历史名人纪念馆""泉州古代教育展览馆"等。

历史文化名城泉州历来书院林立、文风鼎盛,素有"海滨邹鲁"之称。泉州府文庙现存占地1.07万平方米,是泉州古代文化教育的殿堂,集宋、元、明、清四个朝代的建筑特色，在全国上千座孔庙里是罕见的，有很高的科学、艺术和历史价值。

值得一提的是，泉州府文庙是2016年央视春晚泉州分会场所在地。就在这里，央视春晚把泉州历史、闽南文化倾情奉献给海内外观众。

现在，每年的春秋季开学前，泉州府文庙都会连续3天举办新学年"拜孔子 送红蛋"活动，让老师、学生和家长更近距离了解儒家文化，进一步弘扬尊师重教的社会风尚。每年夏季，泉州府文庙广场常有戏曲、南音专场演出。而到了中秋节时，诗人们更是汇聚一堂，月光下，他们一边吟诗作赋，一边饮茶赏月，感受千年文化的魅力，别有一番韵味情趣。

泉州是乌龙茶的故乡，朋友相聚，围炉而坐，各把一盏香茗品尝，或读书看报，或谈天说地，实人生一大快事。我们就近找了一家古色古香的茶肆坐下。茶香飘荡，音乐轻淌。

茶肆窗外是一树刺桐花，一朵一朵盛开着的花瓣，红艳艳地漫了整个枝头。因为有了这刺桐花，古城的黄昏有了无尽生机。

QUANZHOU
THE BIOGRAPHY

泉州 传

古街巷深处的韵味

第七章

许多人认识一座城市的历史文化，是源于他们喜欢去看这一座城的市井生活。的确，只有到过泉州古旧街巷的人，才真正了解到泉州的神韵，才能走向它的深邃，它的博大，它的神奇……

泉州，依然充满着古色古香的味道，就是这股"古早味"，深深地吸引着我。我寻访那一条条刻满风霜又写满传奇的老街旧巷：西街、涂门街、金鱼巷、花巷、南俊巷、状元街……还有那些红墙白石砌成的古民居，那些弯着腰仍在井边颤巍巍打水的老阿婆，那些踩着三轮车边载客边介绍古城风貌的车夫们。我甚至时常停下脚步，与老阿婆、车夫们聊聊家常，了解古城的市井，悉知市民的生活，这也是一种惬意的享受。

一座有着悠久历史的城市，无论坎坷与辉煌，无论低调与繁华，它的记忆绝不是往事的烟尘，它的历史更不是易碎的瓦砾，而是充满生机的根须，深深地根植在城市的老街古巷，根植在城市的心灵深处。

中山路,见证泉州从古代走向现代

白岩松说过:"泉州,是你一生有机会至少要去一次的城市。"

有人说,想要了解一座城市,就要走遍她的古旧街巷。我也想走遍泉州的古旧街巷,去探寻每一段跟泉州古城有关的故事。只是这千年的古城,每一条街、每一条巷将历史汇聚在一起,是一本厚厚的书籍,我无法用笔触写尽泉州,只求尽可能深入到古城的最深处,寻找每一条古街、每一条小巷的记忆。

名城有名街。在泉州中山路上走着,用心感悟名城里的这条名街。

泉州中山路是老城区最著名的街道。中山路的缘起,可以追溯到千年前的盛唐。据《泉州城志》记载,唐久视元年(700),泉州鲤城置武荣州,唐景云二年(711),武荣州改称泉州,自建城之初起,泉州城的中心地带逐渐形成了一条南大街。几百年后的元至正十二年(1352),泉州贸易繁盛,已成为东方第一大港。由于拓城的需要,"坊市"的南大街自崇阳门、镇南门延伸至德济门,升级为"街市",这时的南大街已经"可容十四匹马齐驱"。泉州中山路扩建是在20世纪20年代初,当时泉州贤达之士提出拓展旧城区南北大街,以打破泉州古城长期闭塞的落后局面。1923年,南大街大改造,延伸至顺济桥。1924年,南北大街全线贯通。随后,为了永久纪念孙中山先生,全国各城市的主要街道统一命名为"中山路",泉州这条贯穿城市南北的大街改称"中山路"。

中山路北起爱国路、模范巷口,南至新桥(旧顺济桥)头,长达2.5公里,沿街廊柱式骑楼浓缩了南洋式建筑精华,是历史上中西合璧的成功范例,也是中国仅有的、保存最完整、最长的连排式骑楼建筑商业街,是泉州从古代向现代转折过渡的历史见证。它承载着历代泉州人珍贵的历史记忆,演绎着许多精彩动人的传奇故事。

中山路上,市声喧闹。泉州最古老最具代表性的商贸中心,依然上演着最初的繁华。

古时有一副对联"东西两座塔,南北一条街",用来说明泉州市区的主要建筑,后一句说的就是泉州的中山路。沿街而行,身旁即中山路典型的廊柱式骑楼,从眼前延伸到两公里以外。

各式店铺在骑楼里排开,这里是泉州人消费的地方。即便没有这许多的历史建筑,闲暇之余来中山路逛逛,也不失为休闲、娱乐、放松的好去处。在这条街上,一边看街景,一边看琳琅满目的商品,不用担心毒辣辣的太阳,也不用担心下雨。

中山路上有许多老店铺,例如大上海理发厅、清真饭店,珍藏了许多泉州人的记忆。沿街寻去,如修鞋店、印刷所、照相馆、五交店、画室等老店铺都不见了,据说很多关闭或搬家了,只是留在骑楼外墙上的繁体字店名,令人恍若昨日。

这一条街,弥漫着浓浓的南洋建筑气息,还有岁月打磨过却未曾消退的怀旧气息,融合成一种独特的泉州味道。

人群熙攘,我停下脚步,让思绪作一次过滤。

这条几乎与古城同龄的老街,经历过自唐以来数次城池变化,但其路形与长度从宋朝后就基本保持不变。它曾承载过宋元时代海上丝绸之路商舶云集、货物如山的繁华,承载过历代泉州人珍贵的记忆。罗马式钟楼、原为施琅后花园所在地的基督教堂、花桥慈济宫、秀才读书的泮宫,伴随着中山路走过悠远的岁月,至今仍散发着古城特有的魅力。

泉州中山路是条传统商业街,是泉州古城"三片一线"保护的重要地段,其建筑风格体现了泉州多种文化融合的特色,具有重要的历史、文化保护价值。2001年,泉州"中山路整治与保护"项目获得联合国教科文组织亚太地区遗产保护优秀奖,这是福建省建筑物首次获此殊荣。评审团充分肯定项目"一英里延伸保护"创造了新的典范,地方政府的发起及私人团体的积极参与是社会共同保护遗产的典型。优质的建筑材料和细腻的现代元素,确保了遗产原貌修复的顺利完成。2010年,泉州中山路入选中国十大历史文化名街。2021年4月,入选福建省持续安排资金支持的历史文化街区名单。

每年元宵节期间,泉州10余支表演队伍近千人,分别从各自所在的社区出发,沿着中山路由北往南行走,欢庆锣鼓、火鼎公婆、驴子探亲、大鼓凉伞、舞龙舞扇,精彩纷呈。或情侣成双,或好友结伴,或全家出行,或嘉宾云集,古城泉州变身激情澎湃的欢乐海洋。这是泉州元宵节传统保留节目"歌吹漫步"民俗踩街活动,因宋代泉州知府蔡襄的两句诗"归骑不令歌吹歇,万枝灯烛度花楼"而得此雅名。

沿着中山路由北向南,行至中段,向东走向涂门街。这短短的一条小街,竟能将这座城市的历史,作如此精致的收藏,让人从中读到泉州人文精神的精髓。关岳庙、清净寺、府文庙、祖闾苏、世家大厝……我们翻阅这些精美的收藏,与历史老人一道说着古城的荣光。

府文庙广场,晚上有高甲戏、梨园戏在此表演,市民纷纷前来观赏。

而最值得人们探访的是中山路两侧的那些古巷,有水门巷、胭脂巷、庄府巷、承天巷、花巷、通政巷、镇抚巷,等等。而东街和西街两侧则有:相公巷、二郎巷、模范巷、台魁巷、讲武巷、三朝巷、羊公巷、公界巷、公婆巷、南俊巷、孝感巷、桂坛巷、青龙巷等。

漫步在古巷间,你总能邂逅一段历史。街巷深处的风景,浸染古城的灵魂。

这些街巷,走了无数遍,却怎么也走不够。因为那平凡中藏着无数奇妙故事。每一块青石板,每一扇陈旧的或紧闭或虚掩的木门,每一扇雕花窗棂与围栏,甚至每一个走过你身边满脸沧桑却沉静安详的老人,都曾见证了古城无数的风霜,见证了古城的过去和现在。

小巷仿佛就是一段浓缩的历史。

繁华回眸，街巷里的那些记忆

阳光从巷口越墙而入，蝴蝶在这里翻飞，风儿把花影撩拨开去，清淡的日子，也就有了许多韵味。小巷中有拄杖蹒跚而行的老者，有脚步弹奏青春节奏的少年。每天清晨，巷口迎着第一缕阳光。大门外卖碗糕、豆奶的吆喝声不绝于耳。吃过早饭，上学的上学，上班的上班，匆匆从巷口走过。傍晚，大人们各自做起晚饭。香气徐徐飘出，在巷里萦绕。

在这样的一个初春，我徜徉在泉州市区中山中路西侧的花巷。

这是一个与春天相关的巷子，一个让人心中充满美好憧憬的巷子：林立的鲜花店，鲜花缤纷，芬芳四溢。

如今真正走进几乎同这座古城一样年代久远的花巷，整条巷子却只有寥寥几家传统花店。

因元朝统治时期，蒙古兵驻守此巷，花巷最早的名字叫蒙古巷。后又因古时泉州一官员南柯一梦的传说得名梦粿巷，又俗称卖粿巷。早时，泉州一知府在睡梦中，梦见他走进一小巷，又进入一老妪家，见她厅堂的桌上放些碗糕在祭祀。知府这时肚子饿了，就把它吃光，然后回衙署办公。一觉醒来，却是梦！

而花巷一名，至今不过百余年。泉州女子，历来束发髻喜于簪花。而逢年过节、婚丧嫁娶，花也是必不可少的。清末民初，扎花手工艺商家渐渐在此落户，出现了王阿城开设的万盛扎花店等花店。花店深受泉州居民喜爱，故得名"花巷"。1924 年，花巷拓宽，巷中扎花店多达 40 多家，成为卖花专业巷。

站在巷子里，脑海中闪现出一幅图景：春天里，卖花姑娘或含羞带怯，或风情妖娆，或明朗大方，吆喝声不绝于耳。而过往的女子精致发髻上的鲜花含苞欲放。

相传古时这一带甚是市井繁华，衣摊鞋店、菜市客栈、名点小吃、说唱讲古、书摊赌摊、卖卜解梦、茶馆酒肆，比比皆是。

如今，花巷提升改造，繁华再现。而那些传说和故事，依然如花，香远益清。

几年前，我从花巷出来，拐入旁边一条叫金鱼巷的小巷里，寻找那曾经的老电影院——人民电影院。影院原名"大光明戏院"，据《泉州古城踏勘》记载，其建造于 1929 年，有近 700 个座位。金鱼巷曾因人民电影院热闹过一阵子，成为泉州人夜生活的地标之一，20 世纪 80 年代初，人们争相在这里买票观看《庐山恋》《少林寺》等电影，而巷口的海丝金凤汤圆、东来菜头酸，更是几代泉州人童年的味道。而今巷口的老电影院不放电影了，这条曾因影院而出名的金鱼巷也冷清了，刹那间我的心中不免有几分失落……

向深处走去，小巷子一下子变窄起来，两边变得愈加安静起来。眼前有两座断桥，横跨在巷子上方，一辆自行车驶来，人都得低着头通行。断桥其实是旧时的天桥，但由于桥建得太低，有种把小巷隔断的感觉，所以泉州人也叫断桥。如今，这样的断桥并不多见，成了独特的风景。断桥桥梁是水泥制的，上面留着大量刮痕。最西边的那座断桥，上面盖着瓦片屋顶。

金鱼巷，一个鲜活的名字，寂寥了。

据史料记载，宋仁宗皇祐年间（1049）进士、福建转运使、宋朝名臣蔡襄女婿谢仲规，曾在此建宅，他官至三品，依唐宋官制，三品以上官员可授紫金鱼袋。其后人在宅邸处建了祠堂，祠堂上挂一块匾额，上书"金鱼世第"，后来巷子便被称为"金鱼巷"。谢仲规娶的是当时泉州知府蔡襄的女儿，蔡襄也颇喜欢这位女婿，那封《谢郎帖》就是他写的，说些自己"身体疲乏，刚吃了药，谢客不作书少出门"这样的家长里短。千年光阴淌过，谢翱虽早已不再，却留下了一处处时光的印记。

其实古时候金鱼巷也叫"金银巷"，是一条专门打金饰和银饰的小巷。后来，也许是这一行业从小巷消失得无影无踪，金银巷就叫成了"金鱼巷"。

"金银"也好，"金鱼"也罢，繁华与喧嚣终成云烟。

2017年下半年，泉州市将金鱼巷作为古城背街小巷"微改造"项目，历时半年多，于2018年春季改造完成，既留住了古巷的韵味，又令其焕发新生。此次改造路段，位于中山中路和壕沟墘之间，总长仅271米，有人民电影院旧址、爱国华侨李功藏故居等历史名流宿儒的宅邸和历史悠久的黄氏宗祠。

金鱼巷改造，是近年来泉州古城保护"见人、见物、见生活"模式实践的一个缩影，为泉州古城背街小巷改造提供了一个范本。2021年5月，中国建筑学会公布2019—2020建筑设计奖评审结果，由泉州古城办选送的金鱼巷微改造工程荣获"历史文化保护传承创新专项"一等奖。

金鱼巷改造后，我又选择一个傍晚从这里走过。曾经紧闭冷落的宅门，渐次打开，远远就能看到，砖红的八角窗花里映出的昏黄，温暖又俏丽。

"一条，两条，三条……快来看，这里还有很多金鱼！"一群小朋友的注意力被巷子里的"金鱼"占据了。他们从巷口的纯铜金鱼地雕开始激动地玩起寻"鱼"游戏。金鱼地雕、金鱼纹线性排水沟、金鱼型的空调罩……金鱼鱼纹图腾，数量繁多却如此巧妙地点缀着这条古韵十足的巷子。

缠绕破壁的那棵绿榕，被巧妙地框成一幅生机勃勃的画面。人民电影院门口的海报栏，重新贴上了与泉州有关的电影海报。

巷口有食品店，可挑选草莓干蜜饯，顺手带走两袋水丸。木偶头、竹编、锡雕、彩扎、花灯、珠绣，每一个非遗传承人那里，都挤满了人。

几缕阳光洒落其间，多么恬静安详，甚至朦胧得如在梦境……如今平静的金鱼巷，让人在记忆中回味古城的气息。

夕阳西下，感谢还有一方石凳让我静思。路灯准时亮起，便是心安。

而不远处古色古香的西街，在春天里，是有味道的。在车马的喧嚣褪去后，尤为明显。

西街路面并不宽阔，沿街两侧的商铺，没顾客时，生意人坐在铺前，翻翻旧杂志，泡泡茶，然后抬头看看。

时常有摄影家来到西街，手中的相机"咔嚓咔嚓"响个不停；时常有画家来到西街，徜徉在千年古街中。

初春的暖阳洒满了泉州西街，红砖飞檐毫不吝啬地折射着光芒。这时的西街，像是让岁月研磨精制成的铁观音，随意一拈都能泡出一杯浓浓的茶汤，那种醇香和隽永，令人品尝出一份古朴沧桑的况味。

老街，从容悠然的背后，有着一段段超越时空的故事！

我踏着阳光而行，两旁的茶店、面线糊店、元宵圆店、糕饼店，鳞次栉比。是啊，走进西街，你便可品尝到闽南美食的风味。西街作为泉州现存最古老的街区之一，1000多年来，它犹如一串耀眼的珍珠链，将唐宋以来泉州众多绚丽多彩的文物胜迹和老街古民居以及附于其间的名贤逸事、民间传说一一贯穿起来。

这里有许多古巷：究史巷、裴巷、五夫人巷、台魁巷、旧馆驿、孝感巷……漫步在古巷间，你总能邂逅一段历史。走进西街，你得先爬上钟楼边的那栋楼顶，看西街全景，红砖褐瓦；井亭巷里有明万历年间的定心塔，塔对面的人家门前，有口古井，主人每年都种些丝瓜；台魁巷那棵不知名的大树，是旁边药膏店老板的祖宗种下的……

这里有闻名遐迩的开元寺、东西塔，有名人宅第、近代西洋楼、古厝木屋，还有木偶店、旧书店、音像店、小客栈，可让人在古城的温婉和静谧中，享受闽南文化的盛宴，回味独特的闽南韵味，然后深深地惦记它、眷恋它。一路步行，但见西街广场中间，以红砖古厝为背景的舞台上，一对男女"西街青年"背着吉他深情对唱着闽南语歌曲……

西街，既蕴含着古城丰厚的历史文化，又映射着古城革故鼎新的沧桑巨变。它在追赶时代脚步的同时，保留了一份充满闽南文化底蕴的骄傲。西街的美，是一种古色古香返璞归真的美，是一种文化的美、民俗的美和乡情的美。

我在老街漫步，心想：一座城市如果没有了老街，就好比历史行走着突然停下了脚步，没有了温暖的民间烟火，也就断掉了城市的文脉之根。

我在西街沉静的时光里沉醉着。我真的希望时光在这一刻是静止的，就像此刻我静如处子的心。

时光荏苒，光阴匆匆流逝。我触摸小巷一段斑驳的土墙，这时在我放飞的思绪里，一段段宋元时期的繁华盛景就在眼前次第绽放：刺桐港千帆林立，祈风待发，它们载满瓷器、铁器、绸缎、茶叶，穿过南中国海，纵横于印度洋，并到达东、西大洋沿岸诸邦。而刺桐城内，商贾云集，一派熙来攘往景象。南门聚宝街及城市中，珠玑、玛瑙、胡椒、香料等进口的商品堆积如山。色目人、威尼斯人、黑人，摩肩接踵上演"市井十洲人"的生动场面，让白发苍苍的李邴，在南门城外发出感叹："苍官影里三洲路，涨海声中万国商。"

距离南门不远的涂门街棋盘园，就在清净寺附近。街边的绿树，在微风中拂动，我仿佛听到棋盘园对弈时的热闹与喧嚣。

棋盘园，顾名思义是下棋的庄园，是宋元时期刺桐城中叱咤风云、提举市舶司蒲寿庚下棋的场所。

涂门街，旧称半蒲街，因当时居住着大半的阿拉伯后裔蒲氏族人而得名。相邻的那条窄窄的灶仔巷，据说就是当年蒲寿庚的厨房之地，而宣（讲）武巷，则是蒲寿庚平时训练武装的地方……

徜徉于古城南片区域的涂门街一带，巷陌交错间，掩藏在泉州古城岁月深处的传奇故事，隐约可见。

才子佳人，街巷里的那些身影

走在泉州刺桐城一条条古巷里，仿佛穿行在1000多年的时光里：脚下的路面曾经走过多少宽袍广袖的才子佳人。这里曾经行人如织吧？那里曾有货郎担着胭脂水粉走过吧？那座小楼曾经是哪个千金小姐的香闺吧？

古代的爱情，往往涂抹上胭脂的色彩。

泉州胭脂巷给人的感觉应该是一条飘溢着胭脂水粉的小巷子，心想着若是倒退千百年，那或是夜夜笙歌、莺莺燕燕的烟花之地吧。然而沿着路牌进出，两边繁杂的店铺与想象中的红粉香街，有着天壤之别。

胭脂巷紧邻着拓宽改造后繁荣的涂门街和中山南路，正名应该是燕支巷，元朝时居住着一支由泉州府同安县苏颂第十世孙苏唐舍为避难而迁居泉州的家族，其后人世代安居于此，成为了"苏氏一条街"，因此被称为"苏氏祖间"。

苏颂，是北宋中期宰相，杰出的天文学家、天文机械制造家、药物学家。苏颂好学，于经史九流、百家之说，至于算法、地志、山经、本草、训诂、律吕等无所不通。他领导制造世界上最古老的天文钟"水运仪象台"，开启近代钟表擒纵器的先河，被英国著名科学家李约瑟称为"中国古代和中世纪最伟大的博物学家和科学家"。

苏颂后人迁居泉州成为望族。祖间苏的建筑风格融合了阿拉伯和中国的文化，建筑中犹可见青蓝色的窗户，黑漆的大门彰显阿拉伯色彩，而前院后院的格局却又是中式风格。宗祠正门上没有汉人祠堂传统的彩绘门神，也不贴门联。宗祠一角还有一块极具伊斯兰特色的云月构件，虽已年代久远，但云月图案依然清晰可辨。

胭脂巷，路短情长。从苏唐舍起，苏氏接连四代都是异国婚恋，与阿拉伯、蒙古女子通婚，而且连续两代人成了泉州伊斯兰教的长老。所以泉州一直流传着"苏家鼻子"的传奇和"胭脂井"的传说。"苏家鼻子"有阿拉伯人特征——鼻子长而鼻尖高，让人印象深刻。

"胭脂井"的传说让这条巷子洋溢着爱情的味道。

清代时，古巷因"胭脂井"的传说改名为"胭脂巷"。据传，在宗祠里长案供桌下有口"胭脂井"，其水为胭脂色，也有另一种说法是井中照出的人影为胭脂色。在苏氏的族谱记载中，苏氏宗祠入口处也有一口"胭脂井，"常常"烟气氤氲"，在乾隆年间曾出现过"氤氲烟气现古井"的奇异景象。

2003年7月8日，苏氏后人修缮祖祠时，在长桌下发现了传说中的"胭脂井"，井口呈六角形，井深约7米。后来又发现胭脂古井"井中有井"，在井底有一个半米多深的小井。

与苏氏长案下的"胭脂井"一起重见天日的还有位于苏氏宗祠入口处的另一口"胭脂井"，古井也呈六角形，深约7米。大家都说井中的水能制成胭脂，据传发现那天也出现了烟气缭绕的景象。

在苏氏古民居侧房，还发现了另一眼大肚圆口的古井，井壁的上、中、下位置各有一石洞，有人说中洞藏有金菩萨，更让人称奇的是下面的石洞，宽可进人，据说从这里还可直通新桥码头。那或许是当年新娘上岸的码头。

沿着中山路往北行走，为追寻老人们描述的动人爱情、感人亲情，来到位于县后街旁的连理巷旧址。此巷因人得名，是为了纪念一位母亲——连理。

北宋景德四年（1007），泉州知府韩国华，年迈无子，甚为苦恼。忽然一夜，梦中见攀枝花开。后来见自家夫人令家中婢女连理送一连理枝过来，且枝上开花。韩国华心里顿悟，自家香火也许就在这连理身上。

连理虽是婢女，但天生眉清目秀、仪态端庄，韩国华甚是喜欢。而连理敬于韩国华为民做得不少好事,深得人们爱戴,也未嫌弃其年老,故两情相悦,孕得一子。韩夫人不悦,连理于临近分娩之时,连夜逃出。路遇一小巷,突感腹部阵痛,在一块石头上产下一婴儿,并留一封遗书附在婴儿身上,然后欲投水自尽,幸得七里庵尼姑相救,连理削发为尼。

连理之子,就是日后曾为三朝辅相,显赫于北宋朝野的韩琦。小韩琦后被追寻而至的韩府管家抱回府中。长大后,韩琦进京赶考,金榜题名,回途经七里庵,连理母子相认。现仍有梨园戏《韩国华》,连理的故事在坊间广为流传。

据《泉州府志》记载:"韩琦出生于泉州北楼生韩处。"如今,福建省医大附属第二医院大门边上的一块碑石上,刻着韩琦出生地,告诉人们这里曾经演绎过一段感人至深的情感传奇。

以前连理巷口有一个小宫即为生韩宫,明代著名书法家张瑞图曾书写"生韩古地"的匾额,悬于宫门之上,以纪念这段感人的传奇。宫内有一块石头,即连理生韩琦的石头,这块石头深深地埋进土里,有一米长,据说因浸了千年前的连理生子时的血渍,石头表面是红色的,且越洗越红。谁敢说石头冰冷无情?

泉州这座有着悠久历史的城市,街巷深处浪漫的爱情、神奇的传闻、动听的民谣,至今还在低吟浅唱。

市井犹存，街巷里的那些风味

泉州有一条独特的状元街。状元街的白昼与夜晚，竟然是两种截然不同的情调。

白天走过状元街，随处可见牌楼、飞檐、斗拱等闽南特色建筑，红砖白瓦筑就着浓厚文化色彩的古街，元妙观、清白源这些古老的文物里散发着古城风韵。状元牌坊上，镌刻着曾从龙、梁克家、庄际昌、吴鲁等历代出自泉州的状元名字，让人忍不住遥望当年的状元街：临街可闻琅琅读书声。

泉州古代共有19名文武状元。由泉州考上文状元的有徐晦、陈逖、黄仁颖、梁克家、曾从龙、庄际昌、吴鲁，祖籍泉州但在外地考上的文状元有王曾、柯潜、龚用卿、黄士俊、庄有恭、庄培因、黄思永。武状元有杨友、林宗臣、黄褒然、庄安世、黄培松。还有元末文状元谢孟存疑。

状元街，是1996年泉州东街拓改时新建的，西起中山路钟楼下，东至南俊路，全长约300米，宽6米，为步行文化商业街，与东街平行。街以竖有"状元坊"命名，是东街改造工程追寻历史文化名城风貌，模拟历史文化街区格局的一次大胆尝试。状元街是步行街，以其独具特色的泉州古式建筑及7座牌坊被誉为"八闽第一街"。走在精致的石板路上，会发现不同规格、不同形状的花岗岩石砖和长方形的红砖，在不同地段拼砌连接，显得幽雅新颖。

街道两旁的建筑物构思巧妙，布局大方，层次参差错落，装饰精美，构成一组横贯东西的宏大建筑群体，充满闽南侨乡的韵味。

状元街对于泉州人来讲，是一段历史的荣耀。这回荡着历史气息的建筑，注解着那段"满街都是圣人"的荣光。

驻足欣赏街上石坊中的刻字或壁画上的图腾，足以感受状元们勤学自强、善于超越、敢于争先的奋斗精神。这种精神，也是这座城市的精神。

而夜幕降下，掩盖了一切历史的痕迹，这里似乎不再是承载历史记忆的画廊。西式简餐、小酒馆，各式的灯亮了，呈现出一种欧美风格的夜。霓虹闪烁，夜里散发着迷人的色彩，荡漾着放松、愉悦、释放与自由。

浓郁的中国古风与强烈的现代节奏，就这样装饰着状元街的白天与黑夜，形成一种独特的韵味。

走过白日里沉淀了千年的古城，很多人选择在夜里来到状元街寻梦，找一个餐室或者酒馆，听一段音乐，在这个充满记忆的古城里，做短暂的回归。

这时，在历史的深处选个位置坐下来，让人生的旅途，在温馨的灯光里变得轻松愉悦起来。

因为有古街小巷，这座千年古城，鲜活在春天里。

泉州中山南路有条水门巷。早年去水门巷，许多人是为了吃到美食。在泉州温陵路旁那条美食街建起来以前，这里有着"泉州小吃一条街"的美称。

别看水门巷小，却是历史重地。它位于泉州老城区中心地带的中山南路，从涂门街街口往南约三四百米处。泉州城原有7座城门：东门、南门、西门、北门、涂门、水门、新门，有7个水关，现已损坏。水门水关在竹街西，北为鹊鸟桥。南宋绍定三年（1230），泉州知州游九功沿破腹沟建翼城，水门水关即建于此时。这里也是原市舶司所在地，承载着沉甸甸的历史。元朝时，泉州地方长官偰玉立扩城，在此设立南薰门，即七大古城门之一的"水门"，小巷因此得名。千年前的水门这里好似水乡，远渡重洋而来的"蕃人"，从泉州码头驾一叶轻舟，可一路划入水门关口，到岸上的"古海关"市舶司报关。

别看水门巷短，却可寻美味佳肴。还没进水门街，便闻到巷子里飘来的肉香。水门巷羊肉、鹅肉店闻名遐迩，是温补美食，做法是加进桂皮、当归等中药，以及本地产的春生堂酒等，香味扑鼻。此外，这里的鸭肉、牛肉也很畅销。立冬，闽南人叫"补冬"，这天要吃"补身体"的美食，羊肉、鹅肉等香气四溢，小巷慢慢演变成"补冬巷"。这里外酥内韧、甜咸各异的炸枣，放了蟹脚熬炖而成的水工面线糊，还有煎包、菜粿、春卷、炸醋肉，也是人们垂涎的美食。早市的蔬果鱼肉都特别新鲜，飘着浓浓的人间烟火味。

别看水门巷窄，却长年商贸繁华。清代，铸造铁锅的"鼎寮"藏身于巷尾。炉火升腾中，工人们造出一口口好锅，销往全国各地。新中国成立初期，这里有人买来竹子自制竹梯，很快销售一空，效仿的人逐渐多了起来，这里便成了"竹器巷"。当年沿着水路，一船船来自泉州山区的竹子和杉木漂运而来，辗转集中到城南交易，这里正是杉木行业交易基地。现在，夏季来临的时候，清凉的竹椅、竹床以及小孩子用的"竹轿"，依然可见。

别看水门巷旧，却宗教信仰鲜活。在小巷的尽头，可以看见一座小庙，叫"三义庙"。庙的对面便是南薰门（水门）遗址。三义庙，顾名思义就是供奉刘关张"三结义"的庙。宋代时，泉州7座城门一进来，就各正对着一座三义庙，起到镇关之用。经过历史的长河以及近代的战争，这座庙保留了下来，20年前又开始重修。这里还有观音宫，奉祀着观音；水仙宫里敬拜的则是玄天上帝、真武大帝及田都元帅。宫庙里袅袅香火，很好地诠释了泉州这座名城的多元包容。

古风遗韵，街巷里的那些故事

泉州市区承天巷这条已存在千年的小巷，因承天寺而闻名。

有一个传说，让承天巷在千年生命中，烙上神秘的色彩。

传说明初洪武年间大臣周德兴，精通堪舆之术，被皇帝委以重任，各地寻访真龙正穴并消除，以稳朱明江山。

周德兴巡到泉州后，看到城里有三个小山岗。一是府后山，建有泉州郡府；一是凤凰山，建有提督衙门。这二者皆为福地。而另一个就是鹦哥山，建有一座寺院封号承天。周德兴认为这里不仅会高僧辈出，而且"承天"两个字有承受天下的征兆，说不定会出真龙天子。于是他决定断承天寺的"龙脉"，便用路箭向承天寺这个鹦哥穴放射。一路是承天巷箭，射向鹦尾的第一山门；一路为敷仁巷箭，射向鹦山大雄宝殿；一路为新府口箭，射向鹦山头部正穴。

相传到了清末民初，承天寺才出了一位雄才大略的幻宝云果师，然而幻宝云果师却正当有为之年，不幸去世。于是众人传言周德兴所布的毒箭果真是应验了。

当然，这些传说就当笑谈，增些乐趣。

这条巷子，一头对着千年古寺，一头连着崇阳门鼓楼遗址，如今成了卖时装、音像、小吃的小巷，平静地承载着泉州的过去和现在。

位于泉州市区新门街与西街之间有条甲第巷,这里有古代两位文化名人欧阳詹和朱熹的故事。

欧阳詹,字行周,出生于唐玄宗天宝十五年(756),贞元八年(792)与"唐宋八大家"之一的韩愈同榜进士,史称"龙虎榜",官至国子监四门助教。欧阳詹是泉州有史以来的第一位登科进士。

泉州人以欧阳詹为荣,他去世后,有人在市区北门温陵书院里为他塑像立祠,还镌刻了一块有"不二"二字的木匾,悬挂在龛额之上,表示欧阳詹入仕在当时是"独一无二"的,而且是"破天荒"。

南宋大儒朱熹在任泉州府同安县主簿的时候,路过泉州市区,在泉州北门边小山的温陵书院讲学,不但为书院题写了"小山丛竹"的匾额,而且在拜谒不二祠时,题写了一副对联:"事业经邦,闽海贤才开气运;文章华国,温陵甲第破天荒。"

泉州新门街边甲第巷由此而来,因为巷内有欧阳詹故居。

故居原为三落四间张的手巾寮式古厝,20世纪50年代初,泉州源和堂蜜饯厂扩建时,随着推土机的轰鸣,这位名人故居消失在历史的长河中。后来文物部门在遗址上立了一块石碑,以作纪念。人们在故居范围内,修建了泉郡甲第宫。

故居虽然消失了,但作为一代才子,欧阳詹永远写入泉州的史书。

在泉州市区中山北路附近,有条因明朝抗倭名将俞大猷府第"都督第"命名的巷子,旁边是一片当年俞都督的模范兵营,现在依然叫作"模范巷"。这条可经县后街(因位于古时县署的后面而得名)直通东街的巷子末端,有一座寻常的小宫庙——白耇庙。

白耇庙门前一对有些年头的石鼓,用水泥固定在庙前。不大的庙里,却奇怪地供奉着一尊怪异的白狗塑像。几百年来,也无人能说得清,只是长年香火缭绕。

直到20世纪末,在泉州城东东岳庙至七里庵的古驿道发现了世家坑(明以后锡兰世氏家族墓葬区),又了解到市区涂门街有座世家古厝,才知道白耇庙的来历。明代有位来自锡兰（今斯里兰卡）的王子，到中原来朝供，回家途中得悉国内发生宫廷政变后滞留泉州。自此，复国无望的王子，定居泉州，他的子孙取了一个中国的姓氏"世"字。

据传说，这"白耇庙"的白狗，因救过王子一命，死后被世家人建庙祭祀，取了个文雅的名字"白耇庙"。随着历史的变迁，世家人纷纷搬离这里，但是白耇庙却留下了一段神奇的历史。

20多年前，我调入泉州晚报社工作，当时报社地址在西街象峰巷，我的宿舍也在报社里面。傍晚时分，我时常从象峰巷拐入甲第巷来到西街散步。车马的喧嚣褪去后，西街那股古色古香的味道，深深地吸引着我。西街西段南侧有个甘棠巷，是我经常造访的地方。时间长了，便与甘棠巷一老伯熟识起来。

一天黄昏，我坐在甘棠巷一老宅门口，接过一杯香茗，与老伯攀谈起来。

"甘棠巷的由来有一段故事，跟明朝名相李廷机有关。"老伯向我讲述了一位清官与一条小巷的传奇故事……

李廷机，字尔张，号九我，泉州人。由于家境贫寒，李廷机自幼奋发苦读，明万历十一年（1583）殿试高中榜眼，历官礼部尚书、东阁大学士、太子太保。李廷机是历史上著名的清官贤相，以"清、慎、勤"著称。李廷机任职南京吏部兼管户、礼二部期间，精心处理每件事务。有人笑他乐于做些琐碎俗事，他严正答道："有俗人，无俗事，人不可不俗。天下国家事，何言俗也！"后来李廷机屡遭权奸攻击，上书请求告老还乡，明神宗多次挽留未果，便特赐他马鞭一支，让他回乡三鞭为界，就地建造府第。何谓"三鞭为界"？就是任其骑着马，随意抽三鞭，纵马驰骋，马跑到什么地方，就以那个地方为界，不管是田园菜地，还是官宅民房、商场作坊，都归李廷机所有。消息传回乡里，众人担心自己的田地等被李廷机的马脚踏着。有一天，听着李廷机要在乡里圈地，众人赶来观看，无不提心吊胆。没多久，只见李廷机家丁牵着一匹白马走来，"嗒嗒嗒"的马蹄声，一声一声踏在众人心头。家丁用绳子将马拴在树上。一会儿，李廷机手持一根细长的马鞭走来，跨上马背。家丁趋前正要解开拴马的绳子，被李廷机挥手阻止了。乡民面面相觑，不明就里。只见李廷机轻轻地扬起马鞭,往马背上抽了三下。那拴着的白马腾跃没几步,就被马绳拖住了。李廷机下马向乡亲宣布:遵照皇上旨意,已经策马三鞭,马所到的地方,就是建造府第的范围了。乡亲心头的大石顿时落了下来,称赞李廷机真是难得的清官。

原来李廷机接了圣旨之后左右为难,他想:如果遵旨建造府第,必然要占用大片民田,影响百姓生活。但是,如果不遵旨而行,就有欺君之罪!他日夜苦思冥想,终于想出这个两全之策。

听完故事,我问老伯,巷子为何取名"甘棠"?老伯告诉我:明代天启年间,泉州籍大学士张瑞图出于对李廷机廉洁爱民的崇敬,取周朝召伯爱民的故事相比,就引用召伯于甘棠树下审案的典故,将李廷机府第这里称为"甘棠巷"。

后来,我查了一下资料,"甘棠"有两种含义:一种是指树名,即甘棠树;另一种是指诗篇名,它出自"召伯循行南国,以布文王之政,或舍甘棠之下,后人思其德,故爱其树,因赋此诗"。由此可见,"甘棠"具有"德政"的意思。

不久前,我又来到这里,追古抚今,仿佛闻到甘棠飘香……

古代馆驿，街巷里的那些名人

泉州东南面临大海，西北崇山峻岭，古代海上运输发达，陆路交通却要靠肩挑背扛。

古代，为了使京城、省府之间往来的军令、文牍能迅速传递，过往的官员可以歇驻，各地均设有驿站，驿站设有驿站长。站内专供官员、信使差役膳食、住宿。

古代由于闽地山河险阻，驰马前行不便，便以人或肩舆代替，所以各驿站设担夫、兜夫、抄单夫、走递夫、解徙夫等，专门负责驿递，使那些远道而来的人员，可以在此休息，解除劳累，驿站再换人往下一站传递，好像现代运动场上的接力赛，一棒接过一棒传下去。后来道路有所改善，古代驿吏或来往官员在驿站歇宿、换马骑行。

于是，泉州便有了著名的旧馆驿。

旧馆驿巷，又名牛仔驿，位于泉州市鲤城区，在旧肃清门（西门）外，今西街中段南侧，北接西街，南抵古榕巷，全长约 270 米。

其实，宋代的泉州官方驿站为晋安驿，设在县治西（今中山北路驿内巷）。当时，京城或外省传递到泉州的军令、信件或接诏过往官员，经过的路线是取剑州路（今南平市），即从剑州——西芹抵达尤溪——德化的上壅驿——龙浔驿——永春桃源驿——南安汰口驿——抵达泉州，而下站是南安康店驿（今大盈）抵粤东。此条驿站线路可以避开大义江（今闽江）之险。从泉州发向福州省城的过往信件及过往官员，由于当时洛阳江还未造桥，则由朝天门（今北门）经白虹山左（今罗溪广桥）至仙游、永泰。

元代，晋安驿迁至现在的旧馆驿巷内，改为名清源驿，巷内设有一座专供过往官员或信使休憩的馆舍，故名馆驿。

明天启年间（1621—1627），知府沈翘楚将新的驿站迁于城外，清源驿废弃，因此这里便被称为旧馆驿，巷子叫旧馆驿巷。

旧馆驿位于西街中段，属于古代泉州城中心位置，巷中历史积淀丰富，文物史迹众多，有水陆寺、天室池、南外宗正司、元代驿站、明代染织房；有明嘉靖间御史汪旦、户部侍郎庄国桢府第；有清道光间翰林龚维琳及胞弟举人龚维琨、刑部主事王海文、清嘉庆间进士杨滨海故居、清末状元吴鲁读书处"亦香吟馆"，有董杨大宗祠、汪氏宗祠以及一些近代著名的民居。

旧馆驿位于泉州古城中心，漫步其中，有如穿行在浩瀚的历史长河中，这里有许多名人故居和故事，让人感受到厚重的人文气息。

旧馆驿 2 号是著名的董杨大宗祠，为全国仅有的董、杨联宗史迹，也是唯一两个姓氏联宗的宗祠（董、杨两姓同宗，都出自姬姓）。

据清光绪年间《重修旧馆杨氏宗祠记》记载："泉郡旧馆杨氏宗祠，其先南宋世兴公由余杭（今杭州）入闽，本姓董。至君选公，以杨姓入仕，遂为董杨氏。"说的是泉州旧馆驿里的杨姓，始祖本姓董，南宋从浙江杭州来泉州担任同安县税吏，定居在晋江县，他的儿子董君选由好友杨梦龄抚养长大，后来随杨梦龄姓杨，并以杨姓入仕。后来，董君选子孙杨道会、杨道宾连登进士、榜眼，并入朝为官。杨道宾的儿子想回到原姓，便上奏朝廷，要求恢复董姓。然而，明神宗御批："既承久代，不准复姓，钦赐董杨公，仍以杨传嗣。"因此，便有了"董杨氏"之称，董杨大宗祠见证的就是这段历史。

董杨大宗祠始建于明天顺五年（1461），是董杨道宾公祠堂原址。清嘉庆、道光年间，董杨族人联合泉州、福州、漳州、台湾各地外房外支董、杨同姓，重建宗祠。后来宗祠几经兴废。1999 年，董杨海内外宗亲慷慨解囊，筹资约 300 万元重建宗祠。

旧馆驿 4 号亦香吟馆,是清代乾隆年间陈禹文设馆授徒的所在,清末泉州状元吴鲁曾在此读书。

吴鲁是福建历史上最后一个状元。吴鲁(1845—1912),字肃堂,号且园,晚号老迟,又号华庵主,现泉州晋江市池店镇钱头村人。清光绪十六年(1890)庚寅科状元,清末政治家、教育家、诗人、书画家。

吴鲁从小聪慧,五岁从师学习,同治十二年(1873)登拔萃科,入国子监。第二年,被授予刑部七品京官,任满升刑部主事。光绪十四年(1888),顺天乡试时中举。吴鲁中状元的故事比较有趣:光绪十六年(1890)殿试,同科榜眼文廷式文才出众,主考官初拟为第一甲第一名,但是他在试卷中将"阊"字误写成"面"字,光绪皇帝亲阅后将其降为第二名,吴鲁成为状元,授翰林院修撰。

吴鲁历任陕西典试,安徽、云南督学,云南主考,吉林提学使,资政大夫。吴鲁以振兴文教为己任,他特上《请裁学政疏》,提出建议:一是广筹经费,遍立学堂;二是严督各府厅州县,实力奉行;三是遴委道府精于学备者,认真考察;四是鼓励本籍绅士协力相助。同时他身体力行,督学安徽太平府时修复翠螺书院,他捐俸五千金,并为书院作记,勉励后学力求上进。任吉林提学使时,又捐俸五千金措办提督学政公署(时吉林初设提学,吴鲁为第一任提学使),继又捐资改建文庙。吴鲁主张兴学要注意因材施教,如果过分地要求学生兼修博览,恐终一艺无成。

在废科举、兴学堂新风兴起之后,许多有识之士出国留学。吴鲁认为对这些留学东洋的莘莘学子,要加以重用。吴鲁因兴学育才卓著成效,而诰封为资政大夫。

吴鲁关心国家大事。中日甲午战争时,他在《请迅调战将以临前敌书》中提出:请旨迅调战将,以分贼势。在《为政而不行甚者必变而更化之仍可理也论》中指出:治术与学术异,治术贵因时变通。他强调要以史为鉴,因时变通,革故鼎新。八国联军入侵京津时,吴鲁大声疾呼,要激发民众的爱国之气,加强水陆联防。他在《请饬沿海水师互相联络以振全局疏》中指出:宜以北洋为提纲,以南洋为关键;以陆军扼守其要区,以水师会哨其海口。可惜他的建议未被采纳。

吴鲁能书善画,其字体沉雄峻拔,堪称大家。

旧馆驿4号是吴鲁年少读书的地方。早在清乾隆二十七年(1762),陈禹文的先祖从晋江霞洋移居于旧馆驿,买下明代泉州巨富李五的地产,建造此宅。宅子为三进三开间,两侧分别是护厝和书斋亦香吟馆。

进门之后,是一处精致的小院,院内花木扶疏,一个全圆形的月洞门可通往书斋。

过去,大户人家的大门很少开,家眷们日常进出,走的都是边门。如今,通往亦香吟馆的边门"通幽处"已关闭。从大门进入之后,经过一个颇具江南园林特色的门之后,就是亦香吟馆了,如今南侧"亦香吟馆"刻字完好保留下来。亦香吟馆内有一座约4平方米的太湖石假山,虽然面积不大,但洞壑亭台一应俱全,整体造型疏密有致,再加上宅内有许多书法作品,这里被映衬得十分典雅,书香韵味十足。

室内墙壁上还有一幅水墨山水图,两旁对联写着:"锄月培清翰,吟风袭古芬。"画中远有高山,近有流水,水中扁舟,舟上渔翁垂钓;水上木桥,书生骑驴而过。增添了这里的文化气息。

宅内北侧还有古厝一间,院内照壁上有一个斗大的"福"字。院内还有一块方石,一侧可以手提,这是古人锻炼膂力所用的石锁。

旧馆驿20号和22号,是清光绪年间刑部主事王海文故居。

王海文(1828—1920),原名王登庸(赢),又名王海云,原籍泉州南安二十二都美林格后村。他的先祖居于南安,后携眷入泉州城里,寄居在西街裴巷其族亲处。到王海文这代,才在旧馆驿购地建宅。

清光绪年间,王海文于乡试中举,后来经过会考复试,被钦点为刑部主事,称为"王部爷"。王海文每次由北京回泉州省亲,乘轿到旧馆驿口便下轿,不让侍从前呼后拥,自己一人步行回家,如果遇到路边乡邻,他总是微笑点头。家人看他步行回家,十分不解,问他为何不乘轿。他说:"旧馆驿的父老,我们应该尊敬他们;如果是晚辈,我们应该爱护他们。我不过是一个为民办事的官员,怎么能让自己端坐在轿子里,在乡邻面前夸耀呢?"

1920年,王海文去世。但他的故事,人们至今津津乐道。

旧馆驿26号是泉州有名的"旧馆驿龚"古厝。泉州府城内有个龚家大族,时人所称的"旧馆驿龚""通政巷龚""三朝巷龚""古榕巷龚",都是同一"龚"族。如今,人们在旧馆驿仍能寻到书香宅第的故事。

从西街拐进旧馆驿,一堵古色古香的红墙映入眼帘,这就是"旧馆驿龚"古厝,是清道光年间举人龚维琨故居,同时也是我国当代著名女诗人舒婷(原名龚佩瑜)的祖宅。龚维琨有兄弟六人,其中二哥龚维琳居住在旁边的三朝巷。龚维琳为道光丙戌科进士,授翰林院编修。其孙龚显曾同治癸亥科进士,选翰林院庶吉士,散馆授编修,当时人们称之为"祖孙两翰林"。

此外,龚家后人还出过辛亥革命后任泉州商会长兼教育会长的清代举人龚显鹤、菲律宾中西学校校长创始人龚显禧等。

作为龚氏后人,舒婷对泉州和祖宅的印象极深,在散文《籍贯在泉州》中,她饱含深情地写道:

"我的祖宅位于泉州城内的旧馆驿,面对古老的东西塔。七十年代初我在这座迷宫式的三进两落大厝穿梭,经七姑八叔的指点,方寻到我的亲亲二伯婆。跨过尺多高的木门槛,在古井边洗脸,坐硬条凳,喝手制的新茶。家的感觉就在这些刷洗得木纹斑驳的中案桌、影壁、窗棂,微微发黄的字画,龟裂的方砖,天井蓝釉花盆里的官兰,甚至镶在滴水檐的青苔上。"

最后落笔处,舒婷写出了故乡泉州对她而言,好比一家温暖的风雪驿站:

"如果说厦门是我家乡,那么泉州正是我的故乡,在漫长的种族迁移中，它是离我最近的一座风雪驿站，几代人从这块热土汲取的能量，吸引我，像指南针一样总朝着它的方向。此生，我的籍贯是泉州。"

旧馆驿 26 号龚家院屋后面有一口八边形古井，井台造型精致。古井南侧原来是龚家书房，有两房一厅一天井，称为"励轩小筑"。

旧馆驿 115 号，是汪氏宗祠。宗祠其始建于明嘉靖年间，是贵州道监察御史汪旦辞官返乡后，为纪念汪氏先人而建的。

汪旦幼时随父从惠安县迁居泉州旧馆驿。据清道光年间《晋江县志》载：汪旦，嘉靖乙未（1535）进士，任江西金溪令。后任贵州道监察御史。因耿直冒犯上司，返回家乡，在旧馆驿巷内筑府邸，并立宗祠。人们将通往汪旦府邸和宗祠的小巷称为"汪衙巷"。

据史料记载，汪旦在江西金溪县任知县的时候，当地天竺寺有个子孙堂，信徒前来求子，然而却有僧人侵犯前来供奉的女子。汪旦查明案情，毁废寺庙，捉拿奸僧，声名大震。

汪氏宗祠原为闽南风格的汉式三间张木结构双榉头大厝，距今约有 600 年历史，明清两朝均有修葺。2001 年，汪氏宗祠被列为泉州市级文物保护单位，2013 年重修完毕。

旧馆驿内至今保存着许多古色古香的闽南古厝。这里曾经是古代驿吏或来往官员歇宿、换骑之地，因名气大，后来入住这里的达官贵人、文人雅客越来越多。

如今，这里从古代驿站变身为充满文化气息的著名街巷，并完成华丽转身。

这里文创亮点多多，许多年轻人在此开设民宿客栈。瞧，楼上楼下挂着红灯笼，门前还挂着一张写有"茶"字的幌子，颇有古风。室内则茶香阵阵，环境十分闲适。

从客栈楼顶望去，著名的东西塔就在眼前。

泉州，让你一"见"倾心

在城市现代化潮流冲击之下，泉州古城仍然完好守住乡愁记忆，吸引八方来客。一段时间以来，泉州通过留形留魂留乡愁，保留原生态生活场景，在打造"见人、见物、见生活"古城3.0版本的过程中，通过微扰动改造、低冲击更新、整体性保护、家园式管理等方式，在古城保护与发展之间，找到难能可贵的平衡点。

"见人见物见生活，留形留魂留乡愁。"泉州在"见"字上做足文章，让游客慕名而来，一"见"倾心。

"见人"就是保留古城原有的人文形态，原来的邻里关系、院落关系没有改变。泉州人具有典型的"慢生活"文化特征：在石板路、小街巷的"慢道"上悠闲散步，在南音的"慢音乐"中静下心来，在乌龙茶的"慢饮料"里细细品味生活。气定神闲，这是古城的生活情调，主角是在这里生活的人们。闲暇时在家门口，晒晒太阳，看看报刊，聊聊家常，这种富有生活气息的场景，正是来泉州的游客，钟情古城的一大原因。

"见物"就是老街坊还继续留下来，没有成片改造。一块块红砖头、一扇扇木雕窗、一座座古大厝，古城承载着泉州人太多的情感。一座座蕴含历史沧桑的古建筑，是泉州珍贵的城市文化符号，是闽南文化乃至海丝文化不可或缺的组成部分，是泉州历史文化的核心载体和文脉延续。而在保护和发展过程中，古厝、洋楼、老别墅等建筑，通过微扰动改造，变身为充满泉州风情的民宿、咖啡馆、文创店、餐饮店等商业业态，服务于游人和市民，从而焕发新的生机。见"物"的另一种体验是，游客可以在这些古建筑里"做一回泉州人"，参观非遗传承人现场表演，观赏富有泉州特色的陶瓷、剪纸、花灯……

"见生活"就是走到古城里，还能感受到老城的生活方式。元宵圆、面线糊、满煎糕、润饼菜……令人目不暇接的"古早味"泉州美食，不断挑逗着大家的味蕾，唤起舌尖上的"乡愁"。"见生活"的古城是一座"活"着的古城，吸引外地游客接踵而至。古城里的民俗活动、节庆活动、民间技艺、民间武术等活态文化遗产，闽南文化生态园等活态展示，还有富有特色的老字号门店，都令游客流连忘返。

2020年，泉州市启动实施古城街巷市政管线综合提升工程，分期分批对井亭巷、会通巷、象峰巷、许厝埕、壕沟墘、新路埕等29条背街小巷进行综合提升。改造提升的29条街巷均为泉州古城传统的生活街区，是古城"三片一线"保护的重要地段，总长7.14千米，改造内容包括道路提升、给排水综合管线提升、电气工程提升、照明工程提升，以及古城街道雨污分流、防洪排涝能力提升等。

见人见物见生活，是一座城市不可复制的文化记忆。

如今，一座座富丽堂皇的摩天高楼正在拔地而起。而泉州那些古厝依然在深幽的小巷里，静静沐浴着阳光。有花，有草，日夜抚慰着它的沧桑。

最让人感慨的是，在现代化浪潮滚滚而来的年代，古城泉州竟然近乎固执地保留着无数已经被我们渐渐遗忘的传统。

绿肥红瘦，古城盈香。这份温情不变，成为我们喜欢这座城市的理由。

走在泉州古旧街巷里，耳畔有着历史的声响，有着市井的声响，有闽南方言，仿佛还有古时儒生的文言文官话，宋元时期阿拉伯语、锡兰语，乃至商船卸货声，这是一座曾经如此响亮却又如此沉静的城市。

因为这些古街巷，这千年古城，远不是一次旅行的记忆，也远不止是你一生至少要去一次的城市。

QUANZHOU
THE BIOGRAPHY

泉州传

闽南古建筑『大观园』

第八章

漫步泉州，随处可见的皇宫殿阁式建筑无不将人引入一片风光旖旎的建筑艺术奇景大观之中，让人领略泉州山海交融的结晶，让人感悟历史与现实并蓄的精华。

在漫长的历史长河中，泉州吸收了中原文化、海洋文化，并兼容接纳了来自世界各地的文明。在这片土地上，留下了星罗棋布的文物古迹，也留下了多姿多彩、风格各异的古建筑。早期（唐宋时期）的民居主要有官式大厝、手巾寮和五家居等，中期（明清时期）的民居增加了土楼和土堡等，后期（民国时期）的民居增加了洋楼和骑楼。

这里还有蔡氏古民居、杨阿苗古民居、老范志大厝、蚵壳厝、土楼、林路华侨厝、民间家族祠堂；这里还有"四朵花瓣"等城市新坐标，蕴含着泉州历史文化和开拓精神……它们无不尽显泉州南派建筑的风采。

一座座散落于城市霓虹或乡野草木中的古建筑，为泉州这座名城增添了历史文化的厚重。

出砖入石燕尾脊

漫步于泉州大街小巷、乡里村野，映入人们眼帘的是泉州传统民居，独特的结构体系、优美的艺术造型、丰富的雕绘装饰以及较高的学术价值，让人流连忘返。

闽南传统民居营造技艺，已被列入联合国教科文组织的"人类非物质文化遗产代表名录"。

站在这些古老的泉州民居前，人们可以看到泉州民居建筑的成就，同时也了解其蕴含的大量文化信息。

泉州民居不同于徽居的素洁灵动，不同于客家土楼的古朴浑穆，不同于北京四合院的庄重沉稳。这里，石块砌成的小巷，平添了几分厚重和朴实；红色方砖铺就的地板，让人感受几多温馨。雕廊画檐不沉重、不烦冗、不绮丽，好比水墨留有墨骨，同时保持了线条的力度与韵味，丰富而调和，呈现出意境美，让人觉得有一种灵动的生命。

眼前这种出砖入石的建筑形式令人惊艳，一小片的红砖夹杂着一小片的白石，砖是没有规则的，石是不拘形状的。红的砖，白的石，对比如此鲜明，又如此和谐。

"出砖入石"的建筑形式，是泉州一带特有的，民间又称"金包银"，是一种吉祥的叫法，独具典型的闽南地方特色。相传最早是明代泉州沿海一带遭倭寇袭扰后，人们利用倒塌房屋残垣断壁的砖石重建家园时建成的，也有传说是清初闽南沿海民居被迫"迁界"，数十年后人们重回被破坏的故居时，重建家园的一种特有形式。用这种方法砌成的墙不仅坚固防盗、冬暖夏凉，而且古朴美观，成为中国民居建筑艺术的一大杰作。

我们走进一座闽南侨乡普通而又典型的民居古屋。出砖入石的墙壁，厅堂前大红灯笼高挂。跨进大门是光滑的条石庭院，再过一个大门是天井，过了天井就到了厅堂。古宅的墙，开出圆形的窗子，窗上玲珑的小石柱上镌着竹叶、藤花、鸟兽，真是到了无所不精的地步。老宅的墙壁经历了风雨沧桑，岁月留痕，记载着它的年龄，记载着它的故事。

抬头望着古屋的屋脊，屋脊两端往上翘起，犹如燕尾。

最不能忘却的就是这燕尾屋脊了。我们看见屋脊上有一缕缕炊烟袅袅地飘升起来，与夕阳、晚霞、清风，以及过去的岁月融在一起，朴素而温暖。两边高高翘起的屋角，如一弯月儿勾起游子的乡思，让我们得以重新去体味人世的苍凉与变幻。

这屋脊在天地间连接着世代绵延的乡情，它以一种独特的闽南建筑神韵，令人从静谧和安详中，读出那份属于闽南的人文精神。

多姿多彩、风格各异的泉州古建筑经典范例，更是一座座闽南古建筑的"大观园"。

坐落于南安市官桥镇漳里村的全国重点文物保护单位蔡氏古民居建筑群，恍如一座五光十色的清朝闽南建筑博物馆。这里的每一座民居都是艺术品，这里的每一个庭院都抒写着一个古老而又真实的故事。

蔡氏古民居于清同治六年（1867）始建，至清宣统三年（1911）竣工。当年侨居菲律宾的富商蔡启昌回到官桥漳里村，相中了村边这片叫"漳州寮"的地方，于是他斥资买地，大兴土木，开始兴建蔡氏豪宅。当时，许多建筑装修材料都是从菲律宾海运过来，加之闽南独具魅力的雕刻艺术和装修风格，构成了一幅中西合璧的建筑图画。其后，蔡启昌之子蔡资深继承父业，他认为"久远之业，商不如农"，便在漳州寮广购荒地，组织蔡氏族人开垦，筑祠堂，建宅第。因此，蔡氏古民居渐成规模，其宏大规模、严整布局，为闽南地区所仅有。

远处看蔡氏民居，有点像一头大一头小的琵琶，而石埕上与石板间的缝隙就像是琵琶的弦。蔡氏民居屋脊是燕尾脊，中间凹陷下去，两端微翘，看起来十分优美、灵动。

走进民居，处处是时代的印痕，100多年的历史浓缩在一座座的民居当中。首先门前墙上的砖石浮雕由下而上都十分吸引人：勒脚上的青石，刻满喜鹊、狮子戏球、马踏祥云等图案；窗棂上刻鸟镂花，显得华丽而巧妙；屋檐边是精美的泥塑彩绘和浮雕，山水人物、花鸟鱼虫，应有尽有，并且大多都有故事情节，连贯成篇，令人驻足细细欣赏。

最大的一座民居地处西端，建于光绪年间，是群体中唯一东西朝向的建筑，宅内厅堂墙上的装饰，历经百年风雨沧桑，已显斑驳。厅堂上的摆设依然是古香古色，蔡氏的祖先们当年就在这儿商议家事。时光的流逝，在让人感叹的同时，又感悟了艺术与文化的永恒。最小的一座地处东端，建于宣统年间，是群体中建造最晚的，它虽小而布局完整，装饰精美。后有灶间库房，中有挂落敞厅，前为花圃，是蔡氏私塾及主人聚宴消闲的地方。庭南有一排侧屋，俗称"花向"，是佣仆居住之所，显得等级分明。后排靠东一座，东北角建有两层的读书楼，当地人称之为"梳妆楼"，据传这里曾演绎过一段缠绵、曲折、哀婉的爱情故事，神秘的传说为古老的民居增添了一番别有的韵味。

蔡氏古民居建筑群现存较完整的宅第共16座，总建筑面积1.63万平方米，建筑多为穿斗式结构，硬山或卷棚屋顶。大小房间近400间，其布局分五行排列，每行两至四座不等，坐北朝南，每座三进五开间，旁有护厝，东面还附建书轩、梳妆阁、醉经堂，是闽南规模最大的古民居建筑群。民居里有清末泉州籍状元吴鲁等名人的书画作品。整个古民居群气派恢宏，是闽南传统民居中的典型代表，个中又体现中外建筑艺术的交融。

泉南有厝"皇宫起"

闽南一带的民居称作"厝",在泉州,人们还可以见到明清建造的正规宫殿式民居,它们造型上既堂皇古雅,又肃穆大方。这种官式大厝也叫"皇宫起",是泉州传统民居的典型。

这种建筑风格在福建的其他地方是很少见的。至于其中缘由,还得从"臭头皇后"的故事说起。相传唐昭宗光化年间,惠安县黄田(今张坂后村)人、工部侍郎黄纳裕的侄女黄厥,被闽王王审知选入宫中,因其才貌双全,后来被立为王妃。黄厥小时候头上曾长过一层蚝壳般的癫疮,所以后人戏称她为"臭头皇后"(乡间人把王侯的配偶称作"皇后")。

有一年春天,福州连续下了几天的倾盆大雨。黄王妃在宫中焦虑不安,她深知家乡的父老乡亲身居茅屋,地处滨海,遇到大雨加上大风,经常是茅飞屋塌,苦不堪言,因而很是忧伤。闽王忙问何故。黄王妃便将情况如实说了。闽王沉思片刻,便道:"爱妃,这事好办,寡人赐你府上建皇宫式房屋,如何?"黄王妃听罢,对传旨太监说道:"陛下赐我府可建皇宫式的房屋,你速去传旨。"闽王说的"你府上"是单指黄王妃的家,这时她说成"我府"是故意含混其义,让太监误以为是指整个泉州府,以造福家乡。于是整个泉州府,特别是达官、豪绅、富商,甚至普通百姓人家,纷纷仿效王府的样子造起了房。

这传说的真假无从稽考。闽南人富裕后，盖起了他们心目中向往已久的富贵、豪华建筑，却是真的。

这种房屋形似殿宇，既有天井相隔，又有回廊连接，布局合理、雍容稳实、气势宏大、环境幽深，像宫殿一样富丽堂皇。在这种建筑中，木雕、彩绘、石刻、透雕、泥塑、剪贴等民间手工艺精品随处可见。另外，建筑群内名人雅士的墨迹挂于门墙、厅壁上，体现皇宫式大厝主人较高的文化品位和崇尚风雅的习俗。

闽南文化中保留着很浓厚的中国文化传统和审美习惯，在这种建筑风格中体现出来。

来到泉州市鲤城区江南街道，有座典型的院落式闽南民居，属泉南"皇宫起"民居建筑，它就是杨阿苗民居，营造技艺集中展示了闽南民居的特点、建筑装饰的精华和闽南文化的底蕴。

杨阿苗，原名杨嘉种，旅菲律宾经商，当地华侨称他为杨苗哥，乡亲称他为杨阿苗。这座民居始建于清光绪二十年（1894），至宣统三年（1911）完工，历时近18年。

杨阿苗民居总面积1349平方米，主体建筑为五开间，东西两侧前为三开间，后为对称护厝单列，进深三落。整座民居前对面铺大石埕，石埕外围是砖砌围墙，东西两侧各有大门直通内外。这座民居的独特之处，就是主体建筑中，东西两侧梢间与厢房之间，又各自形成两个小巧直向的内庭院，共五个庭院，俗称"五梅开天井"。东侧花厅前加造了一个卷棚式的方亭，方亭内设有美人靠的木栏杆，栏杆将两侧分成两个小巧的庭院。杨阿苗民居的雕刻十分出彩，房屋内外的墙上、檐下、壁间、柱头和门窗装饰着木雕、砖雕、漆雕、灰雕和辉绿岩、花岗岩石雕，都十分精美。有透雕、浮雕和平雕，精雕细琢大量的珍禽异兽、花鸟鱼虫、山水人物、三国故事图案，特别是圆形青石窗棋和壁垛屋檐下的"水车垛"，雕琢双层车马人物，持刀弄枪，栩栩如生，可谓匠心独运。

"皇宫起"民居建筑封闭而有院落，中轴对称而主次、内外分明，以及艺术造型优美、雕绘装饰丰富等特点，在杨阿苗民居中得到集中体现。这座民居墙面的红砖拼贴和镶嵌等建筑风格，与古罗马的红砖建筑和西亚阿拉伯建筑装饰相似，体现了中国传统文化，又让人感受到海洋文化。整座建筑物布局显得舒展宽宏、富丽堂皇、美观大方，有较高的欣赏价值和文化价值，是闽南传统民居的代表作。

泉州有一些古建筑的主人，是当时泉州当地的达官贵人或名商。

老范志大厝也是其中的典型。老范志大厝位于泉州市区南俊巷东侧，前为九一街，后为桂坛巷。厝主吴亦飞，出生在清康熙年代，本系教书先生，中秀才以后弃文从医。当时泉州有一种药，专治中暑、痢疾、饱胀、消化不良，经过吴亦飞研究改进，在雍正十一年（1733）研制成功，药名叫"神曲"。

吴亦飞于清乾隆十七年（1752）从晋江霞梧迁入泉州城内，他先在通天宫口开一间药店，店名叫承志，后来迁到桂坛开店，店名改为"范志"，是取范仲淹"先天下之忧而忧，后天下之乐而乐"之意。从开张开始即生意兴隆，后来在左宗棠收复新疆战役中，范志神曲在官兵中使用功效显著，于是购服者大增，吴亦飞成为泉州巨富，便开始营建大厝。

范志神曲的民间传说有好几种。一说清兵火烧泉州少林寺，五枚师太躲在泉州城内桂坛土地宫，伪装做乞丐。吴亦飞当时家里还很穷，这天有人送几块番薯给他，他煮了一锅番薯汤，恰遇五枚师太来要饭，吴亦飞看她可怜，就将番薯分给她吃。后来五枚师太就将一张秘方送给吴亦飞。吴亦飞按照五枚师太的秘方配药，精心研制，制出范志神曲。还有一种传说，说是一个浑身生疥疮叫作"臭脚仙"的乞丐来找吴亦飞要饭，吴亦飞不但赏了他，还替他医好一身疥疮，乞丐感恩，就送了神曲秘方给吴亦飞。

"老范志大厝"是典型的"宫式大厝"。整座大厝由3座五进三开间的大庭院组成，三座格局几乎完全相同。各院落之间以防火墙相隔，侧面墙设门，与各院落相连通。大庭院两侧均建有护厝两排，组成一栋规模宏大且富有层次和建筑结构特色的大型宅院。大厝东西向77米，南北向88米，占地面积6000多平方米，房屋100多间，人称范志大厝99间。大厝前原设有巨型石埕作晾晒神曲场地，大厝旁建楼阁亭榭、假山翠石、花圃鱼池，又建有桐荫书屋，甚至有唱南音、打麻将等专门的休闲娱乐场所，但现在有的已倾圮了。

老范志大厝属于泉州近现代史上重要的名人故居，是研究近代官式大厝的实物资料。

位于南安石井镇石井村公路旁的"中宪第"，则以大型府第而闻名。其是清雍正年间商人郑运锦靠与台通商贸易致富所建。因其子郑汝成由贡监生授州司马加五级并诰封中宪大夫，荫及三代，而获准建造大型府第，故称"中宪第"，公元1728年建成。实际上有112间的"中宪第"，因非皇亲国戚，对外佯称99间。"中宪第"主体建筑硬山顶，穿斗式木构架，砖石结构，宏伟壮丽，至今保存完整，是全国重点文物保护单位。

泉州古建筑的排水系统十分考究，李五故居是其中代表。李五，晋江池店人，明朝泉州巨富、慈善家。李五的故居在今晋江市池店镇池店村。

李五故居里，毛毛细雨之后的地上，杂草泛着绿色的光。这座被当地人称为"九落大厝"的老屋坐东看西，500多年来，还执着地向人们展示着历经漫长岁月之后的沧桑。

故居建筑规模宏大，共有9落，左右厢房护厝，计100多间房屋，占地面积数万平方米。历史悠悠，而李五故居的格式布局、墙体装饰等于今保留明代原貌。令人称奇的是，这里地处闽南沿海，长年雨量充沛，每到春夏之季，或阴雨连绵或暴雨不绝，如此庞大的建筑群，却从未发现发生积水现象。原来，这得益于整座建筑的排水系统，每落大厝皆有天井。据建筑部门专家勘察，李五故居建筑群排水沟呈整体的八卦形状，纵横交错，各纵横排水沟之间，均有多个排水口贯穿连接，故不易堵塞。这种排水系统布局合理，充分体现了当时的建筑科学技术，即使在今天看来，也是先进的。

我在这纵横交错的古厝群里徘徊。遥想当年，花开时节，李五大宅花园里的牡丹、杜鹃、桃花，竞相吐艳。房前屋后，埕头厅堂，亭台楼阁，尽是姹紫嫣红。红瓦灰墙，柴门半掩，花香氤氲，鸟语婉转，著红的媳妇，戴绿的姑娘，穿梭于繁花绿叶之间……

"中西合璧"盖洋楼

在泉州各种传统建筑中,近现代出现许多华侨回国建造的中西合璧式建筑。这些中西合璧建筑,是了解各个时期泉籍华侨活动、商贸往来、历史文化难得的素材,更是研究泉州近现代建筑历史的"活史料"。

鸦片战争以后,中国封闭多年的国门被迫打开。泉州作为沿海地区,不少青壮年男子漂洋过海,到南洋打工挣钱。不少华侨在外挣钱了以后,首先想到的,就是光耀门楣,在老家盖座大房子。在建"洋楼"时,华侨们往往从海外把材料运回泉州。

南洋历史上,长期以来成为西方殖民地,所以这些华侨回家盖房,一定程度上带有西方建筑风格,就是我们所说的"洋楼";另一方面,他们身上又具有一种"继承传统"的风格,也体现在盖房上。因此,华侨总体建房风格,属于"中西合璧",往往一户人家,既有精雕细琢的古厝,也有典雅新潮的"洋楼"。

在侨乡泉州,传统民居还是海外侨胞思念故乡、追寻历史的寄托,是海外侨胞联系祖国的纽带。

来到泉州市区西街 116 号,穿过梅花天井,走到花园,可见一座巴洛克风格的外廊式洋楼。洋楼的原地址是古代一位粘姓高官的府邸,菲律宾泉籍富商宋文甫买下后,在传统的官式大厝里面,修建了一座典型的外廊式建筑。宋文甫建这栋房子，图纸是从菲律宾设计后再带回来的，当年菲律宾是西班牙殖民地，所以设计受西班牙建筑风格的影响。

来到泉州所属的南安市省新镇满山红村，这里有一座"林路厝"，是新加坡华侨林路于1908年亲自设计建造的，中西合璧，别具一格。

林路厝一排4座红砖大厝，气势恢宏。走进房屋，却发现只有二进，特别浅薄。据说原来后面还有一进，后倒塌。林路厝的特色在于增加了楼层，左右护厝均为二层建筑。最东头那幢大厝，两侧护厝为二层八角形，主厅堂和东西厢房都建有二层阁楼，显得特别高大。竖向空间的设计，是林路从西洋建筑里移植过来的。

林路出身贫寒，年轻时在码头做搬运工，有天躲在商船上去了新加坡，在那里的餐馆做小工，后来认识一位美国建筑商，包到一小部分工程，从此发迹，承建了新加坡许多重要建筑。后来，他在泉州老家为自己建厝。

中国美术大师徐悲鸿于1927年曾经给76岁的林路画油画像。油画上蓝天白云，一位黑衣白袍的银须老人执扇而立，精神矍铄，凝视前方。

在泉州还有一座具有欧洲罗马式风格又融合闽南风格的钟楼，是泉州古城的城市标志建筑，也是福建省首屈一指的标志性建筑之一。其位于市区中山路、东街与西街的交会口，是1934年建设东西街十字路口时建的标准钟楼，于次年完工。钟楼高13.8米，由留英设计师设计。泉州钟楼与东西塔、谯楼等成为古城独特的景色，吸引无数海内外游客。

泉州钟楼为钢筋混凝土结构，形状像亭又像楼。它的上部安有四面圆形、用玻璃罩着的时钟和一个风向标。中部像一楼阁，四面开着窗。底层建有支撑四根支柱的圆形基台。它的外表用白色的石灰粉刷，通体洁白。它没有雄伟气势，没有雕梁画栋，没有金碧辉煌，外形十分普通、朴素，在高楼林立的喧闹市区反而显得特别突出，简洁、清纯而娴静，虽经风雨，依然矗立。

目前，钟楼的钟由机械钟换上石英钟，钟楼还装上了节日灯，夜幕下的钟楼放射出新的光辉，更加灿烂夺目。

骑楼防雨又遮晒

因为泉州有许多古街巷，沿街巷的建筑别具特色，主要类型有骑楼和手巾寮厝。

"南国多雨天，骑楼可避风。"骑楼是一种商住建筑，骑楼这个名字描述的是它沿街部分的建筑形态。它的沿街部分二层以上出挑至街道红线处，用立柱支撑，形成内部的人行道。立面形态上建筑骑跨人行道，因而取名骑楼。它是西方古代建筑与中国南方传统文化相结合演变而成的建筑形式，是根据南方天气潮湿多雨、商业楼宇密集等情况而建造的。

这种"外廊式建筑"最早起源于印度的贝尼亚普库尔，是英国人首先建造的，称之为"廊房"。后来，新加坡的开埠者莱佛士在新加坡城的设计中，规定所有建筑物前，都必须有一道宽约5英尺、有顶盖的人行道或走廊，向外籍人提供做生意的场所。这种连续廊柱形成的走廊，新加坡称之为"店铺的公共走廊"，或叫"五脚基"。泉州华侨多，泉州人则叫"五脚架"。

1840年鸦片战争之后，泉州近代建筑的发展受到西洋建筑风格的影响。由于泉州是沿海地区，常年多雨，"骑楼"正好适应这种气候特点，再加上中山路等为商业街区，"骑楼"逐步成为泉州中心街景的主格局。楼下做商铺，楼上住人。其跨出街面的骑楼，既扩大了居住面积，又可防雨遮晒，方便顾客自由选购商品。

骑楼的特点是：挡避风雨侵袭，挡避炎阳照射，营造凉爽环境。骑楼发端于改善生活环境，进而成为商业经营的场所。它连廊连柱，立面统一，连续完整，中西合璧，形成多元共存的独特风貌。同时，它又冲破了居家单门独户的束缚，变成顾客的共享空间，并体现相互尊重的现代意识。走在骑楼下，自在闲适，温馨亲近，脚无沙尘，透出关心互动的良好人际关系。这里有浓郁的生活气息，成为品茗、聊天、纳凉、会客的地方。这里还是小孩做作业、跳橡皮筋等的空间，反映了商业文化与社会文化的地域特色。

泉州的中山路，是我国最长的一条连排骑楼商业街，它是泉州乃至闽南骑楼的典范。

街道两旁廊柱式的连排骑楼与二层西式风格的民居，形成了中西交融的完美结合。中山中路的罗克照相馆，曾是老泉州人记忆当中抹不掉的一家知名照相馆，在许多家庭几代人的生日照、毕业照、结婚照和全家照中，留下"罗克摄影"的印记。以前这里还有许多泉州的名小吃店，如侨光电影院门口的小笼包、群众戏院边的牛肉羹店、水门巷的福人颐煎包店等，给一代代泉州人留下历史的记忆。

泉州市在对中山路治理时，执行了"整治与保护并行"的方针，因此在整修时注意了对原有风貌的保护，各年代的商铺字号仍保留至今，这也成为今天游客观赏的一景。

手巾寮厝则是泉州古民居较为普遍的沿街巷建造类型。它巧妙利用地势特点，是一种纵向延伸呈带状形式。手巾寮与泉州传统合院式民居官式大厝，共同构成传统居住社区的主体，其中手巾寮因其开放、紧凑的格局及灵活多用的空间，曾长期大量地存在，并对泉州城市近代化进程起到推波助澜的作用。

泉州地处东南沿海，是典型的亚热带海洋性季风气候，湿热多雨，在我国气候分区中属于夏热冬暖气候区，建筑物主要考虑夏季的防热、遮阳、通风和防雨。因而，泉州传统民居主要有两种基本形式：官式大厝和手巾寮。其中，官式大厝为达官贵人的宅邸；而手巾寮则多为普通民众的居所，更具有使用的价值。

手巾寮厝面宽一般3至4米，单间木构，具有层层引深的气氛。它由门口厅、天井、正厅、厅后房、小天井、大房、后房、窥脚、后尾或后落组成。有二落、三落进深，宅内留有一条前后连环的巷路，这种小型的民居住所小巧亲切，装修也很简洁。另有一种手巾寮，前面沿街市，后面沿溪岸。

鲤城区五堡街，早年就是利用临街设店、作坊，后面水上货物运输，有"前通街、后到溪"的美称。我小时候在这里住过一段时间，早上起来便见木材厂工人在搬运从海上载来的木材。如果转到后面去，则见许多妇女在溪边浣衣，木槌敲打衣服的声音此起彼伏。

在泉州手巾寮等传统民居中，除了生土可能被石灰覆盖，木材可能被油漆包裹外，绝大多数的建筑材料都是原材质，甚至木材原色，以其"本色"展示在世人面前。

散落在乡野的土楼

如果说福建龙岩永定、漳州南靖的土楼是镶钻的银盘，那么泉州的土楼就犹如一颗颗珍珠，散落在各个角落。

土楼，是利用未经焙烧的按一定比例的沙质黏土和黏质沙土拌合而成的泥土，以夹墙板夯筑而成墙体（少数以土坯砖砌墙），柱梁等构架全部采用木料的楼屋。土楼以福建土楼为代表，是中国传统民居的瑰宝，也是世界独一无二的大型民居形式。

泉州土楼共有63座，分布在安溪、南安、永春、德化、洛江、石狮和泉港等地，其中安溪占了将近一半。除了安溪龙涓的几座圆形土楼外，泉州的大部分土楼为方形楼，而龙岩永定、漳州南靖的土楼则以圆形为主。

泉州与永定、南靖的土楼相比各有特色，分别代表着各自的建筑技艺。闽南传统建筑营造技艺入选了国家级非物质文化遗产，泉州土楼与闽南古大厝的建造工艺息息相关，无论是土楼的彩绘、雕花、斗拱等，都饱含着闽南传统建筑的特色。泉州土楼属于闽南传统建筑的重要组成部分，例如永春巽来庄从外边看是一座土楼，里边却"藏"着一座古大厝，泉州土楼建筑特色和石雕、木雕等都是"闽南风"。

泉州的每一座土楼，都是一个家族在历史进程中的史书。

沿着崎岖的山间公路，一路花儿飘香。在安溪的大山深处——西坪镇赤石村,有一座泉州最古老的土楼聚斯楼,这座建于明洪武五年(1372)的土楼,至今已有600多年。坐北朝南的聚斯楼为全土木结构,整体建筑由主体建筑、"虎牙"、池亭(丹池)、蜈蚣须护翼组成,总占地面积约为9048平方米。主体建筑呈方形,共有三层72间房。土楼外墙是生质夯土,土墙内为回形三层建筑,穿斗式木构架,屋面为单檐歇山顶。现存的夯土墙是明洪武五年建造的。

赤石村是安溪县较早生产乌龙茶的地方,村里的土壤是石土掺半,茶叶生长在石头缝隙之中,可以出产一种叫作"赤石竹叶青奇兰香"的茶叶,这种茶水对清热解毒、防疫保健具有奇效,曾畅销于台湾地区、东南亚各地。建楼者是做茶叶生意的商人林公孙,当初建楼目的主要是防土匪和野兽。

新中国成立后,这座土楼一度是村里的集体住所。2009年,聚斯楼被列为第七批福建省级文物保护单位。在2011年以前,这座土楼里一直有林氏子孙居住。如今,聚斯楼里常年没人居住,但屋前屋后,仍然遍布茶园。茶树虽然不是很高,却整齐划一,一列列、一排排有层次的铺展。一阵风吹过,就像大海中翻起的层层波浪。

从这座土楼里走出的林氏后代,住在赤石村的还有1000多人,但大部分都已移居台湾,主要在台北居住。

南安市金淘镇朵桥村的"轿形"土楼聚奎楼,也有200多年历史了。聚奎楼又名朵桥土楼,建于清乾隆年间,占地1016平方米,规模宏大,建筑技艺精湛。土楼共有三层,高10多米,每层走廊相连着,各有20间房屋。一层和二层外墙用长条石砌成,内墙夯筑三合土,厚达2.3米;三层采用三合土打墙,厚度缩小为0.4米,四面各开7个窗。2005年,聚奎楼被评为第六批福建省级文保单位。

这座"轿形"的土楼有个故事。

兴建这座土楼的是傅方升、傅方进兄弟,相传他们早年都是轿夫。一天,村里的大户人家扩建房子,叫他们兄弟俩去帮忙。兄弟俩挖地基时,不料挖到两口棺材,户主认为晦气,让他们晚上抬到山上埋掉。晚上,兄弟俩抬着棺木,感觉特别重,便壮着胆把棺木打开,发现一口棺木里装着金子,另一口装着银子。发了财后,兄弟俩继续干着苦力活儿,半年后才开始着手筹建房屋。

最后建了一座"轿形"的房屋,是为了让子孙后代记住老祖宗的出身是轿夫,富贵但不能忘本。

土楼自从建成后,一直有人居住。早上八九点,村里的老人们陆陆续续地来到土楼,有的人聚在一起聊天,家里的事,孩子的事;有的人在收拾桌子准备打牌。于无形中,你帮我一下,我扶你一把,解决着别人做不到的事,让生活精彩了许多。

泉州土楼较为闻名的还有黄素土楼和联芳楼。

黄素土楼建于清乾隆六年(1741),位于惠安山腰(现属于泉港区前黄镇)前黄涂楼村中,是该村黄素、黄堂父子历时30多年建成。寺楼占地4147.5平方米,坐东朝西,长宽各20.8米,高8.3米,成石结构方形平顶四合院式楼阁,共108间正辅房。总体结构主次有别,结构壮观,形成一个取象"三十六天罡,七十二地煞"的宏伟建筑群。

联芳楼建筑结构为圆形土楼,位于安溪县龙涓镇玳堤村,建于清末,为旅居印度尼西亚华侨李致涯昆仲所建。土楼东西北三面壁拱券门为出入处,门楣上嵌辉绿岩石匾,分别铭有"联芳楼""环山""分水"等字。土楼中庭筑有棱形的四合院式平屋,分别设7个阶梯上通楼房。整座计有房百余间,建筑独具一格。

"泉州红"是建筑主色调

一座城市的主色调，主要是由建筑主体、陪衬树木等决定。

北京的城市主色调是"丹韵银律"，那么泉州呢？泉州提出城市主色调是在1999年，要比北京等其他城市早一些。而且泉州毫不犹豫地把主色调定为红色，这与其自古以来的出砖入石红砖建筑文化有关。城市主色调要传承文脉，要显示其文化品位和文化内涵，同时也表达了一种传统美学。

1987年，泉州市十届人大常委会通过：刺桐树为泉州市树，刺桐花为泉州市花，并记载于《泉州市志》大事记中。泉州最早的一棵刺桐树生长在开元寺内，刺桐树边上有一个石碑记载其情况，树干多人合抱不拢，被人称为泉州的"刺桐王"。泉州的市花刺桐，也是构成红色主色调的重要元素。看来，泉州人是太爱红色了。

泉州古城的传统民居，存有官式大厝、手巾寮、洋楼和骑楼等多种形式，除手巾寮的沿街面以素木构成之外，其他民居的墙身绝大多数以胭脂砖砌筑。古城中的公共建筑，如开元寺建筑群、府文庙建筑群、天后宫建筑群、承天寺建筑群和威远楼等，也均以红砖加身。只有少量外来宗教建筑如清净寺、天主教堂、基督教堂等采用其他色调。所以说，古城区的建筑主色调应是红色、红砖色、胭脂砖红色。

泉州古城区之外的新城区新建筑，因受古城区建筑主色调的影响，也大量采用红色调：湖心街一带沿街商住楼红中带粉；丰泽商业城一带沿街建筑及住宅楼，以红色调的饰面砖来营造"新欧陆风"，深受市民喜爱；千亿大厦的红色调较之传统的胭脂砖色调更为浓重，建筑形式比欧陆风更为简洁。此外，位于古城区与新城区之间的过渡地带，其建筑的色调仍以红色为主。

泉州城市的建筑色调，一方面是因为广大市民对传统胭脂砖的情有独钟，一方面是为了保护历史文化名城的风貌。

泉州城市优秀现代建筑在建筑类型、建筑风格、建筑材料工艺等方面，体现新旧交融及"中西合璧"的特征。优秀现代建筑，是城市历史文化遗产的重要组成部分，代表着城市的形象和品位，是城市历史文化发展的生动载体，是城市传统特色风貌的具体体现，同样是不可再生的、宝贵的文化资源。

在泉州，你可以观赏许多作为国家级、省级重点文物保护单位的古建筑。这些具有独特的地方艺术风格和高超的建筑技术的古建筑，是泉州历史文化名城的重要组成部分，极大地丰富了泉州的历史文化内涵。可以说，它是闽南文化的"活化石"，人们可以从中解读中原文化、闽越文化和"海丝"文化。

这里还要提到泉州的宗祠。每一座宗祠，就是一座建筑大观园。明清时期，泉州很多民众去世界各地谋生发展，由于长期在外的特定历史条件，使闽地民众以家族作为对故乡思念的一种依托，同时也因为经济条件支持而具有相当的建造能力，因此，明清以来宗祠、家庙的修建之风极为兴盛，闽地的家祠在建造和布局上亦属上乘。泉州宗祠数量在全国排在前列。千百年来，泉州宗祠浓缩了闽南建筑的精髓，飞檐翘脊，出砖入石，雕梁画栋，红瓦大坡屋顶，尽显闽南古建筑的富丽堂皇与恢宏气势。那一抹闽南红，在泉州游子心中刻下了深深的烙印。有的宗祠还是一座小型历史博物馆，记载着族内名人的显贵和宗族的兴衰。

李光地故居、陈紫峰故居、文圃民居、黄宗汉故居……这一座座别具特色的古建筑，成为海内外游客了解泉州古城深厚文化底蕴的一扇扇窗户。

泉州保存下来的古建筑成为古城永恒的历史印迹，尽管它只是反映泉州文化遗存的一部分，但它却是泉州历史文化特色的一个生动缩影。

如今，泉州的古厝走进崭新的时代，更加年轻了。

泉州新建筑坐标"四朵花瓣"

近年来,泉州城市化进程正在加快,具有现代韵味的泉州建筑也正逐步呈现,为把泉州建设成一座宜居、宜业、宜文、宜商的现代城市贡献力量。泉州的一些现代城市标志建筑成为了城市的名片,也是城市的地标。这些标志建筑的影响力、知名度、代表性、规模、作用,有所创新、突破,给人留下深刻印象。

华灯初上,晚夜的泉州美如花开。

环湾面海,欣欣向荣。泉州东海片区,从观音山起,伸向蓝蓝泉州湾,公共中心轴线犹如一条锦带,贯穿山海之间。

这里的"四朵花瓣"流动着璀璨的光影,与泉州湾大桥遥相呼应。

"四朵花瓣"是泉州市公共文化中心,毗邻泉州市政府,分别布设科技与规划馆、工人文化宫、大剧院、图书馆等4朵花瓣形状的文化场馆及市民广场、地下商业配套等。

2010年初,泉州市委、市政府决定启动东海市民广场四大公共文化设施的规划建设。2015年9月动工建设,2019年夏天建成。

该中心以"文化刺桐"为设计理念,以中央露天广场为核心,四大建筑形成主花瓣,地下商业、下沉广场作为次花瓣,形成具有向心性复式花瓣平面体系。科技与规划馆、工人文化宫、大剧院、图书馆分别以"城市像素""美妙的灯笼""艺术海洋"以及"知识浮岛"和"海丝书院"为主题设计,分别代表科学、文化、艺术、知识。泉州也称"刺桐城""鲤城",所以室外景观则设计仿生刺桐花和鲤鱼,深入挖掘泉州地方文化与城市特色,让"刺桐之花"绽放"海丝"新城。

这里面朝大海,整个建筑群有刺桐花和鲤鱼的形态。两个中央市民广场形似鲤鱼,而"四朵花瓣"则仿佛迎着海风盛开。刺桐花和鲤鱼是泉州元素,又蕴含海港新城建设快速发展的泉州精神。

在"四朵花瓣"中,泉州科技与规划馆中的科技馆、规划馆分设于南北两侧,中间以室外庭院作为分割点。在大厅,令人印象深刻的是显现泉州东西塔图案的"墙面"。这是穿孔铝板灯箱,通过孔径的大小来呈现图案,错层分布。人在走动时,仿佛可感觉到图案在移动。科技与规划馆中庭,有一绿植墙面,从一楼延伸到五楼,有30多米高,绿植种类多达10多种。在阳光的映衬下,犹如一道绿色瀑布,颇为壮观。在钢筋水泥的建筑里,看到这样一抹清新的绿,让人感觉心情分外舒畅。通过旋转楼梯,来到规划馆的四楼,这里有一个视野极佳的阳台。站在这里,不远处泉州市政府中轴线的景观一览无遗,往下看,就是市民广场的景色,再往远一点望去,那是泉州湾跨海大桥,映衬着晴日里的蓝天、白云,简直如画一般。除了可欣赏优美风景之外,未来在这里还有丰富多彩的科普活动,还有海量的科学宝藏等待人们发掘。

泉州东海工人文化宫以"美妙的灯笼"为主题,包括大会堂和文化宫两大功能区域,大会堂设有153座主席台、1161座观众席。文化宫将提供职工文化教育培训、文化娱乐、群众演出、电影放映、大型会议等多种公共服务。其室内设计融合了闽南建筑和泉州花灯两种代表性元素,建筑外表则有"花灯、风帆、海浪"肌理,红砖石、石刻木雕等展现了泉州文化。

泉州大剧院的旋转舞台和乐池都可以升降,混响声学达到国内顶尖水平。大剧院以"艺术海洋"为主题,1442座的歌剧厅和492座的室内音乐厅,可以提供高端的国内外歌舞剧、戏剧、话剧、音乐会等文化艺术演出。音乐厅在大剧院北侧,主要用于钢琴独奏等演出,有两层楼座,座椅采用的面料与歌剧厅的一致,可吸声、防火。厅内的波浪纹装饰等突出泉州"海丝起点"特色。

另外一朵"花瓣"是泉州市图书馆,它以"知识浮岛"和"海丝书院"

为主题，设计藏书量200万册，阅览座席2000个。地下一层休息厅的墙面饰有3种字体的《兰亭集序》，6个10米高的博古架，显得大方古朴。六楼阶梯形空中花园是图书馆的特色之一，种植爬山虎环绕在园内的铁架上，使得花园更漂亮。空中花园将24小时全天候向公众开放，让人可以一边遨游书海，一边畅享美景。

"四朵花瓣"室外，青绿的草坪，挺拔的树木，郁郁葱葱。走过小道，还可见一些绽放的花朵，而采光玻璃球等小景致在广场中展现，使得整个文化中心不仅充满了文化气息，也呈现出休闲雅致的一面。

此外，泉州海峡体育中心也是泉州的新坐标。泉州海峡体育中心位于泉州市丰泽区城东街道庄任社区南面，2005年11月动工，2008年5月竣工。该中心总占地面积达735亩，是2008年第六届全国农运会主场馆。"一场（体育场）一馆（体育馆）"，是海峡体育中心的主体工程。其中体育场建筑面积40753平方米，3.4万个座位；体育馆建筑面积36030平方米，8188个座位；商务中心建筑面积22977平方米；这里还有全民健身广场，包括室外多种健身场地及周边相关配套设施。现在，泉州海峡体育中心可以举办全国性和国际性比赛，也时有一些国际级歌星来此演出。

体育中心整个方案在设计中借鉴了花朵的造型。体育场4个角部耸立的灯塔，使整个建筑犹如一朵绽放的莲花，蓄势待发的力度感，象征着泉州城市的勃勃生机与包容性。体育场内的灯光照明主要由4座灯塔承担，其中最高的一座兼作火炬塔，高70米。

海峡体育中心的市民广场，有一个直径50米的音乐喷泉。音乐响起时，喷泉的水可喷到30多米高，给夜空增添了绚烂的色彩。音乐时快时慢，水雾时缓时急，变换着光影造型，与水中的光影交相辉映，水喷的高低位置和音乐的旋律刚好成正比。喷泉的造型是五环，有红、黄、绿、蓝、紫5种颜色，十分炫丽，又生动体现了体育精神。

至于海峡体育馆，人们不管从哪个角度看，都像一艘船。远远望去，人们仿佛看到航船在海上丝绸之路上破浪前行，驶向远方。

QUANZHOU
THE BIOGRAPHY

泉州传

中国首个东亚文化之都

第九章

泉州，是中国首个"东亚文化之都"。

在泉州，你随时都能感受到闽南文化的神韵。从中原古韵中流淌而来，弥散在辽阔的泉南大地；从岁月深处舞动起来，带着古闽越人对图腾的崇拜；从蕉风椰雨的海岛风光、天竺锡兰的异域风情启程，筚路蓝缕，劈风斩浪，一路穿透千百年时光。在漫长的历史长河中，源远流长的闽南文化融合了中原、闽越、海洋等诸多文化的精髓，伴随着海上丝绸之路如歌的涛声，澎湃着千年的精神血脉……

泉州文物名胜星罗棋布，以"多元文化宝库，海峡西岸名城"而闻名于世，是国务院首批公布的24座历史文化名城之一，是中国民族民间文化保护工程综合性试点。这里还有拍胸舞、火鼎公婆等精彩民俗……

泉州也被称为"戏窝子"，是一座能欣赏到南音、梨园戏、木偶戏、高甲戏和打城戏等众多古老音乐、剧种的千年文化名城。

闽南文化发祥地

深厚悠久的历史渊源、濒海开放的地理优势，以及泉州历代先民以开阔的襟怀兼容博采各种优秀文化精华等诸多因素，构建了泉州独具特色的地域文化。历史上长期对外开放和国际文化交流，极大地丰富了泉州文化的内涵，逐渐形成泉州多民族文化交融、山海文化气息兼备、多元宗教文化共荣的地域文化特征。

作为名城璀璨历史文化的见证，作为一个古老文明的象征，作为各国人民友好交往的桥梁和纽带，以南音、南戏、南拳、南建筑、南派工艺"五南"为代表的闽南文化一直为人们所景仰。多元开放、充满活力、面向未来的人文精神，给了闽南文化无穷的生命力。

泉州是福建三大中心城市之一，是国务院首批公布的全国24座历史文化名城之一，是全国首个东亚文化之都，是联合国教科文组织唯一认定的海上丝绸之路起点城市，是闽南文化的主要发祥地、闽南文化生态保护区的核心区和闽南文化遗产的富集区。这里的文化悠久而深厚，中原文化和当地文化、"海丝"文化的融合在这里焕发出璀璨的光芒，可以说"泉州处处皆文脉"。

2003年11月2日，联合国教科文组织把全球第一个"世界多元文化展示中心"定址泉州，既是对泉州历史文化积淀与传承的肯定，更是对泉州对外文化交流与互动工作的支持。"世界多元文化展示中心"，成为泉州乃至中国加强同世界各国、各地区政治、经济、文化、科技、思想交流的重要平台。

2019年12月25日，文化和旅游部首次公布了国家级文化生态保护区名单，共有7个，分别是：闽南文化生态保护区、徽州文化生态保护区、热贡文化生态保护区、羌族文化生态保护区、武陵山区（湘西）土家族苗族文化生态保护区、海洋渔文化（象山）生态保护区、齐鲁文化（潍坊）生态保护区。

早在2007年6月，文化部就批复设立闽南文化生态保护实验区，泉州市、厦门市、漳州市，成为第一个国家级文化生态保护实验区，泉州市是闽南文化生态保护实验区的核心区域。

泉州市闽南文化生态保护区的保护范围是闽南文化的发祥地——现今泉州市的行政区。根据《闽南文化生态保护区总体规划》，泉州市已制定《〈闽南文化生态保护区总体规划〉泉州市实施方案》，规划期从2011年至2025年，分近期、中期和长期3个阶段实施。长期目标将实现文化生态保护工作科学化、规范化、网络化、法制化，实现非遗资源数字化共建共享等。

南音（泉州弦管）被联合国教科文组织列入"人类非物质文化遗产代表作名录"，以泉州提线木偶戏为主体的"福建木偶戏后继人才培养计划"入选联合国教科文组织"保护非物质文化遗产公约优秀实践名册"，加上代表当时船舶制造最高技艺的泉州水密隔舱福船制造技艺入选联合国教科文组织"急需保护非物质文化遗产名录"，中国传统木结构建筑（闽南民居）营造技艺入选联合国教科文组织"人类非物质文化遗产代表作名录"，送王船——有关人与海洋可持续联系的仪式及相关实践入选联合国教科文组织"人类非物质文化遗产代表作名录"，泉州市拥有世界级非物质文化遗产代表性项目5项，成为全国唯一拥有联合国三大类非遗项目的城市。此外，2021的6月，国务院公布了第五批国家级非物质文化遗产代表性项目名录，泉州共有3个项目入选，包括泉州刣狮、泉州木雕、以永春传统香制作技艺为代表的福建香制作技艺。至此，泉州拥有国家级非物质文化遗产代表性项目达到36项，位列全国地级市前列。

在这里，闽南文化不仅是古老悠远的南音、灵动飘逸的木偶、出砖入石的古厝，它还是一种面向未来的生活态度。

让我们一起遥望历史尚未远去的背影，一起回味那些曾经的精彩。

闽南文化起源于泉州、漳州，系指生活在福建南部地区的人（主要是闽南人）共同创造并一代代传承发展与创新的地区性文化，是源远流长博大精深的中华文化的一个支系。

闽南文化有着自己的发展轨迹。秦始皇统一中国后，在福建设置闽中郡，开启了中原文化与闽南土著文化的交流与融合，产生闽南文化。汉晋时期，大批中原汉民迁入泉州地区，推动了闽南文化的形成。晋唐时期，闽南地区人口剧增，经济迅速发展，社会管理体制日臻完善，闽南文化得到发展。宋元时期，泉州成为海上丝绸之路起点和东方大港，阿拉伯人、波斯人等到泉州经商，带来了伊斯兰文化，闽南文化得到进一步丰富。明清时期，欧洲商人和传教士来泉，传入了西方文化，闽南文化进一步得到拓展。

闽南文化其主要分布范围为泉州、漳州、厦门和龙岩的大田、尤溪等地，逐步向潮汕地区、雷州半岛、台湾地区及海南地区扩展，并且随着闽南人的足迹，沿着海岸、江河延伸至广西平南玉林地区、浙江平阳苍南地区、江西上饶周边地区、江苏宜兴及东南亚、港澳地区。

闽南文化其内涵包含农耕文化、海商文化、宗教文化、宗族文化、建筑文化、民俗文化、民间艺术及方言等。

宗教文化指闽南人的宗教信仰和民间信仰。多元文化在泉州大地上交融汇合，形成了独特的宗教信仰文化。闽南人除信奉道教、佛教、伊斯兰教等外，还有最富有特色的民间信仰保生大帝（吴夲）、妈祖（林默）、广泽尊王（郭忠福）、开漳圣王（陈元光）等。

闽南地区宗族文化十分发达。闽南民系族群是古代中原汉人多批次大规模入闽，并与当地闽越民众逐渐融合而成的。因此重视宗族亲情、重视编修族谱和重视宗祠建筑。在闽台地区，在东南亚等地方，闽南人都十分强调认祖归宗，慎终追远。他们结社建馆，凝聚血缘。

闽南民俗文化内涵十分广泛，其中包括生产习俗、生活习俗、生命礼俗、信仰习俗、文艺风俗、娱乐风俗、社会组织风俗，有"拍胸舞""赛龙舟""中秋博饼""火鼎公婆"等。

闽南文化崇尚爱拼敢赢的价值观念，歌曲《爱拼才会赢》是闽南人尤其是闽商的性格写照。山海交融，给了闽南文化多元组合的交融性、兼容性和开放性，赋予了泉州人海纳百川的胸怀和勇闯天涯的性格。

闽南文化渊源于中华民族几千年的文明史，又集历史性、时代性、地域性于一体，它同其他地域文化一样，需要传承、延续、创新、提升和发展。

长期以来，泉州有效地保护和发展闽南文化，主办了海上丝绸之路国际艺术节、国际南音大会唱、国际木偶节、闽南文化节等活动，旨在提升闽南文化的影响力、凝聚力、传播力，构筑闽台民众共有的精神家园。

闽南文化，正在与时间赛跑。保护和弘扬闽南文化成为人们热议的话题。

长期以来，泉州市十分重视闽南文化的保护、传承、建设和弘扬。泉州采用"保护为主、抢救第一、合理利用、传承发展"的方针，有关部门开展了许多工作，使得众多文化遗产在新的时空环境中有了生存发展的空间。南音、高甲戏、梨园戏、提线木偶戏的精品生产，拓展了这些剧种和音乐生存发展的空间；德化瓷工艺、惠安石木雕在当地政府的精心呵护下，目前均已漂洋过海，真正实现了"保护—发展—保护"的良性循环；泉州师范学院开设南音专业、泉州艺校设立闽南戏曲等专业，为艺术团体输送了一批批年轻的专业人才。1990年以来，泉州市政府把南音纳入中小学音乐教育课程，文化和教育主管部门连续举办中小学生南音演唱比赛。"闽南文化热"持续高涨，越来越吸引国外及两岸文化学者的关注。

传承文化遗产，延续精神血脉。先人们留下的文化遗产，如今依然曼妙生动。一曲南音，一台戏剧、一块石雕，看似寻常，可到了民间艺术家那里，却被赋予了神奇的魅力。如今，我们在赞叹与感动之余，应该做些什么？非物质文化遗产保护和民间文化传承人保护与培养，已刻不容缓。

保护、传承、弘扬闽南文化，泉州具有生态、平台、政策和环境等诸多优势。闽南文化以其非凡的亲和力、影响力和传递力，终将让更多的民众惊艳并钟情于它的精彩。

闽南语，古汉语活化石

"人生可比是海上的波浪，有时起有时落，好运、歹运，总嘛要照起工来行。三分天注定，七分靠打拼，爱拼才会赢！"

一首闽南语歌曲《爱拼才会赢》，曾经风靡海峡两岸乃至全世界有华人的地方，这首歌曲体现了闽南人热爱拼搏的精神，告诉我们面对每一个困难，必须发扬艰苦奋斗的精神，永不低头，努力拼搏。

"闽南语"在大陆语言学的分类上，属汉语族中闽语的一种。闽南方言是全国八大方言之一。全世界使用闽南语的有 7000 多万人。

闽南语主要分布地除闽南地区和台湾地区外，还广泛分布于闽东北地区、浙东南区、广东潮汕片（潮州、汕头、揭阳）、汕尾海陆丰地区、湛江雷州半岛、茂名的电白区、阳江沿海部分地区、港澳片、海南岛、江西省东北部和广西平南县及东南亚的大部分华人社群。

闽南语是在不同的历史时期，因古代北方河南一带的中原人避战乱或逃灾荒等原因多次向南方迁徙进入闽南地区后逐渐形成的，虽不能排除当时闽地本土语言（古越语）对闽南语形成和发展的影响，但是，以当时中原人所带来的先进生产技术和优秀文化看，再从闽南语在语音、词汇和语法所表现的特点看，当时中原人带入的河南话在跟当地福建话的交流和融合过程中，古代河南话是占绝对优势的。闽南语，是古汉语活化石。现在用闽南语诵读唐诗，依然保持大量唐朝中原地区的读音，被称为"最像唐朝人在读诗"。

闽南语起源于泉州。

闽南语的支系皆源于泉州音系、漳州音系，但依分化时间的早晚、地理隔阂、泉漳音演变等因素，出现了不等的差异和变化。

泉州话，主要分为"府城腔"和"海口腔"，通行于福建泉州地区和台湾北部及鹿港等沿海地区，浙江南部一带的闽南语属于泉州府城腔，接近于泉州话。

漳州话，主要有"府城""龙海""东山"及"漳平"等腔调。通行于福建漳州地区和台湾南部及宜兰等平原地区，广东汕尾海陆丰、惠州一带的闽南语接近于漳州话。

明、清以来出现的厦门话和台湾话，均为泉州话、漳州话传播过去，因此两者相似——"亦泉亦漳"。

闽南语的形成主要是因为三次的移民潮：

第一次：4世纪时，晋朝人移居入闽，泉州话初步形成于晋朝五胡乱华时期（304—439）。异族入侵中原，西晋永嘉二年（308）的时候，中原（河南一带）的衣冠八族（詹林黄陈郑丘何胡）开始避难到福建的泉州、晋江等流域一带，他们把当时的中原语言带过来，后来称作"泉州话"。有些"泉州话"是三四世纪的中原音"吴楚方言"和当地的"越语"融合而成的。

第二次：唐初陈政、陈元光父子屯垦漳州，漳州话初步形成于唐高宗总章二年（669）。福建南部蛮夷祸乱不安，朝廷派陈政、陈元光父子（郡望河东）南下平乱，平乱了后屯兵漳州一带，亦包括今天龙岩地区新罗、漳平一带，这批人带来7世纪的中古汉语。唐代的漳州还不是很繁华，漳州的发展是在南宋进入第一个高潮。

第三次：唐代末年黄巢起义，唐代光州固始县人王潮、王审邦、王审知三兄弟南下平乱，平乱后王潮被封福建威武军节度使。第三次的移民大多数是唐代淮南道光州人，这批人带来9世纪的中原话。这时泉州话完全形成。

明末学者对于当时闽南语进行系统整理，著有《汇音宝鉴》，十五音因而诞生。

闽南话流传这么广，主要是因为历史上闽南人的迁徙和移居。

流传到台湾地区是有历史背景的。明、清之前,地方政府就招募福建沿海民众,用船载运去台湾垦殖。1862年,钦差大臣沈葆桢到台湾办理防务,招徕垦野,因而再次解除了长达近200年的渡台禁令。同时,闽南人也移民到广东海陆丰地区。

闽南人不但把闽南话带到台湾地区及大陆的许多地方,还带到了海外的许多国家和地区。具体来说,一个是因为闽南地区的海外交通发展很早,从唐代开始,泉州就同非洲和中东一些国家有交通贸易往来,宋元时期,泉州成为世界海洋商贸中心。后来,漳州的月港和厦门港也都先后成为世界的重要港口。这样闽南人到国外后,自然也就把闽南话带出去了。另一个原因是,闽南人有出外打拼的精神,当年为了生活纷纷相携到南洋一带谋生。几百年来,闽南人在那里生息繁衍,闽南话也就在南洋各国生根发芽。

其中,福建闽南地区的闽南话和台湾地区的闽南话以及流播到海外的新加坡、马来西亚、菲律宾和印尼等国家的闽南话最为接近,基本"讲会通"、听得懂,而潮汕地区、浙南地区所通行的闽南话,虽说也是在不同时期由闽南地区的移民带到当地的,但由于社会、历史、地理等变化,它跟闽南地区的闽南话已有一些差异。但是,可以说,不管流行于哪个地区的闽南方言,其源头都来自福建闽南地区的闽南话。

除了福建外,闽南话流行最广的是台湾,台湾会说闽南话的人口大约占全台的80%。台湾岛上,除了高山族地区外,差不多都通行着类似于泉州腔和漳州腔的闽南话。据初步调查,台中、台北稍偏泉州腔,台南、高雄稍偏漳州腔。闽南人移居台湾始于元代,而大规模迁移是在17世纪中叶,大量闽南人随郑成功渡海从荷兰侵略者手里收回台湾。300多年来,闽南人和其他地区东渡的汉人,与高山族同胞一起,开发祖国宝岛,闽南方言始终作为主要交际工具,保留在台湾人的口中。特别是现在,台湾同胞不断到祖国大陆寻根、探亲、访友,闽南话显得更加重要。

除了台湾地区以外,东南亚各国的许多侨胞也使用闽南方言。在新加坡闽南话叫作"福建话",70%—80%的新加坡人会说或会听福建话。在东南亚的闽南人与马来人联姻的后代,共计人数达1000余万人,不少马来人也会使用闽南语。

东亚文化之都

泉州是中国首个"东亚文化之都"。

2013年8月26日,首届"东亚文化之都"评选活动终审工作会议在北京中国国家博物馆举行。经过公开、公平、公正的评审,泉州以深远厚重的历史文化底蕴、鲜明奇特的多元文化大观、丰富多彩的文化遗产、悠久广泛的对外交流等优势,从苏州、杭州、黄山、青岛、济宁、武汉、桂林、西安和咸阳等10个初审入围城市中脱颖而出,成为中国唯一入选城市,当选首届"东亚文化之都"。获得首届"东亚文化之都"的另外两个城市是日本横滨和韩国光州。

首届"东亚文化之都"评选活动,是为落实2012年5月中日韩三国领导人在第五次中日韩领导人会议上达成的重要共识,以及2012年5月第四次中日韩文化部长会议签署的《上海行动计划》而开展的一项文化活动,是当时文化部进一步加强国际文化交流与合作、增进与周边国家友谊的一项举措。

评选是中日韩三国共同发起的多边性文化活动,三国于2013年分别选出一个城市,即3个城市共同当选。中华文化在东亚文明中具有不可动摇的地位,通过此次活动,进一步密切包括日、韩在内东亚各国的文化联系与历史纽带,求同存异,共同提炼"亚洲价值",向世界展现独具魅力的亚洲文化精神家园。

作为古代东方第一大港、海上丝绸之路的起点,泉州是古代中国与东亚文化圈交流的重要城市。公元9世纪前后，泉州与日本、古代韩国（即高丽王朝）的贸易关系就已非同寻常，大量从高丽和日本进口的货物从泉州进入中国。

历史上，泉州与日本、韩国的文化交流是以贸易往来为基础的，丰富的贸易史料留存印证了泉州在东亚文化圈中长期以来的交流中心地位。

泉州与日本最早的文化交往可追溯到唐天宝年间鉴真和尚东渡日本。当时追随这位高僧东渡的14名弟子中，和尚昙静就来自泉州。在日本大宰府，保留有一份我国宋代的官方证明文件——公凭，这份公凭见证了泉州客商李充于北宋崇宁元年（1102）到日本贸易的历史，也是迄今为止所能看到的最完备的宋代贸易凭证。

泉州与古代韩国的历史交往源远流长，进而带动了文化交融，出现了许多以"新罗""高丽"为名的事物和地方。北宋时期，中国同高丽王朝的贸易活动中，泉州海商不仅人数最多，商业实力也最为雄厚。据《宋史》载：（高丽）王城有华人数百，多闽人因贾舶至者，密试其所能，诱以禄仕，或强留之终身。高丽王就曾通过泉州人傅旋来泉求借乐艺等人。

在漫长的东亚交流史中，泉州与东亚各国在文化上互通有无，也促进了民族融合。

1986年，泉州市木偶剧团首次赴日本演出，与"结城座"木偶剧团、东京国立文化财研究所等建立良好的合作关系。研究洞箫（日本称"尺八"）的日本竹精会，也和泉州南音乐团建立了良好的关系，多次应邀到泉州进行演出交流。泉州海外交通史博物馆研究人员也经常应邀到海外举办各种展览和参加各种学术会议，与日本、韩国等国家的学术机构及团体保持良好的交流、合作关系。

韩国第一个"东亚文化之都"光州是韩国西南部城市，全罗南道首府。它给人的第一印象是像一个"微缩版"的泉州，整座城市到处散发着浓重的历史气息，随处可见古老的韩国建筑物。自古以来，光州一直被称为"光之都"，而且作为拥有悠久文明史、特殊民风与特殊地域文化的"南道文化中心地"，它也被韩国人视为"文化艺术之城"。在历史上，从光州走出的名人不计其数，因此，光州还被人们视为一座"人杰地灵"的城市。

其实光州和泉州有着许多相似之处。如城中老街上仍保存着许多韩国古代时候建造的木房子，这些看似老旧的房子，却是在首尔等大城市所看不见的"稀罕物"。在韩国，近九成的人信奉基督教，有人笑称这是一个"十米一教堂"的国度。但唯有在光州这座城市，依旧保留着浓厚的佛教气息，许多古老的寺庙仍香火兴旺。其中比较出名的有位于曹溪山密林中的松广寺，它是韩国三大寺庙中气氛最为宁静的寺庙，因培养了三国时代的16位国师而享有盛名，直至今日包括外国人在内的修道僧依然很多。

泉州与光州都对历史存留下的文化施以很好的保护，而且同样是历史文化的"集结地"，都在历史舞台上为亚洲文化的发扬起到了推动作用。

日本第一个"东亚文化之都"横滨是仅次于东京、大阪的日本第三大城市。自1859年对外通商以来，横滨积极吸收多种文化，相互交流融合，发展孕育了新的文化。2004年，横滨制定了创意城市发展政策，并借助文化艺术的力量推进城市建设，成为日本与海外交流的重要窗口。

横滨最初只是东京湾畔的小渔村，1859年起开放为自由贸易港，是日本最早对外开放的港口之一，此后发展迅速，1873年发展成日本最大的港口。在长期的对外开放中，不同国家、民族的文化进入横滨，与当地的文化相融合，孕育发展成独具特色的近现代文化。横滨拥有历史悠久的环港建筑物及港口风景等独具个性魅力的城市景观和区域资源。

横滨大概可以分为三个区域：日本人生活区、中国人生活的中区中华街和西方人生活的元町。这三个区域，建筑风格迥异，生活方式大不相同，文化也各具特色。然而，种种的不同，并不妨碍它们在横滨和谐共存、相互影响、互相融合，共同构成如今开放包容的横滨城市精神。

这种开放、包容、融合，与泉州何等相似。

泉州民俗绚丽多彩

闽南文化从汉晋产生到逐步成熟，到宋代发展到鼎盛状态，至今在近2000年的历史长河中，涵盖了人们物质生活中衣食住行的方方面面，也包含了礼俗、民俗、风土习惯、民间信仰、民间艺术等文化内涵。它既反映了闽南人的价值观、审美观和思维方式等文化心态，也反映了闽南人的思想性格特征和社会生活习俗。

作为闽南文化的发祥地，泉州的民俗文化，积淀深厚，绚丽多彩，动态静态，洋洋大观。在节日民俗中，元宵节最热闹，被誉为泉州人民的"狂欢节"。节日期间，城乡各地张灯结彩，同时开展活动，花灯展览，文艺踩街，万人空巷，举城同乐。随着改革开放，这一传统习俗已成为当地一大旅游资源并加以开发。五月节（端午节），泉州也十分红火，"龙舟竞渡""泼水节""采莲"习俗，蔚为壮观。泉州人过中秋节的热闹程度仅次于元宵节，明月当空，家人团聚赏月、博"状元"饼。泉州城里，这一夜，许多人到江上泛舟赏月，有的在江边悠然地鸣奏南曲，很有雅趣。

端午抓鸭

龙舟竞渡时节，纪念屈子，侨乡人以自己的方式告慰忠魂。一种龙的精神,一首拼搏之歌,在竞渡中充分展现。

侨乡的赛龙船别具特色。高高翘起的龙头,势欲腾飞。龙舟舟首插旗,旗手在船头,船后一人擂鼓指挥,十多名桨手,腰系彩带,英姿飒爽,精神抖擞,分左右两行。但听一声号令,竞渡开始,群舟竞发,力争上游。旗手在船头弓着身,挥着旗,呐喊号子指挥,锣鼓手击出急促有力的锣鼓声,桨手随鼓手手起桨落,前俯后仰,动作整齐。还有掌舵人边掌舵边与桨手呐喊助威。擂响鼓点,"咚锵、咚锵、咚锵",声振八方,响起奋进之曲。桨手们弯腰伸臂奋力划水,同步将入水的桨抽出水面,齐刷刷有力地向后摆去,船体披风斩浪,向前腾跃。随同鼓手鼓点的加快,桨手的桨步也随之加快,拼命向前冲刺,浩浩荡荡,势不可挡。正值雨季,水面宽阔,水流湍急。水花四溅处,飞舟如脱弦之箭,你追我赶,场面十分壮观。两岸观者人山人海,万头攒动,他们摇旗呐喊,一时呼声雷动,锣鼓喧天,热闹非凡。

泉州端午节有一种游戏是当年民族英雄郑成功操练水兵的方法沿用下来的。泉州人在桅杆上挂上一个里面藏着鸭子的笼子。桅杆横放,由岸上伸向海面,杆上涂抹油脂。自愿参加抓鸭子的人,要沿着桅杆快速走向海面,能到达桅尾抓住笼子,如果这时鸭子飞入海中,抓鸭子的人再游泳追赶把鸭子抓住。有人走到桅杆中途就滑跌海中,引起岸上观众阵阵欢笑声。

龙舟竞渡,侨乡把奋进和腾飞写在希望的五月。

中秋博饼

中秋月饼是中华民族民俗文化的一种载体,始于唐,兴于宋。明清以来,泉州等闽南地区更是衍生出博"状元饼"饼活动。

泉州"中秋博饼"又叫"卜饼",其渊源可以上溯到唐代的"进士饼"。唐时,钦赐进士登第御宴的宫廷点心为"红绫饼"。清袭唐制,每年春三月文华殿的"经筵宴",宴后均赏"红绫饼"。唐德宗贞元八年(729)泉州出了历史上第一个进士欧阳詹,民间对"进士饼"也情有独钟,直至20世纪40年代末,泉州私塾先生中秋节给学童送月饼还叫"进士饼"。既有"进士",就该有

"状元",于是就有了"博"(掷骰子)的游戏。博得"状元饼",求得好兆头。

博饼的流行还有另一个原因。泉州古代中秋拜月是女人的活动,泉州中秋夜有"听香"(寻求神明的启示)习俗,多数也是女性参与。博状元饼则是男人对"愿早步蟾宫,高攀仙桂"的寄托,开始时是文人雅士的游戏,后来店铺也流行起来。

还有一种说法与郑成功有关:1660年前后,郑成功占据厦门抗清,士兵多来自福建、广东等地,中秋节多有思亲怀乡之情。为鼓舞士气,郑成功与兵部衙堂的属员一商量,巧妙设计出中秋博饼,让全体将士在中秋夜博饼,气氛热烈欢乐。郑成功收复台湾后,许多从大陆去台湾的官兵,思念家乡,每逢中秋佳节,他们就玩博饼的游戏,以解乡愁。

中秋博状元的规则源于"状元筹"(又称"状元签")游戏,大概在明代出现,清朝人顾禄《清嘉录》卷1《状元筹》记载:"取科目名色,制筹为局戏,岁夕聚博,以六骰掷之,得状元者为胜,取及第争先之谶,谓之状元筹。"全副状元筹有63支筹条,每支筹条刻有从状元到秀才的不同科名和注数,状元1支16注(最大),秀才32支各1注(最小)。中秋博状元一套会饼63个,与状元筹游戏规则基本相同,即两者科名相同、数量相同、骰子相同、博法相同,区别是状元筹玩的是筹,中秋博状元博的是饼。用骰子做工具,可以追溯到宋代的一种牌戏宣和牌,玩的就是骰子六面的点数。

泉州博饼是中原文化、闽南文化、科举文化和民俗文化融合的产物,从台湾史书也可以找出相关记载,这也印证闽台文化同根同俗。

骰子在大瓷碗里落下,发出叮叮当当的清脆响声,欢声笑语从人们的心里飘出,脸上洋溢着快乐的微笑。叮叮当当的响声,仿佛是泉州东西双塔风铃的呼唤,总让人想起高甲南曲,想起故乡的老屋,想起亲人刺桐树下的张望。

清风明月中,博中状元,博出一个红红火火的好兆头。

冬至搓圆

冬天，一碗汤圆飘着故乡的气息，温暖着游子的旅程。

冬至，又称冬节。泉州人称冬至为"小年兜"（小春节），其重视程度比春节稍为逊色，但同样很隆重。

冬至应节食品，各地不一，北方吃馄饨，西北一带多吃饺子，江浙一带则吃汤圆和麻糍。《清嘉录》曰，苏州人过冬至节所吃的汤圆，又称"冬至团"，分为粉团和粉圆两种。泉州人所吃的"冬节丸"，实际上就是《清嘉录》所介绍的苏州人应节食品粉圆。节日前夕，泉州家家户户要"搓丸"，有红、白两色。"搓丸"手艺细巧，晋江深沪、石狮祥芝、惠安崇武的渔村妇女手艺最高，粒粒小如鱼目珠子，令人赞叹不已。

生活的滋味在过节中回味：主妇们张罗着把一个大簸箕摆放厅堂，将糯米粉和水搅拌，揉成粉团，全家大小围坐一起，笑脸如一朵朵盛开的鲜花。那白白的冬节丸，象征着纯洁的亲情；红红的，象征着吉祥如意；圆圆的，象征着家庭团圆。冬至搓圆，令那些散落在故园角角落落的故事和笑声，又围拢在一起。

在搓冬节丸的同时，还用米丸料捏做一些小巧玲珑的瓜果动物和金锭银宝，以象征兴旺吉祥有财气，俗称"做鸡母狗仔"。

在泉州有"吃了冬至丸多一岁"的说法。相传明永乐年间，泉州的一位徐秀才含冤坐死牢，昭雪出狱后吃了"冬至丸"时发出这样的感叹。

泉州又有"冬节不回家无祖"之说，所以出门在外者，都会尽可能回家过节谒祖。冬节早晨，要煮甜丸汤敬奉祖先，然后合家以甜丸汤为早餐。泉州人吃丸，称元宵丸为"头丸（圆）"，冬节为"尾丸（圆）"，这样头尾都圆，意味着全家人整年从头到尾一切圆满。旧时大宗望族，还要在这天开宗庙祠堂大门，举行祭祖仪式，与清明节的那次祭祖，合称春冬二祭。

在泉港一带，冬节除祭祖外，还有一些与清明节同样的习俗，如可于节日前后十天内上山扫墓，修坟迁地也百无忌讳。

拍胸舞蹈

拍胸舞又称"拍胸""打七响""打花绰",是福建省最有代表性的民间舞蹈之一,主要流行于泉州等地。尤其在泉州地区,大到政府举办的各种重大文化活动、大型文艺踩街,小到各单位的集会庆典、乡村民间的迎神赛会,以至普通百姓家的婚丧喜庆,随处可见"拍胸舞"身影。

泉州拍胸舞,是泉州地区原住民闽越族舞蹈的历史遗迹,是闽越人蛇图腾崇拜的一种历史见证,是具有特殊历史文化价值的闽南民间舞蹈活化石,被国外称为"东方迪斯科"。

拍胸舞仅一二人便可随时随地随意起舞。拍胸舞传统的舞者为男性,头戴草箍中间向上突出一截,像蛇头,是对蛇图腾的崇拜,上身裸露,赤足,动作以趋于单一节奏的击、拍、夹、跺为主,部位集中在胸、肘、腿、掌等处,基本体态呈拔腰挺胸之势,全身跳跃,并辅以雄健的蹲步和怡然自得的颤头动作。

拍胸舞基本动作为"打七响",即双手首先于胸前合击一掌,接着依次拍打左右胸部,双臂内侧依次夹打左右肋部,双手再依次拍打左右腿部,共得七响;与此同时配合双脚的蹲裆步有节奏地跳跃,身体随之左右晃动,配以颤头动作,产生别具一格的摇晃动律,使舞蹈洒脱自然,如此循环往复,连续表演。现在,舞蹈家为拍胸舞配上音乐,使得表演场面更加热烈欢快,整齐有序。

剽悍的男子汉组成舞队,赤脚,袒胸露背,随着领舞者一声吆喝,齐刷刷地抬起左掌,向着自己的右胸猛力拍击,接着,是右手拍向左胸,而后扬起手臂和手掌分别下击肋部和大腿,变幻有序,发出响声——噼啪!噼啪!

玉驴颠步、金鸡独立、蟾蜍出洞、半月斜影,边歌边舞,情绪高昂,气氛热烈,风趣浪漫,粗犷明快。

泉州拍胸舞保留了古闽越族原始舞蹈的特色,从舞种分布的角度看,它与黎族、高山族等南方少数民族舞蹈之间存在着密切的渊源关系。泉州古老剧种梨园戏《李亚仙》中保留了"莲花落"乞丐拍胸一折,现在民间拍胸舞又使用、保留了泉州南音的《三千两金》。

拍胸舞在泉州农村极为流行,对它的源流说法不一:一说源自梨园戏《李亚仙》的折子"莲花落",是郑元和浪迹街头,与众丐行乞时边唱边舞,以抒胸臆;一说是早已有之,现收藏于故宫博物院的宋马远《踏歌图》,即为描绘拍胸舞场面。

"拍胸舞"十分独特,盛行于泉州,也流传到厦门、台湾地区,除此以外的其他汉族地区未见有"拍胸舞"。

1959年,泉州地区舞蹈工作者首次以"拍胸舞"为素材,创作舞蹈《田间乐》参加省、全国的文艺会演;1985年福建省梨园戏剧团携带拍胸舞等赴日本参加"亚洲民族音乐舞蹈节"交流;1992年泉州鲤城区王宫、陈店村农民"拍胸舞"队参加"天津广场舞比赛"和"沈阳国际秧歌节"比赛获奖。

矫健的"东方迪斯科",舞出侨乡豪迈的气概。

火鼎公婆

泉州自古流传着一种民间舞蹈,叫"火鼎公火鼎婆",是迎神和喜庆活动最为常见的舞蹈表演形式。

"火鼎公火鼎婆"饰演一家三口,"火鼎公"上穿反穿羊羔黑裘,下着宽筒黑裤,裤管下端紧束绷带,脚穿圆口软底男布鞋,腰束长绸巾,手执竹制长烟管在前,其形象在泉州高甲戏中叫"破衫丑",表演诙谐滑稽。"火鼎婆"身穿镶边大襟红衫,下着镶边宽筒大红裤,头顶盘起高高的发髻,脚穿高底绣花软底布鞋(闽南俗称"大公鸡鞋"),手执大圆蒲扇在后,表演风趣幽默,其形象在高甲戏行当称作"家婆丑"。一口里面燃木柴的火鼎(锅)架在两根竹竿中间绑着的"四脚架"上面,公婆俩通过绑在竹竿两端的长绸巾抬起火鼎。"女儿"身穿青色镶边大襟衣和镶边宽筒裤,脚穿绣花软底布鞋,扁担两头各挑着装有木柴的小竹篮,乖巧妩媚。

三个人踏着民间小调《十花串》(又名《流水板》)等乐曲,节奏轻松、明快。火鼎公时而做"乐乐步",时而做"欢畅步"。火鼎婆做"踏蹲步"或

"扇火喜跳""欢跃步",自由表演,即兴发挥。兴起时,晃动着燃烧着的熊熊烈火的火鼎冲到观众面前。滑稽可笑的表演,引来众人或驻足观赏,或往前追逐。"女儿"则走"挑担步"随"公、婆"身后,不时将所挑的木柴投入火鼎,使鼎中的火保持不灭。乐队由六至七人组成,随后为他们伴奏。表演因时因地而定,时间可长可短。

宋代"百戏"中就已有"火鼎公火鼎婆"这一民俗舞蹈。明代《闽书》、清乾隆《泉州府志·民俗》中有对"大赛神像"的描述,说明最晚当时的迎神赛会中已有"火鼎公火鼎婆"。

这一民间舞蹈的历史渊源非常古远。自古以来,人们对"火"有着一种强烈的崇敬之意,可溯源至传说中燧人氏钻木取火。而闽南地区的"火鼎公火鼎婆"正是源自对于"火神"的崇拜,并衍化为一种独特的民间舞蹈。旧时"火鼎公火鼎婆"常用于泉州民间迎神赛会的"火鼎踩路",尤其逢重大节庆,神佛诞日,必抬神像出巡衢,其情景如清乾隆《泉州府志·民俗》所载:"八抬"神像,"其疾如风"。"神之前为道士,又前为鼓吹,又前为巡逆……"这种民俗至今保留在台湾、金门地区。

"火鼎公火鼎婆"舞蹈寓意深刻,颇具历史、现实意义。舞蹈表现出乐观爽朗的性格、风趣幽默的神态,是人们对未来的美好向往。"火鼎踩路"有"烧去千灾,迎来百福"之意,表达了人们希望扫除一路污浊、驱除疾疫、驱邪镇恶,祈求风调雨顺、国泰民安。

"火鼎公火鼎婆",曾应邀参加沈阳国际秧歌舞蹈节和天津广场舞蹈比赛,均获优秀奖。

泉州人的日子在这舞蹈中,过得兴旺红火。

泉州博物馆群托起名城之魂

当岁月的轮回和时光的流逝如白驹过隙时，用另一种方式来重现过去的存在，重温昔日的故事，已成为必然。这就是博物馆。

承载泉州的荣光与辉煌，需要博物馆。

改革开放40多年来，泉州各种博物馆便在名城大地上耸立。现在，泉州的博物馆不仅数量增加了，而且门类、收藏和陈列体系也更加完备。

泉州的博物馆群中，有全国唯一反映祖国大陆与宝岛台湾历史关系的专题博物馆——中国闽台缘博物馆，它同时又是一座国家级博物馆。

泉州还有全国最大的县级博物馆——晋江博物馆。

作为城市文明的重要标志，泉州的各类博物馆正以其独特的收藏、展示、研究等功能，在城市建设中发挥积极作用。

泉州的博物馆规划和建设都很大气。在泉州，博物馆不是孤零零的建筑，它形成了网络，与泉州特有的历史文化和民间艺术水乳交融，博物馆的作用已不仅是展示，而是传承和交流。

中国闽台缘博物馆于2006年5月正式开馆，它与先后建成的泉州海外交通史博物馆、泉州博物馆、泉州华侨历史博物馆、泉州非物质文化遗产馆、泉州侨批馆等，形成泉州博物馆群。此外，泉州还有戏曲、音乐、建筑、陶瓷、茶叶等专业展馆。如今，德化的陶瓷博物馆、石狮的闽台服饰博物馆、安溪的茶博物馆等各个县的博物馆，也办得有声有色。

在泉州博物馆群中，每一座博物馆都有不可替代的意义。它们既是历史的，又紧连着现实和未来。

中国闽台缘博物馆

泉州名山清源山麓，一座上圆下方、气势磅礴、巍峨壮观的博物馆，在绿树与鲜花的衬映下，赫然耸立，卓尔不群。远远望去，主体建筑与大圆顶之间观景天台上高6.2米、径宽4米的金玉莲花，金光灿灿，播撒着吉祥如意的福音。

这就是备受海内外关注的中国闽台缘博物馆。

作为中国第一座展示祖国大陆与宝岛台湾历史关系的国家级对台专题博物馆，中国闽台缘博物馆的设计可谓匠心独运，凸显了"天圆地方，中华一统"设计理念。中国闽台缘博物馆整座建筑浑然天成，充分利用红砖、白石，出色地体现人文精神和闽台特色，成为泉州标志性的建筑。主体建筑前的大型景观广场面积达2万平方米。广场充分体现了闽南建筑的特色，以极富闽南建筑特色的红色为基本色调，充分利用天然石板材的颜色，分隔出醒目的图案，远观如一张巨大的地毯，与主体建筑融为一体。

广场入口处的"九龙柱"，高19米、直径2米，是祖国大陆最高的一对"九龙柱"。"九龙柱"重达135吨，前面的卧碑宽12米、高2.5米、厚1米、重达70吨，由一块完整的砻石构成。中央是个长74米、宽18米的巨型水池，水面将主体建筑倒映在池中。这座大水池在设计时还特意将水池的源头抬高0.2米，因此注水会由里向外源源不断地流动。

中国闽台缘博物馆共分为四层，展厅总面积7355平方米。一楼设有国际学术报告厅、临时展厅、库房等。二楼的基本陈列"闽台缘"，分"远古家园""血脉相亲""隶属与共""开发同工""文脉相承""诸神同祀""风俗相通"7个部分，根据闽台关系的"五缘"，即地缘相近、血缘相亲、法缘相循、商缘相连、文缘相承，突出闽台同属中华一统思想。三楼的专题展"乡土闽台",其西展厅按"春、夏、秋、冬"四个时节,展示闽台两地相同的元宵、清明、端午、中秋、冬至等民俗习性,深入表现闽台关系。该展厅,还以蚵壳厝、闽台老街、古戏台、古牌坊等造景,集中体现了闽台两地的历史人文景观,具有浓烈的闽台乡土气息和传统底蕴。四楼为信息中心和办公场所。中国闽台缘博物馆突破了传统博物馆单一的展陈手段,综合展品、文字、模型、场景、音像等多元性展示手法,声、光、电等各种高科技介入,意实结合,动静相宜。模拟场景中无论是两岸云山碧水,还是闽台风云人物,灵动的画面都赋予历史鲜活的生命,给人以强烈的视觉冲击力和艺术感染力。

博物馆的每个建筑几乎都蕴含着闽台独特的渊源。除了展厅体现闽台关系的"五缘"外,馆区内还建有阿里山、日月潭、武夷山、鼓浪屿等闽台山水园,以及闽台特色的花木品种园,使来馆参观的两岸同胞及全球华人,都能直观感受到两岸源远流长的历史文化。

中国闽台缘博物馆建设前后,得到广大台湾同胞等的大力支持。

台湾同胞的捐赠,不仅丰富博物馆的馆藏,同时也密切了两岸乡亲的联系。

中国闽台缘博物馆集收藏、展示、研究、交流和服务等功能为一体,也是研究大陆与台湾关系史特别是闽台关系史的重要学术机构。

中国闽台缘博物馆先后被中宣部、团中央、国家文物局、国台办授予"全国爱国主义教育示范基地""全国青少年教育基地""国家一级博物馆""海峡两岸交流基地"等称号。

泉州博物馆

与中国闽台缘博物馆毗邻的,是泉州博物馆。

泉州西湖潋滟,倒映在湖中的天光云影在轻轻漾动。泉州博物馆就坐落在泉州市区西湖北侧,占地面积达80亩,建筑面积为16037平方米。外观是传统的古民居"红砖白石"风格,鲜丽、壮观,一道道"燕尾翘"屋脊挑起……

走进气宇轩昂的花岗岩牌坊，穿过广场，就来到了博物馆。泉州博物馆由主楼及3幢附属楼组成，4个区域6个展厅。一区系主楼，一层为库房、办公技术用房；二层展厅布展"泉州历史文化陈列"；三层展厅陈列泉州民间收藏和古代书法（中厅即将开设现代工艺展）；四层为临时展厅。二区为泉州画院。三区一层展厅系为联合国科教文组织设立的"世界多元文化展示中心"；二层为南音、戏曲艺术展厅。四区为学术报告厅。

在泉州博物馆展厅，人们似乎置身于泉州古代的景象之中：男人手持锄具，下田锄田或上山打猎，女人采谷作羹，或织布缝衣，孩童或溪头戏水或田间捕蝶，其乐融融。

泉州海外交通史博物馆

一艘商船和一座泉州城池的模型，各式各样的出海商品及马可波罗的画像，让人仿佛见到满城的刺桐红，来来往往的商人旅客说着不同国家的语言，穿戴着不同国度的盛装。这里还有铜铁、陶瓷、金贝、珠宝、香料、丝绸……无不诉说泉州海外交通历史的辉煌。

泉州海外交通史博物馆，是中国惟一以海外交通史为专题的博物馆，1959年创建，新馆于1991年建成。它的外形像一艘扬帆起航的大海船，内设有"泉州宗教石刻馆""泉州海交民俗文化陈列馆""中国舟船世界""阿拉伯—波斯人在泉州"等几个展馆，另有分馆"泉州湾古船陈列馆"，位于泉州开元寺里。泉州海外交通史博物馆，是中国海交史的展示中心和研究基地，2008年5月，被国家文物局认定为"国家一级博物馆"。

在这里，我们将从大量的珍贵文物和模型中去了解古代泉州、了解古代刺桐港的兴衰。

古代的泉州以她博大的胸怀，同时容纳了多种宗教共同生存和发展。这当中有中国传统的道教、南朝传入中国的佛教，还有伊斯兰教、基督教、印度教和摩尼教。千百年来，泉州的石刻默默记载了诸多宗教在泉州的兴衰。许多石刻就陈列在泉州海外交通史博物馆里。

泉州海外交通史博物馆，堪称中国海洋文明的缩影。永乐三年（1405），郑和率领由2.7万人和近200多艘福船组成的船队起航，浩浩荡荡驶向"西洋"，其中有许多泉州人辛勤的汗水。

通过泉州海外交通史博物馆，我们不难想象出当年"缠头赤足半蕃商，大舶高樯多海宝"的辉煌岁月。

华侨历史博物馆

作为著名侨乡，不能不提泉州华侨历史博物馆。

泉州华侨历史博物馆坐落于泉州中心市区东湖街。该馆外观由圆弧状虹门连接东西两翼，喻义博物馆起着连接泉州与海外乡亲的桥梁作用。

该馆以"纪念先贤、策励后昆"为宗旨，该馆落成、开放后，已经在海内外引起了广泛的关注，吸引了一大批海内外各界人士前往参观，起到了弘扬中华传统文化、促进海内外文化交流和爱国主义教育基地的作用。2001年8月，该馆荣获"中国侨联首批爱国主义教育基地"称号。

建馆以来，该馆先后推出"出国史馆""泉州人在南洋""故土情深——泉籍华侨华人奉献史"3个基本陈列。"出国史馆"，主要展示自唐代以来，不同历史时期泉州籍华侨移民海外的原因、类型、方式、过程及影响；"泉州人在南洋"，表现了泉州人在海外生存、发展的历史及海外泉籍华人社会变迁和现状。

走进泉州华侨历史博物馆第二个基本陈列展厅"泉州人在南洋"，首先呈现在观众面前的是一巨幅古铜色浮雕，农耕、种植、开矿、拉黄包车，铁匠、木匠、理发匠，早年泉籍华侨在异域他乡开垦种植、贸易经商及其他各行业的繁忙景象栩栩如生。整个展览生动再现了早期海外华侨艰难谋生、艰苦创业的生活图景，体现了华侨勤劳勇敢、艰苦奋斗、自强不息的精神。

展厅出口的触摸屏还设置了"华侨史知识有奖竞答"，与观众互动。展览反映了泉州人在海外发展的艰辛以及华侨社会三大支柱的重要作用，使参观者产生强烈共鸣。

"泉州人在南洋"是泉郡华侨的创业史，他们留下的宝贵精神财富，是中华文明对人类文明进步的重要贡献，将成为中华民族精神的重要部分。

泉州华侨历史博物馆成为海内外较有影响的华侨史研究中心之一，也是联系海外华侨的一个重要桥梁和窗口。

泉州非物质文化遗产馆

泉州非物质文化遗产馆，是国内最大的非遗馆。其位于泉州市侨乡体育中心内，建筑面积9000多平方米，展陈面积6500多平方米，分二、三、四、五层展区，荟萃泉州市众多非遗保护项目。

在泉州非物质文化遗产馆里，你可以欣赏到众多珍宝级"非遗"展品，包括泉州彩扎、泉州花灯、德化瓷雕、惠安石雕、漆线雕、锡雕、李尧宝刻纸、永春纸织画、江加走木偶头雕刻、晋江泥金线画、金苍绣、永春漆篮、泉州竹编、石狮通草画、惠安木雕、戏剧脸谱和泉港福船等。

参观者不仅能看到"非遗"项目的实物展示、展板文字图片介绍、多媒体演示，还能通过非遗传承人的活态展演展示，全方位感受"非遗"魅力。参观时，你能看到惠安女服饰、闹元宵习俗，能看到拍胸舞、火鼎公婆等民间舞蹈，也能看到五祖拳、刣狮等活动，还能欣赏南音等传统音乐、曲艺、戏剧等。

人们在泉州的博物馆里徜徉、沉吟，仿佛走进了古城深邃的历史、无垠的时空。

泉州的"博物馆之旅"，正成为这座历史文化名城旅游的新亮点。

泉州博物馆群，历史与未来在这里和谐对话。

泉州是戏曲之乡

泉州戏曲名闻遐迩，有梨园戏、高甲戏、提线木偶戏、打城戏等多个地方剧种。其中，梨园戏发源于宋元时期的泉州，距今已有800余年的历史，被誉为"古南戏活化石"。

南音（泉州弦管），被联合国教科文组织列入"人类非物质文化遗产代表作名录"；以泉州提线木偶戏为主体的"福建木偶戏后继人才培养计划"，入选联合国教科文组织"保护非物质文化遗产公约优秀实践名册"。

多年来，泉州戏剧多次获得文华奖、曹禺戏剧文学奖剧本奖，入选国家舞台艺术精品工程十大精品剧目等。

泉州戏曲多次登上央视。

特别值得一提的是，2016年中央电视台春节联欢晚会在泉州设分会场。同年，泉州特色元宵灯会和踩街也登上央视元宵晚会。

2016年2月7日除夕，中央电视台春节联欢晚会泉州分会场位于泉州府文庙，因泉州是著名侨乡，与台湾隔海相望，泉州分会场的春晚主题以及春晚节目主要突出"互诉乡愁，两岸一家亲"的美好主题。

2016年2月22日是农历正月十五，泉州花灯登上央视元宵晚会。该场晚会延续2016年春晚东西南北中五地联动形式，在喜庆、热闹的氛围中，展现出各地不同的民俗文化特色。那天，随着夜幕降临，泉州的天空开始飘起淅淅沥沥的小雨，但这雨丝毫挡不住泉州市民和外地游客赏花灯的热情。

再拿较近的说。2019年2月5日晚7时30分，央视2019年春节戏曲晚会在CCTV-11首播，除主会场外，晚会还设置3个分会场：古代陆上丝绸之路起点陕西西安、南方丝绸之路起点四川成都、海上丝绸之路起点福建泉州。

"过年啦，过年啦……"随着60位身穿蟳埔女服饰、手提传统灯笼的小女孩冲上舞台，泉州分会场第一个节目《泉州过大年》登台，随后提线木偶戏、闽南民间歌舞、南少林武术、水中拍胸舞等项目纷纷上阵，原汁原味地展示泉州戏曲文化的独特韵味和魅力。

同时，泉州民俗表演穿插在节目中，泉州花灯、泉州李尧宝刻纸、江加走木偶头雕刻、火鼎公婆等，都让海内外观众感受到泉州浓浓的年味。

这是继2016年央视春晚在泉州设分会场之后，再次将春晚的分会场设在泉州。2019年央视戏曲春晚泉州分会场相关负责人认为，泉州作为海上丝绸之路的起点城市入选分会场是实至名归，这里还是远近闻名的戏曲之乡。

"天下上元，灯烛之盛，无逾闽中。"2019年2月19日正月十五上午，央视综合频道《生活圈》元宵特别节目《欢天喜地闹元宵》，介绍了全国5个城市的花灯，泉州晋江五店市赏灯活动是其中之一。同北方庙会的大气磅礴相比，泉州花灯精致细腻，节目中特意邀请泉州花灯艺人现场制作针刺无骨花灯，向全国观众展示了泉州花灯代代相传的精湛技艺。这一天，扮靓了"光明之城"的泉州元宵灯会再登央视新闻联播。

泉州戏曲是央视春晚和戏曲春晚的常客，此前泉州高甲戏、南音、木偶戏、梨园戏等，共计超过30多次走进央视春晚舞台，其中高甲戏最多，累计达20多次。早在1996年《老鼠嫁女》，就将泉州高甲戏带到央视戏曲春晚。

泉州戏曲还频频亮相北京奥运会开幕式和联合国总部等处的活动中，让泉州文化名扬四海。

泉州作为戏曲之乡，长久以来满足了广大市民的文化生活需求，而这种需求也哺育了戏曲，让泉州戏曲艺术不断发展。多年来，泉州文艺公益惠民演出每年均超过千场，常年演出已经形成品牌，不断吸引新的戏迷走进剧场，也让一批批青年演员成长起来，不断生成越来越多的优秀剧目。

古音乐活化石：南音

花香盈屋，雅韵悠扬。在院子里摆上几把椅子。左右各坐了两人，中间站着一个。左手的一男一女，男的弹三弦，女的拨琵琶；右手的一女一男，女的拉二弦，男的吹洞箫。中间站着年轻小生，手持云板，通身白衣，素雅俊逸。洞箫如诉，千回百转。这就是南音演唱。

这时天空变得澄澈而高远，世界变得素洁而纯净。于是，在一个透着清寒的黄昏，你可以拒绝所有的喧嚣与浮华，静静地坐下来，为自己泡上一杯喜爱的乌龙茶，在南音声中，让触手可及的温暖熨帖着孤寂的心灵。此时，一种平和、安宁的幸福伴着窗台上温润的花香在空气中浮动。

南曲声声，悠扬动听，时而像岩洞滴水那么飘逸悠闲，时而像林间啼雀那么婉转多情，时而像骤雨叩窗那么激起欢悦。一曲《出汉关》，一曲《长台别》，还有一首《梅花操》，一首《八骏马》，如此优美。

南音也称"南曲""南乐""南管""弦管"，是中国现存最古老的乐种之一。汉、晋、唐、宋等朝代的中原汉族移民，把音乐文化带入以泉州为中心的闽南地区，并与当地民间音乐融合，形成了具有中原古乐遗韵的文化表现形式——南音。南音有"中国音乐史上的活化石"之称，用泉州腔闽南语演唱。南音中所用的"拍板"及其演奏方式，与敦煌壁画中的伎乐图一样。如今南音的演奏保持着唐宋时期的特色，南管中主导乐器琵琶，未随时代演进，仍保持唐时的大腹短颈，弹奏上还是用横抱拨弹。其音乐主要由"指""谱""曲"三大类组成，是中国古代音乐比较丰富、完整的一个大乐种。

"郎君乐"、"郎君唱"指的是南管乐者祀奉孟府郎君为乐神。孟府郎君又称"御前清客"。相传康熙帝六十寿辰，南音乐社曾御前演奏，被封为御前清客。孟府郎君是谁？台湾南管大都奉西秦王、田都元帅为守护神，有的则认为是孟府郎君即西秦王或孟姓才子，又有说是唐诗人孟郊，也有说是五代后蜀主孟昶。

一条古音乐的河流，从中原古韵中流淌而来，弥散在辽阔的泉南大地。又从闽南的古厝下启程，以超越时空的方式漂洋过海，播下的种子，生长一种思念，在游子心中发芽。泉州南音主要流行于闽南及台湾地区、南洋群岛华侨居住地区。

2006年5月20日，南音经国务院批准列入第一批国家级非物质文化遗产名录。2009年10月1日，福建南音（泉州弦管）正式被联合国教科文组织列入"人类非物质文化遗产代表作名录"。

泉州南音多次应邀出国演出。

2004年9月底，应巴黎中国文化中心邀请，泉州南音专场晚会展演团一行28人，赴法国演出。

在法国演出期间，巴黎的多家报社纷纷报道晚会演出的实况，发行量很大的《欧洲时报》刊出了大幅剧照，并详细报道了演出盛况："来自中国泉州的南音乐团在巴黎香榭丽舍剧院举行了专场演出，为喜爱中国艺术的法国观众展示了中华千年古乐南音，演出获得了热烈掌声……此次演出又一次将泉州南音推介给法国观众，中国历史文化名城泉州，作为闻名中外的南音故乡，一直十分重视南音的继承、研究和发展工作；泉州南音乐团人才辈出，他们经常在世界各地演出，介绍、推介泉州南音艺术，目前泉州南音已列入人类口头及非物质遗产项目。"

南音成功"申遗"后，十几年来不仅成为亚洲艺术节、海上丝绸之路国际艺术节、世界闽南文化节等重大文化活动的保留项目，还连年举办南音大会唱，吸引了无数海内外弦友汇聚泉州进行交流。

早在1990年，泉州市就将南音教学正式引进中小学课堂，编发了《泉州南音基础教程》等教材，将南音曲谱"翻译"成简谱和五线谱，便于教学。泉州师范学院于2003年设立了南音专业，首次将中国民间乐种引入高校本科专业中，专门培养既有音乐理论基础又懂得泉州南音演唱演奏的人才，就业方向是中小学南音教师，目的是让泉州南音进入中小学课堂。如今，泉州市大力推动南音进校园活动，持续开展中小学南音比赛，取得了良好效果，培养出一大批南音新秀，为南音传承注入了新的活力。

2014年2月11日，巴黎联合国教科文组织总部1号会议厅内，1300个座位座无虚席，更有在法国的泉州籍华侨驱车400余公里赶来观看南音表演。演出开始，现场一片静谧，袅袅南音响起，泉州培元中学南音艺术团的32位小演员以精湛的技艺弹唱南音《风打梨，直入花园》，千年雅乐给观众带来悠远、优雅、纯净的视听感受。著名相声表演艺术家、此次大型演出代表团团长姜昆特地向联合国教科文组织助理总干事汉斯·道维勒介绍泉州南音，称其是中国最古老的音乐之一。

泉州丰富的历史文化不是静止的，只有传承，才能发扬光大。

奥地利时间2017年12月11日晚8点，大型交响合唱《长安门》在奥地利维也纳金色大厅上演，泉州南音非物质文化遗产代表性传承人蔡雅艺演唱第三部分《出汉关》，首次将泉州南音带到金色大厅向世界展示。

《长安门》大气磅礴，旋律颇具历史感。演出结束后，现场掌声雷动，谢幕长达10多分钟，听众迟迟不愿离场，他们还想再多听一会儿。

古南戏遗响：梨园戏

夜幕降临，月上树梢，泉州关岳庙前，欢歌笑语。

曲尽其妙，舞穷其美。在伴乐声中，梨园戏女演员，婀娜动人，像一首诗，像一幅画，每一个动作，每一个唱段，蕴藏无尽的神韵，让人领略到梨园戏艺术的丰富内涵。

戏剧梨园的始祖是谁？是大名鼎鼎的唐玄宗。唐玄宗不仅是开创"开元盛世"的帝王，更是精通音律的帝王。那么，唐玄宗与音乐有何渊源呢？

音乐素有雅俗之分，所谓雅乐一般是用在国家祭祀、宗庙、朝会等隆重的庆典活动中，发挥一定的政治功能。而俗乐则主要是供人欣赏、娱乐的。说到唐玄宗，他自幼精通音律，热爱歌舞表演，当上皇帝后觉得俗乐比雅乐更富有艺术性。于是他下令在太常寺之外，单独设立管理和教授俗乐的教坊——梨园。唐玄宗还不忘培养新秀，亲自挑选数百名乐工和歌女，组建了一个歌舞艺术团，并亲自教学、管理。这就是为什么现在的戏曲艺人入行之前先要拜唐玄宗了。

至于梨园戏，则发源于宋元时期的泉州，与浙江的南戏并称为"搬演南宋戏文唱念声腔"的"闽浙之音"，其距今已有800余年的历史，被誉为"古南戏遗响""古南戏活化石"。梨园戏广泛流播于泉州、漳州、厦门、广东潮汕地区以及港澳台地区和东南亚各国闽南语系华侨居住地，保存了宋元南戏的诸多剧本文学、音乐唱腔和演出规制。

梨园戏分为小梨园（七子班）和大梨园的"上路""下南"三流派，各有其保留剧目"十八棚头"，保留了原生态舞台艺术。

梨园戏表演有一整套严格规范的表演形式，其基本动作称为"十八步科母"，各个行当受到严格规范。音乐保留了南戏的鼓、萧、弦伴奏为主的形式；唱腔源于晋唐古乐，用泉州音演唱，属曲牌体，至今沿用《霓裳羽衣曲》等古曲牌名；主要乐器琵琶系南琶，采用横弹，与唐制相仿；洞箫即唐代的尺八；打击乐以南鼓（压脚鼓）为主，打法十分独特。

鼓乐悠扬，舞台上青衣花旦正唱梨园戏《陈三五娘》，一个流传在闽粤之间的古代爱情故事，一个关于反抗封建婚姻制度而毅然私奔的青年男女的故事，诉说悲欢、梦想与渴望。在《陈三五娘》之《睇灯》一折中，通过弄龙、赏鳌山、拾扇、谈诗等情节，表现陈三与五娘在元宵观灯邂逅、一见钟情的情景。在灯月交辉的氛围中，还引出"答歌"的场面，展示出各个人物的不同性格。观众凝睇沉思，有情人终成眷属，爱的故事在梨园戏里楚楚动人。

2014年10月，文化部非物质文化遗产司公布第四批国家级非物质文化遗产代表性项目名录，泉州"陈三五娘传说"成功入选。

更早的时候，1954年，传统剧目《陈三五娘》参加华东戏曲汇演，荣获多项大奖，后又获文化部优秀剧目奖，并被拍成彩色影片。从此，"养在深闺人未识"的梨园戏蜚声海内外，在中国戏曲界赢得了卓著声誉。

陈三和五娘在历史上都"确有其人"，现仍有迹可寻。陈三生活在南宋末年，名麟，因排行第三，所以叫陈三，其老家在泉州洛江区河市梧宅村。泉州台商投资区洛阳镇的陈坝村与梧宅村相隔不远，这里有一道泉州最早的水库堤坝。相传，当年陈三和五娘从潮州回到梧宅村后，热衷做善事，看到村中农田需要灌溉，就出资修建了这座水坝，当地的百姓称其为"陈三坝"。如今，还可以找到这座窄顶水坝。走在通向堤坝的小道上，哗哗的流水声不绝于耳。清风习习，流水淙淙，草香阵阵，沁人心脾。

梨园戏有踢球、拍胸的表演，非常独特。《李亚仙》就有一个场面，4个妙龄女子用肩、肘、脚尖、脚跟互相穿花传递彩球，球在空中时起时落；丑角扮相的李妈则穿梭碰球,手舞足蹈;由4个丑扮的歌郎,围着郑元和作"拍胸舞"。其与高甲戏的"吹喇叭"、莆仙戏的"抬轿子",被戏剧界专家称为"闽中舞台三奇"。

中华人民共和国成立后,梨园戏进入剧场演出,舞台布景从无到有,并逐步形成以《陈三五娘》为代表的剧种装饰布景特色,与表演风格相和谐。

明万历年间,泉州梨园戏班曾东渡到琉球演出。这次演出是目前已知的福建戏剧团体最早的一次出国演出。

20世纪80年代以来,泉州梨园剧团加强对外文化交流,先后出访意大利、日本、德国、瑞典、荷兰、菲律宾、新加坡、印尼等国家以及台湾、香港、澳门地区,并与不少文化艺术团体与学者建立了广泛的联系。

1986年,福建省梨园戏剧团应菲律宾皇都影剧中心邀请,演出《李亚仙》《朱文太平钱》《高文举》《苏秦》《陈三五娘》等传统看家戏。

1990年9月,应意大利"蒙德罗国际文学基金会"主席任蒂尼先生的邀请,由福建省梨园戏剧团与中央歌剧院共同组成的中国艺术家代表团飞往地中海参加国际性艺术活动。

1991年10月,福建梨园戏剧团应新加坡邀请,在新加坡国家剧场演出《陈三五娘》《吕蒙正》《苏秦》《李亚仙》《郭华买胭脂》《高文举》《节妇吟》等剧目。

2003年,剧团应邀赴法国参加"中法文化年"演出,深得赞誉,并与世界各国的不少文化艺术团体与学者建立联系。

1955年以后,泉州梨园剧团多次进京,先后以优秀传统剧目与新创剧目获文化部艺术局嘉奖。其中新编梨园戏《节妇吟》获首届中国戏剧节优秀演出奖、第四届全国优秀剧本创作奖,荣登全国"天下第一团"优秀剧目展演各奖项榜首。新编梨园戏《皂隶与女贼》获文化部第九届"文华新剧目奖"。《董生与李氏》获首届曹禺戏剧文学奖,并荣膺2003—2004年度国家舞台艺术精品工程"十大精品剧目"。

2006年5月20日,梨园戏经国务院批准列入第一批国家级非物质文化遗产名录。

丑角艺术：高甲戏

月上中天，洒下清辉，月光更加皎洁柔美了，此刻，泉州关岳庙前，高甲戏台上台下融成一片，到处洋溢着浓浓的艺术氛围和欢快祥和的气息。

高甲戏又名"戈甲戏""九角戏""大班""土班"，发祥地为福建泉州，是闽南诸剧种中流播区域最广、观众面最多的一个地方戏曲剧种。它的足迹曾遍布于泉州、厦门、漳州等闽南语系地区和台湾地区，还流传到华侨居住的南洋一带。

至于高甲戏的称谓，据传是因为演出时搭高台，穿战甲，拿戈枪，故观众叫作"戈甲戏"（"戈"与"高"闽南语音同）。另有一说法是，因为戏班到海外演出，侨胞称家乡来的戏是高等甲等戏，戏班回来就自称为"高甲戏"。还有一说是高甲戏有9个角色，故称"九角戏"。

高甲戏发祥地是泉州南安市石井镇岑兜村。岑兜村一座古大厝，大门上悬挂着"高甲戏发祥地——创始人洪埔师"的大字。大门口埕上矗立着一尊他的雕像。

洪埔，明末人，后人称他为"戏祖公"。洪埔师随平和九峰"四平戏"戏班流动演出至闽南漳州，后因戏班内讧散伙，搭班"竹马戏"戏班，在南安沿海一带演出，后来入赘定居岑兜村教习戏艺。

高甲戏前身是"宋江戏"。明末清初，闽南沿海农村、渔村，每逢迎神赛会喜庆节日，民间流行化装游行，以泉州最盛行。村民们有的装扮梁山好汉游行于村里，间或就地做简短表演，或者在广场上排成"蝴蝶阵""长蛇阵"等，进行各种带有故事性的表演，深受村民喜爱，由于当时由儿童演出宋江故事，时称为"宋江仔"。

岑兜村早年就有戏班艺人教习"宋江仔"，洪埔师来到这里后，开始调教艺人基本功，培养人才。洪埔在"宋江仔"的基础上，融合"四平戏""竹马戏"表演形式，令观众耳目一新，名声渐渐在外传播。洪埔推陈出新，将"宋江仔"打造成真正意义上的"戏"。

清道光以后，由成年人扮演的戏班，群众称为"宋江戏"。据万历年间泉州府经历陈懋仁的《泉南杂志》记载："迎神赛会，莫盛于泉。游闲子弟，每遇神圣诞期，以方丈木板，搭成台案，索以绮绘、周翼扶栏，置几于中，加幔于上，而以姣童装扮故事……"

最初，"宋江戏"以武打见长，套数多采用民间的"刣狮"，配以大锣大鼓。演出时，只见一群由艺人装扮的武士，手执武器与演员装扮的雄狮搏斗，十分精彩。现在高甲戏里的"冷煎盘""大碰场""凤尾摆""老鼠枪"等武打科套，仍保留"刣狮"的传统成分，同时吸收不少提线木偶的表演动作，俗称"傀儡打"。泉州刣狮于2021年6月入选国家级"非物质文化遗产代表性项目名录"。

历史上"宋江戏"保留下来的剧目，有《李逵大闹忠义堂》《宋江杀惜》《武松杀嫂》《抢卢俊义》《扈三娘替嫁》等，志书等文字材料比较清晰地记述了宋江戏的年代，约在清道光年间。

20世纪20年代至40年代，高甲戏发展很快，在晋江、南安、惠安、同安、安溪、永春、德化就有400多个戏班。部分高甲戏戏班不满足于在农村草台流动演出，陆续走出国门，年年都有戏班到菲律宾、新加坡、印尼等国演出。这一期间，出国的戏班竞技激烈，先后涌现出"十大虎班"。

高甲戏的演出剧目分为"大气戏"（宫廷戏和武戏）、"绣房戏"和"丑旦戏"三大类，以武戏、丑旦戏和公案戏居多，生旦戏较少。高甲戏的音乐唱腔兼用"南曲""傀儡调"和民间小调，而以"南曲"为主。

高甲戏的"丑",比起其他剧种,可以说是一绝。高甲戏的舞台,不夸张地说,是丑角的舞台。高甲戏的丑,据统计细分可达几十种,但是大体上分为男丑和女丑。男丑有"官衣丑""破衫丑""布袋丑""公子丑""傀儡丑",女丑有"夫人丑""媒人丑""老婆丑"等。丑角艺术以形写神,追求神似,以丑写美,寓庄于谐,达到艺术与审美、通俗与崇高的完美结合。

其中提线傀儡丑即高甲戏演员模仿悬丝木偶的表演。这类模仿突出表现在对提线木偶身形和形态韵味的模仿和夸张。其表演特征是,以外形展现人物体态,举手投足,皆模仿提线木偶姿态,双臂关节屈曲成"巾"字角度,掌出两指,肩如悬挂,头摆左右,提足僵直,落脚有声,行踏节奏,进退如滑,十分娴熟。其形式常为官服丑、赶路的老丑所采用。

高甲戏表演艺术家、"闽南第一丑"柯贤溪为代表的高甲戏柯派丑行表演艺术,不仅在包括台港澳地区、东南亚闽南语地区拥有广泛的观众基础,而且在中国戏剧界都具有一定的影响力。

1935年10月,已将丑戏演得出神入化的柯贤溪应邀到菲律宾演出,历时3年多,场场爆满,所到之处都掀起一股高甲戏热潮,成为许多海外乡亲寄托乡情、慰藉乡思的纽带,他由此获得"闽南第一丑"的盛誉。

1952年,柯贤溪进京汇演时,受到周总理的高度评价。此后,他将精力投入到高甲戏柯派表演艺术的传承与弘扬上,开始培养弟子。

柯贤溪在精通所有男丑表演的基础上创造了女丑表演艺术,使高甲戏丑行表演艺术更加丰富,成为高甲戏主要流派中最具代表性的一支。

1951年,泉州大众剧社(1957年改为泉州市高甲戏剧团)成立。1954年,剧社参加华东区戏曲观摩会演,《桃花搭渡》《扫秦》荣获剧本奖和演出奖。

泉州高甲戏《连升三级》被评为中国当代十大喜剧之一。该剧的表演艺术集中挖掘、继承了高甲戏丑行表演特色,除了两个旦角外,其余几乎全是丑角。该剧以传统表演艺术烘托感情、刻画性格,高甲戏丑角表演特色和深厚的地方戏色彩,共同构成了一幅丰富多彩的封建社会"百丑图"。故事让时光回溯到明末天启年间,舞台上昏君、庸臣、权宦、无赖、骗子荒唐可笑的故事,暴露了封建制度的腐朽没落,入木三分。20世纪60年代,该剧多次晋京献演,得到首都观众的一致好评，郭沫若、田汉、老舍、邓拓等为之题诗撰文，盛赞高甲戏丑角表演水平"登峰造极"，誉称《连升三级》是一颗"南海明珠"。

高甲戏《骑驴探亲》讲的是思念出嫁后久未归家的女儿，洪亲姆骑驴探亲。一路上，她挥鞭、逗驴把路赶，不曾想抵达亲家时，正逢女儿被婆婆欺，她随机应变把话问，"治理"了善挑是非的恶婆婆。演员动作夸张细腻、轻盈活泼，一颦一笑惟妙惟肖，再现了一个泼辣艳俗的老妇形象。

丑也是一种享受。舞台之上，这丑留下了幽默朴拙的乡土趣味，偏偏就丑出美，丑出艺术来。

1983年，《凤冠梦》获1982—1983年全国优秀剧本奖。1993年，刚创排不久的高甲戏《大河谣》参加全国地方戏曲交流演出（南方片），荣获优秀剧目奖、优秀编剧奖、优秀导演奖等一系列奖项；1994年7月，《大河谣》入选中宣部"五个一工程"，成为福建首个入选"五个一工程"的戏曲节目；1994年11月，《大河谣》获中国剧协"曹禺文学作品奖"。1995年，《大河谣》获省首届百花文艺奖的特别荣誉奖、《大汉魂》获全国"文化新剧目奖"、《玉珠串》获曹禺戏剧文学奖。

2006年5月20日，高甲戏经国务院批准列入第一批国家级非物质文化遗产名录。

2013年11月6日，第五届中国戏剧奖小戏小品奖榜单出炉，由泉州市高甲戏传承中心选送的经典剧目《送水饭》全票夺魁。

高甲戏、傀儡丑的活泼风趣，让满堂牛鬼蛇神生辉。如今，在泉州乡村、集镇、城市，老人们在舞台边一起咿咿呀呀地唱着戏文，已成为一道风景，那是他们最快乐的时光。

艺苑奇葩：泉州提线木偶

泉州威远楼前，提线木偶这鲜活的精灵，插上秦汉、晋唐的翅膀，穿越历史烟云，在戏台上翔舞。

中国的木偶艺术，历史悠久。据学者专家研究考证认为，中国的木偶艺术源于汉代，兴于唐宋，至今已有2000多年的悠久历史。

被赞誉为"让木偶活起来"的泉州提线木偶戏，即"嘉礼"戏，又称"加礼"戏，古称"悬丝傀儡"，又名线戏，被称为"艺苑绽放的一朵奇葩"。

"嘉礼""加礼"，意即隆重的殡婚嘉会中的大礼。泉州地区每逢民间婚嫁、寿辰、婴儿周岁、新建屋厦奠基上梁或落成、迎神赛会、谢天酬愿，都会演提线木偶戏以示"加礼"。

据传，唐末王审知入闽称王时，大建宫院，从中州聘请名士学子，让他们携带傀儡戏具放于宫中，时常表演娱乐，傀儡戏随之传入泉州，所以"嘉礼戏"的道白有中州音。

到了宋代，"嘉礼戏"已在泉州民间广为流传。明代的泉州傀儡戏，进一步与民间仪式结合起来，得到较大发展。

到清乾隆、嘉庆年间，泉州的"嘉礼"戏已十分成熟，不再只是片段、杂技表演，而是能够演出规模宏大且细致复杂的历史戏了。行当已分生、旦、北、杂4大类，可演42部大戏，如传统连台本《目连救母》可演七天七夜。

清末民初，泉州一带有50多个木偶戏班遍布城乡。泉州东岳庙、关帝庙、元妙观、城隍庙等"四大庙"，均有固定戏班为祈天酬神专门演出。号称"嘉礼才子"的林承池曾与文人杨秀眉创作了《说岳》《水浒》等连本戏，从而让木偶戏从服务于婚丧喜庆的圈子脱离出来。林承池、连天章等人，还创造和改进了不少表演艺术技巧，如拔剑、插剑、弄蛇、伞舞、织布、弄钹等，大大丰富了提线木偶戏的表演艺术形式。

泉州木偶戏分掌中木偶戏与提线木偶戏两种。

掌中木偶戏，俗称布袋戏，自明清至今，流传于闽南民间已有数百年的历史。它是把小小的木偶头和木偶的衣服连结起来，衣服像一条口向下开的布袋。表演时，艺术家把手伸进这布袋型的衣服里，食指套进木偶头腔内，大拇指和另三个指头套进左右两个衣袖里，靠着灵活自如的手指，把各种木偶角色表演得活灵活现，栩栩如生。

至于泉州提线木偶，保留着极为丰富的传统艺术与精湛的表演技巧。其主要特点有4点：一是剧目题材广泛，内容丰富多彩，有历代积累的传统戏和根据古曲名著改编的神话剧，如《火焰山》《钟馗醉酒》等，也有反映当代生活的现代戏及童话剧。剧本重视文学性，故事情节引人入胜，台词诙谐风趣。二是木偶的形象制作精美，粉彩细腻，栩栩如生，成为闻名世界的中国民间工艺珍品。三是每尊木偶身上设置8—16条提线，较复杂的表演多至36条线。按人体基本动作，线分若干组，解衣、拔剑、接伞以及叫人眼花缭乱的各种特技动作，全凭演员双手操纵。有时，同时由两个演员合作操纵一个木偶，一主一辅，配合默契，宛如一人。四是音乐糅合南音和闽南地方音乐的幽雅旋律，音韵清丽、悠扬。

泉州涌现出黄奕缺等一批木偶表演大师。木偶艺术家灵巧的双手，高超的技艺，令人叹为观止。几十条纤细悬丝，牵出700余出传统剧目。上至帝王将相，下到丫鬟奴仆，乃至雄鸡、小猴等动物，无不形神毕肖。

泉州提线木偶形象完整，制作精美，尤其是木偶头的雕刻与粉彩工艺，独具匠心、巧夺天工。泉州木偶头轮廓清晰，线条洗练，继承了唐宋雕刻、绘画风格。当代木偶头制作，在师承的传统技艺基础上，更侧重于夸张与变形。

这得益于泉州木雕艺术。泉州木雕有平雕、线雕、根雕、花格雕、神像雕等，自古以来木雕人才辈出，如今名师名企业不断涌现，木雕的作品在全国各类比赛中脱颖而出。2021年6月，泉州木雕入选国家级"非物质文化遗产代表性项目名录"。

泉州木偶剧团，其表演精彩、细腻、传神、逼真，富有独特的艺术魅力，誉满中外。

特别要指出的是，泉州市木偶剧团参加北京奥运会开幕式演出。2008年8月8日晚8时，举世瞩目的北京奥运会开幕式在国家体育场（鸟巢）隆重举行。《灿烂文明》第七篇章名为"戏曲"，在京剧打击乐中，4个木偶戏剧人登上了戏台。随着京胡乐声铿锵而起，900面得胜旗上下翻飞，身着红、黑、绿、白四色盔甲的四将士木偶人，在4米多高、20余平方米的舞台上威武亮相，演绎着凯旋的场面。这是泉州提线木偶领衔登场表演《四将开台》，演出时间长达3分8秒，以独特的方式向全世界展示了泉州提线木偶的魅力。

2017年12月，泉州市木偶剧团一行5人携泉州提线木偶戏走进中央电视台综艺频道《艺术人生》栏目，向观众介绍泉州提线木偶戏的传承和传播，其背后有艰辛也有温情，让人感动。

随着新世纪的到来，泉州木偶戏非常重视继承和创新，不断给古朴的传统艺术灌注新的活力。2009年，泉州提线木偶戏《火焰山》荣获文化部首届"优秀保留剧目大奖"。泉州提线木偶戏还创排许多优秀剧目，其中《古艺新姿活傀儡》《钦差大臣》《赵氏孤儿》等荣获文化部"文华奖"。一个地方剧团能有如此多的剧目获文化界最高奖，在全国是罕见的。

2006年5月20日，国务院公布了首批入选国家级非物质文化遗产名录，泉州木偶戏名列其中。

泉州连年举办"中国泉州国际木偶节"，每届"国际木偶节"，都有众多国内外的木偶表演团体汇集泉州，进行木偶精品节目荟萃展演与交流，使得"中国泉州国际木偶节"成为一种大型的多边性国际文化艺术交流盛会。许多参加展演交流的外国艺术家们赞叹："泉州不愧是木偶之城！"

泉州木偶戏，那小小的戏台上，上下几千年、纵横数万里……

珍稀的剧种：打城戏

泉州打城戏是全国罕见的剧种，发端于清咸丰年间，又称法事戏、和尚戏、道士戏，流行于泉州市区、晋江、南安、金门、龙溪、厦门等地，是在僧道法事仪式基础上演变发展起来的戏曲剧种。2008年，打城戏入选国家级非物质文化遗产。

旧时，闽南民间办丧事，要超度亡魂"做功德"。"打城"仪式通常是在和尚道士打醮拜忏圆满的最后一天举行的，叫"打桌头城"。一般在广场上表演简单的杂技，有弄钹、过刀山、跳桌子等，是些没有故事内容的小节目。道士在做功德超度亡灵时，桌上扎一个纸城，寓意亡灵困于城中受苦，救苦道士要引渡亡灵出城，最后破城门而入，救出亡灵。其方式是一女子披上头巾代表亡灵，一男子（由道士装扮）代表道士对着说唱。

后来，为适应法事需要，又增加些短小的神怪节目，发展为"打地上城"。演员由原来的一男一女，发展至一二十人，有布景、道具和剧目，开始在民间丧仪、中元节等演出。

清咸丰十年（1860），晋江小兴源村（今称"小坑园"）道士吴永诗、吴永寮兄弟在民俗法事活动——打天堂城的基础上，发展创造为戏曲表演形式。

打城戏戏班的真正形成和发展成为舞台戏剧，是在1905年。泉州开元寺和尚超尘、圆明决定合资购置行头，以演戏的道士为基本演员，又吸收寺外人员参加，组成一个半职业性质的戏班演出，同时聘请泉州木偶戏艺人传授整套《目连戏》。

打城戏走上舞台，渐渐地形成自己一套具有独特风格的传统剧目，大致可分为：神怪剧、历史剧和武侠剧三类。新中国成立后，创作一批新的剧目，如《郑成功》《龙宫借宝》《岳云》《宝莲灯》《潞安州》等，颇受观众欢迎。

打城戏的音乐曲调是在道情和佛曲的基础上，大量吸收木偶戏音乐曲调混合而成的。后来又加进一些南音和闽南民歌，但仍以傀儡调为主，既有地方特色，又形成自己的风格。

打城戏以武戏见长，有独特的一套表演技艺，最具特色的是"叠罗汉桌顶功""少林拳"。还有很多绝活，如"吃火吐火"等，惊心动魄，令人叫绝。尤其是吸取民间舞蹈形式的"开大笼"，具有神话戏斗法场面与神怪气氛，又运用面具来表现各类动物的形象造型，惟妙惟肖，十分生动。

打城戏形式新奇，深受闽南一带及台湾地区群众欢迎。2007年12月，泉州打城戏剧团在台湾演出引起轰动。特别是"以刀劈脸"等绝活，更是令观众难忘。

漫步泉州古城，我们所欣赏到的文化既古朴清雅又精致婉约，既内敛深沉又舒展奔放。文化是城市的血脉和灵魂。泉州的文化宝库，让其成为一座富有特色与充满魅力的城市。

QUANZHOU
THE BIOGRAPHY

泉州 传

泉州南派工艺婉约精美

第十章

在名城泉州，瓷器、石刻、木雕、泥塑、彩绘、剪贴等民间工艺精品随处可见。如果以"骏马秋风塞北"来比喻北派工艺的豪放壮伟，那么形容南派工艺婉约精美的特色，便是"杏花春雨江南"了。南派工艺线条的力度与意境的韵味，丰富而调和，叫人流连于历史和现实的纵横交错，感悟着艺术与文化的永恒悠远。

在泉州博物馆里，可以欣赏到各类"非遗"珍宝。木偶头、瓷雕、木雕、花灯、刻纸、彩扎、竹编、漆篮、纸织画、金苍绣……让人目不暇接，其中很多都是孤品。

这里许多工艺千年来代代相传，成为独特的文化，它一直留存在泉州人的血脉里。

德化"中国白"的"海丝路"

泉州山区小城德化,蓝天白云,街道旁边树木舞影婆娑,阵阵清凉的风儿使人心旷神怡。走进德化,就像走进了一座天然的"绿色宝库"。

德化,是一个以"瓷"闻名天下的地方。与江西景德镇、湖南醴陵并称为"中国三大古瓷都",是中国陶瓷文化的发祥地之一。1996年国务院发展研究中心授予德化"中国陶瓷之乡",2003年德化被评为"中国民间(陶瓷)艺术之乡"和"中国瓷都·德化",2015年联合国世界手工艺理事会授予德化首个"世界陶瓷之都"称号。

德化县盛产瓷器,以"白"见长,古代由海上丝绸之路销往世界,欧洲人称之为"中国白"。遥想千年前,炉火熊熊,德化生产出来的白瓷,观赏白里透亮,手摸温润如玉,造型典雅精巧。德化先民用汗水和智慧,将土与火完美融合,锻造出享誉中外的陶瓷作品。

德化的山,云峰峻伟,雄险奇艳,充满阳刚之气。"闽中屋脊"戴云山高逼云霄,气势磅礴。"中土蓬莱"九仙山云雾缭绕,气象万千。石牛山峰险石怪,树奇洞幽。

德化窑是我国古代南方著名瓷窑。中心窑址位于福建中部戴云山腹地,此处是烧制瓷器的理想之地。德化瓷业能延续千年,是与得天独厚的瓷土资源分不开的。德化瓷土矿点多,分布广,类型多种多样,石英、钾长石、石灰石等制瓷资源都很丰富，同时铁、钛等杂质含量低，烧后白度高。加上这里水源充足、交通运输方便，盛产瓷器也就顺理成章了。

德化瓷技艺独特，其制作始于新石器时代，兴于唐宋，盛于明清。千百年来一直是中国重要的对外贸易商品，与丝绸、茶叶一道作为"中国制造"享誉世界，为制瓷技术的传播和中外文化交流做出了贡献。

德化陶瓷业最初是从烧制日用器皿开始的，日用器皿在德化一直大量生产，到了明代已经逐步形成自己的造型和装饰体系，成为中国传统陶瓷的一个重要组成部分。德化陶瓷器皿类产品大致可以分为两种：一是日常生活用具，包括盘、碗、杯、碟、罐、壶、文具、灯具和烛台等；二是陈设装饰和供器，包括瓶、尊、觚和鼎、炉、豆等。这两大类器物，造型均古朴严整，传统意韵浓郁。从出土的德化陶瓷来看，造型与装饰明显受商、周青铜器和玉器的影响，同时还有明代宣德炉的特点。德化陶瓷优秀的传统造型筒形双螭壶、狮首筒形瓶、象耳弦纹尊、犀角杯等，都是其他产区很少见的独特样式，十分珍贵。

德化宋代早期的产品主要是青白瓷，随着技术的不断提高，逐渐发展为白釉瓷。到了明代，白釉瓷瓷质如脂似玉，成为独具一格的"象牙白"，也称"猪油白"，是中国白瓷代表。《安平志》曾说："白瓷出德化，元时上供。"德化白瓷不求色彩华丽，而是追求单纯、素洁、典雅之美。德化白瓷装饰工艺主要有刻、画、印花和堆贴印花装饰，产品至今具有质地洁白、细腻如玉、釉面光滑、击声如磬的特点。

德化民间雕塑艺人将雕塑与瓷艺结合，擅长制作白瓷观音，所做白瓷观音仪态生动，是举世公认的白瓷珍品。

明代是德化陶瓷史上雕塑工艺最为兴旺的时期，涌现出何朝宗、张寿山、陈伟、林朝景等大师。他们吸收泥塑、木雕等传统技艺，精心烧制各种形象的道释人物，造型神态甚至细部线条处理都十分细腻、逼真。

何朝宗，德化县后所村人。他的瓷塑成就主要在明嘉靖、万历年间。他雕塑如来、观音、达摩等佛像人物，尤以观音作品冠绝一时。何朝宗的瓷塑观音，体态丰盈，面庞俊美，神情慈祥，衣纹洗练，线条流畅，动静相宜，形神兼备，既保存着神秘的宗教色彩，又蕴含着美好、健康、幸福的意境。泉州市文管会收藏的一尊何朝宗渡海观音瓷像，通高64厘米，观音面庞呈椭圆形，额上缀一珠；头发盘髻起来，披巾罩在头上，衣裙裹体，胸前微露，挂着一串珠饰，连胸前衣褶作打结都呈现出来。观音底部露出一只脚，踏在莲花水波上，另一只脚被水波淹没，显然是在渡海，十分生动有趣。

福建省博物馆收藏的一尊千年观音，虽未知是何人所作，但其造型也很有特色。该器通高25.8厘米，分上下两段塑造。层次复杂又上下隔开，在烧制上难度很高。上部观音结跏趺坐于莲花之上，正身双手合掌做祈祷状，神情非常肃穆。另有十六手臂自背部上下展开，腕内各执火焰、灵芝、桃实等杂宝法器。下部是海浪形状的底座，左右浮雕着两条龙，昂首对峙。观音上身集中了莲冠、飘带、披巾、璎珞、玉镯等装饰，但人们观赏时并无烦琐之感。

中国是世界上最早发明和制造陶瓷的国家，中国瓷器在世界上享有崇高的荣誉。在外国人眼里，china不但是中国，还是中国的瓷器，区别只是首字母大小写而已。中国早已被认为是"瓷器之国"，这就体现了中国陶瓷文化在世界文化和工艺的发展史上具有重要的地位。

德化陶瓷的发展与宋、元时期的海外交通和对外贸易是分不开的。吴自牧在《梦粱录·江海船舰》中说："若欲船泛外国买卖，泉州便可出洋。"德化陶瓷大量传到国外后，立刻引起世界的轰动。日本上田恭辅说："德化窑在明朝时代的产品白釉瓷，确定是白瓷中的白梅，甚至胜于白玉。……德化白瓷的艺术性瓷塑一开始就具有独特的技巧。特别是观音塑像最为出色。"英国的波西尔在其所著的《中国美术》一书中说："福建德化窑……其窑之特品为白瓷，昔日法人呼之为：'中国之白'，乃中国瓷器之上品也。"

早在宋元时期，德化瓷器就已出口海外。多年来，在菲律宾、泰国、马来西亚、印度尼西亚和日本等国家和地区大量发现北宋晚期到元代的德化窑产品，证实德化窑在对外贸易中数量巨大。在菲律宾的遗址与墓葬中发现了数以千件较完整或能复原的德化窑瓷器。出土器物中有壶、罐、瓶、盖盒、碗、碟、高足杯等，还有一种"军持"，这些器物的造型与纹饰，均与德化窑基内的出土物的造型、纹饰基本相符。在印尼的西里伯斯和爪哇，在东马来西亚的沙捞越地区，也发现了大量的德化窑瓷器。

意大利著名旅行家马可·波罗在游历泉州时，由衷盛赞德化陶瓷"既多且美"，并将德化瓷带往世界各地。这位曾在中国生活17年之久的意大利人回国后，不但带去了德化瓷，还在游记中记述德化瓷器及其烧制过程："在这条支流与主流道分叉的地方，屹立着廷基（德化）城。这里除了制造瓷杯或瓷碗、碟，别无其他值得注意的地方。"《马可·波罗游记》的广泛流传，使"迪云州"（指德化）的名字，在世界各地产生巨大影响。

来到德化县顺美海丝陶瓷博物馆，游客进门后看到的第一件瓷器，是馆内最中央的位置"马可·波罗罐"，那是典型的德化青白釉瓷罐，与马可·波罗曾经带回去的瓷器同款。"马可·波罗罐"是有文字记载的第一件到达欧洲的中国瓷器，目前收藏在威尼斯圣马可教堂。

明永乐年间郑和下西洋，装载的大量瓷器多是福建的产品，他们途经泉州，也带了不少泉州瓷器出国，其中就有德化产品。

欧洲人仿制中国瓷器的技术是由阿拉伯人传去的。阿拉伯人是向中国学的，他们得到中国造瓷技法以后，于1470年传播到意大利。意大利得到了中国瓷器技法后不久，又将制瓷技术传到荷兰的德尔夫，德尔夫染色瓷器工场纷纷仿效，各种瓷器色彩，均以中国为模样。

宋代至元代，大批波斯等国家的穆斯林客商来泉州贸易，伊斯兰教教徒用"军持"在旅行中储水，德化仿制的青白花瓷"军持"正适合他们生活习惯上的需要，因此不断外销。

"骈肩集市门，堆积群峰起。一朝海舶来，顺流价倍蓰。不怕生计穷，但愿通潮水。"清代德化诗人郑兼才曾在《窑工》这首诗中如此描写德化瓷的盛景。清代德化瓷器的烧制工艺进一步发展，当时烧制的瓷塑艺术品相继在上海、台湾和日本、英国的博览会上四次荣获金奖。

1999年，清代"泰兴号"沉船浮出水面，船上的35万多件瓷器大多来自德化，德化陶瓷"中国白"的光彩再次呈现在世人面前。

这得从1822年1月说起。清道光二年（1822），一艘名为"泰兴号"的巨型三桅远洋中国帆船从厦门港出发，朝荷兰殖民地爪哇岛的巴达维亚（今印尼雅加达）驶去。2月7日晚上，当船行驶至苏门答腊和爪哇岛之间的"贝尔威得浅滩"水域时，船体因为天气原因不慎触礁沉没。除近200人获救外，其余1800多人以及整船的货物不幸随着船只沉入海底。

1999年5月，英国打捞队在当年发生海难的海域发现了"泰兴号"沉船，随即组织打捞。经过专家鉴定，船上的35万多件瓷器大多是18世纪和19世纪初德化生产的专供出口的青花瓷，有灵芝纹青花盘碗碟、"晨兴半名香"青花盘、梅雀图青花盖碗、兰竹菊青花盘、青花小汤匙、菊花纹青花盘、寿字纹印青花碗、圈点纹青花小碗等。

2000年，英国打捞队负责人迈克·哈彻在德国花巨资建造了一座仿制"泰兴号"的帆船楼，将这批瓷器进行长期展览，并于当年11月将这些瓷器悉数拍卖。德化县委县政府通过德化籍华侨郑德力，在拍卖会最后一天购得了72件古瓷珍品。2001年，这些瓷器顺利回归故里，并于当年6月在德化县陶瓷博物馆正式对外展出。

20世纪50年代以后，德化瓷器在继承传统工艺的基础上不断创新，烧造的传统瓷器品种发展到390余种，现代题材的产品也日益增多。

德化现在陶瓷企业产业集群，形成了传统瓷雕、出口工艺瓷、日用瓷并驾齐驱的发展格局，很多大企业将分公司设到美、德、英等国；迄今已有近百家出口陶瓷企业获"日用陶瓷质量许可证"和"输美日用陶瓷生产厂认证"的双认证资格。

德化陶瓷大量输出，不仅对世界人民的物质生活起了重要作用，而且对世界文化的发展也产生了深远影响，特别是对世界陶瓷工业的发展做出了重大的贡献。

德化窑址（尾林—内坂窑址、屈斗宫窑址），是世界文化遗产"泉州：宋元中国的世界海洋商贸中心"遗产点。

2016年11月，国家文物局公布《大遗址保护"十三五"专项规划》，德化窑遗址位列其中。德化现已发现古瓷窑址200多处，其中屈斗宫窑址最为著名。屈斗宫窑址位于德化县城郊宝美村破寨山西南坡，东西宽约300米、南北长约150米，1976年发现，是宋元外销瓷古窑址。1988年，屈斗宫窑址被国务院列为第三批公布的全国重点文物保护单位。其出土的高足杯、直道纹洗、折腰弦纹洗、墩子式碗、粉盒和军持等为元代制品。特别是底部印有蒙古人头像的直道纹洗和阴印元代花押、蒙古八思巴文的三足垫饼，都具有鲜明的元代风格和特点，填补了德化元窑的空白。

窑斗宫古瓷窑址的发现，为研究"海上丝瓷之路"提供了宝贵的实物资料，对研究德化窑的烧造历史和元代社会经济的发展有重要意义。

尾林—内坂窑址位于德化县三班镇，是梅岭窑址群的重要组成部分。在德化窑址中，梅岭窑址群最具代表性，从宋开始，一直延续到元、明、清、民国乃至现代，最兴盛时工场作坊达到100多间、龙窑30多座。

在德化城郊的宝美村里，有一座祖龙宫，终日香火缭绕，宫里供奉的是古代烧窑的师傅林炳。林炳革新了许多制瓷技术，被称作"窑坊公"。数百年来，祖龙宫的祭拜非常独特，祭祀的贡品是德化本地烧制的各种陶瓷器皿。

如今，德化的水，流清纯澈。龙门滩景色宜人，静谧和谐。泛舟河上，能欣赏美丽的山光水色。石龙溪水流湍急时如飞珠溅玉，平缓时如银湖白波，溪水清澈见底，波光潋滟。身临其境，让你流连忘返。

面对全球环境污染、生态失衡日趋严重，素有瓷都之称的德化净洁之美显得更加可贵。说到制瓷，德化早前用古法烧瓷所用燃料是木柴。因此，早在20世纪70年代末80年代初，德化人苦苦追寻的"以电代柴"清洁能源替代，成了破解这一问题的最佳答案。

在现代窑炉烧制车间，只见控制器上面显示着电压、功率、温度等信息。这几条生产线不用人工控制温度，由电脑程序自动控制。陶瓷的质量主要取决于烧制过程中的火候把握，以前德化当地的陶瓷企业烧制陶瓷主要用薪柴，由经验丰富的陶工用肉眼观察火苗的颜色来掌握炉窑的温度，火候的把握非常难。而现在，当地企业用上了电窑炉，温度差能控制到1摄氏度，而且可以自动调节。

为了保持传统工艺，政府部门特批古龙窑月记窑可以保留用柴烧制瓷器。

2016年9月，我们前往月记窑参观。

在德化三班镇蔡径村洞上的山坡上，斜躺着400多年历史的古龙窑——月记窑。

在德化境内发现的历代瓷窑古遗址大部分是龙窑，这种窑依山势倾斜砌筑，头下尾上，如龙盘踞，故得名。如今，在德化还可烧制瓷器的龙窑仅存三座，其中月记窑历史最为悠久。

龙窑窑体由窑头、窑床、窑尾三部分组成，窑头设有单独的火膛，窑尾放烟囱，窑室为阶梯状，每级两边设对称排列的投柴孔，隔数级放一窑门方便装出瓷。

月记窑的窑头，向上可见绵长的窑身，如龙体一般。月记窑共有33阶梯，长约33米，有7个门，可供装窑、出窑之用，窑身两边各分布着33个窑目，是添加柴火的地方。这里靠着柴火，窑炉可烧至1370℃高温。

400多年来，月记窑窑火不熄，被称为德化千年柴烧窑炉的"活化石"。月记窑边，数百年废弃下来的瓷碎片，让人从历史碎片中了解月记窑的前世今生。

磁灶金交椅山窑址

泉州著名瓷窑还有晋江磁灶的瓷窑。磁灶是宋元时期泉州重要的陶瓷外销窑口。

磁灶一带多低山丘陵，盛产瓷土，以烧制陶瓷而得名。这里有梅溪自西北向东流至晋江入泉州湾，逶迤曲折，构成"五坞十八曲"的地势，窑址多分布于梅溪两岸。自西晋武帝泰始元年（265）磁灶开始烧制陶器，宋元时期该地的陶瓷制品扬名海外。磁灶烧制陶器距今已有1700多年。2000年6月，磁灶镇被中国建筑卫生陶瓷协会授予"中国陶瓷重镇"称号。2006年5月，磁灶瓷窑被国务院核定为第六批全国重点文物保护单位。

《晋江县志》中记载："瓷器出瓷灶乡，取地土开窑，烧大小钵子、缸、瓮之属，甚饶足，并过洋。"明万历四十年（1612）刊本《泉州府志》卷三有"磁（瓷）器出晋江磁灶地方，又有白色次于饶磁（瓷）"的记载。宋元时期，磁灶窑产品外销到日本和东南亚诸国，为福建古代外销陶瓷的主要生产地之一。通过对磁灶窑的实地调查和有关考古资料证实，历年来日本、菲律宾、印度尼西亚、马来西亚、新加坡、泰国、斯里兰卡、肯尼亚等国家中多有磁灶窑产品出土。

20世纪50年代，故宫博物院陈万里、冯先铭等对磁灶窑进行过调查；其后，厦门大学人类博物馆、泉州海外交通史博物馆、福建省博物馆、晋江博物馆等单位的研究人员均对其进行了大量调查，并进行过局部试掘，采集到大量标本，发现了南朝至清代的26处窑址。其中南朝窑址1处，唐代、五代窑址6处，宋元时期窑址12处，清代窑址7处。宋元时期的蜘蛛山窑址、童子山窑址、土尾庵窑址、金交椅山窑址等统称为磁灶窑址。磁灶窑址（金交椅山窑址），也是世界文化遗产"泉州：宋元中国的世界海洋商贸中心"遗产点。

宋代磁灶金交椅山窑，位于晋江市磁灶镇沟边村北的金交椅山上。东北临大溪（即梅溪上段），东邻沟边村，西界南安县境，南靠邱山。山上草木丛中，散布着宋代青瓷片及窑具，瓷片堆积最厚达3.4米，窑址范围东西长220米，南北长205米。

金交椅山窑址于2002年5月起至今已进行了3次抢救性发掘。从残存的窑址可辨认出窑口、火膛、窑壁、窑门、窑床。在窑址周围发现大批支垫，且在出土器物的口沿、内部、底部发现了明显的烧结痕。据此可以判断，金交椅山窑炉采用的是器物叠烧工艺。估算起来，这样的龙窑一炉可烧制数千乃至上万件瓷器，可见当时烧制瓷器的规模之大和技术之精。在金交椅山古窑址考古发掘的4座龙窑及作坊遗迹中，还发现了10口存储釉料的大缸。

金交椅山窑址出土瓷器有执壶、军持、罐、瓶、盏、注子、碟等多种。其特点是器形精巧，胎质薄，釉色光亮，产品多为外销瓷。从海外各国发现的磁灶窑器物的造型、胎质、胎色、施釉等工艺进行比较，可以发现，有一些器物与金交椅山出土瓷器完全相同或相近，由此可以证明，金交椅山窑址正是当年大批量生产外销陶瓷的地方。

金交椅山窑址是宋元时期泉州生产外销瓷的重要窑址，是泉州海上丝绸之路贸易的典型物证，见证该时期泉州海外贸易的空前兴盛。

泉州古代冶铁冶铜冶银技艺

泉州很早就有冶铁及锻打铁器的技术。

1936年，泉州中山公园改建为体育场，当时从4座唐初古墓中，发掘出20件铁钉及五铢钱等一批金属制品，证明唐初泉州已有冶铁及锻打铁器的技术。

1982年，泉州开元寺遭雷雨袭击，寺里古树倾倒，不慎砸坏古石塔，寺院人员抢救时发现石经幢中有一批珍贵文物，包括银质鎏金佛像，还有小铜镜等金属铸造物，经专家认定为五代后晋开运三年（946）所造，证明其时金银铸造及雕制技艺精良，说明当时的鎏金技艺已经成熟。

据《新唐书·地理志》载："泉州南安产铁，制品从泉州港出口。"《德化县志》则载："唐僖宗时，蒋恋父子已从南山赤岭取矿炼铁。"

可见唐初从中州升为上州的泉州，铁器生产工艺成熟，制品十分精美，深受人们的好评与喜爱。据《泉州府志》所载，南唐保大、大中年间节度使留从效在郡西设"鼓铸处"，用鼓风冲天炉冶铁铸造兵器，至今市区尚存铁炉庙遗址。留从效还在其故乡永春等地大量建冶铁工坊，留下的遗址遍及南安、惠安、晋江、安溪各地。

宋代泉州矿冶业处于一个大发展时期。开宝年间泉州已设置坑冶场务201处，并公开征铁银税。当时大型铁场设在安溪的青阳、德化的赤水和永春的倚洋（今湖洋）等地。而晋江的石圳、庐湾、牛头屿、长箕头和惠安的黄崎、卜坑、洋埭、礁头、沙溜、庐头等地大量开采铁沙，以供冶铁之用。

当时山区安溪不仅产铁而且产银。据《安溪县志》载，公元955年，即五代后周显德二年，小溪场升格为清溪县（1121年易名"安溪"），首任县令詹敦仁贴出文告"民乐耕耘，冶有银铁"。1977年文物普查时，工作人员发现安溪古代铁冶遗址14处，分布在湖头、长坑、尚卿、祥华、剑斗、福前、感德等乡镇，还在尚卿镇福林村发现冶银遗址一处。

另外，从泉州东西塔刹尖葫芦及大铁链，从洛阳桥等宋代石桥建造时采石、雕石所用的铁钎等工具，从后渚港出土的宋代古船中的铜镜、铜钵、铁搭钩、斧头、钉送、铁锭等可以发现，宋代泉州锻造及淬钢技术已相当成熟，并且得到广泛使用。

宋元时期，泉州已出现将各地征集的田赋、榷税的零碎银子回收重熔，铸成大银锭的技术。

从元代泉州东南城隅布金院大钟铭文可看出，当时泉州冶铜技术已相当成熟。重约1.5吨的大铜钟，铸造技术高超，上面铭文十分精美。整口钟匀称光滑，浑然一体，未见分段分片灌注痕迹。清道光初年，肖志在泉州创办"鼎成号"手工冶场，大量生产铁锅、铁鼎及铁制具，其工艺已有质的飞跃。清代，永春铁匠用赤黏土、稻草、食盐混合建槽开灶，用废铁生产"槽子钢"。

1939年，福建省政府派人到德化复勘倚洋、乌山赤铁矿及青心伦磁铁矿，发现蕴矿面积大，而在章康发现质量纯美的银铅矿。1941年，福建省土地土壤调查所调查后得出，倚洋铁矿年开采千吨左右，可供当地及永春7个炉的冶炼之需。

说到制铁，这里重点说说安溪县。

专家考古发现，宋代安溪有青阳等多处铁场，今属尚卿乡的青阳几乎整个村庄都是冶铁遗址，当地民房和田园地下都是当年冶铁留下的铁渣遗物积存。距离青阳五公里的科名圩，也是一处大型冶铁场。现场铁渣堆积如山，分布面积约300平方米。

安溪冶铁冶银制品除一部分县内自销外，大部分开始"远泛番国"，源源不断随泉州海上丝绸之路销往东南亚各国。

时光倒回到13世纪中叶安溪的某个夜晚,华灯初上,蒲厝巷深处的蒲园堂里莺歌燕舞,阿拉伯富商蒲开宗、蒲寿庚父子正在宴请宾客。不远处的蒲家码头则是一片热闹景象,搬运工人将收购自安溪各地的茶叶、瓷器、铁银制品等货物,一箱箱装上船。第二天早上天刚亮时,这些货物运往泉州港,然后转运出海,驶上海上丝路……

现在,安溪青阳下草埔冶铁遗址,也是世界文化遗产"泉州:宋元中国的世界海洋商贸中心"遗产点。

作为福建曾经的产铁重地之一,如今的安溪县凭借着丰富的铁矿资源优势,已经成为全国最大的藤铁工艺品生产和出口基地。全县有藤铁企业400多家,产品远销东南亚、欧美、中东、非洲,续写海上丝绸之路的新篇章。

泉州花灯

泉州是"光明之城",泉州花灯闻名遐迩。元宵佳节,泉州开元寺里,花灯熠熠,座灯、宫灯、无骨灯、锡雕灯、走马灯、鲤鱼灯,美不胜收。寺外大街小巷,花灯点亮,千姿百态,五彩斑斓,似满天的星星,点缀古城夜空。男女老少盛装迎春,漫步街头,沐浴在祥和瑞气之中。泉州花灯多次登上央视元宵晚会。

泉州花灯是福建省著名的特色传统工艺品之一,每年春节,正月十五元宵节前后,人们都挂起象征团圆意义的红灯笼,来营造一种喜庆的氛围。泉州花灯起于唐代,盛于宋元,延续至今。泉州花灯历史悠久,影响广泛,在全国范围内具有鲜明的地方特色和艺术特色,是南方花灯的代表。

宋代梁克家《三山志》载"泉州花灯品种色色俱全";明代谢肇淛所著《五杂组》中写道"天下上元,灯烛之盛,无逾闽中";明代张岱的《陶庵梦忆》曾记载杭州抚台委托泉州府尹和南安知县顾人精制花灯,并夸其灯"穷工极巧";乾隆《泉州府志》记载,古代花灯"周围灯火,缘以练锦,缀以流苏,鼓鸣于内,钟应于外"。史书的记载说明古代泉州元宵夜的花灯盛况及泉州花灯品种之丰富、工艺之精湛早已闻名遐迩。

灯节最早的历史从汉武帝开始。唐玄宗开元年间,每逢上元节都要放灯三夜(正月十三至十五)。

泉州的灯节始于唐朝。唐代中原士族南下，将闹花灯习俗带到泉州。

泉州传统的元宵民俗，有挂灯、送灯、赏灯、游灯等。

挂灯就是在元宵前夕，多数人家在居家、店铺门口悬挂花灯或大红灯，烘托喜庆气氛。早前，生男孩之家，制作或购买花灯，挂到寺庙、宗祠，以示"添丁"（泉州话"灯"与"丁"同音）。

赏灯则在元宵夜，家家户户门口、店前都张挂着精心制作的一盏盏花灯。一到晚上，花灯点亮，整条街成了灯河。男女老少盛装打扮，倾巢而出，走上街头，争相欣赏品评这千姿百态、五彩斑斓的花灯，祈望新年好运连连。

猜灯谜是逛灯会的又一趣事。把谜语贴附灯上，供人边赏灯边猜谜，猜中者向主持人领取奖品。

泉州的"灯节"在宋朝发展到顶峰，花灯之盛，冠绝天下，有"春光结胜百花芳，元夕分华盛泉唐"之说。特别是南宋，在泉州设南外宗正司，管理3000名来泉州定居的皇室宗亲。皇室宗亲仿照临安大放花灯，上元的活动热闹非凡。甚至连京城杭州点的花灯都委托泉州太守、南安知县雇工精制。

古时的花灯大多是用搓好的纸捻，将劈好的竹篾绑扎成各种形状的灯骨架，粘糊上色纸，描上山水、人物、花鸟，写上吉祥的字句，贴上花边，装上丝穗，内放蜡烛或小油灯，有的还放上了檀香。这种工艺称为彩扎工艺，所以此灯称作彩扎灯。明代《温陵旧事》中这样描述："四周纱屏，画山水人物，皆名笔也。灯火三层，爇沉檀其上，香闻数里。"彩扎艺人为了展示自己的手艺，每年都会别出心裁，推出自己精巧新颖的作品，打出自家字号，相互竞赛。

到了明清时期，玻璃制造业发展起来后，泉州工匠们把玻璃抽成丝。一些彩扎艺人把这种"料丝"用到糊纸屋（冥厝）上，使其显得金碧辉煌。后来，"料丝"也被用到花灯制作工艺中，清代陈葆堂提到"或以五色纸，或以料丝，或以通草，作人物鱼虫，燃以宝炬""恒于府治西畔双门前作灯市"。这里明确提到了用料丝作花灯的原材料。

清末陈德商在《温陵岁时记》中说："上元：……上元灯——市人制灯出沽，或以五色纸，或以料丝，或扎通草，作花草人物虫鱼，燃以宝炬，惟妙惟肖，俗名古灯。恒于府治西畔双门前作灯市。……故桐荫吟榭邱家树《上元灯》词云：一年元夕一回换，怪听声声卖古灯。""上元：……弄龙——各铺好事者，是夜以青纱数丈，制为金龙灯，燃蜡炬，十数人执而舞之，曲伸盘旋，鳞甲毕动。前导一球，随之上下。亦且敲鼓鸣金吹笛，与儿童竹马，群履踢球，杂游市上焉。"

清朝末年，泉州刻纸大师李尧宝，承继其父李九史的油彩画技艺和其兄李琦的刻纸工艺，吸收古典图案纹样，独创了李尧宝刻纸图案，并把这种精湛的刻纸技艺应用到料丝灯的造型图案上来，用165个纸制等边三角形组合成灯，镶上玻璃丝，创作出精美绝伦的刻纸料丝灯，使泉州花灯的制作工艺和视觉效果都有了重大飞跃。在工匠家里，一把小小的刻刀、一个案板和一块磨石，便可制作刻纸料丝花灯。线条疏密结合、粗细相宜，从飞禽走兽、亭台楼阁到山水景观、历史人物，无不生动鲜活。亮灯后，花灯高贵典雅，八面通透，光彩夺目。

20世纪70年代，艺人蔡炳汉创作首盏针刺无骨灯，这种灯不用骨架，而是用制图纸裁成几何图形，用针在这几何图形上刺出精美的图案，拼合成灯，涂上颜料。灯亮后，针孔图案便透出亮光，流光溢彩，玲珑剔透。

刻纸料丝灯和针刺无骨灯成为泉州花灯的突出代表，是全国独有的花灯品种，与传统彩扎花灯共同组成泉州花灯系列，曾先后在菲律宾、新加坡、加拿大、美国等国家及台湾地区举办过大型花灯展，深得好评。特别是每年元宵节或中秋节，都有华侨商家订制泉州花灯。

泉州花灯集雕刻、绘画、书法、造型、配色、漂染于一身，极富工艺美术价值。灯中的人物故事、山水风光、民俗风情都饱浸浓厚的文化内涵，给人以陶冶与启迪。2019年11月，泉州花灯列入国家级非物质文化遗产代表性项目名单。

泉州花灯，千姿百态，五彩斑斓，似满天的星星，点缀古城夜空。

泉州花灯点亮在史书里，一路照耀古今。侨乡人陶醉在花灯的海洋里，光明之城在五彩缤纷中迈向未来。

惠安石雕

惠安，地处福建东南沿海中部，与台湾隔海相望，是福建著名侨乡和台湾汉族同胞主要祖籍地之一，名列全国经济百强县，被文化部授予"中国民间艺术（雕刻）之乡"，被中国工艺美术协会授予"中国石雕之都"。

在惠安，不管是县城，还是乡间，随处可见石雕：民居上的花鸟装点、寺庙廊柱上青龙盘旋、古桥上的狮子戏球……

中国四大石雕产地分别为：山东嘉祥、浙江温岭、福建惠安、河北曲阳。作为南派雕刻艺术的代表，惠安石雕占据了中国石雕艺术的半壁江山，并且在东南亚地区倍受推崇。

惠安石雕艺术源远流长，源于黄河流域的雕刻艺术，可追溯到1600多年前的晋代。惠安石雕汲晋唐遗风，又融中原文化、闽越文化、海洋文化于一体，形成精雕细刻、纤巧灵动的南派艺术风格，与闽南建筑艺术交相辉映，成为中华优秀传统文化的一朵奇葩。

惠安最早的石雕作品，是晋安郡王、开闽始祖林禄墓前石雕。《惠安县志》载，其墓"前有石冠石笏，后有石羊石马"，可惜已被毁。林禄是河南人，公元317年随晋元帝南渡，授昭远将军，敕守晋安郡（即今福建省）。由此可以推断，墓前石雕也应有中原的特色。

惠安现存最早的石雕，是王潮墓前石雕，有文官、武士各一位，马、羊各一对。王潮是唐末五代时闽王王审知的兄长，生前授威武军节度使，卒后封秦国公，其墓前石雕对研究惠安早期的石雕艺术风格有重要的历史价值。

北宋真宗朝榜眼、惠安人黄宗旦的《铺锦记》记载了有关惠安早期石雕的一则史料，说的是王审知妃子黄厥（惠安民间所说的臭头皇后）所生的第四任闽王王鏻称帝后，驾幸惠安张坂锦田（今后边一带）外公家时，灵秀峰上就有了钟馗拊鹿驱鬼图及千年鹤、万岁龟等石雕像。

宋代兴建的我国第一座梁式海港大石桥——洛阳桥（万安桥）是泉州历史上最大规模的石雕工程，现存有守桥四介士、月光菩萨及造桥者蔡襄的《万安桥记》碑刻。宋代泉州太守林之奇曾记载建造洛阳桥过程，里面就有惠安历史上第一头含珠石狮子。

元代之前，惠安境内的石雕作品，其艺术特征表现为粗犷、古朴、淳厚，线条刚直简洁，人物造型凝重、端庄，带有明显的中原痕迹。

据惠安《鉴湖张氏族谱》记载，约在 870 年前，鉴湖十一世祖张进宗自晋江湖中迁居惠安东湖。进宗的次子仲哥是"泉郡名石匠，善雕浮图花卉，晋（江）南（安）同（安）宫阙泰半着手"。这是惠安历史上最早的有据可考的石匠。鉴湖张氏十四世祖、泉州开元寺飞天雕刻者仕逊的弟弟仕志"以石雕名世，工巧绝伦，如泉州少林寺门前之石狮子"。张仕逊子张曰臣则是晋江安海龙山寺文殊普贤塑像的雕塑者。而安海龙山寺是台北龙山寺的祖寺，台北龙山寺是台湾八大景之一，有"中国建筑艺术瑰宝"之美誉，惠安的王益顺就是当年主持工程的总建筑师。

至元代，惠安的石雕有张坂镇獭窟和县城平山寺的石塔等。獭窟村至今仍完整保留着唐、宋、元、明、清以来长达 1000 多年历史无间断的石雕实物。唐代的浮山寺、宋代的武安王宫和妈祖庙、元代的石塔、明代的牌坊、六王府等，都还保存着各个历史朝代的石雕，生动见证了惠安千年的石雕史。

清末民初的惠安石雕已名扬全国。清道光五年（1825），惠安工匠蒋国衡、蒋镗主持建造的福建仙游东城门外石牌坊，高 16 米，雕满龙、凤、狮、麒麟、花、鸟、铭文，是南派石牌坊的代表作，号称"古建之花"。

光绪年间，崇武石雕艺术家蒋文子参加在颐和园举办的全国工艺赛会，以雕刻镂花石鼓椅及圆桌夺得"石雕之冠",从此名闻天下。

1925年,受当时福建省省长、后出任国民政府主席的林森推荐,蒋文子带领30多名惠安艺人参建南京中山陵,雕刻和建造的有石狮、华表、八角金鱼缸及孙科捐赠的青石鼎等作品,以及1931年至1934年建造的由中国建筑史学奠基人之一刘敦桢教授设计的八角形光华亭。

蒋文子的名作还有广州黄花岗烈士陵园前的龙柱,这是全国少有的龙柱精品。

从光绪年间起,惠安石匠便相继到福州、厦门、台湾,甚至到缅甸仰光、马来西亚槟城开设近百家石雕店铺,承接国内外石雕业务,石雕作品成为驰名东南亚的民间工艺品。

中华人民共和国成立后,惠安石雕进入一个崭新的历史发展时期。惠安雕匠的足迹遍及大江南北,在大半个中国留下了一座座杰作。人民大会堂、人民英雄纪念碑、毛主席纪念堂、中华世纪坛、江苏淮安周总理纪念馆、盐城新四军纪念馆、南京雨花台纪念馆、辽沈战役纪念碑、湖南韶山毛泽东诗词碑林、西安兵马俑陈列馆、陕西历史博物馆、黄帝陵、西藏宾馆、青藏川藏公路纪念碑、井冈山会师纪念碑等的石雕构件,均出自惠安县工匠之手。日本鉴真和尚园和那霸市"福州园"石雕,也出自惠安工匠之手。

惠安石雕以"中国石雕之乡"崇武镇为发祥地,几百年来,这里的石雕工艺远近闻名,石雕艺匠走遍各地。崇武石雕在全国各地还留下了许多绝世佳作:莆田湄洲岛海峡和平女神天上圣母妈祖雕像,厦门的郑成功雕像,福州西禅寺的石塔,广州玄武塔,台湾凤山的500罗汉,台湾玉虚宫200多平方米的九龙壁及九龙池,厦门梅山寺的大山门等……

现在,在从惠安县城去往崇武的公路两旁,堆放着各种石雕艺术品,形成石雕观景公路。

惠安石雕创作手法多种多样,圆、浮、透、线、沉、影等多种雕法并存。在石雕厂参观,但见巨者雄伟壮观,微者掌中把玩,赋顽石以灵气,龙凤麒狮,人物花鸟,无不栩栩如生,令人叹为观止。

这里要着重介绍一下被誉为"中华一绝"的惠安影雕。

影雕，是以早年的"针黑白"工艺为基础发展创新的一种新工艺，在仅1.5厘米厚、磨得锃亮的青石板上，用粗细不同的各种微型钢钎，靠着铅点的大小、深浅、粗细、疏密和虚实的有机结合，精心雕琢，相应成像。它不仅能充分表现出原作的真实意境，而且能展现石雕独特的艺术风格和魅力。影雕的主要作品有山水风景、飞禽走兽、花卉虫鱼、古今人物四大类。影雕被誉为"不朽的艺术"，画面有圆形、方形，既可供厅堂、室内摆设，亦可馈赠亲友。

影雕技艺必须心细且手巧，工匠大多是女工。近年来，随着影雕技艺的不断发展，涌现出不少才艺兼备的雕艺能手。一些作品被外交部选为贵重的外交礼物，并多次参加日本、新加坡、加拿大和德国等地的展览。

早期的影雕是真正纯手工制作。随着科技的发展，现在还采用先进的数控技术，在电脑的控制下，机械臂的针头自动打点，雕绘图案、图像。它能克服手工制作时，产品质量水平不一致和产量少的缺点。

随着互联网时代的到来，惠安石雕又迎来了一个新的发展期。现在，惠安石雕正源源不断销往海内外。

惠安与台湾隔海相望，崇武镇是祖国大陆陆地离台湾本岛最近的地方。惠安石雕对台湾寺庙建筑的影响巨大。可以说，一部惠安石雕史，也是海峡两岸同根同源的记录。

台湾寺庙因大多为福建移民所建，所以与福建关系极为密切。《台闽地区的古迹与历史建筑》一书的第一章《台闽地区的古迹与历史建筑之来源与类型》，将泉州开元寺与台北龙山寺、鹿港龙山寺，泉州孔子庙与台北孔子庙、彰化孔子庙，泉州同安保安宫与台北保安宫、北港朝天宫等进行比较，说明闽台建筑艺术源远流长。

近几百年间，惠安的石雕艺术漂洋过海，在宝岛台湾生根发芽。根据记载，明末清初就有惠安人到台湾定居。随着交往的深入，惠安人也把石雕艺术带到台湾。20世纪初，崇武著名石雕师蒋龟音就到台湾开石雕店。后来，台湾仿照大陆习俗修建寺庙，崇武五峰等地有许多石雕工人应聘前往做工。台北的龙山寺、台中及彰化和新竹的妈祖庙、台南的昆亲王庙等著名青石雕建筑装饰，大部分出自崇武五峰石雕工人之手。2010年，泉州籍台湾著名企业家王永庆的雕塑，也是惠安工人雕刻的。

在台湾有一句行话叫"无蒋不成场"。1920年重建的台北龙山寺，是惠安石雕、木雕珠联璧合的经典之作，雕刻的石雕名匠为蒋金辉、杨秀兴等。北派的龙柱大多是穿云破雾从天而降，头下尾上，是为天龙。而台北龙山寺的龙柱却是头上尾下，似乎正从东海腾空而起直上九天，是为海龙。这种翻天覆地龙，全国仅发现3对，是南派龙柱的珍品。该工程总建筑师为崇武的王益顺，被誉为"八闽首席木雕大师"。如今，台湾各地仿造的龙山寺近200座，可见其影响之大。

鹿港龙山寺坐落在彰化县鹿港镇，清初由泉州安海龙山寺分灵，仿照泉州开元寺建造。殿前龙柱及八卦藻井是惠安石雕、木雕工匠作品。特别龙柱雕刻得极为精致，前后三进，各不相同，但都玲珑浮出，戏台的藻井称为"八卦顶"，以精巧木雕配上精密设计的榫头而成。五门前的一对石狮是200多年前泉州人运来此镇守的，寺中典藏道光年间的古碑《重修龙山寺碑记》与《援倡首敬捐六月十九筹费碑记》，清楚描述运载砖石建寺的过程。

台北孔庙位于大龙洞、哈密街一带，由王益顺于1925年主持模仿泉州孔庙重建，成为"正统南中国式孔庙"。

台湾受闽南建筑影响的寺庙比比皆是，如位于新竹市北门街与东门街路口的都城隍庙为台湾规模最大的城隍庙，平面为闽南常见的连续式山墙三殿式庙宇，木雕装饰为整个庙宇的主要特色，一些斗拱、托木、吊筒、竖材、梁楣、斗座上的木雕题材丰富多样，生动活泼，是惠安木雕工匠的手艺。而石雕无论是龙柱、石狮，还是壁堵、石窗、抱鼓石等，都精美绝伦，皆与闽南寺庙建筑风格如出一辙，都是惠安石雕工匠的杰作。

改革开放以后，惠安与台湾的文化交流不断增加。历届惠安国际雕刻艺术节，台湾地区都有10多位选手前来参加。

闽南动人风景：惠安女服饰

走在闽南名邑惠安街头，有柔情委婉的歌声舒缓流淌：如诗如画的小城，山也秀丽水也有情，只要你停下脚步，小城就表示欢迎。……幸运在这里出现，伤痛在这里暂停。

这是根据同名著名电影改编的电视连续剧《小城故事》的主题曲《惠安之春》。由台湾著名音乐人汤尼、著名作家孙仪分别作曲、作词，新加坡著名歌星阿杜演唱。曲风轻柔秀丽，在回忆的色彩中，添加了令人心动的旋律。

故事发生在闽南小城惠安。小城如诗如画，春天般的宁静与美丽是她不变的情怀。

北大著名教授谢冕在他的散文《心中风景》中动情地写道："令人诧异的还不只是这里的自然景观，令人惊叹的更是这里的人文景观，如同这里花一般开放的女性那样，这里开着文化的花朵。一切也如同这里的环境和氛围，如同这里的自然和人，这里的精神之花同样是——愈是艰难，愈是美艳。"

是的，这里是著名的惠安女的故乡。

惠安，北宋太平兴国六年（981）置县，取"以惠安民"之意，是清末民初学贯中西的大学者、时称"文坛怪杰"的辜鸿铭等历史名人的故乡。惠安素有"海滨邹鲁""雕艺之乡""建筑之乡""渔业强县""食品工业强县"之美誉。改革开放以来，县域经济综合实力连续10多年跻身全国百强县行列。

极目远眺，惠安天蓝蓝，海也蓝蓝。当我们靠近大海，用心去聆听海的声音，就能感受到大海与海边人们的相伴、相融。

这里的惠安女服饰令人惊叹，这种另类了千年的"奇装异服"，有西域之风、中土之礼、客家之聪并兼少数民族服饰之花俏。

福建有"三大渔女"，是惠安女、蟳埔女和湄洲女，三大渔女都是以地域名称来命名的，同时也以独特的服饰穿戴而著称，其不同时期的服饰记载着经济、政治、文化的变革。"惠安女服饰"于2006年被列入第一批国家级非物质文化遗产保护名录。目前，能制作这种服饰的工艺传承人非常稀少。

金沙海滩，走着一群妩媚动人的惠安女，黄斗笠、花头巾、银腰带、短上衣、宽筒裤，这画面让人难以忘怀。于是乎，有无数电影、诗词歌赋、摄影绘画的佳作取材于惠安女，惠安女也就成了民俗样本与旅游的好题材。

惠安县东部地区的崇武、小岞、净峰及东岭、山霞部分地区妇女的服饰，称为惠安女服饰，其中以崇武、小岞最具特色。这种服饰被戏称为封建头、民主肚、节约衣、浪费裤。惠安男人长年扬帆出海，女人则独自担负起劳作之累。为了劳作的方便，她们干脆缝制短襟上衣，露出肚脐。

崇武一带妇女，上衣多为蓝色，右衽大襟式。这种短衬衫，外地人称"节约衫"，胸围袖管收缩，紧裹上身，长不过脐，裸露一圈肚皮至肚脐。下摆臀围是大弧度的椭圆形，充分展露鲜艳的五彩塑料丝裤带和银裤带。已婚妇女在黑色缎裤上配有特殊装饰"银裤带"。银带约有2寸多宽，1斤多重。裤子均为黑色，裤管肥大。

小岞一带妇女的服装同样是短上衣、宽裤子。与崇武崇尚蓝色的习俗不同，其短上衣大部分用红色、天蓝色或白色布料裁制。其衣、裤、裓的领、袖、裾及裤头，常绣以艳丽多姿的纹饰。

结婚时，惠安女穿的是上下全套黑衣裤，式样与平日相同，但无绣饰，显得典雅端庄。

从整体看，惠安女服饰的色调柔和庄重，自上而下色调逐渐加重，给人以沉稳的感觉，有独特的审美情趣。

除钗、簪之外，最能体现惠女头饰特色的便是头上的花头巾和黄斗笠。

花头巾和斗笠，把惠安女的勤劳能干完美诠释出来。花头巾向两侧展延，后呈三角形，用以通风透气，还能防风防晒和护发，冬天更有御寒作用。惠安女还习惯在花头巾上再戴上一顶用细竹编的金黄色尖顶斗笠，使本已不怎么外露的面容再遮一层神秘面纱，更添几分绰约风姿。

惠安女出门常在手上挽一有盖的黄色小竹篮，可用以捎带东西，兼具装饰作用。

早年，惠安东部有早婚的习俗。多数惠安女婚前并不认识丈夫，婚后又长住娘家，造成许多婚姻悲剧。同时，惠安女又以勤奋闻名遐迩。1957年至1960年，她们挖土、挑土、打夯、推车、锯木、打石、驾船，建设"惠女水库"。水库大坝工程竣工后，全国妇联发来贺电表示：用"惠女"命名水库是党和人民对英雄的惠安妇女劳动功绩的最高奖赏，是惠安妇女的光荣，也是全国妇女的光荣。

再加上惠安女服饰的独特，惠安女备受关注。打开闽南的史典，在渔歌的吟唱中，惠安女勤奋朴实、勇于开拓的精神和她们的独特的装饰一道，成为闽南最动人的风景。

著名女诗人舒婷写于20世纪80年代初的著名诗作《惠安女子》，生动描绘了惠安女的勤劳、贤惠。

"野火在远方，远方／在你琥珀色的眼睛里……当洞箫和琵琶在晚照中／唤醒普遍的忧伤／你把头巾一角轻轻咬在嘴里／这样优美地站在海天之间／令人忽略了：你的裸足／所踩过的碱滩和礁石／于是，在封面和插图中／你成为风景，成为传奇"

我在崇武曾邀请一位年轻的惠安女合影留念，被她婉拒。寻问缘由，她抿嘴一笑。原来惠安女子是不与陌生男子单独合影的。崇武早时有个习俗，平时只要有客人来，男女是不同桌的。

晚上，从崇武文化广场穿过，便可见人们在广场翩翩起舞，而旁边店门口的电视正播放精彩的电视剧，门口围了些出来散步的群众。

白天，崇武街头，不时有头包花巾、身着蓝衣黑裤、腰系银带的女子，骑着摩托车从身边驶过。在朋友的引导下，我来到潮乐工业区采访。沿着"台湾街"宽敞的水泥路前行，在大道中段的交叉路口往北，便是规模壮观的工业区。

踏进一家石雕厂大门，便见几位惠安女正在操作机器，磨着石材。车间里有几个同样头戴花巾的女工，手持石雕工具，在几块青草色的花岗石上雕刻图案。不一会儿，一朵美丽的牡丹花渐渐浮现出来。

改革开放的春风已吹启海岬封闭的门户，昔日早婚早育甚至订娃娃亲的惠安女，已坚定地走出禁锢她们身心的怪圈。花头巾已不再把她们严严实实地包起来。今日的惠安女，已走向广阔的天地。

在落日如画的黄昏，我又一次来到海边，迎面一群抬着满篓生猛海鲜的惠安女，沿着洁白的沙滩踏浪而来，她们头上的黄斗笠在阳光下灿烂如花。

离开惠安前，来到县城。

对惠安县城最初的印象，到处是一幢幢三层高的老房子。可这次来惠安县城，我却认不出是过去的那个县城了。县城几乎被"翻"成新的。改造后的县城，多了一些高楼大厦，多了一些宽阔的马路，但温情的画面不变。

我再一次到中山路走一遭，再一次逛逛中新花园。在这里，城市固有的水泥气息被本真的生活场景所取代。与快节奏的城市生活相比，从我身边走过的行人，他们的步伐和微笑，让我读懂了闲情与知足。

悄悄地，我走了，怕惊动这座温情的小城。我走了，只带走一首歌，让《惠安之春》的歌声轻轻抚过我的心海。

中国香都见证海上丝路

千年古城泉州不仅给人们留下了众多历史古迹,也给我们留下了香文化。泉州香文化见证作为海上丝绸之路起点刺桐港的辉煌。

香文化经过汉魏隋唐时期的发展,到宋代已是积淀丰厚。宋代的市井生活中也随处可见香的身影——街市上有专门卖香的"香铺""香人",有专门制作"印香"的商家,甚至酒楼里也有随时向顾客供香的"香婆"。街头还有添加香药的各式食品,如香药脆梅、香药糖水("浴佛水")、香糖果子、香药木瓜等等。这时,香文化的发展已进入鼎盛时期。

宋代以泉州为起点构成的海上丝绸之路实际上就是香料之路。马可·波罗就曾在自己的游记中写道:"东方遍地都是黄金和香料。"

宋元时期,在泉州从事香料贸易的绝大多数是阿拉伯人,他们将异域的香文化带来,在刺桐港与中国传统香文化相融,成为中西文明碰撞交汇的璀璨结晶。最具代表性的永春香,吐露出独有的芬芳。

溯源永春香历史,是阿拉伯蒲氏一族传来篾香制作技艺。

宋元时期,定居泉州的阿拉伯人后裔蒲寿庚家族带来异国制香技艺。清顺治三年(1646),闽南沿海战乱,蒲寿庚的后代蒲世茂为躲避战火,迁居永春达埔镇汉口村。蒲氏人家进入永春后,将制香手艺传授给了乡亲,自此开启永春制香的历史。

如今，篾香已在永春达埔扎根，这里是中国香料的四大生产基地，成为永春的一张名片。2013年11月16日，中国香文化研究院成立授牌仪式在"东亚文化之都"泉州举行。2015年，永春县荣获中国香都称号。"永春篾香"还获得了国家地理标志产品保护。2021年6月，以永春传统香制作技艺为代表的福建香制作技艺入选国家级"非物质文化遗产代表性项目名录"。

永春达埔镇香产品种类达300多种，畅销大江南北。这里出产有全国近四分之一的香，而且还拥有广阔的海外市场。

来到永春达埔，不仅能欣赏到高雅的香道，还能了解到永春制香人至今仍沿袭着数百年前祖先留下的方法：修制、蒸、煮、炮、炒、炙、烘焙、研磨、成型。

只见制香人首先筛选好竹篾（又称香骨），把竹篾扎成一捆，竖着用力往下扔，一些断的或是质量不好的就被弹出。把不好的挑出后，再倒过来扔一次，如此反复几次，动作娴熟。

挑选好竹篾后，就开始制香。制香人先把竹篾的适当长度沾水，然后均匀搓上黏粉；再一次浸水，然后展开成扇形，再将香料粉均匀撒于竹篾上，让圆形转动互相摩擦，将多余的香料粉抖落，香粉弥漫。

接下来，制香人将制好的篾香均匀交错晾在香架上，等到七成干后，再把香脚部分染成黄色或红色。

他们将染好香脚的香重新晾开在香架上，曝晒至完全干燥。这样，天然健康的香品就做成了。

跺香花是篾香制作的一道风景线，民间还有跺香花的比赛。制香人先将篾香扎成一束，立在地上，然后用双手轻扶着很快地朝一侧转开，又稍做调整，让篾香展开，像一朵绽放的花朵。

走进如今的永春县达埔镇，扑面而来的天然香气沁入心田。占地3300亩的中国香都香品产业园内，琳琅满目的香品、满载出厂的货车、忙碌的工人、络绎不绝的游客，成了这里的新景象。

永春还时常举行大师斗香比赛，展现另一种香文化的神韵。

缭绕的香雾，沁人的香味，留存于整个永春县，久久不能消散。

QUANZHOU
THE BIOGRAPHY

泉州传

第十一章 寻踪南少林

天下功夫出少林。中华武林之中，少林功夫最负盛名。

其实少林之中，又分南北。北以嵩山少林为正宗，南以泉州少林为代表。

"南少林"是一种具有民族传统特色和浓郁地方色彩的武术文化。它与南音、南戏、南建筑、南派工艺并称为泉州"五南"，名扬海内外。泉州南少林寺以南少林武术闻名于世，有五祖拳、五枚花拳等拳种，构成了独特而博大精深的拳术系统，不仅是泉州南少林历史文化的重要内涵，也是中华民族传统武术中的宝贵遗产。

以"南拳北腿"著称的南北两座少林寺院的僧人，匡扶正义，历次救国家于危难之中。然而，南少林寺难逃被焚烧的命运。1000多年过去了，当年声名赫赫的南北两座少林寺，只留下历尽沧桑的北少林依然屹立在嵩山之上香火旺盛，南少林寺却曾销声匿迹数百年。为此，人们开始了历史的追寻。

泉南千载少林风

空旷的山谷，矫健的武僧，古老的庙宇中间隐隐有佛的禅意在围绕。

1982年，武打片《少林寺》一问世，顿时火遍了神州大地。电影《少林寺》，演的是一段少林和尚和牧羊女之间凄美温婉的情感故事，更是一段十三棍僧救唐王行侠仗义的悲壮故事。那时候，长城内外，大江南北，到处掀起武术热，全国各地有无数的热血青年在看过电影后唱着《少林，少林》和《牧羊曲》，开始习武。

北有嵩山少林寺，南有泉州南少林。

泉州南少林武术源远流长，是南派少林武术的发源地，自晋唐而后尚武之风传续，代有才俊秀出。历朝泉州名臣显宦多知兵而习武，北宋名相曾公亮、抗倭英雄俞大猷、民族英雄郑成功均为南少林武术发展做出杰出的贡献。永春白鹤拳祖师方七娘、五祖拳宗师蔡玉明等民间武术家留下了许多动人的传说。

站在泉州清源山东麓泉州南少林寺前，望着"少林禅寺"4个遒劲有力的大字，此时与你对话的是那不屈的灵魂。这一刻，你融入闽南的历史文化里，闽南的历史文化也融入你的生命之中……

第一次来到泉州南少林寺，当看到路边的围墙上刻满功夫图，颇感震撼！现在南少林寺的主体建筑有山门、天王殿、大雄宝殿、观音殿、藏经阁等，以及钟楼和鼓楼两侧沿山体拾级而上的廊房,极为壮观。

跨过山门,泉州南少林寺便映入眼帘。南少林寺古朴而典雅,主大殿的前面种着两棵大榕树,荫翳蔽日,盘根错节,为古寺增添了静寂、庄严的气氛。而大殿上面"少林禅寺"4个字为著名佛教领袖、杰出书法家赵朴初所题。

伴着和尚的念经声,我走进了大殿,大殿中间有三座四五米高的佛像,旁边则是十八罗汉雕像。

走出大殿后门,爬上阶梯,眼前一亮,是一座高大的观音寺,寺里有一座巨大的观音像。

其实这仅是当年南少林寺的一小部分。史书记载:"少林寺十三进,周墙三丈,寺僧千人,陇田百顷,树林茂郁,掩映少林寺于(清源)山麓。"相传为曾救唐王的十三棍僧之一的智空入闽所建。清嘉庆年间蔡永蒹所撰《西山杂志》载:"十三空之智空入闽中,建少林寺于清源山麓,凡十三落,闽僧武派之始焉。""天坛傍少林寺,智空禅师拜会王太守,立于天坛。"由此可知,泉州少林寺应始建于唐代龙朔年间。

泉州有一本明代人撰写的手抄本——《清源金氏族谱》,其附录《丽史》中有一段是这样记载的:明朝,泉州城中一位名为伊楚玉的年轻书生,曾在一寺院里读书,经常从一富翁凌氏家门前经过,有一次与凌氏的女儿偶遇,后来两人产生感情。而伊楚玉读书所在的寺院正是泉州少林寺。

《西山杂志》里有关泉州南少林的史料有六则共3000余字,其中仅"少林寺"一则就有1800多字,详细记载了泉州少林寺的地址、规模、沿革、兴废设备、传人、历史事件,与嵩山少林寺的关系以及少林拳术流传等内容。

据清道光《晋江县志》卷69载:"镇国东禅寺在仁风门外东湖畔,……明宣德十年重修,后废。僧人修其旧址十分之一。"咸丰年间山门竖有"少林古迹"匾额。

在东岳山脚的村庄内,通往福州的古大道,仍有一地名叫"山门"。这便是古时少林寺的山门。

过山门有一条山沟,有潺潺流水流过,这里名叫"洗脚坑",传说进少林寺之前须先在此洗脚,以表虔诚之心。如今地名仍存,山形依旧。

这里一些人家家里，有古代大石槽、古井和练武的一对石板凳，见证当年习武之风。

特别引人注目的是，1992年11月，在位于东岳宫天坛东侧古少林寺遗址"山门内"的风山山麓，发现一座宋代竖穴武僧墓室（原建有墓塔，已废），出土两个僧人的骨灰罐，其中一个罐上盖有宋代芒口彩青瓷碗一个，印有4个武僧形象；罐底写有"河南□□□"，除河南二字清晰外，其余已漫漶难识。另一罐底及盖内均有用墨书写的楷体"方"字。这座武僧墓及出土文物，说明在清源山风山麓（东岳山）曾有一座少林寺。

2004年，金庸来泉州参观，特意到南少林寺，挥笔题下"少林武功，源远流长，传来南方，光大发扬"16个字。随后，金庸新版武侠小说里的南少林皆改为泉州南少林。

现在的南少林寺建筑是1992年开始在原址上修建的，不少建筑材料采用当年遗留下来的建筑构件，如台基、石柱等。

我们不知道唐代嵩山少林寺十三棍僧之一的智空，当年是如何跋山涉水入闽建泉州南少林寺的，但我们却读到南宋施梦说《东鲁诗集》中的诗句："少林寺宇筑清源，十进山门万丈垣。百亩田园三岭地，千僧技击反王藩。"区区二十八字，让我们仿佛重见泉州少林寺当年宏大的规模，又让我们读出一个故事：五代年间，镇守泉州的闽王王审知附后梁，南少林寺一千余名僧兵率先起兵反对，后事败，少林寺毁于战火。

更令人惊讶的是，《西山杂志》详细描绘了泉州少林寺中"太祖拳"的由来。

宋太祖赵匡胤身怀绝技，其后人多习武。靖康二年（1127）金人推翻北宋，宋皇族的许多子孙迁徙到泉州。其中有人喜好练拳耍棒，每天一大早就勤练祖宗传下来的"太祖拳"。皇族赵孟良出家当泉州少林寺的长老，将祖上密传的"太祖拳"传授给泉州少林寺和尚们。

到了公元1276年，蒙古伯颜功破临安，宋恭帝、谢太后纳表称降，宋朝灭亡。但不肯屈服的民族英雄文天祥、陆秀夫等人在福州拥戴恭帝之弟吉王赵罡登基。在泉州，流亡政府建立了抵抗力量，但由于阿拉伯商人蒲寿庚出卖，元兵将泉州围得水泄不通，文天祥等只得南迁广东潮州。蒙古官兵攻进泉州后，南少林寺的和尚奋起抵抗，并将宋兵伤员藏起来。元兵知道后，一把火把南少林寺烧光。

明代抗倭名将俞大猷便是南少林寺的俗家弟子，因为他曾在少林寺习武，并对南少林的各种棍术、拳术进行总结，写出了中国武术史上一部武术经典《剑经》（此处的剑指长棍），对少林寺棍术作出了继承和总结。

清高宗弘历"诏焚少林寺……少林寺从兹无敢复修者"。

一座恢宏雄伟的寺院，竟然三次毁于兵火！南少林寺的灰烬融入历史，气节却伴随着精神永生！

我年轻时，对神秘的少林七十二项绝技之一"一指禅"十分好奇。前几年，终于在泉州南少林寺见到"一指禅"。

泉州南少林寺在复建后组建了武僧团，苦练绝世武功，其中有"一指禅""水上漂""铁头功"等惊世功夫。这些功夫向世人展示后，吸引了众多海内外弟子前往拜师学艺，其中许多是来自港澳台地区和东南亚各国的华人弟子，甚至有来自欧美的"洋弟子"。

泉州南少林的"水上漂"，是先将许多块三合板用绳子连起来，铺在水面上，人从板上轻盈地跑过去。

不久前，我随泉州及菲律宾作家访问重建的南少林寺，南少林寺的师傅为我们上演了一场精彩绝伦的武术表演，令在场的作家连连称奇。

演武场上，拳法、刀法、剑法、棍法无不令人赞叹。刀光剑影之中，整个演武场内掌声如潮。

我徜徉在南少林寺前，两株数百年的古榕犹如在讲述一个不朽的传奇。

那种胸怀宽阔的男儿气性，那种坚毅阳刚的浩然正气，那种精忠尚武的爱国情怀，不正是南少林的精魂所在？

此时，山峦云雾弥漫。云海翻腾，南少林寺依旧岿然不动。

历史如过眼云烟，而南少林之魂却永远不会消散。

俞大猷：剑胆如虹写正气

刀光如昨，剑影依旧。

是的，自从迈入俞大猷公园，我仿佛看见了俞大猷纵剑马上，驰骋沙场。

这里是泉州市洛江区河市镇，是俞大猷的出生地。这里是为纪念他诞辰500周年，于2003年建成并以他的英名命名的公园——俞大猷公园，这里也是泉州首批爱国主义教育基地。

一个初冬的午后，阳光灿烂，气候清凉。我们寻俞将军而来，一路可见成片的草莓地，引领着我们来到公园的面前。如此宁静安详，又如此威严肃穆，顿感一股浩然正气在此回荡。

进入正大门便见玉泉湖，湖上可以垂钓。仰望靖国门城楼，上有一尊高达10多米的俞大猷将军雕像，但见将军手握宝剑，目视前方，风骨凛然。其后方，玉带河水缓缓流过，河上小桥别致，周围立有蘑菇亭和田螺姑娘的雕像。放眼望去，空旷之中巍然屹立4座牌坊，如果说玉带河是五线谱的话，那么4座牌坊就像一个个音符，奏出浩然之歌。过了4座牌坊，那宏伟的重檐歇山顶建筑，便是俞大猷纪念馆了。纪念馆中一幅幅浮雕诉说着俞大猷回传少林棍法的故事，也传颂着他带兵抗倭的英勇事迹。

俞大猷，明代著名抗倭英雄，出色的军事家、武术家，他一生四为参将，七为总兵，二为都督。"俞龙戚虎，杀贼如土。"这一东南沿海传诵至今的民谣,是400多年前广大民众对中华民族抗击倭寇侵扰的精辟提炼与概括。在明朝抗倭战争中,俞大猷带领的"俞家军"与戚继光带领的"戚家军"并称"俞龙戚虎",为国家的安宁和人民的幸福做出了巨大的贡献。

明弘治十六年六月十四(1503年7月7日),俞大猷出生在泉州府晋江县河市濠格头村(今泉州市洛江区河市镇溪山村赤石口自然村)一个世袭百户军官家庭。在故乡生活了十来年后,俞大猷随母亲迁居泉州城内北门街。

小时候,立志报国的俞大猷在南少林寺习武,他特别注重练胆。俞大猷在清源山紫泽书院念书时,常与同学一道攀山越岭。一次,他发现清源山虎乳泉西侧有块巨石,又高又陡,便与几位同学一道攀登,好不容易爬到石顶。玩了一会,大家准备往回走了,俞大猷提议道:"回头路难走,不如从这里跳下去吧!"大家往下一望,但见悬崖下一片乱石,杂草丛生,谁也不敢回应。俞大猷见此,觑准一处平地,大喊一声,从巨石上跃然而下,平稳地落在地上。同学见了,不禁齐声喝彩。自此以后,俞大猷每日早晚,都来此地"练胆",也由此有了"俞大胆"的外号。清源山巨石如今仍在,人们称之为"练胆石"。

胆气,对于英雄豪杰来说是何其重要!后来,俞大猷根据自己的切身体会与经验,认为兵无胆气,则无战斗力,更不用谈克敌制胜了,于是提出"练兵必须练胆"的主张。

战胜强敌,除了胆气,还需有精湛的武艺。

为圆"抗倭卫国梦",俞大猷年少时拜理学大师蔡清弟子王宣、林福为师,学习《易经》,得到真传,精于韬略。此后,俞大猷又拜精通荆楚长剑、武术超群的李良钦为师。俞大猷勤学苦练,创造了具有闽南特色的"俞家棍",成就"剑术天下第一"。他还将"俞家棍"加以总结,上升到理论高度,在戎马倥偬之际,花了10多年时间,撰成武术专著《剑经》。他还著有《射法》《营阵四形》《发微四章》3部兵书。俞大猷将自己对《易经》的理解与研究运用于军事,深刻理解《易经》有关奇正、虚实、矛盾变化等辩证法,提出"攻收万全""先计后战,不贪近功"的理论,制定御海上、御海岸、御内河、御城镇的多层次、有纵深的海防战略。戚继光读了俞大猷的《剑经》后,赞叹不已,称为"千古奇秘",并说:"不惟棍法,虽长枪各色之器械,俱当依此法也。近以此法教长枪，收明效。极妙！极妙！"后来，戚继光均以此法练兵，屡打胜仗。

时光拨转至明嘉靖年间。其时，日本海盗与我国沿海奸商、海盗相勾结，在广东、福建等沿海一带进行走私、抢劫，杀害民众，极为猖獗。当时的明王朝，皇帝昏庸无道，面对倭寇的侵扰，沿海人民身受其害，叫苦连天。此时，需要气拔山河的盖世英雄横空出世。

嘉靖二十一年（1542），俞大猷来到汀州，任汀漳守备，驻守位于闽粤赣边境武溪河畔的武平千户所。俞大猷也在武平所迎来了他生平的第一战。武溪河发源于武平梁野山麓，流经广东蕉岭平远，注入梅江、韩江入海，水势愈流愈阔大，舟楫往来运载货物。一位叫康老的海贼带领300多名贼匪，不时溯河而上剽窃船运，于是俞大猷挥师将这股祸患剿灭了。武平之战，是俞大猷迈向中华名将的一个坚实起点。

嘉靖三十一年（1552），倭寇大举进犯浙东，俞大猷从广东调到倭患严重的浙江任宁（波）台（州）参将。从此，他开始驰骋于抗倭的东南战场，奋勇杀敌。

俞大猷认为"防倭以兵船为急""攻倭长技，当以福建楼船破之"，于是他将福建楼船分布在沿海诸岛。

嘉靖三十三年（1554），有两万倭寇屯聚在淞江、柘林等地，频繁作乱，民众苦不堪言。在遭到俞家军的警告后，恼羞成怒的倭寇试图从海岸线大规模入侵。面对嚣张的倭寇，俞家军在海岸上设炮台御敌，俞大猷率兵围剿，大败王江泾顽敌。血红的晚霞渐渐消退，俞家军将士烈酒狂歌，欢庆胜利。此役斩杀倭寇1900多人，史称抗倭"战功第一"。

此后，俞大猷继续会同副使伍环大败窜犯于常熟、江阴、无锡一带的倭寇。由于他屡立战功，朝廷大臣"争言大猷之才"，俞将军遂于嘉靖三十五年（1556）被任命为浙江总兵，兼辖苏淞都郡。受命之后，他又参与平定海寇徐海，清除宁波舟山的倭寇，肃清浙江全境的倭乱，而进署为都督同知。

倭寇在苏浙惨败后，便南窜闽粤，嘉靖四十一年（1562）冬，攻陷兴化（今莆田市）。福建巡抚游震得奏请朝廷，提升俞大猷为福建总兵，隶属闽浙总督谭纶指挥，会同剿倭。在研究战略时，俞大猷建议朝廷"必设异常之谋"。皇上觉得有理，乃调派三万精兵，分三路将倭寇包围起来，一举歼灭了这股罪大恶极的倭寇。

在俞大猷家乡泉州石狮永宁镇朝阳山上，有一块高约6米的大石，石头临海的一面镌刻着楷体"镇海石"3个大字。据说，这3个大字是俞大猷亲手所书。

在明朝嘉靖年间，一伙倭寇攻入永宁卫城，烧杀抢掠，无恶不作。在兴化任福建总兵的俞大猷听闻百姓受难的消息后心急如焚，一面命闽南水师从水路堵截倭寇败逃去路，一面亲自带领数百名士兵日夜兼程赶往永宁。

在永宁城外，俞大猷先是派士兵前去打探敌情。得知大部分倭寇夜间在城隍庙宿营，只留两只凶猛的军犬警卫守营后，俞大猷心生一计，只带了50名士兵乔装成百姓入城，余下的士兵则在城外接应。

入夜，他命士兵们煮一锅香喷喷的牛肉，待倭寇睡下后，将牛肉扔给军犬。军犬闻到牛肉香味，津津有味地吃起来，结果被俞大猷杀掉。随后，俞大猷发现在城隍庙的东面，一个用于焚烧冥币的金亭旁有一处裂缝。于是，他令士兵悄悄用匕首将裂缝里的灰土刮去，搬开砖头，挖开一个洞，士兵爬进庙内，打开了庙门。"冲！"俞大猷一声令下，将士们奋勇杀敌。没多久，庙内横尸遍地，数百名倭寇被歼灭。将士们又在西北城楼上放火为号，与城外的俞家军里应外合，追剿城隍庙附近民房内残余的倭寇。终于，在永宁卫城海边的一块大石旁，俞家军歼灭了所有的倭寇。

战役胜利后，俞大猷在这块石上写下了"镇海石"3个大字，以震慑倭寇。如今，这块刻下历史烙印的大石依然伫立在海边，风雨不动，供后人瞻仰。

嘉靖四十年（1561），精通"荆楚长剑"的俞大猷奉命南征，他前往嵩山少林寺考察。少林寺的住持小山上人热情招待他，俞大猷看到僧人们正在演练流传已久的少林棍法。俞大猷越看越不对劲，僧人们演练的这套少林棍法有形无神。俞大猷便直言少林棍法"已失古人真诀"。听闻此言，少林寺住持虚心求教，问如何解决。俞大猷说自己有要事在身，无法久留教授。小山上人一听，便挑选了两名僧人宗擎、普从，随着俞大猷南征学习棍术。宗擎、普从二僧随俞大猷征战3年,将棍术的刚柔、阴阳、攻守、动静、审势、功力以及手足等动作的精髓完全领会,带着俞大猷传授的棍术总诀返回少林,将棍术的精要传授给众僧。现在,嵩山少林一派仍有"俞家棍法"。

万历七年(1579)初,春寒料峭。俞大猷告老还乡,回到泉州。不到半年,突染重病,3个月后与世长辞,享年77岁。

乡人听闻俞将军病故,千百人身着白衣、白帽来为其送行。北风带着冷雨扑面而来,许多乡人当即泣不成声……

日映西方,彩霞满天。站在俞大猷公园,一股罡风恍若从天际飘然入胸。我不禁神思翱翔,有了更深刻的领悟。

明代著名古文学家王慎中在《海上平寇记》一文中,赞扬俞大猷温文尔雅、忠厚仁慈,犹如"儒士",具有大将之才,善于用人和练兵,与部下同甘共苦,作战时如飙风掣电,"猛厉孔武""一身先率士兵"。《明史》则说俞将军"为将廉,驭下有恩""负奇节,以古贤豪自期。其用兵先计后战,不贪近功,忠诚许国,老而弥笃,所在有大敌""老成宿将,以俞大猷为称首,而数奇屡蹶,以内外诸臣攘敚,而掩遏其功者众也"。

岁月悠悠,往事如烟。400多年时光一晃而过,清源山上"练胆石"、永宁海边"镇海石"、少林禅寺"俞家棍",还有留在东南沿海的许多抗倭故事,依旧诉说着、见证着那一段不朽的历史。

俞大猷在嘉靖年间的英勇抗倭,既守护了广大民众的生命财产安全,又保卫了国家领土的完整,保证了海上贸易的畅通。然而,如此坚韧不拔、忠贞报国的英雄,却在当年屡次蒙冤下狱。如此操行高洁、谋略超人的英雄,却在当下鲜被提及。

但历史终究不会忘记,人民终究不会忘记。浙江百姓为纪念俞大猷的抗倭功绩,丽水莲都将一条街道命名为大猷街;宁波市镇海百姓在俞大猷调任直隶副总兵时,请他留下衣冠,就在他蒙冤入狱这一年,他们在镇远门内为俞大猷建祠立碑。

历史选择了俞大猷,俞大猷也必定铸入历史。苍天之下,他的身影依然坚毅,他的剑胆依然如虹,他的精神依然隽永。

泉州人的江湖情结：拳头烧酒曲

以酒为媒介，划拳叙乡谊。2014年3月1日晚，第三届泉台"酒文化"猜拳比赛在泉州举行，泉州、台湾两地近200名民众齐聚一堂。比赛现场，猜拳声此起彼伏，加油助威声和喝彩声也接连不断。

真切的友谊、香醇的酒水、熟悉的乡音……"酒文化"的真正意义并不在酒，而是以此为桥梁，进一步促进泉州与台湾两地的民间交流。

泉州自古武风兴盛，每当夜幕降临，辛劳了一天的人们便时常相约而至集市或者家里，打拳、喝酒、听南音，俗称"拳头烧酒曲"。

泉州最盛行的拳法是五祖拳。五祖拳是中国传统拳术中的南拳之一。五祖拳的特点是多短打，拳势猛烈。在练法上要求头上顶、两肩坠、心胸守、丹田聚。

相传，这5种拳法源自火烧少林寺后，五位突出重围的僧人，将自己所学的拳法流传于民间。而他们所流传下来的拳术被后世称为"南少林五祖拳"。然而，在泉州广为流传的"五祖拳"，却有着另一版本的传说。相传，泉州晋江县人蔡玉明喜好拳技，到处寻师觅友，汲取各家各派的精华，精通五种拳法，后开馆授徒，传播拳术。

2008年6月7日，五祖拳经国务院批准列入第二批国家级非物质文化遗产名录。

泉州是南少林武术的发祥地，历史上泉州曾经出过5名武状元：北宋的杨友、南宋的林宗臣和黄褒然、明代的庄安世和清朝的黄培松。此外，宋以来，泉州就涌现武进士（含宋武举）达188人，其中宋朝（武举）52人、明朝59人、清朝77人。泉州历代武术盛行，可见一斑。

后来，"拳头烧酒曲"中的"拳"由"打拳"演变成"猜拳"。

在我国，酿酒历史悠久，还形成一种独特的文化现象。

历代文人墨客，无不与酒有着不解之缘："何以解忧，唯有杜康""对酒当歌，人生几何"是曹操的豪迈；"人生得意须尽欢，莫使金樽空对月"是李白的浪漫；"白日放歌须纵酒，青春作伴好还乡"是杜甫的潇洒；"把酒问青天"是苏轼的情怀……

酒令，是古人饮酒作乐最常用的一种游戏方式。吟诗作对是上流社会流行的游戏，而在民间酒令则多是猜拳。划拳，就是在饮酒时，两人同时伸出手指并各说一个数，谁说的数目跟双方所伸手指的总数相符，谁就算赢，输的人则要喝酒。《新五代史·史弘肇传》记载："他日会饮章第，酒酣为手势令。"《七侠五义》中也有划拳的记载。

"请客一定喝酒，喝酒一定划拳！"再加上泉州人爱唱南曲，这3件事物被称为了解闽南文化的"入门三件事"，其中"酒文化"被认为是最贴近生活的一种。2012年，泉州划拳入选泉州市鲤城区第五批非物质文化遗产名单。

在泉州，不少地方都有与酒文化（猜拳）有关的印记。

泉州渔民以船为家，经常要到海上捕鱼。海上风大浪大，喝点酒可以暖身子。每到晚上，渔民们就把几艘船绑在一块，男人们聚在一起划拳喝酒，非常热闹。他们高声划拳，痛快饮酒，开心说笑，其乐融融！

无酒不成宴，逢酒必划拳。在泉州，不管是新朋初见抑或故交重逢，不论家庭聚会抑或企业年会，甚至满月庆、周岁庆、婚庆、寿庆、民间节庆，泉州人都要聚在一起热闹，少不了划拳喝酒。在泉州，划拳不是男人的专利，女人也会划拳。酷暑纳凉，啤酒斟满，严冬围炉，白酒溢香，大杯小盅，豪气冲天。划拳要有底气、控节奏、讲气势，划起来才能流畅又好听，还要善于观察对方的"拳法"，随机应变，这样才能赢。

泉州划拳有各种喊法，一般有数字就行，其中，最有特色的是划"三国拳"：单刀赴会，二嫂过关，三战吕布，四请徐庶，五马破曹，六出祁山，七擒孟获，八卦阵图，九进中原，舌（十）战群儒。还有一种喊的是泉州的小巷等地名、名小吃：一峰书、二郎巷、三朝铺、四脚亭、五塔巷、六井孔、七里庵、八尺岭、九史巷，四果汤、五香包、八宝饭、九重粿……

泉州很早就有酒文化。南安丰州、晋江池店一带的两晋至南朝古墓中，就有碗、鸡首壶、带系罐等装酒器物。

泉州有一块跟酒有关的石头，这块石头一米多长，是从蒲寿晟、蒲寿庚兄弟的私家别院"云麓花园"发现的，大约有700多年的历史，叫"流觞曲水石"。如今，这石头陈列在泉州海交馆宗教石刻陈列馆。细看，石头上有曲折蜿蜒的凹槽，如果往上面倒水，水流就会顺着凹槽缓缓流动，如果在上面放只小纸船，就会顺水而流。宾客围坐在石头四周，小纸船停在哪里，谁就喝酒。这石头的确有王羲之《兰亭集序》中"曲水流觞"的情致。

据《泉州地名录》记载，泉州曾有一条巷子，叫"烧酒巷"，就在如今泉州市区庄府巷边上。古时这里很多酒家是酿酒兼卖酒的，因此得名。

如今，泉州时常举行猜拳比赛。

人声鼎沸，热闹非凡。数十名男男女女，身着红蓝比赛服装，隔着长条桌站成两队。双方摩拳擦掌，跃跃欲试。他们先对行一个握拳礼，然后或坐或站，捋起袖子，伸出胳膊，亮起嗓子，拳来掌去，手指开合，神速心算，敏捷出指，快速喊数，你来我往，喊声震天。时而面红耳赤，时而仰头大笑，时而沮丧无比。听不懂闽南话的人，还以为是一场大型骂战。

泉州猜拳还有两种有趣的猜法：其一叫"打通关"，一个"拳手"按顺时针方向逐一向桌上的人挑战，每挑战一个有三次机会，赢了则过关，输了三拳则重新返回，从头再来。其二叫"过桥"，是将酒杯摆成长龙，像一座桥，两端的酒少，越往中间酒越多，甚至中间放一酒壶。两方各派一位代表划拳，输的人先从各自的一端将酒喝掉，输多了，往中间喝，压力很大。

"拳头烧酒曲"这些民俗都源自生活，体现着泉州人的江湖情结，更是泉州人爱拼敢赢性格、热情好客精神的体现。

白鹤拳与咏春拳

永春县五里街镇大羽村,金灿灿的炮仗花在道路两侧绽放,民宅立面上白鹤展翅图案栩栩如生,家家户户门前摆着木人桩、沙袋。"嚯!嚯!"耳畔传来阵阵挥拳劲喝的声音,原来是老师傅正带着异地年轻人在练白鹤拳。

白鹤拳与太祖拳、罗汉拳、达尊拳、行者拳(猴拳)并称为"少林五祖拳"。这一拳派,最早在著名侨乡永春县流行,而后传到德化等泉州各地及大田、永安、福州、福清、同安、厦门、漳州直至台湾等地,故又称"永春白鹤拳"。

说起永春拳,大家都会想到咏春拳,想到叶问、李小龙。那么,咏春拳是怎么发展起来的?

第一种说法认为咏春拳是福建永春白鹤拳高手、南少林的少林五老之一五枚师太所创。清朝泉州南少林寺被焚毁后,五枚师太隐居在川滇边界的大凉山,受蛇鹤相争的启发,创出这套拳术。后来经苗顺、严二将拳术传给严咏春,严咏春又传给自己的丈夫梁博涛,梁博涛传给亲侄梁兰桂,由梁兰桂传拳于佛山红船弟子黄华宝等人,再传至梁赞,后又传给陈华顺和叶问。

第二种说法认为咏春拳应为永春拳,得名于福建泉州少林寺的永春殿,总教练是少林弟子至善禅师。南少林寺被焚毁后,至善逃避到广东佛山,藏匿于粤剧红船中当伙夫,认识戏班花旦惠州人氏苏三娘,传授给她,即"永春三娘"。三娘再将武功传给红船中的黄华宝等人,黄华宝又传给佛山梁赞,后传给陈华顺、叶问,使永春拳得以在佛山发扬光大。

第三种说法是咏春拳为河南嵩山少林弟子一尘庵主所创。其传人颜泳春落难来广东,便将泳春拳传给广东弟子。后来,咸丰年间李文茂起义,诸弟子为避祸而把"泳春拳"的"泳"字改为"咏"。红船中人黄华宝等人学得此拳,后再传给佛山的梁赞,梁赞则把咏春拳发扬光大,后传给陈华顺、叶问。

无论哪一种说法,咏春拳的创始人都是女性,都是清咸丰以后在广东传播,而黄华宝、梁赞则是咏春拳有据可查的早期宗师。咏春拳和永春白鹤拳之间的渊源关系,应该是同源同流。

广东一带的咏春拳文化研究者的一些研究表明,咏春拳源于永春拳。有人在 2000 年第 9 期《武魂》杂志上发表文章并附照片,证明佛山咏春拳的师祖灵位上写的就是"永春历代先师",说明了咏春与永春同出一门。2010 年,广东顺德杏坛东马宁村申报"中国永春拳之乡"并接受国家体育总局验收时,马东村支部书记、村委会主任徐兆祥认为咏春拳是永春拳衍生出来的:"永春起源于福建泉州少林寺的永春殿,全称是永春派少林拳,后来才衍生出咏春,就像每个人读书,掌握的知识程度与学历不一样,咏春流传较广的就 3 套拳,而永春就有 12 套。"

一些精通咏春拳的人士对永春白鹤拳的古拳谱进行分析研究,发现其中很多要点都是相通的。例如永春白鹤拳"论出手必先论子午归中","子午归中"即"子午中正",与咏春拳"守中用中,中线防守,中线进攻"的"中线原理"是一样的。另外,永春白鹤拳与咏春拳一样也讲究利用"听劲"觉察出敌力的虚实、大小、方向,利用力学之圆弧切线原理,借力消力,连消带打,以"四两拨千斤",出奇制胜、以弱胜强。

白鹤拳是在清朝初年顺治年间由福建省福宁州(现霞浦县)北门外少林拳师方种的独生女方七娘所创。

方种是明末遗民,原籍浙江处州府丽水县,为避时乱,南迁至福建省福宁州北门外居住。富贵人家的方种"为人侠气,性好武艺,广交天下豪杰,凡所闻贯精高手明师,多从学之,朝夕勤习,无法不通,遂乃有心手灵机变化之神功"。方种仅生有七娘一女。"七娘容貌绝世,年登十六,好少林拳艺",深得方种疼爱,所以方种传艺给她。

有一天,方七娘在寺中织布,一抬头,看见一只白鹤飞宿在梁间,时而昂首弄翼、伸颈觅食,时而缠脖栖息,姿态十分奇妙。她用手中梭盒向它扔去,白鹤闪跳躲过;她又用纬尺扔过去,结果被白鹤展开的翅膀弹落。一会儿,白鹤奋力飞起,凌空而去,不见其踪。方七娘见状,领悟到白鹤动作"似刚非刚,似柔非柔"的精髓,于是精心钻研,将白鹤显现的种种舞姿糅合在少林拳法之中。几经反复推敲,独创出"白鹤拳"。

康熙年间,方七娘与丈夫曾四回到永春,住在"永春西门外后庙辜厝",在那里开设武馆授徒,白鹤拳就此传入永春。后人将方七娘与丈夫曾四开设的武馆称为"曾武馆"。

自康熙至乾隆百余年间,白鹤拳经过永春名师曾四、二十八英俊、前五虎和白戒、后五虎等这几代人努力,在福建省内外广为传播。

其间,有署名为"梅山主人"的萧伯实、郑樵和林董及许多佚名的永春先贤,对永春白鹤拳进行了系统性、理论性的总结,流传后世的著作有《白鹤仙师祖传真法》《永春郑礼叔教传拳法》《桃源拳术》《白鹤拳家正法》《方七娘拳祖》及《自述切要条文》等手稿书抄以及见诸文字记载的一些残篇遗稿。

永春白鹤拳,好像一只徜徉在湖光山色中的白鹤,时而闪跳,时而扑翅,手法灵活善变,脚步走闪灵活,在悠闲之中却隐藏杀机。

现在,在永春,有许多洋弟子前来拜师学艺,他们分别来自新加坡、马来西亚、日本等10多个国家,对白鹤拳的共同喜爱让他们从五湖四海聚到一起。近年来,永春武术界通过举办国际演武大会等形式加强交流。每年还有不少国家和地区的武术团体及个人前来切磋技艺。

永春人曾大败沙俄军

在金庸先生的《鹿鼎记》中,永春人林兴珠先是追随天地会总舵主陈近南,此后又在韦小宝的推荐下,和他一起率领藤牌军,两次北上雅克萨大败罗刹兵,最终签订《尼布楚条约》。韦小宝是金庸虚拟的人物,然而历史上却有林兴珠其人,林兴珠确实也曾大败沙俄军,为签订《尼布楚条约》尽过力。

林兴珠,永春蓬壶人,永春唯一一名在清朝被封侯的人,民间尊称其为"林侯",历史地位很高。

清顺治六年(1649),林兴珠与叔父林日胜追随郑成功举起抗清义旗,他们聚集数千之众,占据永春帽顶、马跳多个山寨。顺治十三年(1656),清军围攻帽顶寨,林日胜与林兴珠兵败降清。后来,林兴珠在"三藩之乱"中反击吴三桂叛军有功,被康熙召入京师,授銮仪卫銮仪使,赐封建义侯,著籍镶黄旗。

林兴珠在郑成功帐下时,曾学到藤牌兵的用法。据历史文献及林兴珠后人保存的族谱记载,林兴珠以日记的形式,清楚地记下福建藤牌军大败罗刹兵的过程。

据《广阳杂记》《清史稿》等文献记载,康熙二十四年(1685)3月,林兴珠和都统彭春、副都统班达尔沙、玛拉等率清军3000多人(其中福建藤牌军500余人),水陆两路并进,奔袭雅克萨城。经过几场大战,大败沙俄军,俘虏敌军700多人，赢得第一次雅克萨之战。

两个月后，沙俄侵略者重新占领雅克萨。康熙下诏，命令将军萨布素、副都统郎坦等率所部2000人再次攻打雅克萨，"并量选候补官员及见在八旗汉军内福建藤牌兵四百人，令侯林兴珠率往"。6月，清军抵雅克萨城下，随后攻打沙俄侵略者。此次反击战，清兵斩杀沙俄侵略军七八百人。

清王朝取得两次雅克萨大捷后，沙俄侵略者被迫求和，中俄签订了历史上有名的《尼布楚条约》。藤牌军在这两次大战中功不可没，他们冲锋陷阵、英勇杀敌的故事流传至今。

说到永春白鹤拳，还要提到林俊起义。

清朝时，永春埔头林氏十七世林俊，是这个家族中的"另类"。他参与掀起了福建历史上最大规模的、坚持时间最长的农民起义，并被洪秀全封为"烈王""三千岁"。

林俊的父亲林捷云是清道光年间的武举人。林俊自幼秉承家学，从小善骑射，精通永春白鹤拳，还精通十八般武艺。他小小年纪就好打抱不平，有一副侠义心肠，以豪侠闻名。至今，永春流传着许多林俊惩恶助弱的故事。

林俊15岁时两支铁锏用得出神入化，大家见了无不钦佩。

永春县城西边有座金锋山，山下有座金锋殿，殿堂十分宽阔，环境清静，是个习武的好地方。林俊常常邀集好友在这里操练武艺。有一天，林俊带着两支铁锏，同几个好友朝金锋殿走去，要去练武。走到半路时，突然听到一阵凶狠的咒骂声和凄惨的呼救声。林俊快步赶上去，一看，原来是当地一地主的团丁押着一群抗粮抗租的穷苦农民，准备押到县城"问罪"。炎炎烈日之下，有个农民因中暑走不动了，竟然被团丁活活打死。见此，林俊怒火中烧，一个箭步冲向前去，揪住为首的团丁，猛喝一声："还不把人给我放了！"

团丁们大吃一惊，为首的定睛一看，只是个十四五岁的毛头小子，便破口大骂："你是谁？敢来挡道？是不是吃了熊心豹子胆了？"说着，他飞起右脚猛地向林俊扫去。

林俊用手轻轻一拨，团丁首领一下子打了个趔趄，跌倒在地上。后面的两个团丁,看到首领被打,立即上前捉拿林俊。林俊等他俩走近时,迅速从腰间拔出铁锏,左右开弓。两个团丁被弹开丈余远,当场毙命。

咸丰二年(1852),林俊到福州赶考,遇见一位前来游说各地豪杰起兵响应的太平军人士,林俊当即表示:"誓与洪君(秀全)一致进行。"从此,他一面联络相关人士,一面以教永春拳、学南曲等为名,在永春、南安、德化一带结交朋友,形成秘密的反清组织。

1853年,永春发生严重的饥荒。4月,林俊的"红钱会"联合陈湖的"黑钱会"率领两三千人及大量灾民,在永春金峰山揭竿而起,响应太平天国起义军,并攻克德化县城和永春州城。义军所到之处,开仓济贫,深得群众拥护。此后两三年间,林俊带领的义军转战莆田、惠安、南安、永春、晋江等地,还到闽北开辟新战场。

林俊的军队声势越来越大,闽浙总督左宗棠急派亲信兵备道朱明亮率"湘勇"入永春"剿办"。

咸丰七年(1857)2月,太平天国杨辅清的军队进入闽北,林俊在晋江、南安交界一带积极备战,率领五六千人攻打南安县城和泉州府城后,挥师北上,希望第二次与太平军主力会合。4月下旬,他们取道永春、德化、大田,行军到大田的时候,队伍发展到一万多人。7月,林俊经过顺昌县仁寿乡仁寿桥时,被埋伏在那里的地主团练武装开枪击中,不幸坠入河中身亡。

林俊死后,义军依然坚持斗争,于同治四年(1865)才被镇压下去。林俊起义失败后,其部将一部分被清军残杀,一部分留在当地,另有部分逃往广东或下南洋,同时将永春拳传入广东。

路见不平,拔刀相助,这是何等的侠义。无法想象,如果没有侠义精神,这个世界会变成什么。

在君临天下的皇者与朝生夕死的草民之间,总有一种叫侠气的精神永远存在,时常令人泪流满面。

这也正是南少林的精神所在。

QUANZHOU
THE BIOGRAPHY

泉州传

第十二章 泉州桥梁甲闽中

泉州造桥在中国桥梁史上有着辉煌的一页。宋元时期，泉州成为世界海洋商贸中心，需要便捷的交通运输，因而极大地刺激着泉州桥梁建设的迅猛发展。据记载，泉州在宋元时期建成各种桥梁215座，名噪一时的"泉州十大名桥"也随之出现。其规模、作用堪称宋元时期的"先行工程建设"，于是有了"闽中桥梁甲天下，泉州桥梁甲闽中"之说。泉州至今可考的古桥有609座，这些古桥梁与古驿道，组成了宋元时期与港口贸易经济相适应的交通网络。

泉州的桥，沿海有闻名遐迩全石构筑的洛阳桥、安平桥等，内陆山区则珍藏着秀外慧中的东关桥等廊桥，文人墨客也题写了大量有关桥梁的诗文，传诵千秋。

泉州古代桥梁一向为人所称誉，在经历千年的风雨沧桑后，如今仍有一些依然横贯于海湾碧波之上，屹立在江河溪壑之间。在交通事业日益发达的今天，人们还津津乐道古代工匠高超的建筑技艺。

洛阳江双虹

千年的岁月这样漫过,漫过每一个春夏秋冬。经历了千年的惊涛骇浪之后,洛阳桥这座卧波的长虹依然坚固如斯,在海浪江潮的冲击下安然无恙。

不知是各种神话造就了洛阳古桥,还是洛阳古桥引发万千传说,我们知道这一座石桥载入世界桥梁建筑史,它的生物固基工程至今还让西方学术界叹为观止;我们还知道这一座石桥成为历史文化名城泉州一张亮丽的名片,其筏式桥墩,无疑是千年古桥的传神一笔。

连中国京剧传统剧目,也以洛阳桥为题材,描述了当年建桥之艰巨,以及桥成之后"三百六十行过桥"的欢乐情景,感染了观众,使泉州的桥梁更加名闻天下。

洛阳桥,原名万安桥,位于惠安县洛阳镇南部(今泉州市洛江区与台商投资区交界处),横跨洛阳江的入海口,是古代粤、闽北上京城的陆路交通要道。洛阳桥与北京的卢沟桥、河北的赵州桥、广东的广济桥,并称为我国古代四大名桥。

此桥为何取名洛阳桥呢?据有关资料记载,晋朝时,社会动荡不安,造成大量的中原人南迁,迁到泉州及闽南一带的多数为河南一带的人士,泉州乃至整个闽南地区所用的语系称为河洛语,也就是现在所说的闽南语。这些中原人士,他们带来了中原先进的农业技术和经验,引导当地人们开垦、发展。他们来到了泉州城的东边，看到这里的山川地势很像古都洛阳，为纪念故土，就把这个地方取名为洛阳，此桥也因此而得名。宋代王十朋游洛阳，更有"北望中原万里遥，南来喜见洛阳桥"之句流传至今。

当时洛阳江"水阔五里，波涛滚滚"，人们往返只能靠渡船，每逢大风海潮，常常连人带船翻入江中，所以人们为了祈求万无一失地平安渡过，就把这个渡口称为"万安渡"。据《泉州府志》记载，旧万安渡是北宋庆历初郡人李宠甃石作浮桥，后由郡守蔡襄主持改建成石桥。洛阳桥始建于北宋皇祐五年（1053）至嘉祐四年（1059），花了6年多时间，耗资1.4万多两银钱。洛阳桥原长1200米，宽5米，桥墩46座，两侧有500个石雕扶栏28尊石狮，兼有7亭9塔点缀其间，武士造像分立两端，桥的南北两侧种植松树七百棵。

洛阳桥是中国现存最早的跨海梁式大石桥，堪称造桥史上的一座丰碑，为全国重点文物保护单位，是世界文化遗产"泉州：宋元中国的世界海洋商贸中心"遗产点，其先进的建桥技术，是泉州劳动人民智慧的见证。

洛阳桥全用条石铺砌，由于桥址位于江海汇合处，江潮汹涌，近千年前的中国桥梁建造者们，在这种困难的条件下，首创了一种直到近代才被人们所认识的新型桥基——"筏形基础"。所谓"筏形基础"，就是用船载石沿着桥梁中线抛下大量石块，使江底形成一条矮石堤，然后在堤上建桥墩。洛阳桥的桥墩形式别具一格，全用长条石交错垒砌，两头尖，以分水势，减轻浪涛对桥墩的冲击。为了使桥墩石与石之间坚牢不倒，造桥者还独创了"种蛎固基法"，即在基石上养殖牡蛎，使之胶结加固桥墩。这是世界上把生物学应用于桥梁工程中的先例。至今，人们仍可以从那些缀满白色蛎房痕迹的桥墩石，窥探它当年的模样。

关于蔡襄建桥，泉州民间有不少传说。其一是，建桥开工，因水流湍急，无法奠定桥基。某日蔡襄忽发一梦，观音大士向他暗示派人下海向龙王求吉日。蔡襄梦醒，顺口喊道："谁人下得海？"忽见一人站出应声道："我叫夏得海。"

蔡襄派他下海见龙王。夏得海一下海，便被巨浪卷走，不久有人发现他在退潮时倒在沙滩上，怀中有一个"醋"字。蔡襄拆而解之，是廿一日酉时，果然那一天奠基十分顺利。

洛阳桥建桥900多年来，先后修复17次。1993年3月至1996年10月，国家拨600多万元专款，实施洛阳桥的保护修复工程。

现洛阳桥长834米，宽7米，桥墩46座，墩孔净跨8米；桥面石板长11米，宽1米、厚0.8米，上置6或7条石板，桥的南北两端各有2尊圆雕将军石像；桥旁有石塔5座，桥中央两侧有亭子2座，桥的两侧有500多根栏柱。碑亭有"西川甘雨"碑刻和清道光间石刻"天下第一桥"横额。中亭有崖刻"万安桥""万古安澜"等10多方碑刻。桥南处有座"蔡忠惠公祠"，是北宋时为纪念蔡襄的功劳而建造的。祠中有两块大石碑，刻着大书法家蔡襄所撰的《万安桥记》，记述建桥过程。此碑文章之精炼，书法之端劲，刻功之精湛，世称"三绝"，为历代所推崇。

"洛阳潮声"，历来是泉州十景之一。游客伫立桥上，在松荫下看"潮来直涌千寻雪，日落斜横百丈虹"，另有一番情趣。

千年后的黄昏，夕阳的光影从身后照过来，很温暖，很美丽。我就这样背对夕阳去洛阳桥了。独自在桥上散步，随走随停，倚着栏杆，向遥远的海空眺望，思考也飘向远方。经过蔡公祠的时候我小驻片刻，这里吸引我的是亭子，是石碑，是榕树。黄昏时分，洛阳桥上的游客格外多。大家在桥上散步，在榕树下休息。

洛阳桥，从南往北，一处桥面稍微宽阔的地方，有一尊月光菩萨的四面雕像，矗立在渔人晚归停船卸货的地方，矗立在海风中，守护这古桥。夕阳照在菩萨像上，亲切而又神秘……

如今洛阳桥交通功能的淡化，却是时代发展的一个标志。1973年11月1日洛阳桥闸建成，这座桥闸与洛阳桥平行，相距500米，整个工程包括桥闸、海堤、路堤，总长2200多米，桥面行车，闸前挡潮，闸后蓄水。

当年闸址选择是经过专家深思熟虑的。为了保证桥闸安全运行及施工安全，根据地质钻探和水文等资料分析，桥闸位置选在离江面820米的溪屿小岛上。闸址系自北往南，可以利用小岛长60米的风化花岗岩及风化土，比小岛以北的地质好。桥闸泄流顺畅，面对古桥20孔位置（净宽160米），对两岸冲刷较小。

江潮涌动，一道长虹，连接两岸，天堑变通途。

随着桥闸的建成，闸北的江水被蓄起来，供给惠安县、台商投资区和洛江区等地生活和工业用水，只有在台风天才会开闸泄洪。如今324国道上这座洛江桥闸已车流如水，贯通南北。它与近在咫尺的古桥共同构成"洛江双虹"的新景。一道古代的，一道现代的，但它们折射出的都是我们民族创造的文明之光。

伫立洛阳古桥上，两岸风光尽收眼底，心胸顿时开阔坦然。

黄昏中的洛阳江正值退潮，海风舒缓而流畅。此时此刻，风、桥、海的味道，一阵阵飘进鼻孔，直达内心深处。

安平桥：天下无桥长此桥

泉州因为建设了宏伟的洛阳桥，创造了古代建造梁式石桥的成功经验，所以宋代泉州桥梁建筑空前兴盛，著名的安平桥、濠溪桥、石笋桥、顺济桥等相继建成。

同样是世界文化遗产"泉州：宋元中国的世界海洋商贸中心"遗产点的安平桥，位于晋江市安海镇和南安市水头镇之间海湾上，是现存中国古代最长的石桥，是古代桥梁建筑的杰作，享有"天下无桥长此桥"之誉。其因安海镇古称安平道而得名；又因桥长约5华里，又称五里桥。安平桥属于中国古代连梁式石板平桥，始建于南宋绍兴八年（1138），历时14年建成。据明《安海志》称，古时泉州人漂洋过海发展海上贸易，足迹遍天下。可见建造安平桥是当时海外交通发达、社会经济繁荣的实物标志。安平桥在明清两代曾多次重修过。

安平桥全长2255米，桥面宽3—3.8米，共361个桥墩。桥墩是用花岗岩条石横直交错叠砌而成的，形式有3种，有长方形、单边船形、双边船形。单边船形，是一端成尖状，另一端为方形，建在水流较缓的港道；双边船形墩，是两端成尖状，便于排水，建在水流较急且较宽的主要港道。桥面用4—8条大石板铺架。

安平桥的桥板，每条都重达数千斤以上，最大的石板重达25吨。当时科学还不发达，没有载重卡车，没有起重机等机械设备，工匠是怎样安装上去的？原来，他们采用的是"激浪以涨舟，悬机以牵引"的施工方法。石料都是从附近大佰岛采集的，然后用船由水道运到桥墩的位置。当潮水高涨的时候，船也随着潮水将石板托起，工人将石桥与桥墩对齐固定。到了潮退的时候，船随潮水下降了，这样石板就安放在桥墩上了。这真是体现了古人们的智慧。

桥上建有憩亭5座，供行人休息之用。它的东端是水心亭，西端是海潮庵。中部的中亭规模最大，面宽10米，周围保存着16方历代修桥的碑记。亭的前面伫立2尊护桥将军雕像，一尊躯高1.59米，另一尊躯高1.68米，皆戴着头盔，身上穿着盔甲，手中拿着宝剑，看上去威风凛凛，是宋代石雕艺术的佳作。在三亭中间，还有2座雨亭。桥面两侧有石护栏，栏柱头雕刻有狮子、蟾蜍等动物形象。桥两侧的水中筑有4座对称的方形石塔，还有1座圆塔。安海这边桥头的入口处筑有1座六角形砖砌白塔，高达22米，共5层，里面空心。

当代著名诗人郭沫若曾特地来安平桥参观，十分感慨，写下一首著名律诗：五里桥成陆上桥，郑藩旧邸踪全消。英雄气魄垂千古，劳动精神漾九霄。不信君谟真梦醋，爱看明俨偶题糕。复台得意谁能识，开辟荆榛第一条！

安平桥是中古时代世界最长的梁式石桥，也是中国现存最长的海港大石桥，彰显了古代劳动人民的聪明才智和桥梁建造的辉煌成就。1961年，安平桥成为国家第一批公布的全国重点文物保护单位。2016年12月，福建省旅游资源规划开发质量等级评定委员会发布公告，正式批准安平桥（五里桥）景区为国家4A级旅游景区，成为晋江第二个、南安首个国家4A级旅游景区。现在这里已建成五里桥生态湿地公园，依傍着五里桥，旁边建有亭子，铺设石头小路，增加植被，环境优美。

安平桥现成为居民饭后散步的好地方。桥畔，笑语盈盈，人们从四面八方纷至沓来。有成双入对的情侣，有踩着悠闲步伐的老人，有蹒跚学步的幼童……吹吹轻柔的海风，吸吸新鲜的空气，放松忙碌而疲惫的身心，此刻人们告别喧嚣，抛开所有的烦恼……

顺济桥：诉说繁华与沧桑

泉州顺济桥，是福建历史名桥之一。

顺济桥始建于南宋嘉定四年（1211），长500米，宽4.6米，位于泉州市鲤城区晋江江面上。因桥北靠近南门顺济宫（天后宫），故称"顺济桥"。

顺济桥是泉州古城区较大的宋代城市建设文物遗址，是泉州城市建设史中的缩影。顺济桥遗址，是世界文化遗产"泉州：宋元中国的世界海洋商贸中心"遗产点。

清道光《晋江县志》载："顺济桥，在德济门外，笋江下流，旧以舟渡。南宋嘉定四年（1211）郡守邹应龙造石桥，长一百五十丈余，翼以扶栏。以近顺济宫（即天后宫），因名顺济。以其造于石笋桥后，俗呼新桥。明代顾珀、何乔远均撰文记其事。"

顺济桥原结构基础采用"筏型基础"法，全河床抛填块石和条石，桥墩为干砌条石，上部结构为石梁。该桥共31个桥墩，跨径154米至76米不等。

顺济桥桥北原特设一段木梁桥，有警戒时就会吊起，用来抵御敌寇。桥还筑有桥头堡，置有戟门，白天开放，夜晚有警戒时则会关闭，现在已经损毁。南端桥堡上勒有"雄镇天南"4个大字。

顺济桥，曾是连接晋江两岸的两座古桥之一，另一座是浮桥古桥（石笋桥）。顺济桥是古代伴随海洋贸易发展而建设的出入古城商业区的主要通道，完善了泉州的水陆转运系统。

在泉州大桥建成之前,进出市区,只能走顺济桥和浮桥。据家住顺济桥边的老人回忆,自他们记事开始,顺济桥就是四梁式变截面钢筋混凝土连续梁桥了。那时,就有汽车行驶在桥面上了,但还是行人较多。年轻时,他们最快乐的事就是约上三五个好友去"游江"。顺济桥边几乎家家户户都有渔船。有时天气好的时候,水流不急,夜幕初降后,几个好朋友相约,有的带上酒,有的带上乐器,坐船游江。他们结伴来到顺济桥下,登上渔船,放开缆绳,船只离开岸边。他们不划桨,而让船儿随着潮水往下游慢慢漂去。他们或坐着,或躺着,尽情畅饮,高兴时,弹起琵琶,吹起洞箫,唱上几曲南音。后来,他们聊着天,船儿随波轻漂,最远能漂到现在的刺桐大桥那里,然后船儿又随着潮涨漂回顺济桥。这样的"游江",在20世纪70年代末就逐渐消失了。

自古以来,旧顺济桥屡受风雨影响,出现损坏现象,然而都得到重视,大力维修保护。《泉州府志·桥渡》,记载清乾隆二十二年(1757),顺济桥之"七、八、九三坎倾毁殆尽",知府怀荫布"增石筑之"。不久,"一坎至六坎将近坍塌,十六、十七两坎欹侧",知府王君勋"一并拆卸改筑"。古人把顺济桥视作"下通两粤,上达江浙,实海国之冲衢,江城之险要"的交通生命线来进行维修和保护。

1932年,地方军阀陈国辉派款征工,将石梁桥改为四梁式变截面钢筋混凝土连续梁桥,原石桥板全部拆毁,古桥面目全非。

20世纪五六十年代,顺济桥多次被淹。后桥梁进行修补,损坏的九孔被改为简支组合梁,即在工字钢梁上浇注钢筋混凝土桥面板。

1993年9月至1994年3月,政府有关部门对古桥进行加固、加宽和修缮。桥长500米,宽4.6米,桥墩水下部分仍然保留宋代石船型桥墩的基础,桥面仍基本保留20世纪30年代的旧貌。

1998年底,泉州市政府投资数千万元,在旧顺济桥旁建设了顺济新桥,承担交通重任。

2000年,顺济桥15号桥墩毁坏,失去支撑能力,政府部分决定交通封闭。2006年7月23日,受台风"碧利斯"的袭击,顺济桥坍塌了3个桥墩。

2010年9月受台风"凡亚比"的影响，顺济桥再次部分倒塌。

2010年11月，经泉州市长办公会议研究，具有800年历史的旧顺济桥禁止通行，只供游客观景。

旧顺济桥是泉州的一个符号，如今依然在涛声中诉说繁华与沧桑。

旧顺济桥遗址与泉州德济门遗址、天后宫一起，共同体现了古代泉州在海洋贸易推动下古城南部繁华商业区的发展历程。

泉州还有一座濠溪桥，值得一提。

濠溪桥位于泉州市洛江区河市镇河市村、霞溪村，又名河市桥，宋绍兴年间始建，后被火烧毁，明隆庆三年（1569）由都督俞大猷重建。明万历二十七年（1599），知县顾士琦募捐建造石梁；清康熙年间施韬重建。濠溪桥是梁式石桥，共有八孔七墩，长75.5米，宽3.1米，基础呈船形。现在，桥的旁边保存有明代著名抗倭英雄俞大猷所立的重建濠溪桥碑等明清石碑三通。濠溪桥因为民族英雄俞大猷这个名字而充满了传奇色彩，令过往行人也多了几分敬畏之心。

濠溪古桥横亘两岸，站在桥边，但见溪水沿着石板潺潺而下。人在桥上走，水在桥下流。望向远处，两岸青山披绿。近处，溪边古树参天，郁郁葱葱。桥下溪边有人在浣洗衣裳，颇有"小桥流水人家"的意境。这时，清风吹在我脸上，轻轻的，痒痒的，像深情的抚摸。

泉州古桥留给人们的是一份份遗产，一份份财富。走近这些古桥，以敬仰的心情，人们会发现，往日熟悉的风景也是如此丰富而有内涵。

泉州古桥，如同一个个生动的故事，吸引我们去不断探访。

东关桥：福建最早木梁廊桥

泉州现存廊桥主要分布在德化、永春、安溪三县，其中最多的是德化，有 10 余座：双翰广济桥、大铭新铭桥、联春来春桥、龙门滩碧坑粹美桥、护景桥、蒲坂登龙桥、盖德林地宴林口桥、三班双桂桥、水口承泽济美桥、淳湖湖山桥、上涌山茶万寿桥。而福建最早木梁廊桥则是永春东关桥。

东关桥位于永春东关镇东美村的湖洋溪上，有 800 多年的历史。这种长廊屋盖梁式桥在闽南地区非常罕见。东关桥于 1991 年被列为福建省重点文物保护单位。东关桥很独特，说是廊桥，但非木拱，桥墩石筑如舟；说是普通桥，但桥身全为木头，有木廊、木檐、黑瓦。

2017 年初，踏着春天的朝雾，迎着飘逸的轻风，我到永春参访这座有 800 多年历史的东关桥。

微风拂过春藤蔓草，东关桥，当我与它对视的时候，这是一场伤感的温柔相遇。正在修复中的东关桥，躺在湖洋溪水上，而我的心却被深深砸伤。透过清澈见底的溪水，能清晰地看见桥墩下面压着的松木，整座桥梁的重量就压在这个水下松木上。松木历经千年不烂，不能不说是一个奇迹。要不是 2016 年 9 月 15 日那场超强台风"莫兰蒂"把它损坏，它应该以完美的容颜展现风采。

记得 2013 年，我曾第一次来这里。那一年，也是春天，春雨如丝，轻轻地洒落在这古色古香的风雨桥上,别有一番风韵。因为有了飘洒的雨点,这座石木结构的古桥显得澹静而写意。远处,连绵的青山怀抱着一片春色,这份春色是一种希望。

也是从那一次起,我明白了它的前世今生。

东关桥又称"通仙桥",始建于南宋绍兴十五年(1145),全长85米,宽5米,共六墩五孔两台,桥基采用"睡木沉基"。墩上再用巨大的石头叠垒三层,用来架设大梁。每个桥孔用22根分上下两层铺设的特大杉木作梁,梁以上部分全都是木结构,桥面上还盖有屋顶,像装有顶棚的人行天桥一样,有桥屋26间,木架砖墙、青瓦屋顶,十分壮观。这座长廊屋盖梁式桥是根据闽南地区雨水多而设计构造的,木梁桥上造桥屋,既可供远行的人们歇脚避雨,又可增强桥梁的稳定性,阻止雨水直接渗入导致木梁腐烂,还能给山水之间增添无限画意,有实用、坚固、美观的效果。

记忆不曾远去,那一天,穿过浩渺的烟波,我近距离看它,它青砖砌脊,飞檐重叠,如翼高翘,玲珑的桥影静静投于清波之上。于是,我打着雨伞,走向它。曾经斑驳的台阶,经过雨水清洗,一尘不染。笃笃的脚步声响起,我在一帘烟雨里穿行古桥,脚下是凹凸斑驳的木板,踩在上面,空旷中有历史的回声。桥下流过的,是哗啦啦的溪水与时光,它不惊涛骇浪,但流淌的声音清脆可闻,犹如一位美丽的少女在耳边呢喃细语。游荡在溪中的大白鸭,使河面泛起一圈圈波光。我想,古桥得益于这水的滋润,才显得那么抒情,那么充满灵韵。

而从桥上飞过的,是叽叽喳喳的闲鸟与轻悠悠的白云。

东关桥,在悠悠岁月中,注视着日出月落,执着地守望着乡愁。

泉州是古代海上丝绸之路的起点,对推动世界文明的进程贡献巨大。中国的丝绸、瓷器、茶叶、漆器、酒醋等物产通过海上丝绸之路这条黄金海道运往世界各地。永春县是泉州海上丝绸之路的发祥地之一,东关桥因是桃溪、湖洋溪的汇聚处,水陆路皆发达,还形成"东关铺",俗称铺口街,历来是大田、永春、德化等地通往泉州市区的必经之地。自宋代至清代,桃溪流域、湖洋溪流域的陶瓷、漆器、茶叶、老醋等物产都是重要的出口商品,通过海上丝绸之路远销日本乃至非洲坦桑尼亚等地。东关桥,见证了宋元明清各代泉州作为海上丝绸之路起点的繁华盛景。

南宋绍兴二十五年(1155)春夏之交的一天早上,任泉州府同安县主簿的理学大师朱熹,从泉州坐船逆溪而上来到永春,探访同学陈光和苏升。他第一次来到永春,远远看到东关桥,忙令船工停篙。只见他站在溪舟船头,放眼环顾四周:远处飞瀑如练,近处溪水碧绿,看一眼也叫人心醉。不远处,有酒肆旗子在风中舞动,一座廊桥映入眼帘……这里的山水钟灵毓秀,这里的林木葱翠浓郁,这里的岚霭萦绕山间,古老建筑、民俗风情……都在淳朴自然的生态环境中灵动着,还有缥缈的几缕白云,恰好构成一幅雅趣盎然的淡墨山水画。他连连叫绝:"桃源胜地!桃源胜地!"

800年后的那个春雨之时,我首次与东关桥结缘。我凝望烟雨,远处群山连亘,苍翠峭拔,云遮雾绕,影影绰绰的山峰像是一个睡意未醒的仙女,披着蝉翼般的薄纱,含情脉脉,凝眸不语。我早先浮躁的心灵不经意间渐入佳境,那是一种净化,一种幽远,一种宁静。

时间回溯到1939年4月16日下午,也是春雨蒙蒙之时,高僧弘一法师在丰德法师陪同下,从泉州坐着溪舟船缓缓进入东关桥。烟雨迷蒙之中,远山不见,唯见一廊桥,四个桥墩高高托着木桥,雄伟而典雅。弘一法师缓缓走上石阶,步入桥内,到了桥中"观自在"处,伫立合掌膜拜,然后平静离去。此时,溪水潺潺流出美妙音色,婉转、空灵、悠长,像是大师心灵所发,浑然于这青山绿水之间。

如今,我坐在桥边的木凳上,背靠着桥栏,山上的云雾,飘忽不定。我知道,桥下的溪水,从小河流到大江,再流到大海……

历史上,永春几十万华侨,也是穿越东关桥,下晋江,出泉州湾,前往东南亚的。海上丝绸之路既成就了永春人能商善贾的"南洋神话",也培育了永春人开放进取的创业精神。东关桥,因而成为无数永春华侨、乡贤梦萦故乡的一道绚丽风景。这桥上每一道彩墨都有情感,每一笔雕刻都有灵魂,每一条木纹都有乡愁。那斑驳的桥板承载过多少寻梦游子的匆匆步履,那漆红的桥身见证过多少返乡游子的款款深情。

时光大河，尘世流沙。2016年秋天，我在时光的河流里聆听到它的忧伤。强台风，打破了古桥的宁静。我仿佛感受到它撕心裂肺的疼痛。它的伤口就像一道历史的痕迹，见证着风雨中的倔强。

　　洪水过后，东关廊桥被冲断的消息，经媒体报道而远播各方，引起社会各界的关注。悠悠乡愁，从廊桥毁坏那一刻起，就唤起了乡亲高度的文化自觉，从廊桥的受毁中断，到宣布重建，再到修复，各界踊跃参与其中。

　　东关风雨桥，如今终于修复，重新站立起来。

现代化桥梁建设见证城市变化

一座座跨江跨海而建的桥梁，见证了泉州城市的变化，也见证了泉州百姓生活的美好变迁。一道道长虹，谱写出一曲曲优美动听的城市建设交响曲，带动了泉州经济快速发展。

改革开放后，泉州桥梁建设不仅在数量和质量上远超历史，而且在技术上突飞猛进，后渚大桥、晋江大桥等就是其中的典型代表。

泉州经济发展与交通道路建设是互相促进的。随着经济发展，车辆增多，江河两岸百姓来往不方便，交通网络就要适应时代发展。在泉州市区，原来国道324线从顺济桥经过，后来逐渐不适应泉州经济的发展，于是在1984年，泉州大桥建成并通车。

泉州大桥位于泉州市区南部，是国道324线泉州段上跨晋江干流的重要桥梁，是福州、泉州通往漳州、龙岩等地区及各县的交通要道，同时又是泉州主城区的城市桥梁。泉州大桥于1979年12月开工建设，1984年10月1日建成投入使用，全长848.53米，桥面宽16.5米（包括人行道等），当时被称为"福建省城市最长公路桥"。桥的栏杆非常精美，上面有326只花岗岩雕狮子、328朵石雕白莲花，大桥两端各有2座六角凉亭，供行人休息之用。这些石狮子形象生动，有的张牙舞爪，有的憨态可掬，有的趴地对峙。有趣的是，狮子们与相隔在护栏柱头上那一朵石莲花刚柔并济，形成了一幅长达数百米的"百狮戏荷"图，这在我国当代桥梁史上独树一帜，成为美谈。

随着时代的变化，桥梁建设也随之发展。2021年3月30日上午，在挖掘机的轰鸣声中，泉州大桥扩宽改造工程正式启动。根据设计方案，新建的泉州大桥姊妹桥宽26米，扩宽改造后，新、旧两座泉州大桥路面宽达到43米，机动车道将由目前的双向二车道增至六个机动车道，此外还有人行道、非机动车道，南岸桥头两侧新建两座匝道桥及慢行系统，实现与桥南互通立交的无缝衔接。为保持与旧桥风格一致，新桥也将建六角亭，以达到和谐统一的艺术效果。

为了进一步适应经济发展，20世纪90年代，泉州市区加大桥梁建设，其中采用融资建成刺桐大桥。

工程于1995年5月18日全面动工建设，1996年11月18日竣工，12月29日正式投入运营。大桥长1530米，宽27米，接线公路2285米，匝道2400米，其中北引桥620米，南引桥600米，主桥桥型为90+130+90连续钢架预应力桥，全桥并列6车道，设置中央绿化分隔带，桥下可通行500吨胖体海轮。这是继泉州大桥之后，又一跨晋江的新通道，作为国道324线跨江第二通道，不仅起到分流过境交通的作用，也大大缓解了泉州市区交通拥挤的状况。

21世纪初，刺桐大桥和泉州大桥交通不堪重负，同时泉州城市扩张，特别是整个晋江沿线的发展，促使很多大桥应运而生，泉州又相继建了后渚大桥、晋江大桥、田安大桥、泉州湾跨海大桥等。

后渚大桥横跨洛阳江，连接泉州市丰泽区东海街道与泉州台商投资区洛阳镇，西连省道305线，东接洛秀组团东西主干道。大桥及其连接线全长4.343公里，其中主桥长2098米，主跨492米，宽25.5米，为五跨预应力混凝土连续刚构桥；两岸连接线长2270米，路基宽24.5米。2001年6月28日，后渚大桥奠基；2001年9月，大桥进入全面施工阶段；2003年6月29日，大桥正式通车。

晋江大桥是泉州的"新地标"，是世界第一座"开"字形斜拉桥。它是福建省重点工程，也是泉州迈向崭新泉州湾时代的重要交通基础设施。大桥于2005年5月开工建设，经过3年多的施工，于2008年4月30日，实现全线合龙，2008年10月24日通车。该工程由主桥和南北引桥及南北互通立交组成。大桥北端起点与市区泉秀东街相连，南岸连接晋江市、石狮市及沿海大通道。大桥全长2.74公里，跨越晋江，其中主桥长365米，桥宽38米，北引桥长1365米，南引桥长1010米；大桥南、北立交均采用8条匝道互通立交，北岸东海立交匝道全长5477米，南岸晋江江滨路立交匝道全长5260米，抗震设防为地震基本8度。大桥主桥梁体为双波浪鱼腹式结构，不仅线条流畅美观，而且抗台风能力强。值得一提的是，大桥主塔高134.125米，采用"开"字形钢筋混凝土结构，好像一面巨大的风帆迎风张开，象征泉州是海上丝绸之路的起点城市。

为完善泉州市总体路网，进一步缓解中心城区过江的交通压力，打通泉州中心城区与泉州晋江机场的快速联系通道，泉州建设了田安大桥。田安大桥位于泉州大桥与刺桐大桥之间，2010年9月30日打桩开工，2012年12月31日正式建成通车。田安大桥是泉州市区第一座采用钢结构桥梁的大桥，桥跨布置共260米，主跨跨度为国内同类型桥梁最长。主线道路全长2888.025米，其中桥梁总长度2382米。全线包括一座跨越晋江的主桥和两座全互通立交（江滨北路互通、江滨南路互通），以及北连接线立交工程。远远望去，田安大桥非常壮观。

泉州湾跨海大桥也叫泉州湾大桥，是泉州市境内连接石狮市和惠安县的跨海通道，位于泉州湾之上，是泉州市环城高速公路的组成部分之一。泉州湾大桥于2009年12月31日动工兴建，2014年6月30日完成合龙工程，2015年5月12日通车运营。泉州湾大桥南起石泉二路，上跨泉州湾，北至秀涂互通。线路全长26675.871米，桥梁全长12454.894米，主桥面为双向8车道高速公路。泉州湾大桥采用三柱式门形塔，取"古香海韵"之意；桥塔造型具有中国传统古风，古雅朴素、肃穆大方，具有历史厚重感，与泉州兼容并蓄的人文底蕴相吻合。夜晚，大桥又展现另一种美，桥上灯火闪亮，桥下流水相映，五彩缤纷的灯光把大桥装点得更加耀眼、夺目。

桥梁是有形的，而另一种桥是无形的，那就是城市发展加快了农村城镇化进程，人们的视野更宽阔了。

QUANZHOU
THE BIOGRAPHY

泉州传

海滨邹鲁光耀古今

第十三章

泉州素称"海滨邹鲁",自唐至清,群英荟萃,还出现三世进士、父子进士、祖孙进士和兄弟进士等现象。泉州独特的多元文化,聚集了灿若繁星的文化名人。

唐代欧阳詹是泉州历史上第一位进士,被称为"八闽文化先驱者"。南宋绍兴二十三年(1153),朱熹到泉州府同安县任主簿。5年间,他常在泉州一带讲学、游赏。由于景仰欧阳詹,常莅祀欧阳詹的不二祠,后在此种竹建亭,讲学其中,自题亭额"小山丛竹",书院取名"小山丛竹书院"。1925年,这里另辟"温陵养老院",后来为一代高僧弘一法师圆寂之处。

在深受程朱理学熏陶的同时,明代泉州却出现了以"叛逆"著称的大思想家李贽。作为封建社会的"叛逆者",李贽一生的不得志便成了他的宿命。

台湾著名诗人余光中籍贯泉州永春,他的《乡愁》一诗传遍华人世界。泉州,正是他魂牵梦萦的乡愁故里。

朱熹：诗书弦诵遍桐城

"此地古称佛国，满街都是圣人。"这是朱熹对泉州这座历史文化名城的评价。

朱熹的历史地位很高，被称为"礼圣"。著名历史学者蔡尚思认为："东周出孔丘，南宋有朱熹，中国古文化，泰山与武夷。"

朱熹，字元晦，号晦庵，晚称晦翁，世称朱文公。祖籍徽州婺源（今属江西），南宋高宗建炎四年（1130）生于福建尤溪，后居福建建阳。绍兴十八年（1148）中进士，历任泉州同安县主簿、浙东提举常平茶盐公事、漳州知州、焕章阁待制兼侍讲等。庆元二年（1196），朱熹被弹劾。庆元六年（1200），病逝。嘉定二年（1209）追谥"文"。

可以说，福建人是幸运的，因为福建有朱熹，才有了举世闻名的"闽学"（亦称"新儒学"或宋明理学），从而使福建有了"滨海邹鲁"和"道南理窟"的美誉。朱熹与泉州渊源很深，泉州是朱熹初仕之地，也是"二朱过化"之地。朱熹足迹遍及泉州郡治及泉属各县，朱熹对泉州很有感情，吟咏泉州人事、风物的诗篇达100多首。

除了朱熹本人外，其父朱松与其子朱在也与泉州有着深厚的渊源。朱松曾任泉州府石井镇（"石井"是安海镇在宋元及明中叶前的行政地域名）镇监，他常召集优秀士子讲习"义理之学"。当地人十分支持他，便建"鳌头精舍"

让他传播理学。嘉定年间，朱熹第三子朱在以荫补官，任泉州通判，应安海人要求，他创办书院。由此可见，朱氏三代振兴泉州文教，功不可没。

朱熹与泉州的不解之缘，可分4个阶段。

第一阶段是朱熹之父朱松调任泉州晋江石井镇首任监镇时，朱熹随父来泉州。据束景南《朱子大传》考证，朱松赴任时间是在南宋绍兴二年（1132）至绍兴四年（1134），当时朱熹还是孩童。

第二阶段是从绍兴二十三年（1153）至绍兴二十七年（1157），朱熹担任泉州府同安县主簿，常往来于相距百里的泉州府城与同安之间，而必须经过安海。朱熹数次到安海造访朱松遗迹，"见其老幼义理详悉，遂与论说"。这便是"二朱过化"，此后几十年间，安海就有几十人中进士。

主簿即主管文化教育的官员，当时同安县管辖范围大致包括现在厦门、龙海、金门一带。朱熹首创县学，建尊经阁，立教思堂，自己深入民间推行教化。历经5年，逐步发展并形成一套以儒家正统思想为本的理论和教育体系，使同安成为朱子学说的开宗之地。

这段时间，朱熹多次来泉州府城讲学。

宋代泉州有12所书院，分别是：杨林书院、石井书院、泉山书院、清源书院、小山丛竹书院、九日山书院、凤山书院、岩峰书院、龙山书院、科山书院、燕南书院、文公书院。朱熹在泉州期间，积极讲学、办学，直接推动了南宋时期泉州书院的兴盛。南宋泉州创建的几所书院，几乎都与朱熹有关系。九日山书院和小山丛竹书院是朱熹亲自创建的，石井书院和杨林书院则是朱熹讲学的地方，文公书院是为了纪念朱熹而建。许多书院当年都留下他忙碌的身影。

朱熹曾登泉州城北小山纵览泉州城，称赞泉州山川之美，并流连于此。于是他在小山上建亭种上苍翠的竹子，并书写"小山丛竹"4个字做成匾，并挂在"不二祠"旁边的讲堂上。"不二祠"祭祀的是泉州第一个进士欧阳詹，它建在与府城隍庙同一中轴线上，可见其地位之重要。

当年，南安杨子山上的杨林书院云集四方学士，因为朱熹多次到此讲学，学士们钦慕朱熹，闻讯前来，求教者络绎不绝。如今，杨子山上留有"活源""仙苑"等朱熹的题刻，依稀可见当年的情景。

石井书院更是朱熹倡学兴教之所，位于晋江安海镇西鳌头境，前身为宋绍兴年间安海长者黄护为时任安海监朱松捐建的讲学馆所——鳌头精舍。石井书院依照州郡学规制，中间有大成殿，后面有尊德堂，成为当时泉州地区县属建院最早、规模最大、设备最完善的学府。朱熹跟其父亲一样，在安海开堂授课，使得安海文风更盛，人才辈出。泉州文庙明伦堂有一对联："圣域津梁，理学渊源开石井；海滨邹鲁，诗书弦诵遍桐城。"说的就是这段历史。后来石井书院奉祀朱松、朱熹父子，并绘制二朱像于尊德堂，同堂异室而祀。

现在，《朱子家训》主题展馆就设在石井书院内。《朱子家训》是朱熹晚年留给后世子孙的一篇著名家训，文章讲述了个人在家庭和社会中应该承担的责任和义务，精辟地阐明了修身立德治家之道。

在金门，也有"朱子教化金门"之说。朱熹任同安县主簿时，曾到当时属泉州府同安县管辖的金门岛，触景生情，作诗题咏金门山川风物。清道光《金门志·士习》记载，朱熹"采风岛上，以礼导民"。朱熹曾数度到金门讲学，并在古区村建"燕南书院"。为记载这段历史，南明永历年间金门守御千户所镇抚解智立石碑刻《孚济庙志》载："朱文公簿邑时，有次牧马侯庙诗曰：'此日观风海上驰，殷勤父老远追随。野饶稻黍输王赋，地接扶桑拥帝基。云树葱茏神女室，岗峦连抱圣侯祠。黄昏更上丰山望，四际天光蘸碧漪'。"

朱熹与泉州结下不解之缘，使泉州出现了一大批朱子门人，其中较著名的有"紫阳始教之高第"的许升、"有志于紫阳之学"的邱葵、"得紫阳道学之传"的吕大奎、"明敏有余少持重"的王力行等。除此之外，据《泉州府志》载，学有所成的朱子门人还有南安人傅伯成、李亢宗、黄谦，晋江人林峦、杨履正、杨至，惠安人刘镜等。朱熹的"过化"对泉州产生了深远影响，使泉州理学大兴。

朱熹在泉州聚徒讲学，总结教育经验，刮起倡学之风，师从者众，使朱子学说在泉州拥有深厚的民众基础，为"闽学"在后世的开枝散叶打下了坚实的根基。

泉州是朱熹青年时期做官讲学之地，又是他一生多次来过的地方。当年，朱熹在公务之暇常常与朋友相偕遍游泉州名山胜景，体悟山水之乐，抒发人生感悟。

朱熹游泉州，有两个地方是非去不可的，一个是清源山，另一个则是九日山。清源山钟灵毓秀，而九日山很早就因承载文化而享有盛名。

在清源山上，朱熹留下一首诗词，其中"联车涉修坂，览物穷山川。疏林汎朝景，翠岭含云烟。祠殿何沈邃，古木郁苍然"等佳句，生动描写了清源山林幽壑奇、含烟凝翠的胜景。

朱熹在泉州，曾多次游历九日山。据考证，朱熹吟咏泉州的诗作中，以九日山最多。朱熹首次游九日山，就留下了《题廓然亭》《题九日山》《题九日山乱峰轩》《题九日山石佛岩》等诗作。

绍兴二十六年（1156）金秋时节，朱熹与泉州好友傅自得相约登游九日山，兴趣高涨，竟历时9天之久。有一天，傅自得邀请朱熹到延福寺，参加中外海商举行的祈风盛典。仪式结束后，他俩拜谒"四贤祠"（祀奉秦系、姜公辅、欧阳詹等人，祠在延福寺东侧，现已废），凭吊先贤。一天夜里，两人泛舟于九日山下的金溪，兴致所致，举杯畅饮，引吭高歌，宠辱偕忘。据黄柏龄《九日山志》记载：为纪念秦系和姜公辅二位先贤，朱熹在九日山建"思古堂"，并题"仰高"二字为堂匾。

朱熹在同安期间，每年都往永春县与理学家陈知柔聚会研讨理学。在阔别二三十年后，朱熹知漳州府时，再到永春拜访陈知柔，两人结伴重游九日山。在延福寺，寺僧热情接待了他们。延福寺住持久慕朱熹大名，恳请朱熹为九日山题写山名。朱熹欣然提笔写了"九日山"三字，住持请名匠将朱熹题字镌刻于隐君亭旁的摩崖石壁上。现存西峰东侧山坡上的"九日山"崖刻，是乾隆三十二年（1767）福建提督马负书所题，在崖刻右侧附记写明："郡乘山川志，朱文公两游于此，有书九日山三字。余游历憩览，考之山僧，谓世远湮没无存，良可慨息。因重勒三字，以承先哲表彰胜地之至意云。"

朱熹还多次到过泉州境内的晋江、南安、安溪、永春、德化、惠安等地，在诸多名山胜景留下诗作，泉州丰泽区东海法石村宝觉山上至今保留有朱子所题的匾额。朱熹在游览安溪山水期间，品题了"清溪八景"。他曾经在永春县桃城镇环翠亭论诗讲学，留下了"青蛙带枷镶环翠"的传说。朱熹游南安雪峰寺时作过一副千古传诵的对联："地位清高，日月每从肩上过；门庭开豁，江山常在掌中看。"

朱熹喜好研究堪舆，经常走访民情，踏勘风水，所以在泉州留下的文化遗存极其丰富，据不完全统计有100多处。

泉州蔡襄祠位于洛阳桥桥南，是为纪念宋代名臣蔡襄在修建洛阳桥时所做的贡献而建。清道光《晋江县志》记载，朱熹任同安县主簿之初，过洛阳桥时曾前去拜谒蔡忠惠公祠，他伫立祠内，感慨颇多，留下一篇"谒祠文"，文中写道："惟公忠言惠政，著自中朝。筮仕之初，尝屈兹郡。岁时虽久，称思未忘。厥有遗祠，英灵如在。熹虽不敏，实仰高风。莅事之初，敬修礼谒。谨告。"

朱熹喜欢在游览中乘兴在壁上题诗。清康熙《安溪县志》记载，有一回，朱熹登上安溪县城西北凤髻山时，在凤山庵写下《题凤山庵》诗一首："心外无法，满目青山；通玄峰顶，不是人间。"安溪原有考亭书院，20世纪初时废。不过，20世纪80年代曾在书院旧址发现一块"仙苑"碑，碑面阴镌"仙苑"二字，笔法苍劲，署款"晦翁书"，十分珍贵。

朱熹多次到永春拜访蔡兹、陈知柔、陈光时，曾登上岩屏山，留题"溪山第一"。临下山时，他环顾四周，但见山川美丽，动情地说："兴此岩也，必聚众仙。山有仙则名，此山必仙众而鼎甲，宜易名鼎仙山。"仙溪民众随即在山上建起鼎仙岩。

惠安县张坂镇（今属泉州台商投资区）后边村有一块"锦谿（溪）"碑，碑上镌"锦谿（溪）"二字，系朱熹所书，泉州名人张巽晚年镌立。碑高丈余，字体楷书，遒劲挺拔，方正端庄。

朱熹于同安任期届满，留在泉州数月才回家。

第三阶段是淳熙十年（1183），朱熹重游泉州。那年8月，朱熹好友傅自得去世。10月，朱熹从闽北南下泉州吊丧，与赵汝愚、陈俊卿、陈知柔会面。后来又与陈知柔相携邀游莲华峰、九日山、凉峰、凤凰山、云台山等处。再后来，他们重游洛阳桥，夕阳西下，在桥畔依依不舍而别。

淳熙十一年（1184），朱熹听说好友陈知柔去世，泣不成声，撰文祭之，可见朱熹与陈知柔情谊之深厚。

第四阶段是绍熙元年（1190），60岁的朱熹到漳州赴任，特地来泉访友，畅谈理学。

朱熹一生虽然当官时间不长，但在隶属泉州府的同安县担任主簿期间，他的思想经历了"逃禅归儒"的重要转折，最终使其成为理学的集大成者，开创了理学的新高峰。

当时整个闽南，佛老思想盛行，佛寺庵堂比比皆是，仅泉州就有佛寺400多座，被朱熹称为"泉南佛国"。随着时间的推移，朱熹在同安秩满后，于《教思堂作示诸同志》诗中说"尘累日以销，何必栖空山"，表明了弃禅的决心和意念。

朱熹的理学思想，尤其是社会伦理思想，对闽南民风民俗的影响极为深远。《泉州府志》称，朱熹"过化"后，泉州"民风更变"，民间婚丧喜庆悉"遵朱子家礼"。《同安县志》记载，同安经朱熹"教化"后，"礼义风行，习俗淳厚。去数百年，邑人犹知敬信朱子之学"。

朱熹生平对教育高度重视，泉州成为"海滨邹鲁"，与朱熹的教化有着极其密切的关系。受朱子文化的影响，泉州先民倡导教育，重视文化的积累与传承，使泉州文化得到迅速发展。

朱熹病逝于1200年4月23日，至今已800多年。但是泉州人从没忘记他对这座历史文化名城的评价——"此地古称佛国，满街都是圣人"。"佛国""圣人"其实也是泉州人对于文明社会的一种深刻的认同，由此成就了这座历史文化名城。

朱熹的教育理念，一代一代延续至今。泉州人也因好学之风而扩大视野，养育出放眼世界、敢于开拓的精神。

李贽：卓然独立的思想家

泉州古城的南门，是古代海上丝绸之路起锚地之一。这里的天后宫香火鼎盛。天后宫对面的南宋德济门遗址广场，人来人往，熙熙攘攘。

在德济门遗址旁有条万寿路，李贽故居静静地坐落于此。不同于周围的繁华与喧嚣，李贽故居偏居街道一隅，匆匆而过的人们甚至没有瞥上它一眼。

李贽，原名载贽，字宏甫，号卓吾，又号温陵居士、百泉居士、龙湖叟等，明代著名思想家、史学家。其先世于明永乐十九年（1421）迁居于此，李贽在这里度过了自己的青少年时代。

李贽（1527—1602）的祖先元季入闽，姓林，居住在泉州城内。至第三世分为林、李两姓。

深秋傍晚时分，到访泉州南门鲤城区万寿路 123 号李贽故居时，但见其外观十分简朴，大门虚掩着。叩开大门，说明来由，管理人员便让进去。

走进李贽故居，首先是一道走廊，走廊不长，两侧挂着有关李贽的图文史料。穿过走廊，便是绿树掩映的天井，庭院中间伫立着李贽的半身铜像。

李贽半身铜像的左边竖立着两方石碑，一方是清康熙年间镌刻的"瀛洲林李分派三世祖东湖公墓碑"，另一方是"瀛洲林氏世堂"碑石；右边竖立一方"李贽故居重修记"石碑。

李贽故居原是一座两进三开间的普通民房，现前落仅剩一间作为通道。

正厅堂尚保持着清末修葺的建筑格局,坡屋顶,砖木结构,简单的闽南建筑风格,朴实无华。

踏上故居正厅堂石阶,厅堂两扇大门上有楷书"国恩家庆"4个字,红底黑字,显得端庄醒目。

李贽6岁时母亲就去世了,7岁时跟父亲林白斋"读书、歌诗、习礼文"。李贽天资聪慧,12岁时已能写文章,他曾写有一篇《老农老圃论》的文章,把孔子视种田人为"小人"的言论大大讽刺了一番,言辞之大胆,轰动乡里。

嘉靖三十一年(1552),传来一个大喜讯,李贽考中举人。接下来,李贽挑灯夜读,准备考取进士,可是事与愿违,他两次赴考均未考上。中举四年后,终于有机会让他出任河南辉县教谕。县学教谕,是一个最底层的儒学教官,刚刚30岁的李贽放弃再考,选择做个小吏,是因为家庭经济压力。他是兄妹中的老大,要对家庭负起责任,教谕虽薪资不多,但还是能将父亲迎至任职的地方孝养,也能照料弟弟妹妹。

入仕之后,李贽曾多次返回家乡晋江,并有两段时间在家乡长住。嘉靖三十九年(1560),李贽被调任南京国子监博士,任期不到3个月,就因父亲病故,回乡守孝,依礼制丁忧三年。他赶回家乡时,正好遇上东南沿海倭寇作乱,回乡路途难行,他与妻女走了6个多月才抵达家乡。回家后又遇上倭寇围城,他投身于晋江保卫战。嘉靖四十一年(1562),李贽服丧期满,携带妻女再次来到京城,大约等了10个月的时间,才补上一个北京国子监博士的职务,而这时李贽听到祖父病逝的消息,又第二次回乡守丧。

临行前,李贽把妻女安置在曾任职过的河南辉县,用朋友资助的丧葬费的一半买了点田产,让她们母女耕作,自食其力。没想到后来河南发生大旱灾,乡里恶绅又断了灌溉田地的漕河水,李贽买的几亩地几乎绝产。加上朝廷赈济缓慢,李贽竟有女儿被饿死。

嘉靖四十五年(1566),李贽守丧三年期满后,回到辉县,旋即搬至京城。而这几年的南北往来漂泊,辛酸往事历历在目,让李贽的思想发生了变化,他开始憎恨这个严酷的社会。这一年,李贽开始接触王守仁学说,又吸收佛学、老庄思想,猛烈抨击封建礼教和假道学。

父亲、祖父丧事前后相连，致使李贽差不多在家乡待了六年。

古往今来的人情世故，并不分异乡还是故乡。在往辉县接妻女、知道女儿饿死的消息后，他悲愤难忍，一夜无眠，写道："是夕也，吾与室人秉烛相对，真如梦寐也。"自从那夜后，李贽再未返回故乡。

假如李贽一直在故乡当官，又会怎样呢？他可能生活得十分安适，可能成为备受尊重的乡贤，可能家中访客常满，可能儿孙满堂，可能含饴弄孙、颐养天年，这样的李贽是幸福的。可命运走势却朝着另一个方向发展。而正因为命运多舛，才造就了独一无二的李贽。如果李贽仕途亨通，大富大贵，大约也就没了他在孤寂山寺中的苦读长思，没了"童心说"与"化工说"，没了独特而闪亮的人生……

走过厅堂，李贽故居后院小巧玲珑，放有一张石头棋盘桌和四块石椅。后院边是泉州的内沟河，从后院走下几级石阶便是河道。遥想当年这里应该是花草繁盛，一派小桥流水人家的景象，或许当年李贽乘小船从这里进出。一位传奇人物从这里走出，走向思想的顶峰。

海上丝绸之路起点城市泉州是李贽的故乡，泉州以其海洋商贸文化、丰富的历史底蕴、宽广的视野，孕育出李贽思想，使李贽成为中华民族杰出的历史人物之一。李贽以睿智的思想，翻开了中国思想文化史上崭新的一页。

辟为纪念馆的"李贽故居"，是福建省重点文物保护单位，占地面积495平方米，空间似乎太小。但当你踏入这方圣地，这位中国16世纪最伟大的思想家将向你展示他那博大精深的思想和舍身追求真理的一生。

万寿路上熙熙攘攘，李贽故居寂寥静默。当年正是在这市井之音的喧闹中，李贽开始沉思，让独立的思想生根、发芽、开花、结果。

郑成功：民族英雄名垂青史

民族英雄郑成功骑着骏马，戴着头盔，披着战甲，腰佩宝剑，右手挥起，面朝东南，英姿勃发，威武神圣，尽显统帅之风。

在泉州市区大坪山山顶上，有这样一座高大的郑成功雕像，在烈日照射下熠熠生辉，构成大坪山顶一道美丽的风景线，也成为泉州的标志之一。雕像总高为38米，以钢架外包铜皮锻造而成，其中骏马高达20多米，是国内最高的铜马雕像。台座高8米，内为钢筋混凝土，外为花岗岩垒砌，台座与山体连为一体，塑像基座周边设有观景台等设施，可鸟瞰泉州城全貌。而人们在很远的地方，仰起头眺望，便能瞧见郑成功的雄姿。

在中国台湾地区，郑成功可以说无处不在，从大街小巷的成功路，到成功幼稚园、成功大学，甚至一些商店也能看到"成功"的影子。

其实，郑成功从踏上台湾到逝世，前前后后不过一年零一个月时间。但海峡两岸人民永远铭记着他。

郑成功，泉州南安市石井镇人，明末清初军事家，抗清名将，民族英雄。其父郑芝龙，其母田川氏。

我们要了解郑成功，必须先从他的父亲郑芝龙说起。

郑芝龙出生在南安沿海地区，小时候生性倔强，长大后开始到日本经商。他亦盗亦商，历史学家把他这类人叫作"海商"。后来，郑芝龙成为东亚海域的真正强者。

17世纪初，日本九州平户岛是中国海商对日本贸易的唯一港口。郑芝龙与日本女子田川氏结婚，于1624年8月27日，诞下长子郑成功。

那时郑成功并不叫郑成功，而是取名福松。1631年，福松7岁，郑芝龙派人把他接回了中国，福松也改名叫郑森。

郑森从小才学超人，在南安县学（文庙）学习。他读书很认真，而且往往有自己的见解。从年轻时候起，"国家兴亡，匹夫有责"就深深烙在郑森的心中，即使在明朝灭亡之后，他也不曾改变这个初衷。

明崇祯十七年（1644），20岁的郑森因学业优异，被选派到南京国子监深造，师从江浙名儒钱谦益。

同一年，崇祯皇帝自缢，明朝灭亡。不过，残余的明朝宗室逃到南方，先后组织建立了新的政权，史称"南明"。

南明弘光政权覆灭后，由于清廷在江南采取高压政策，强行下令剃发，激起各地民众抵抗。当时郑芝龙手握重兵，郑芝龙、郑鸿逵兄弟于福州拥戴唐王朱聿键称帝，1645年（清顺治二年，弘光元年）改"隆武"。

隆武政权成立后，郑芝龙将郑森引荐给隆武帝，隆武帝早就听说过郑森，非常赞赏他的才华，将当朝最尊崇的朱姓赐给郑森，并将原名森改为成功。朱为国姓，从此百姓尊称他为"国姓爷"。

顺治三年（1646），又是历史上风卷云涌的一年。南明隆武帝在这一年遇害，但是反清复明的火苗并未就此浇熄。

1646年11月，作为海商的郑芝龙，因征南大将军多罗贝勒博洛的诱降，不顾郑成功的再三哭谏，北上福州降清。郑成功无奈地说："如果父亲一去不回，孩儿将来自当为父报仇。"

1647年1月5日，清军驱兵进入泉州安平，纵兵烧杀抢劫，郑成功生母田川氏死于非命，年仅45岁。郑成功闻讯万分悲愤，他发誓要抗清到底。

郑芝龙向清朝投降以后，并没有换来荣华富贵。清廷食言，没有任命他为闽广总督，而是封他为没有实际意义的同安侯。后来，清廷多次利用郑芝龙招降郑成功无果，于1655年用一场"鸿门宴"，将其软禁在北京。1661年农历十月初三，郑芝龙与其亲族被辅政大臣苏克萨哈斩于燕京菜市口。

再说郑成功，1647年其母被害后，年仅23岁的郑成功为了明志，特地到南安文庙前焚了青衣，换上战甲。他入文庙与孔子辞行，说："昔为孺子，今为孤臣，向背去留，各行其是，谨谢儒服，惟先师昭鉴。"自此，郑成功誓师海上，率领东南军民开始进行轰轰烈烈的抗清斗争，并驱逐荷兰侵略者，收复祖国领土台湾，成为彪炳史册的伟大民族英雄。

郑成功焚青衣处遗址位于现在泉州市丰泽区北峰街道招联社区见龙亭小区里，原南安县文庙东侧前方，与魁星阁相邻。它没有宏大的建筑群，也没有奇花异木等配套景致相陪衬，只有一块石碑高高地耸立在那里。这块于焚衣处建立的纪念碑，立于1953年，石碑底砌方形基石，中筑束腰碑座，石碑竖立在座上，高2米，正面刻楷书"郑成功焚青衣处"，背面刻"郑成功传略"，保存完好。

郑成功后来到达金门，开始于沿海各地招兵买马，收编郑芝龙旧部，更在南澳募集了数千兵力。1647年，郑成功在小金门（今日金门县烈屿乡），以"忠孝伯招讨大将军罪臣国姓"之名誓师反清。

1647年8月，郑成功率军翻越丰州葵山，向清军重兵把守的泉州城进发，在半路上突遇瓢泼大雨，攻泉州未果。天放晴时，众多士卒卸下身上的黑色战衣，摊晒在岭头石上，蔚为奇观。人们遂将此岭称为"万衣岭"（亦称"黑衣岭"）。而今万衣岭的石碑、避雨亭、古道、溪岩，依稀还能令人感受到当年英雄出征的豪迈之气。站在岭上，四周地势开阔，往下俯瞰，远远望见惠南高速公路如同白绢一般，穿山而过。

1649年，郑成功改奉永历年号为正朔。后来，永历帝册封郑成功为"延平王"（郡王），从此人称郑成功为"延平王"。

1651年，郑鸿逵麾下大将施琅擅自处决郑成功部将曾德，郑成功很生气，准备诛杀施琅全家。施琅在友人帮助下逃脱，但他的父亲、胞弟均被处死。从此，施琅与郑成功结下大仇，再度降清。

1651年到1660年这10年间，郑军转战浙、闽、粤等省东南沿海，多次帮助明朝宗室与民众渡海定居台湾及东南亚各地。

郑成功统领数万人的大军抗清，却始终无法取得较稳固的根据地。为了解决大军的后勤给养问题，郑成功听从何斌的建议，决定收复由荷兰殖民者侵占的台湾岛。

1661年农历三月，郑成功留下儿子郑经防守厦门、金门，自己亲率将士2万多人、战船上百艘，自金门料罗湾出发，经澎湖，横渡台湾海峡，向台湾进军。

荷兰人在台湾岛西南建有两大防御要塞，一是位于大员（今台南市安平区）的热兰遮城，二是位于台江内陆赤崁地方（今台南市中西区）的普罗民遮城。当年农历三月廿四，郑军进入澎湖海面，狂风暴雨突然袭来。为了早日完成光复大业，郑成功传令大军连夜破浪前进。同年四月初一，郑军经由鹿耳门水道进入台江内海。郑成功了解到普罗民遮城防御薄弱，令军队在禾寮港（今台南市北区开元寺附近）登陆，随后在台江海域与荷兰军舰展开海战，终于击沉荷军舰赫克特号，同时在北线尾地区击败荷兰陆军，将普罗民遮城团团包围。四月初五，普罗民遮城守军出城投降。

五月初五，郑成功改赤崁为"东都明京"，设承天府及天兴、万年两个县。随后，郑成功留部将杨朝栋守赤崁楼，自己率领军队乘胜进攻荷兰殖民者在台南建筑的"王城"热兰遮城。郑成功给荷兰殖民头目、台湾总督揆一写了一封信，要他投降。信中写道："然台湾者，早为中国人所经营，中国之土地也。……今予既来索，则地当归我。"这封信表达了中国人民收复失地的坚定决心。然而揆一企图据险顽抗，郑成功命令大军把热兰遮城严密包围起来，发炮进攻。热兰遮城附近的高山族民众，听说要攻城，都前来援助郑成功，城里的人也给郑成功通风报信。后来，日耳曼裔荷兰士官 Hans Jeuriaen Rade 叛逃，并向郑成功提供情报。郑成功的军队采用炮轰，准确击毁热兰遮城的乌特勒支碉堡。

热兰遮城被围困了7个多月，敌军官兵死伤1600多人，最后水源被切断，内外交困。十二月初八，揆一修书一封给郑成功，表示同意在投降条约上签字。1662年2月1日，揆一率部投降，狼狈退出我国的台湾。沦陷30多年的台湾，终于又回到祖国的怀抱。

1661年，郑成功率军到台湾之初，就非常注意团结高山族同胞。1662年收复台湾后，他又亲自率领文武官员多次拜访高山族各部落。

1661年，顺治帝崩，皇三子康熙帝继位。

降将黄梧向清朝当权者鳌拜建议"平贼五策"，内容包括长达20年的迁界令，自山东至广东沿海二十里，断绝郑成功的经贸财源；毁沿海船只，寸板不许下水；挖郑氏祖坟；移驻投诚官兵，分垦荒地。后来，明朝最后的希望——南明永历帝，也于昆明被绞死。

郑成功接连听闻这些消息，加上在台将士水土不服，于1662年6月23日突然生病，大喊"我无面目见先帝于地下"，抓破脸面而死，年仅39岁。据《台湾县志》记载："当国姓公卧病的当初，五月初二早，忽天昏地暗，黄蜂大作，初三更风雨交加，台江及安平外海波浪冲天，继而雷震电闪，如山崩地裂……初五日，天平雨晴了，初八日，国姓爷归天。"然而根据夏琳《闽海纪要》和江日升《台湾外志》的记载，郑成功病情一开始并不严重，还能看书、饮酒。

郑成功去世后，儿子郑经自金门发动军事政变，自称延平王，打败了控制台湾的郑成功之弟郑世袭，在台即位。他按照郑成功的谋将陈永华的建议，移植明朝中央官制，仍奉已死的永历帝为正朔。其后，治理台湾的工作大部分由郑经和陈永华完成。

1681年，郑经及陈永华已先后去世，权臣冯锡范拥郑经幼子郑克塽继位。

施琅归顺清朝后，被任命为清军同安副将，不久又被提升为同安总兵。1681年，康熙帝采纳了泉州安溪人、内阁学士李光地的意见，授施琅福建水师提督，施琅则积极进行攻讨台湾的部署准备。1682年，康熙帝决定攻台，命施琅与福建总督姚启圣一起进攻澎湖、台湾。1683年6月，施琅指挥清军水师先行在澎湖海战对台湾水师获得大胜。郑克塽于1683年降清，明郑政权存在23年。1684年4月，台湾正式纳入大清帝国版图，隶属福建省，设台湾府，辖台湾县、凤山县与诸罗县。

施琅上书吁请清廷在台湾屯兵镇守，力主守卫台湾。其因功授靖海将军，封靖海侯。1696年，施琅去世，赐谥襄庄，赠太子少傅衔。施琅去世后与其妻王氏、黄氏合葬。泉州城内有靖海侯府。

郑成功去世后原葬台南近郊洲仔尾（今属永康区）。郑克塽降清迁居北京后，上书表示"念台湾远隔溟海，祭扫维艰"，要求迁往内地。经康熙允许，1699年5月，郑成功父子迁葬至泉州南安市康店村覆船山，附葬于七世祖郑乐斋坟墓内。

郑成功在中国台湾地区，进行积极的治理。

一是政治措施。郑成功收复台湾后首先是建立政权，废除荷兰侵略者的一切殖民体制和机构。他以赤嵌为东都明京，设一府二县。府为承天府，县为天兴县、万年县。天兴县管北路，万年县管南路。也在岛上设立一个安抚司，专门管理这个地区的事务。从此台湾建立起与祖国大陆相同的府县制度。

二是民族政策。郑成功率部进入台湾后，严以治军，下令不许骚扰高山族人，不许侵占高山族的耕地。他还大力提倡教育，在高山族居住区设乡塾；制定政策，如果送子女入学者可减免赋税和徭役。

三是开发宝岛。积极推行屯垦制度，寓兵于农，以解决缺粮问题。几年以后，军队不但可以自给自足，还有余粮上缴给政府。同时，鼓励大陆沿海居民到台湾从事开垦，还帮助高山族民众提高生产技术。

四是发展商业。郑成功利用台湾四面环海，对外贸易方便的有利条件，大力发展海外贸易。他继续和日本、暹罗、越南、菲律宾、柬埔寨等国家通商，把台湾岛的土特产，如鹿皮、鹿脯、樟脑、硫黄、蔗糖等外销。这些贸易措施推动了台湾经济的发展。

郑成功去世后，清康熙皇帝高度评价郑成功收复台湾、维护祖国统一的历史功绩，他撰写挽联："四镇多二心，两岛屯师，敢向东南争半壁；诸王无寸土，一隅抗志，方知海外有孤忠。"

郑成功去世后，台湾民间陆续建立庙宇祭祀，其中以台南延平郡王祠最有名。在台湾，有许多学校、街道、乡镇的命名皆来自对郑成功的纪念，包括成功大学、台北市立成功高中、台湾南投县国姓乡、台中县成功岭等。

在郑成功父子的治理和台湾各族人民的努力下，台湾逐渐摆脱了落后状态，成为祖国东南一座美丽富饶的岛屿，成为名副其实的"宝岛"。

弘一法师：悲欣交集别梦寒

长居泉州十四载

我开始知道弘一法师，是在1983年，大学毕业后我在家乡中学教书，当时著名导演吴贻弓执导的《城南旧事》上映，电影的插曲《送别》，让我听歌曲第一次有热泪盈眶的感觉。

  长亭外，古道边，芳草碧连天。晚风拂柳笛声残，夕阳山外山。天之涯，地之角，知交半零落。一壶浊酒尽余欢，今宵别梦寒。
  长亭外，古道边，芳草碧连天。晚风拂柳笛声残，夕阳山外山。情千缕，酒一杯，声声离笛催。问君此去几时来，来时莫徘徊。

《送别》词写于1905年，是李叔同在日本留学时所作。20世纪20年代到40年代，《送别》作为在新式学堂中教授的学堂乐歌，广为传唱，受到大众的深爱。20世纪六十至八十年代，《送别》作为插曲或主题曲分别出现在电影《早春二月》和《城南旧事》中，更使其脍炙人口，传唱不息。

于是我在泉州的长亭外、古道边，寻访弘一法师。

弘一法师俗名李叔同，谱名文涛，祖籍浙江平湖，清光绪六年（1880）

农历九月二十生于天津河东地藏庵一官宦富商之家。他十分聪明，年少知篆书、能写诗、善治印。18岁那年，他与茶商之女俞氏成婚。

清光绪三十一年（1905）7月，李叔同为求救国之道，东渡日本留学。在日本期间，李叔同联合组织话剧团体"春柳社"，并男扮女装演茶花女。同时，创办《音乐小杂志》，发表多首创作的歌曲。

1911年，李叔同学成归国。第二年，加入"南社"诗社。

李叔同本有改革社会的理想和抱负，但当时中国社会腐败黑暗，自己又无力改变现状，于是在1918年遁入杭州虎跑寺削发为僧，法名演音，号弘一。

在他的艺术到达顶峰之时，却突然遁入空门。他从绚烂人生走向平淡，出家之谜令人费解，更使他的一生充满了传奇色彩。

出家后，弘一法师徜徉佛海，四处弘法，足迹遍布大江南北。在人生最后的十四年，弘一法师长居泉州，与泉州结下了深厚的缘分。

弘一法师与泉州结缘于1928年初夏。有一天，弘一法师一路风尘仆仆，在从杭州到厦门的路上，他想起要路过泉州，而泉州是宋元时期东方第一大港，他向往已久。到泉州时，他停下匆匆的脚步，看到这座千年古城刺桐花开，美丽而宁静，他心动了，因为这里就是他苦苦寻找的世外桃源。

于是，弘一法师决意改变行程，隐居于泉州静修佛事。

弘一法师被奉为律宗第十一代世祖，泉州承天寺是弘一法师的化身地。

落籍泉州承天寺的弘一法师，潜心研习佛法，经常在承天寺及周边的开元寺、小山丛竹传法讲经。在这三个地方中，弘一法师对小山丛竹情有独钟，晚年就在此居住。

小山丛竹古时是泉州四大书院之一温陵书院所在地，宋时理学家朱熹曾在此讲学。弘一法师对程朱理学一直很尊崇，出家前就很有钻研。他了解到，明嘉靖年间，通判陈尧典重构小山丛竹亭，更名"过化亭"，刻朱文公像于石亭，以纪念朱子在此讲学。

在泉州，弘一法师对小山丛竹十分喜爱，爱其清幽，更因朱熹之故，爱这里浓郁的儒学气息。

如今，这里夹道植竹，竹叶生风，境界清幽，成为泉州古城的胜迹。

我择个春日，前往小山丛竹。远远看见一座石牌坊，正是小山丛竹坊。

现存的"小山丛竹"牌坊，为抬匾式，两侧花岗岩立柱，嵌辉绿岩坊额，正面刻有朱熹行楷墨迹"小山丛竹""晦翁书"。

"小山丛竹"修复一期工程在2020年3月底完工，这里有"过化亭""不二祠""晚晴室"和书院等，绿树掩映，清幽古朴。

在这里，我们寻找弘一法师与泉州的情缘。

1934年，泉州佛教居士叶青眼创办温陵养老院，院址设小山丛竹书院。1935年至1942年间，弘一法师3次来温陵养老院居住。

1937年全民族抗战爆发，弘一法师不顾炮火连天，依旧按预定日程行事。他自称"念佛不忘救国，救国必须念佛"。人们从中可以看出，他早年对祖国的满腔热血，这时已融化到虔诚的弘法中去了。

而今重听一曲《送别》，我依旧热泪盈眶，不仅被文字感动，更有感于法师对人间别离的参悟。

1942年农历八月廿三，弘一法师生病，他拒绝医生治疗，也拒绝探视，只是专心念佛。八月廿七，弘一法师开始绝食，只喝水。八月廿八，他开始写遗嘱，交代妙莲法师负责后事。九月初一下午，弘一法师自感将不久于人世，提前将自己的死期写信告知夏丏尊等知交，然后在一张纸上写下"悲欣交集"四字绝笔，交给妙莲法师，此时，他眼中盈满了泪水。他嘱咐妙莲法师："如在助念时，见我流泪，并非留恋世间、挂念亲人，而是悲喜交集所感。"九月初四晚8时，弘一大师在众人念佛声中，圆寂于泉州，时年63岁。

弘一法师在这里辞世，他悟透生死，也敬畏生命。弘一法师圆寂前，再三叮嘱弟子，他的遗体装龛时，在龛的四个脚下各垫上一个碗，碗中装水，以免蚂蚁虫子爬上遗体后，在火化时被无辜烧死。

弟子们遵照弘一法师的嘱咐，在师法圆寂后的第七天，将大师遗体移至泉州承天寺火化。火化后，得舍利子1800余颗、舍利块500多块，后分葬于泉州温陵养老院和杭州虎跑定慧寺，两地均建经幢式石墓塔以纪念。1952年，有关部门将温陵养老院内的墓塔迁至泉州清源山。

大师圆寂前居住的晚晴室，在不二祠旁边，是以前温陵养老院的一角，现在三间老房子还在。谁能想到这里曾经居住过一代大师。不由感慨万千，眼角湿润。

弘一法师居住的时候，晚晴室前有棵杨桃树，现在还在。是的，它依然守护弘一法师人生最后的精神家园。树还在，大师的精神还在。

岂无佳色在，留待后人来

离惠安县城30公里的地方，有个净峰镇。一代高僧弘一法师曾挂锡弘法半年之久的净峰寺就在这里。

这里地处一片平畴之上，海拔只有100米。

净峰寺，果如其名，是一处去尽凡世俗尘的栖隐之地。它以浩渺无垠的蔚蓝大海和明净的天空为背景，一峰独秀，卓然巍峨，如今香火依旧，古朴仍然，清净异常。

我漫步登临净峰山顶，好一派海天一色。迎着惠东半岛的习习海风，站在这里感到心胸开阔。怪不得清代郑板桥题书"天然图画"，而近代高僧弘一法师赞誉其为"世外桃源"。

1933年冬，弘一法师未入山前，曾由晋江草庵寺传贯法师陪同考察过净峰寺。当时他一踏入净峰寺，苍茫的古禅寺之幽和远离尘世之静，让他感悟到一种独特的清醒。

一年后，弘一法师从泉州南门外乘帆船出发，在1935年农历四月十二抵达净峰寺挂锡弘法，开始了他在净峰寺的修行生活。他在作修持日课时写道："余今年五十又六，老病缠绵，衰颓日甚，久拟入山，谢绝人事，因缘不具，卒未如愿。今岁来净峰，见其峰峦苍古，颇适幽居，遂于四月十二日入山，将终老于是矣！"他到净峰寺的真正目的，天趣自然是其一，洗净心境是其二。

我进了山门，曲径通幽，寺内新建有晚晴亭，弘一法师的塑像就立于亭前。

净峰寺有弘一故居，是沿山壁修建的石屋，仅十几平方米。我慕名而往，见房门紧锁，便向管理人员说明来意，一位面容慈善的老人为我开启房门。弘一法师来此之前，小屋本没有窗户，是他来后亲手开启的，利于日照通风，在朝南的边墙，还开了一道小门。石墙围下便是他植菊种草的池子。"我到为植种，我行花未开。岂无佳色在，留待后人来。"弘一法师写下的这首诗，在期待中体现了一种高尚的人格修养。

大师对小屋的经营布局应该说是十分讲究的。首先请木匠制作一个双层书架，再把卧床改制成将床体四周封闭，床内匣为四格，用四方木板拼成床板，便于存取经书、日用衣物等。屋内书桌、脸盆架以及文房四宝等大师使用过的器物，仍然按照原来的位置摆放着，散发着墨韵清香，更有一种历史的沉重感。大师在这里撰写了《龙绔国师传叙》一册，手抄《大悲咒》一卷，还点注了"佛疏解典"多部。可见大师当年留驻净峰寺内，并非只为避世而幽居。

从小屋走出来的一瞬间，我仿佛看到大师清瘦的身影，其折射出的那种精神之光穿透了生命。

弘一墓塔、画像与纪念馆

到泉州清源山，许多人都去瞻仰弥陀岩上的弘一法师墓塔。

走上通向墓塔的一条两旁碧草繁茂的小径，走过一个小亭，耳畔会隐约飘过："长亭外，古道边，芳草碧连天……"的歌声。不久，便望见墓塔上那青石镂刻的"弘一大师之塔"。

弘一法师生前数度游览清源山，对这座人文荟萃的千年名山特别留恋。

弘一法师墓塔是一座中国传统斗拱飞檐式的花岗岩墓塔，全塔用白色的花岗岩建造，塔顶藻井结构，安放石葫芦塔尖。塔心正中是六角形舍利台座，上部为球形石帽，安放着弘一法师的七颗舍利子。墓塔东南侧岩石上刻有大师的临终遗墨"悲欣交集"。塔的横批是"无相可得"，门两边刻有"自净其心有若光风霁月，他山之石厥惟益友明师"的对联，是弘一大师的亲笔手迹。1981年初，赵朴初登临清源山拜塔，题赠"千古江山留胜迹，一林风月伴高僧"的墨宝，也刻于岩上。游客至此，静默伫立。

进入墓塔拜谒，内墙正中的一块辉绿岩上，刻着弘一法师的画像。画像上方刻有法师寂前所赋一偈:"问余何适,廓尔亡言,华枝春满,天心月圆。"两侧题刻:"愿尽未来,普代法界一切众生,备受大苦;誓舍身命,弘护南山四分律教,久往神州。"这个画像非常神奇,不管你伫立在什么位置,画像里法师的眼睛总是望着你。他身穿袈裟,合掌于胸,好像就在你眼前,又像是离你很远。这幅画像是弘一大师的高足丰子恺惊悉大师圆寂后,以泪研墨,用108画画成的,传神地勾勒出他敬爱的老师的神采和风骨。

这里有些故事,得说一说。

弘一法师的火化仪式是在承天寺举行的。这一天,承天寺过化窑四周围着一层又一层僧尼和善男信女,他们顶礼膜拜,颂经之声此起彼伏。

过化窑大火熊熊燃烧,突然"辟卜"一声响,有一股光冲出,向上冲去,一会儿,天空出现耀眼的七彩光环。众人抬头一看,光环衬托出慈祥的"三世尊"佛祖,足有3分钟之久。

拾灵骸时,当场拾到七彩的舍利子数颗。这七彩的舍利子,佛教认为一般人是没有的,它是修行的结晶。

清源山弘一法师舍利塔左侧的高石上,还有一尊他的禅坐像,目光悲悯而又宁静,正注视着山下的泉州城。

离开清源山,走进泉州开元寺大雄宝殿东侧的小开元,映入眼帘的是弘一法师造像,出自著名美术家秦长安教授之手笔。这一座重达一吨多的弘一法师汉白玉石雕像矗立在如茵的草地上,体现法师的悲天悯人。驻足凝视,心灵霎时充满感动。

弘一法师造像后面,便是弘一法师纪念馆。在这里,能深刻感受到法师传奇、崇高、卓越的一生。

弘一法师纪念馆原建于开元寺功德堂西侧的尊胜院。尊胜院是弘一法师自厦门来泉州安居过的地方。1963年,弘一法师的好友、著名教育家、作家叶圣陶到泉州视察教育工作时,曾到此参观。为表达对大师的景仰和怀念,叶圣陶即席写下一首五绝:"花枝春满候,天心月圆时。于此证功德,人间念法师。"

1982年,尊胜院辟为弘一法师纪念馆,由刘海粟题额、赵朴初题匾。

前些年，弘一法师纪念馆迁至现址，这里更加宽敞，展品也更加丰富。

在弘一法师纪念馆，可见到法师的佛学研究著作，还有反映法师出家前的文学、戏曲、艺术成就和出家后书法艺术成就的大量资料、图片、手迹。弘一法师在泉州弘法14年，留下了大量的墨宝。纪念馆里陈列的条幅、中堂、对联、净峰寺"咏菊"诗近百件，皆为真品，十分珍贵。馆内还陈列有法师的数十件篆刻作品，都是具有极高艺术价值的珍品。馆内还陈列着一幅著名画家徐悲鸿所绘弘一法师油画像及题跋。

纪念馆内还依照弘一法师生前卧室的原样设置一个展室。参观这个展室，恍然间，法师仿佛还健在，只不过他恰巧外出。定眼一看，他的床铺、蚊帐、草席、棉被、草鞋等物品都极其简朴。蚊帐和棉被还十分破旧，补了再补。他的牙刷是用柳枝捣扁了做成的。这些都能让人细细领略法师生活的清苦和他崇尚律宗、净心修炼的境界。

弘一法师曾说："心术以光明笃实为第一，容貌以正大老成为第一，言语以简重真切为第一。平生无一事可瞒人，此是大快。"

情千缕，酒一杯，声声离笛催。问君此去几时来，来时莫徘徊。

此时此刻，仿佛看见恰巧外出的大师归来。他那略显长形的脸庞安详而仁慈，他那清瘦的身躯文弱而庄严。

余光中：乡愁是一条长长的桥梁

"飞，顺着你的长绿之岛／顺着白浪滚滚的花边／不知道何处是桃园，何处／是苗栗和新竹的县界，只知道／那骚动的弧线是你的西岸……"

这是籍贯泉州的台湾著名"乡愁"诗人余光中的《飞过海峡》中的诗句。2011年4月24日上午，这首诗回响在泉州府文庙惠风堂"余光中诗会"现场。

这场诗会主要由我策划。我一接到通知，便立即选出10多首余光中先生的诗作，并联系朗诵人员。同时，确定诗会议程。

"飞过海峡"回到家乡的余光中先生携夫人范我存女士亲临诗会现场。曾经，在海的那边，他满怀"乡愁"，而今回到海的这边，那"一湾浅浅的海峡"正如余光中先生的诗句所称，"什么也拦不住"了。

乡愁：文化的因素更深刻

诗会在悠扬的洞箫声中拉开帷幕。在洞箫的伴奏下，诗歌朗诵从《乡愁》开场。

"而现在／乡愁是一湾浅浅的海峡／我在这头／大陆在那头。"

这首著名诗篇,让人回味在浓浓的乡情之中。

台湾著名诗人余光中先生籍贯泉州永春,1928年生于南京,1949年随父母迁香港,次年赴台。余光中先生是位多产的诗人,其中《乡愁》一诗传遍华人世界。文学大师梁实秋先生评论余光中道:"成就之高,一时无两。"

《乡愁》写于50年前的1972年,当时,44岁的他已离开祖国大陆20多年,还看不出任何重回故乡的迹象。余光中先生说:"这是一种看得到对岸,却看不到迈向对岸的可能的乡愁。这种感觉在我的心中酝酿了20年,所以写这首诗只用了20分钟,突然之间,这种感情找到了一个出口,情绪就像水瓶乍裂,瓶中水一泻而出。"

余光中先生说,自己也没有想到,这首诗会走得这么远,走到了教科书中,也走到了很多人的心里。对此,他感到十分欣慰。

这些年来,他经常回到祖国大陆。2011年4月24日的诗会上,有读者问他,现在已多次回乡,与40年前相比,内心深处发生了什么变化,还有没有乡愁。余光中先生说,乡愁还是有的,但这种乡愁和从前不太一样了。余光中先生说,其实每个人心中都还有乡愁,它已经不再是地理上的,而是时间上的,如果这时间里还包含文化的因素,那么这样的乡愁就显得更加深刻。

余光中先生所到之处,被人问得最多的问题,就是时隔40年,能不能再续写《乡愁》。

余光中先生2011年4月22日参观洛阳桥后,诗句泉涌,在4月24日的诗会上,他吟诵了23日在泉州续写的《乡愁》第五节:

"而未来,乡愁是一条长长的桥梁,你去那头,我来这头。"

乡音:闽南话吟诗更绵长

"春天,遂想起/江南,唐诗里的江南……在杏花春雨的江南/在江南的杏花村/(借问酒家何处)/何处有我的母亲……"

诗会上,一群小学生演绎了余光中先生描写春天的诗作《春天,遂想起》，引来阵阵热烈的掌声。

诗会上，在时而舒缓时而激昂的古筝伴奏声中，诗友们还朗诵了余光中先生的诗作《呼唤》《飞过海峡》《等你在雨中》《永远，我等》《大江东去》《北望》《观音山》等。

最能引起读者共鸣的是余光中先生诗歌中深厚的中国情怀，字字句句，扣人心弦。虽然如今那"一湾浅浅的海峡"已不再成为两岸往来的阻隔，但诗中的忧伤，把听众一下拉回两岸隔绝、亲人分离几十年的那种载不动的乡愁之中。

互动环节中，身材精瘦、精神矍铄的余光中先生，思维敏捷。

诗会中，我朗诵了余光中先生的著名诗作《民歌》。诗会的最后，余光中先生意犹未尽，又叫我上台，他和我带领大家一起再次朗诵诗作《民歌》，将诗会气氛推向高潮。

余光中先生认为，读唐诗宋词是要用吟的，不是说话，也不是唱歌，因为没有一个谱子，就是要随着感情的起伏自然地把声调拉长，有起伏有高下，充满了感情。

诗会上，泉州诗人用闽南话朗诵了《乡愁》。乡音让余光中先生备感亲切。"用闽南语朗诵更能真切地表达这首诗的意境与内涵，因为乡音更加能触动游子的心灵。"余光中现场多次为这首诗的朗诵表演鼓掌。余光中先生认为闽南话的古音更适合吟唱，用闽南话来吟唱更接近古诗原韵，更有低回绵长的感觉。

"有人把《乡愁》朗诵得非常悲壮，甚至到了凄厉的地步。其实应该是淡淡的哀愁才对。"余光中先生用他那带有浓郁闽南口音的普通话说道。

乡土：离开家感受更强烈

千年古桥，悠悠江水。参观洛阳桥，是这次余光中先生原乡行的重要行程。2011年4月22日，久未下雨的泉州迎来了阵阵甘霖，和风细雨中，余光中先生携手夫人范我存沿着中国现存年代最早的跨海梁式大石桥洛阳桥，从桥南到桥北，一步一个脚印，用双脚丈量洛阳桥的千年历史。余光中高兴地说：

"今天我终于得以从头到尾走完全程，用我的脚程1060步走过。"

当了解到洛阳桥采用"激浪涨舟，浮运架梁"的妙法建造和大地震中洛阳桥屹立不倒时，余光中先生深受震撼。

据悉，余光中与洛阳桥结缘是在2004年8月。当时他便惊叹于洛阳古桥神奇的架桥法和文化底蕴，只可惜时值夏天，又恰巧是中午，天气异常炎热，没能细细体会其中韵味，而此次余光中故里之行把洛阳桥作为其参访首站，也了却了他多年的夙愿。

此前，阔别故乡近70年的余中光先生曾分别于2003年、2004年回乡，此次为第3次回乡。

余光中先生首次回乡"一偿半生夙愿"，还要回溯到2003年9月17日。那天，余光中先生回到家乡永春，并于18日上午举行寻根谒祖活动。

2003年9月19日下午，在尽情领略故乡山水人情、风光名胜之后，余光中先生离开家乡返回台湾。临行时，他再一次转身，眼里噙满了泪水，深情地看了一眼这片曾令其魂牵梦萦的土地。

余光中先生6岁时曾在永春住过半年，但自从去了台湾后，到2003年前就再也没回来过。由于当时年纪小，诗人对故乡的印象已很模糊，但靠着父亲经常性的描述，回乡后诗人很快就找到了"坐标"。故居门口的三座大山首先唤起了他的回忆，接着故居后的荔枝树和小石磨又令他驻足良久，遥远的回忆在沉思中慢慢变得清晰起来。

故乡留给诗人的回忆是美好的。诗人感慨说："离开了家，才知道家的可爱。一个人只有当了游子后，才能明白这一切。"

2011年这次原乡行，令人们感受最深的是诗人对故土的深情，对乡土文化的热爱。

乡情：真性情流露更动人

刺桐花开了多少个春天？东西塔还要对望多少年？多少人走过了洛阳桥？多少船开出了泉州湾？每次想起我的故乡泉州，心里充满天长地久的感觉，就会想起这样的诗句。

我的祖籍是泉州永春，半世纪前去了台湾。"掉头一去风吹黑发，回首再来已雪满白头。"终于能回来，感到十分快慰。

这是2004年泉州荣获"中国最佳魅力城市"时，余光中先生作为魅力推荐人的演说词。

2011年的这次诗会上，泉州市文联邀请泉州书法家将这段乡情洋溢的演说词写成书法作品，赠送给余光中先生。余光中先生在诗会上，又深情地吟诵了这几句演说词。

诗会现场，与会者回忆起3年前一个动人的故事。2008年11月23日至12月9日，泉州市艺术家在台湾台北、高雄、宜兰等地展演。12月4日上午，泉州高甲戏剧团演员到台湾中山大学拜访余光中先生。余老鹤发童颜，神采奕奕，对家乡来的客人非常热情。余老言语诙谐，引来大家阵阵笑声。可是，他当天观看来自家乡的演员演出时，却不禁泪流满面！最后一折到了《昭君出塞》，是悲戏，迎亲番兵的载歌载舞与昭君离别故土的悲痛情绪形成鲜明对比。余老两眼噙着泪水，连说3句"太感动了"，几度哽咽。

2011年原乡行，余光中先生还参观了中国闽台缘博物馆，他勉励泉州青年，珍惜泉州这样一个引以为傲的历史文化城市，不要忘掉泉州这些最宝贵的财富。

"中国文化是一个奇大无比的圆，这个半径是什么，半径就是中文。"余光中在诗会现场接受采访时说，现在最希望自己能把这个半径拉得更长一点，这样圆就可以画得更大一些。

余光中，集婉约的豪放、古典的现代于一身，是深邃的心灵锻铸了他深邃的诗境。

诗人一直致力于推动两岸间的文化交流与合作。

"乡愁是一条长长的桥梁。"余光中先生就是用乡情搭桥的那个人。

新作：在家乡发布更感人

余光中先生吟诵家乡洛阳桥的诗作《洛阳桥》，于 2011 年 5 月 26 日上午 9 点多在泉州洛阳桥中亭发布。台湾海峡两岸和谐文化交流协进会会长陆炳文先生在发布仪式上介绍余光中这首诗的创作过程并展示手稿。泉州各主要媒体以及各界人士近百人参加发布仪式。

2011 年 4 月底余光中先生第三次回乡。4 月 22 日，他沿着洛阳桥，从桥南到桥北，一步一个脚印，用双脚丈量洛阳桥的千年历史，他决定为洛阳桥创作一首新诗。返台后，他很快创作了这首 40 行的作品《洛阳桥》，并委托陆炳文先生将诗稿带回泉州。

发布仪式上，男女声朗诵深情演绎了余光中先生的诗作《洛阳桥》：

刺桐花开了多少个春天 / 东西塔对望究竟多少年 / 多少人走过了洛阳桥 / 多少船驶出了泉州湾 / 现在轮到我走上桥来 / 从桥头的古榕步向北岸 / 从蔡公祠步向蔡公石像 / 一脚踏上了北宋年间 / 最后是我，晚归的诗翁 / 一千零六十步，叠叠重重 / 想叠上母亲、父亲的脚印 / 叠上泉州人千年的跫音 / 但桥上的七亭九塔，桥下的石墩，墩上累累的牡蛎 / 怎认得我呢，一个浪子 / 少小离家，回首已耄耋 / 刺桐花开了多少个四月 / 东西塔依旧矗立不倒 / 江水东流，海波倒灌 / 多少人走过了洛阳桥……

2017 年 12 月 14 日，诗人余光中在台湾高雄医院逝世，享年 90 岁。

1966 年，余光中曾写下《当我死时》，他深情地呼喊：当我死时，葬我，在长江与黄河之间；到多鹧鸪的重庆，代替回乡。余光中还曾说："烧我成灰，我的汉魂唐魄仍然萦绕着那一片后土……"

如今，先生已逝，留下永远的乡愁。

QUANZHOU
THE BIOGRAPHY

泉州 传

第十四章

舌尖上的泉州

番客西来，尽有奇珍惊海北；晋人南渡，曾携乡味过江东。

泉州美食街南大门的牌楼上雕刻着这样一幅对联，它概括了泉州独特的饮食文化。

泉州食品业历史悠久，早在唐宋年间，随着海上丝绸之路的兴起，小吃店遍及城乡。随着历史的推移，泉州食品既保留了唐宋遗风，又有创新，逐渐形成了风味独特的闽南流派。泉州肉粽、面线糊、海蛎煎、崇武鱼卷、南安洪濑贻庆鸡爪、安溪官桥豆腐干、晋江安海土笋冻、永春石鼓白鸭、德化苦菜汤等……传统食品、佐料，味道鲜美。糕点、饼干、面包、饮料……新兴饮食用品，风味独特。

泉州食品伴手礼富有浓浓的"闽南情"，有中华老字号源和堂蜜饯、永春老醋等。

泉州是茶叶的故乡，名枞满地，品牌迭起，安溪乌龙茶铁观音名满天下，永春名枞佛手深受茶人喜爱。

在泉州，总有些滋味在心中缭绕，停留在回忆里，挥之不去。

海的味道，回味无穷

泉州依山傍海，终年气候温和，四季如春。沿海浅滩面积大，鱼、虾、螺、蚌等海产佳品丰富，常年不绝，为泉州菜肴提供了得天独厚的烹饪资源，清代编撰的《福建通志》中就有"鱼盐蜃蛤匹富青齐"的记载。当地人利用本地特殊的自然条件，根据时令的变化烹制出色、香、味、形俱全的佳肴，无论是海鲜，还是当地的风味小吃如海蛎煎、鱼丸、鱼卷等，其清香、不腻的风味特色，令人垂涎欲滴。

沿着泉州沿海大通道，一路有许多海鲜集市和海鲜馆。找一家海边的海鲜酒楼就餐，落座后望着对面的晋江入海口，听海风徐徐，闻浪涛声声，这蓝色海岸是如此温馨！不一会儿，一道颜色水嫩、鱼肉鲜美的桂花鱼上桌了，接着，清蒸大虾、水煮海螺等好几道泉州菜陆续上桌，满足食客的味蕾。

继续往北前行，来到惠安县崇武古城，会遇见迎面走来的惠安女，穿着具有传统特色的服饰：头披鲜艳的小朵花巾，捂住双颊下颌，上身穿斜襟衫，又短又狭，露出肚脐，下穿黑裤，又宽又大，这种服饰独具一格。她们肩上挑着盛满各种海鲜的担子。

到崇武，不仅要欣赏入围国家地理杂志十大最美海岸线的风光，还要品尝一下当地最具特色的小吃——鱼卷。崇武鱼卷是闽南名菜，也是泉州的十大名小吃之一，其中含有祝愿美好圆满的意思。这里的男人大多长年外出谋生，有许多人是船员,因此在生活习俗中寄托团圆的期望,喜事宴请客人时上的菜必须"头圆尾圆"。鱼卷则是盛宴及家常喜宴必上的"头圆"名菜。

崇武鱼卷的主原料选用当地盛产的马鲛、鳗鱼、鲨鱼等优质鱼,加工时先去掉骨头及内脏,把鱼两面的肉切下来,用利刀细细地去掉皮儿,再刮下鱼肉,用手揉成泥浆状,一边揉时一边加进适量的盐,最后加上精制地瓜粉、鸡蛋清、碎猪肉、青葱等佐料,用手搅拌调匀,让鱼肉发酵,再卷成一条条细细的圆状体,放进蒸笼蒸熟。师傅对鱼卷加工的均匀度、发酵度及蒸煮火候都极其讲究。食用鱼卷时,可切成小块在清汤里熬,也可切薄片油炸或与蔬菜一起炒。还有一种不做成鱼卷而做成小颗粒在滚开的水中泡熟,圆形的称为鱼丸,不规则的称为鱼羹。

鱼卷入口柔润清脆,咀嚼齿颊留香,有鱼肉香,又不含腥味。坐在沙滩上或者观景酒店里,一边欣赏海景,一边吃鱼卷,是一件特别享受的事。爽爽的,脆脆的,嫩嫩的,充满弹性,把舌尖味蕾的活力完完全全激发出来了。

泉州海里有好多的美味:海螺、螃蟹、海蛎……这里有道泉州传统名菜"海蛎煎"。关于它的起源,有一则有趣的故事。民间传说,公元1661年,荷兰军队占据着台湾的台南,泉州南安人、民族英雄郑成功率领军队从鹿耳门攻入,势如破竹大败荷军。荷军为断郑军粮食,把米粮全都藏匿起来。郑军在缺粮时,想出一个办法,就地取材,将台湾海峡特产海蛎(闽南称"蚵仔")、番薯(地瓜)粉混合加水煎成饼吃,想不到此做法竟流传后世,成了闽南最具特色的美食。

要做出香嫩可口的海蛎煎,需选用硕大、鲜美的蚵仔。当然,番薯粉也是使蚵仔煎变成美味的另一个重要食材。将番薯粉浆以适当比例加水勾芡后,加入韭菜,番薯粉能巧妙地将肥美蚵仔的鲜味充分提升。这种甜中带咸、咸中带辣的缤纷滋味,令人回味。

在菲律宾友人聚会时,在座的多为华人华侨,而且泉州华人华侨居多,菜肴也以中国菜为主,其中一道就是海蛎煎。因物思乡,泉州家乡菜成了在海外的华人华侨维系家乡感情的纽带,被他们亲切地称为"来自家乡的味道"。

特色小吃，闽南风味

泉州有许多传统风味小吃，历史悠久的肉粽便是代表。做肉粽时选料十分讲究，制作精细，看着色泽红黄闪亮，吃起来味道香甜、油润不腻。其以独有的风味，享誉海内外。

泉州肉粽以香菇、虾米、芋头粒、栗子、猪肉（或鸡肉）、糯米等为原料。制作时先把糯米浸一段时间，捞起晾干，再拌上卤汤、葱头油，放在锅里炒得又干又松，接着倒入红烧猪肉、生栗子搅拌均匀，用竹叶包好，放入锅里煮熟。肉粽要趁热食用，吃时配上沙茶酱、蒜茸、红辣酱等调料，更是美味可口。

泉州有这样一种说法："没吃过面线糊的，肯定不是泉州人。"这足以证明面线糊在泉州人心中的地位。

早晨，走在泉州街头，随处可见面线糊摊和正喝着热乎乎面线糊的人。面线糊以虾、蚝、蛏、淡菜等海产品熬汤，与面线煮成糊。煮时要掌握好火候，达到糊而不乱，糊得清楚。面线糊除了用海鲜作配料外，还可以加上煮熟的鸭血或猪血块，也可加入卤熟并剪成一寸长的猪大肠，使油脂融入汤中，再配上炸葱花、胡椒末调味，有时再滴上几滴料酒，气味更加浓烈可口。

在泉州的街头，四处可见各种招牌的牛肉店，但是每一家都少不了一道令人垂涎的牛肉羹。

传说南宋景炎三年（1278），泉州市舶司提举蒲寿庚降元后，并与元兵一同追杀文天祥等人。宋瑞宗死后，陆秀夫等人拥立年仅8岁的赵昺为帝。为了逃避元兵的追杀，他们时而居住在船上，时而上岸觅食。一天，陆秀夫潜入泉州法石讨食，这里有一户人家，父女相依为命。家中唯一一头老耕牛几日前被元兵宰杀，只剩下一张牛皮和四个牛蹄。面对此景，陆秀夫想到可以用刀将牛皮上残留的肉屑一点点地刮下来，于是跟父女俩商量并获得同意。他们将刮下的牛肉屑放入沸汤中煮熟，并随手加入一些海盐和姜末。不料竟香气四溢。陆秀夫带着一些牛肉屑回去，让赵昺饱餐一顿。

由陆秀夫和那农家父女共同制作的牛肉羹，经农家父女改进后在民间流传下来。到了明代，随着番薯从吕宋引入福建，番薯粉替代绿豆粉成了制作牛肉羹的主要原料，这种牛肉羹的做法一直保持至今。

时值夏秋时节，在泉州街市，可品尝那具有南国海滨风味的消暑小点心——石花膏。

石花膏的主要原料石花菜，是生长在台湾海峡中潮或低潮带礁石上的一种食用海藻，藻体平卧，为不规则的叉状分支，形状颇似珊瑚。据说，石花菜的生命力极其旺盛，把它的根埋入海滩湿沙中，有的竟能再生出枝叶来。明代药圣李时珍在其撰著的《本草纲目》中记载："（石花菜）功用清热润肺，化痰软坚，用于肺热疾稠、肠炎、痢疾。"

熬煮石花膏，为保证胶冻晶莹透亮，事先要仔细剔除附在石花菜上的砂粒、贝壳碎片等杂物，然后按石花菜干品的重量加80倍清水，浸泡后放入干净无油污的高压锅中。煮沸30分钟左右，再焖半小时，开锅倒出胶液，再用洁净纱布过滤，将胶液盛入碗盆等容器中常温冷却，凝固后则成为石花膏，晶莹透亮又富有弹性。食用时，用水果刀切一块划碎，加入少许柠檬酸、香蕉油、橘子汁之类的香料搅匀，再放适量的白糖或蜂蜜，浇上冰水凉拌。吃起来口感润滑，香甜生津，止渴解暑。

晋江安海镇有一种独特的食物，叫土笋冻。很多人可能认为它是由人们常吃的笋经过冻制而成，其实不然。土笋也叫海蚯蚓，是一种生长在海边泥土里的生物，靠吸收泥土的养分生存。

烹煮前,先把从沙子里挖出的鲜活土笋放养一天,让其吐清杂物,然后用石槌不断碾磨,将全部内脏杂物清出,再放入清水中,保证其体内泥土漂洗干净,待呈白亮时捞起。再取凉井水(不用自来水),与土笋一起熬煮。土笋身上的胶原蛋白化入开水中成黏糊状,煮熟盛出分别置入小盏中,冷却后则成冻状,这就是"安海土笋冻"。平时放置冷藏,食用时取出。

土笋冻色泽灰白相间,看起来玲珑剔透,食用时鲜嫩清脆,质地柔韧,味道甘洌鲜美。调料为蒜泥、酱油、香醋,后来调料还发展出了姜丝、辣酱、花生酱、芥末、芫荽、糖醋萝卜等。

南安的洪濑镇因卤味鸡爪而出名,所以这种鸡爪被称为"洪濑鸡爪"。这道看似普通的小吃,却需要一套严谨的制作工艺。洪濑鸡爪在选材上要求很高,鸡爪必须个个白嫩,不能有一点黑茧子,还要采用10多种名贵天然中草药材和香料,结合传统工艺与现代科学技术,运用纯熟技术和先进设备精制。卤好的鸡爪质地饱满,色泽金黄,香味四溢,光是看着就足以令人垂涎三尺……

其实,如今洪濑鸡爪并不只有卤鸡爪,这些年陆续开发有卤鸡尖、卤鸭舌、卤鸭脖、卤鸭肠、卤鹅翅等十多种卤味,还涌现出多家以卤味为主的知名品牌,如贻庆、红毛等,其中不少产品获得"中华名小吃"等美誉。

泉州伴手礼，华侨的最爱

泉州食品伴手礼富有浓浓的"闽南情"，不少产品都印上了泉州元素，体现泉州地方特色与时代潮流的融合。一些包装造型生动活泼，集趣味性、观赏性、纪念性为一体，闽南南音、博饼等文化习俗，南少林武术招式雕像等巧妙融入，让人感受传统闽南文化的熏陶。有的用陶瓷制作的小罐子装食品，小罐子底部有老君肖像、古帆船等地方标志。精致的包装让人赏心悦目，伴手礼盒内装有泉州老字号品牌的蜜饯及糖果、茶叶、猪油粕、面线、米粉、茶油、蜂蜜、土窑烧鸡……这些食品有着泉州"古早"味道，勾起无数华侨的儿时回忆。

说起源和堂，在泉州老华侨的记忆里，是儿时过年泉州"甜一甜，平安过大年"的习俗。过年时，泉州家家户户串门走亲戚，一进门，还未落座，女主人会先把一碟蜜饯或糖果端到客人面前，说道："新年好，来甜一下，看要吃李咸饼还是七珍梅，味道都不错。"然后客人落座，主人泡茶，接着聊聊家常。如今旅居海外的侨胞回乡仍然喜欢买几包"源和堂"蜜饯回第二故乡。

"源和堂"是百年老字号，发源于晋江五店市。1916年，由庄杰赶、庄杰茂两兄弟独资创办。当时以贩卖水果为生的庄氏兄弟，将卖剩的水果腌制起来，后来逐渐摸索出一套加工蜜饯的经验，于是创办了蜜饯小作坊。他们先制作李咸饼、七珍梅，获得成功后渐渐扩产，再制作青果豉、咸金枣、香果、八珍梅等其他品种。随着蜜饯厂规模的逐渐扩大，庄氏兄弟还在漳州石码办了分厂，并在厦门设分销处。

1932年，有文化名人为蜜饯厂题字"源水和甘、和末配制"，横批"堂上家人"，这副对联有赞誉精制蜜酿的意思，又藏头"源和"二字。从那时候起，"源和堂"3个字就叫开了。"源和堂"蜜饯具有增食欲、益胃脾、生津消食之效，是民间宴客、休闲品茶之佳配，访亲旅游、酬宾馈赠之珍品。至今，"源和堂"蜜饯始终秉承古法烧制，保留最传统的味道。

如今，漫步源和堂老厂，仍然可以看见当年浸泡各种果子的一排排浸泡池，还有腌制果子的大水缸。不过，因为蜜饯生产工艺的进步，这些当年的生产设备已不再使用，变成了历史的记忆，让人回味。现在，时常有游客到泉州，特地来参观这些老作坊，怀想当年情景。

对于大多数人而言，醋不过是一种极为普通的调味品而已。而对泉州人特别是永春人来说，永春老醋是餐桌上不可或缺的"主料"，更是一缕难以割舍的故乡情结。

永春老醋是全国四大名醋之一。它以优质的糯米、红粬、芝麻等为原料，用独特配方、精工发酵、陈酿多年而成。因为酸中微甘，香味醇厚，色泽棕黑，所以又称为乌醋。用它调拌食物，甜酸味沁人心脾，从而开胃健脾，增进食欲。它不仅是质地优良的调味品，还具有祛湿杀菌的功能，可防治腮腺炎、胆道蛔虫、感冒等疾病。宋宁宗时，永春县湖洋人庄夏考取进士，官至太常博士、迁国子博士，在学士院兼太子侍读。有一次太子患腮腺病，庄夏用家乡人送来的老醋调药让太子涂抹，果然灵验。此事传到宋宁宗那里，他大加赞赏并亲验永春老醋，顿觉酸中带香。当时，宁宗常常腹胀气滞、食欲不振，御医想尽办法治疗却未见奏效。宁宗吃了用永春老醋制成的食品后，竟不再腹胀。从此以后，宁宗御膳中总要放上一壶永春老醋。永春老醋由此扬名，成为传统特产。

永春县位于福建省闽西凹陷区和闽东南沿海区的交界处，老醋生产地处于串珠状的山间小盆地里，这里群峰环抱，冬御寒流，夏防台风，光度、温度和湿度恰好非常适宜酿制和储存老醋。永春县土壤多为偏中性红壤，有机物和天然矿物质含量丰富，水源清澈、无污染，这里盛产酿造永春老醋的主要原料——优质糯米。

永春老醋，还可用于凉拌海鲜、蘸小笼包、蘸螃蟹，滋味回甜，又不会抢去食物本身的鲜味。

永春人最爱的菜是"老醋猪脚"。制作时，先将猪脚洗净，余去血水，加入大量老醋浸泡入味，一两个小时后，在铁锅里热油，将白糖下到锅里炒到变色，放入腌好的猪脚，倒入足够淹没猪脚的老醋，然后小火慢炖直至软烂。上桌时，猪脚色泽红亮，吃起来毫不油腻，余味无穷，令人胃口大开。

永春老醋不仅是调味品，更是吉祥如意的象征。早在北宋初年，永春民间即开始酿造老醋。当时永春民间的富裕人家把老醋、久熟地、久六味视为居家"三宝"。家中一坛老醋，往往经年不断地添加陈酿，一传几代，历经百年，视为吉祥如意的象征。因此，永春人把永春老醋看成居家之宝和礼赠宾友的佳品。它也是泉州华侨的最爱，华侨每当闻到老醋的味道，就想到家乡，就能感受到来自故乡的脉脉温情。1955年，著名侨领尤扬祖先生从印尼回国定居，立即投资创办永春酿造厂，吸取古代制醋工艺精华，产品不但保持了古代特色，而且色、香、味俱佳。

永春老醋，千年来延续流传，如今依然平静地散发着诱人的韵味。

地处南方海滨的泉州，点心受海外饮食的影响，做工十分考究。这些甜点小吃不仅造型美观，而且味道清淡鲜美，令人称绝。

桔红糕至今已有150余年的历史，是闽南传统民间小吃，其外观呈银白色半透明，质地细腻，糯性强，韧性好，口感软，甜而不腻，有的还含有金橘风味，清甜爽口。在永春，按传统习惯，男方到女方家订婚时，以花生仁、枣或麻枣、饼类作为订婚糖品，而女方家庭则将桔红糕、冬瓜条（蜜饯）送给男方作为回谢礼。在蜜月期间，新娘房中都备有热茶、桔红糕，有客人来时，新婚夫妇则端茶并奉上桔红糕。因此，桔红糕又叫"新娘糖"。

泉州有一种贡糖，后来随着"唐山过台湾"流传到台湾、金门地区。

相传，贡糖是明代闽南的御膳贡品，为茶点极品。而名声远播的金门贡糖，就是由泉州、厦门的制饼师傅带过去，从而发展起来的。

贡糖的原料为花生、糖等。贡糖以香酥、香脆、爽口的口感著称，带有香浓的花生味。

关于贡糖的由来，有两种说法：一是以人工用力捶打的工艺，这种捶打动作在闽南语中称为"贡"，所以称为贡糖；另一说法是指其为献给皇帝享用的贡品。不管怎么说，作为传统的闽南特产，贡糖是一些老华侨永远的眷念。

麻糍是闽南著名小吃，色泽鲜白，滑嫩透明，软韧微冰，香甜可口。其中又以南安英都出产的最为出名，其原料为上好糯米、猪油、芝麻、花生仁、冰糖等。吃时，将糯米坯放入盘中，使其沾上一层芝麻、花生、冰糖粉。

九重粿也是泉州的家常小吃，是一大块厚一寸左右的淡黄色半透明固状体，富有弹性，软滑柔韧，口感微粘。吃时一般要蘸白糖，吃时有一股淡淡的咸味。早年，总有小贩骑着自行车在各乡村叫卖九重粿，根据客人需要，用刀切割出所要的斤两。这吆喝声，是无数华侨童年的记忆。

西街：品尝出一份古朴况味

一个人长大后，总有些滋味在心中缭绕，挥之不去。无论走遍天涯海角，吃过多少珍馐佳肴，最让人念念不忘的便是故乡的美食。

踏着阳光而行，走进泉州西街，便可品尝到闽南美食的风味。由于泉州具有独特的闽南民俗文化，各种庆典礼仪繁多，婚丧喜庆、敬神祀祖、馈赠亲友都少不了风味小吃，因而许多百姓家也都能制作。这一类主要是甜点小吃，比如，榜舍龟，它以糯米粉为皮，豆沙为馅，蒸成形似龟状的糯米包子，面染橙黄色，盖上大红圆形寿图案，以祈延年益寿。它以风味独特、甜嫩鲜爽而在闽南一带及东南亚华侨中享有盛誉，是异地他乡难觅的美食之一。又如大花包，它以发面为皮，白糖、花生仁、冬瓜糖为馅，蒸成大如海碗的甜包，上面盖红双喜的图案，是婚嫁时男方馈送女方的食品。而泉州的甜花生汤更是一绝，炖好的花生仁表面看起来洁白完整，实则用筷子一拨，烂如泥浆，入口生津，香味四溢。

此外，甜点小吃还有百寿龟、满月果、糯米丸子、白糖碗糕、米糕、绿豆饼、麻枣、麻团、炸枣、四角埕糕子，等等，少说也有三四十种。

泉州西街到处都在卖汤圆。在泉州，除了元宵节吃汤圆外，还有每逢喜事吃汤圆的习俗。"圆"意味着"团圆"，吃汤圆，象征家庭和睦，又常在元宵常吃，所以汤圆又叫"元宵丸"或"上元丸"。汤圆的口味多种多样，而当中又以芝麻、花生等口味最为常见。主料以花生、芝麻、白糖、冬瓜糖、葱头及果味作馅，在糯米粉中团皮，下开水中煮熟。元宵丸皮嫩，馅甜，深受游客欢迎。

卤面也是泉州人喜爱的。在西街就能吃到口感浓稠滑口的卤面。

泉州卤面主料是面条，辅料可以是瘦肉、鱿鱼须、花蛤，还可以是香菇、虾、笋丝、芫荽、韭菜、豆芽，调料有胡椒粉、蒜茸辣椒酱等。制作卤面的汤比较讲究，一般用熬制的骨汤或肉汤。香菇、猪肉等辅料倒入汤中煮透，然后添加地瓜粉调稠，用来增加香甜、滑润的口感。泉州卤面在餐馆中被点率极高。特别是冬天，一碗热气腾腾的卤面端上来，吃一碗，心里顿时也暖和起来。

泉州春卷皮薄酥脆、馅心香软，别具风味，是春季的时令佳品。在西街，一些店面架起一口油锅炸春卷。油锅上设一个铁丝架子，有客人来，现点现炸，蘸一下蒜泥或辣椒酱吃。泉州的春卷馅里不加肉，且每一个只有寸把长。泉州春卷在制作时，用白面粉加少许水和盐揉捏，放在平底锅中摊烙成圆形皮子，然后将制好的馅心（肉末、豆沙、菜猪油）摊放在皮子上，将两头折起，卷成长卷下油锅炸成金黄色即可。

咸饭是泉州的传统小吃，泉州人几乎人人都会做这种饭。泉州咸饭有南瓜咸饭、萝卜咸饭、芥菜咸饭、芋头咸饭、五花肉咸饭、蚵干咸饭等。咸饭的具体食材也可根据个人口味增减，但一般南瓜和小米是必备的，而恰到好处的"盐"是"咸饭"的灵魂。外地人吃腻了蛋炒饭，在西街来一碗"咸饭"，真是别有一番风味，也不枉来泉州一趟。

泉州满煎糕是一种独特的糕点。它是以面粉、蔗糖、花生仁作为主料，以白芝麻、苏打粉、泡打粉、水作为辅料制作而成的美食。满煎糕呈锥形，独特的是内似蜂窝，十分松软，夹层香甜。它是极好的早点，清晨，喝上一杯豆浆或者牛奶，配上刚出炉还冒着香气的满煎糕，顿时神清气爽。

现在，泉州西街有许多网红小吃店，食客慕名而来，店外排着长队，成为一景。

茶韵飘香,名满天下

音乐轻淌,茶香飘荡,茶韵袅绕,陶人心胸,怡人性情。倾听远去的喧闹声,令人陡生回归自然之心。

泉州是滨海城市,靠山面海,境内峰峦叠秀,高山多云雾,是茶叶生长的绝佳之地。勤劳的泉州人民在劳动实践中认识了茶,改进了茶的制作工艺和方法。泉州是茶的故乡,安溪乌龙茶铁观音名满天下,永春名枞佛手深受茶人喜爱,南安丰州的石亭绿茶和惠安铁罗汉畅销东南亚,黄金桂、本山、毛蟹、闽南水仙等泉州名茶也久负盛誉,清源茶饼则能在盛夏解暑……不管是历史上还是现在,泉州在中国乃至世界茶业中都占有重要的地位。

茶,是世界上仅次于水,被喝得最多的饮品。茶,早在三四千年前就已经出现,根据《神农本草经》记载:"神农氏采百药,一日遇七十二毒,得茶而解之。"可见茶很早就被采用了。殷周时代,有民间记载当时的人已懂得以茶作为饮料、药用或贡品。西汉时期更有许多士大夫视其为必需品,茶开始成为商品投入市场。在唐代,饮茶成为当时的一种风气,不少百姓纷纷仿效朝廷和佛家,有饮茶的习惯,而历史书上记载,当时茶已成为政府赋税的主要来源。到了宋代,茶更是百姓生活不可缺少的一部分,正所谓"开门七件事"——柴、米、油、盐、酱、醋、茶。而明清以至现在,茶成为了日常饮品。

福建对茶的文字记载,最早见诸泉州的南安丰州莲花峰石上的摩崖石刻

"莲花荼襟太元丙子",这比陆羽《茶经》的问世要早300余年,泉州的南安石亭绿茶就源自东晋。另据泉州《仙公山志》记载,始建于南朝齐时的洛江区仙公山丰山仙洞,历史上也以产茶闻名。仙公山的白水岩峭壁中,有一株高1米左右的茶树,枝繁叶茂,四季常青。一到采茶季节,只要在此采一片茶叶,用开水冲泡饮用,即可提神祛病,因而这茶被当地人叫作"仙茶",数百年被视为山中珍宝。

泉州港历史悠久。南朝时,出口阿拉伯的茶叶就从泉州港输出。到南宋末年,泉州港已成为与埃及亚历山大港齐名的东方大港。元朝,意大利航海家马可·波罗在《马可·波罗游记》中描写刺桐港(泉州港旧称)和泉州的盛况。元末摩洛哥旅行家伊本·白图泰亲眼看到泉州"出口茶叶、陶器创税收100万缗"。明朝,郑和第五次下西洋就是从泉州出发的,郑和船队载有武夷山、安溪、永春一带团茶,将中国茶叶传播到世界各地。1885年,安溪人王水锦、魏静时到台湾南港大坑,制作包种茶,并传授种茶、制茶技术⋯⋯

来到中国茶都安溪,绿水青山环绕,房舍整洁宁静,村民恬然劳作。坐在茶店大厅内,轻松地感受着香茗舒展、茶韵袅绕。茶,它带给安溪人好运,安溪人因茶而致富,安溪人以茶为终生荣耀。

春天到茶园去,但见薄雾轻笼山头,树木葱郁茂密,沿着山坡开发的茶园层层叠叠,高低错落,成一种不规则几何图形的梯田,美妙极了。一场春雨过后,一片片绿油油的茶叶在阳光下闪闪发光,仿佛一颗颗细小的钻石镶嵌在茶树之上,熠熠夺目,采茶女在茶园里采摘春茶。置身其中,深吸一口气,一股清新茶香扑鼻而来。走在被绿植荫蔽着的大道上,向山下望去,那游荡的岚风隐约若见⋯⋯茶园山水柔情,风景这边独好。

由于安溪的地理位置和海拔高度非常适合茶树生长,人们在早年便大力开山种茶,变农田为茶园。茶在山中,山在茶中,这样的景象在安溪随处可见。

那么,如何从茶树上的茶叶,变成杯子里泡的茶?这就需要采青、凉青、摇青、杀青、揉捻、焙干等一系列制作工艺了。

采青,即采茶青,主要采集一心两叶,采摘的过程需要尽量维持叶片的完整性，避免影响茶的品质。通常，晴朗午后采摘的茶质量和香气会比较好。春茶秋茶都是以人工为主，夏茶则以机器为主。

凉青，即鲜叶从山上采摘后，水分较多，要放在夕阳下晒青，去除部分水分。具体做法就是将茶叶均匀摊开，让阳光将茶尖内的水分蒸发，当叶片变得柔软、茶叶中的涩味变得较淡时即可移到室内。

摇青，即将茶叶放入摇青机转动，使得叶子边缘经过摩擦，叶缘细胞受损，再经过排置，放入空调房，叶中多酚类在酶的作用下缓慢氧化并引起一系列化学变化，从而形成乌龙茶的特有品质。这道工序很关键，通常要摇青三到五次。

杀青，即摇青到青味浓强，鲜叶硬挺，俗称"还田"，梗叶水分重新分布平衡，再放入"滚筒"杀青。

揉捻，就是包揉。目前都是用机器揉捻。为了使茶叶易于冲泡，将炒过的茶叶以揉捻的方式使其卷曲，同时也利用压力使茶叶的汁液渗出并附在茶叶上，让茶香更容易释出。操作过程中需不时为茶叶散热，重复此过程数次，直至茶叶更结实为止。

然后是焙干。反复揉捻，使得叶子形成颗粒，不容易展开，再进行文火焙干。最后还要经过筛分、拣剔，制成成茶。

因为工艺制作不同，会影响到茶叶的品质和香气，所以制茶技术十分重要。

茶业已经成为泉州市一个重要的产业，正在不断发展壮大。在名枞遍地的泉州，茶产业的发展不仅催生了一批又一批的茶叶企业和茶叶品牌，还带动着相关产业的发展，茶叶机械、茶叶包装、茶食品、茶饮料、茶乡旅游等产业方兴未艾。

全球化的潮流中，泉州茶业也瞄准了创建国际化大品牌的目标，立志全面提升，让世界共同见证泉州茶业的精彩。除安溪铁观音外，永春佛手也开始加强市场推广力度，南安石亭绿茶在出口东南亚的同时，也向国内市场推出精品，惠安龙雀牌、集泉牌铁罗汉焕发出新的魅力，清源茶饼、灵源万应茶也走向市场……整个泉州的茶产业正在走生态、健康、和谐的发展道路，向规模化、品牌化迈进。

来泉州，品尝一口泉州茶，在满口回甘与飘香中，你会觉得不虚此行。

QUANZHOU
THE BIOGRAPHY

泉州传

第十五章 跨越式发展的又一次起跳

阳春三月，站在文化名山、国家级重点风景名胜区清源山上，艳阳普照，万物生机。极目东南，海阔天空。从山上俯瞰泉州中心市区，犹如一艘巨轮，正从重振雄风的刺桐古港出发，乘风破浪前行。

泉州是福建省三大中心城市之一，是作为"一带一路"南线的起始城市，也是国家重大政策扶持的城市。

2020年，泉州全市完成地区生产总值10158.66亿元。在"十三五"收官之年，泉州经济总量首次突破万亿大关，连续22年位居福建首位。

从历史深处走来，向辉煌未来奔去。

从"晋江经验"到"泉州模式"，泉州在改革开放中取得巨大成功。

如今，泉州市再次站在经济腾飞的起跑线上。

如今，泉州人以更加开放的胸怀来审视泉州绵延千载的古港文明和"海丝"文化。

历史，是一艘不会沉没的航船，从一个时代驶向另一个时代。

数风流人物，还看今朝。嘹亮的号角，吹响催人奋进的时代雄音，激励人们跨上与时俱进的征鞍。泉州，重新崛起在海上丝路的浩浩春风里。

从"晋江经验"到"泉州模式"

2018年,是中国改革开放40周年。

40年众志成城,40年砥砺奋进,40年硕果累累。泉州,这座城市的发展变化见证着一个国家的繁荣发展。40多年来,泉州创造了许多全国第一和全省第一:在全国创办第一批股份合作制企业、第一个引进外资一揽子嫁接改造国有企业、第一个以"建设—经营—转让"(BOT)形式吸引民间资本建设基础设施、第一个推行"小政府、大社会"的管理模式、第一个以竞争上岗方式招聘县级市主要领导、第一批在新经济组织建立党组织……

泉州成功践行出的"晋江经验",作为中国改革开放的典型,受到海内外的广泛关注。

2018年7月14日,央视重点栏目《焦点访谈》聚焦"晋江经验",做了一期专题报道《晋江经验的启示》。

人民日报、新华社等也发表《"晋江经验"启示录》等长文,对"晋江经验"赞赏有加。

晋江位于我国东南沿海,是福建省经济最强的县级市。

"晋江经验"发端于晋江,在泉州全区域发扬光大。从"晋江经验"到"泉州模式",泉州被列为全国18个改革开放典型地区之一,成为中国的"民办特区"。

"中国品牌之都""国家新型城镇化综合试点""全国科技进步先进市""全国文明城市""国家园林城市"……在泉州市晋江展馆楼的墙上，整齐地挂着这些响亮的国家级牌子。这些明晃晃的金色招牌，记录着晋江这座县级城市在改革开放中创造的"晋江奇迹"。

2020年8月，晋江展馆楼晋江经验馆正式开馆运行，相比之前增设了多媒体、互动项目等功能，展馆更具科技感、互动感，令参观者感到震撼。

晋江经验馆以"晋江经验"为主题，设立历史背景、经验提出、践行发展、传承创新四个展区，通过影视回顾、珍贵照片、文字简介、实物展示和场景再现等方式，全面展示习近平总书记当年总结提出"晋江经验"的实践探索和理论思考，再现晋江践行发展"晋江经验"所取得的辉煌成就。

"晋江奇迹"的背后，自然离不开"晋江经验"的指引。"晋江经验"是1996年到2002年间，先后担任福建省委副书记、省长的习近平七下晋江，下企业、进社区、访农村、走基层，在实地调研中总结提出的。

1996年8月，习近平考察晋江陈埭镇四境村。

1998年6月，习近平又一次来到晋江，这次他把目光投向了正在转型创新的企业。

改革开放初期，晋江凭借爱拼敢赢的精神，以一双鞋"走天下"。1994年，纺织、造纸、食品等产业的迅速发展，让晋江开始成为福建县域经济的领跑者。2001年，晋江开始跻身全国百强县前十名。

世纪之交，历史期待新的回应。

"面对新形势、新世纪，晋江经济发展下一步该怎么办？"在1999年的一次晋江调研中，习近平提出了这个极具前瞻性的问题。

2002年6月，时任福建省省长的习近平再次来到晋江，下基层、进企业、访农村、探社区，深入调研，深入思考。

经过多次调研，2002年6月，习近平从晋江发展的实践中提炼出"晋江经验"。当年8月和10月，《人民日报》和《福建日报》先后刊发习近平的署名文章，向全国总结推广"以市场为导向、以诚信促发展，立足本地优势、强化政府服务、发扬拼搏精神，通过激活民营经济、促进县域经济发展"的"晋江经验",指出"晋江经验"是晋江人民对中国特色社会主义发展道路的大胆探索和成功实践。

习近平指出："晋江经验"是一条"以市场经济为主、外向型经济为主、股份合作制为主,多种经济成分共同发展"的经济发展道路。

习近平总结提出"六个始终坚持"和"处理好五大关系"的思路,即始终坚持以发展社会生产力为改革和发展的根本方向,始终坚持以市场为导向发展经济,始终坚持在顽强拼搏中取胜,始终坚持以诚信促进市场经济的健康发展,始终坚持立足本地优势和选择符合自身条件的最佳方式加快经济发展,始终坚持加强政府对市场经济的引导和服务;处理好有形通道和无形通道的关系,处理好发展中小企业和大企业之间的关系,处理好发展高新技术产业和传统产业的关系,处理好工业化和城市化的关系,处理好发展市场经济与建设新型服务型政府之间的关系。

"晋江经验"是泉州、晋江人民对中国特色社会主义发展道路的成功实践,它不仅是晋江的经验,也是福建省、我国东南沿海乃至中国改革开放以来的宝贵经验和成果,是中国民营经济、非公经济从孕育到成长、从发展到壮大的一个缩影,是中国特色社会主义道路的主动探索和积极实践。

民营经济在泉州国民经济中素有"十分天下有其九"的说法。和晋江同步,整个泉州的民营经济发展同样经历了起步、发展、提升三个阶段。民营企业和民营经济成为泉州地方经济的主导力量,成为泉州经济最大的活力源泉。

与传统制造业相比,泉州经济的重要特点是由"泉州制造"转向"泉州创造",在产品功能提升的背后是对产品的品牌营销力度的加大。这样的变化,反映出泉州传统产业整体转型的一种趋势——相当一批企业利用自身的品牌优势和市场网络营销优势,或组建松散型产销联合体,或委托加工生产,或通过资产重组扩大规模,实现名牌产品的低成本快速扩张,加快优良资产向名牌产品、名牌企业集中。大批中小企业通过为名牌企业配套或加盟而重焕生机。泉州在实施品牌工程后也开始收获品牌经济带来的好处。

石狮的休闲服装、南安的石材、德化的陶瓷、惠安的石雕……泉州民营经济和县域经济发展已呈现出越来越显著的集群化、区域化趋势。

得益于民营经济的发展，泉州经济总量连续20多年保持全省首位，占全省的四分之一。晋江、南安、石狮、惠安、安溪等县域经济，连续多年跻身全国县域经济基本竞争力前百名之列。

作为福建省民营经济综合配套改革试验区，泉州市正激发民营企业发展活力。

泉州的成功模式被称为"泉州模式"，备受世人关注。

"泉州模式"是指泉州市在改革开放以来所形成的独具特色、以民营企业为主力、以轻工业的产业集聚为特点经济的发展模式。"泉州模式"与"温州模式""苏南模式""珠江三角洲模式"，被誉为我国改革开放中区域经济发展的四大模式。

从泉州市委市政府2004年编撰的《晋江经验与泉州现象》一书中，能了解到泉州从"晋江经验"到"泉州模式"的演进及其与泉州发展战略一脉相承的关系。当人们了解泉州人敢于冒险、开拓创新的创业精神及所创造的经济传奇的时候，常常被泉州人顽强拼搏、大胆创新的精神所触动。

"晋江经验"和"泉州模式"，为全国民营企业的创办及转型升级提供了有益的启示。

首先，"晋江经验"和"泉州模式"能获得快速推广，离不开泉州地方政府善于引领和激发民营企业内生动力。第二，"泉州模式"经历了"引进侨资、发展民资"双轮驱动的初步发展阶段，到迈大步发展品牌经济和集群经济的调整巩固阶段，再到产业优化和技术创新的转型提升阶段。"泉州模式"成功完成了由内在向外向的转型，实现了分阶段的跨越式发展。第三，泉州经济"船小好调头"的灵活多样经营样式，使得泉州企业在经验不足的前提下，能够随时变通经营理念及产业方向。第四，泉州企业能够突出区域"侨洋"优势，打造具有鲜明个性的企业文化，自觉不自觉地为企业发展注入"华侨精神""海洋视野"等文化基因。

当前，"晋江经验"和"泉州模式"在新时代不断传承弘扬，继续为"一带一路"新形势下的泉州高质量发展超越提供科学性的指引，时代价值进一步凸显。

植根于海洋文化的泉商精神

早在周秦时期,古闽越人就已开始开发经济。泉州拥有绵长的海岸线,先人们使用独木舟活跃于海岸一带,同邻近地区或国家进行经商往来。泉州多元商业文化,是在与域外长达千年的通商中慢慢衍生出来的,并形成自己个性。

学者陈枫在《水煮商人》中说:"受地理环境和人文因素的影响制约,福建各地商人的性格很难一言以蔽之,闽北商人安贫乐道,闽东商人求稳怕乱,闽西商人重宗内聚,闽南商人讲究过番、出洋。从商人素质和商业精神的角度看,闽南商人是最优秀的一群,因为他们以商为本,因商而生,具有强烈市场意识。"自唐宋元时期的海上丝绸之路从泉州起航至今,千百年来商业文化的形成和沉淀,使泉商天生对财富具有掌控力。

可以说,泉商之蔚起,缘于海洋。从魏晋汉人衣冠南渡,到唐宋元港口兴起,到明清多次的"下南洋、过台湾",再到40多年的"泉州模式""晋江经验",泉州商业有着许多的精彩,值得人们回味。

古代从陆上丝绸之路到海上丝绸之路,有个转折点。

公元751年,高仙芝率领的唐朝军队与阿拉伯军队在中亚的怛罗斯发生会战,高仙芝战败,唐朝那时失去了对中亚的控制,转而重视与外国的海上交通。随着陆上丝绸之路的逐渐凋敝,泉州作为海上丝绸之路的东方起点,海外商贸往来逐渐活跃,港口经济繁盛。

到了宋元时期，泉商出现第一次高峰。当时许多波斯人、阿拉伯人到泉州一带经商，这个时期的泉商与外来商人互动频繁，商业活动十分活跃。当时泉州的国际贸易和航运业十分发达。南宋时，政治文化中心南移，大批皇族来泉生活，带动泉州的商业。当时，中国三大外销商品——丝绸、瓷器和茶叶，大量是产自泉州的。

明代，泉州航海业及对外贸易十分发达。郑和下西洋的船队，相当一部分海船是在福建制造的，许多船员是泉籍人士。明末清初，泉州人郑芝龙、郑成功的郑氏航海集团，是一个纵横东亚、东南亚的海上商业王国。

清朝初年，朝廷一度实行禁海令，泉州人"浮大海趋利，十家而九"，他们扬帆出洋，四处贸易。清代中后期以来，另一支泉商队伍在南洋各地悄然崛起。一些泉州移民辛勤劳作，苦心经营，成为富甲一方的成功企业家。

时代步伐不断向前。

改革开放后，富有拼搏精神的现代泉商再度崛起，其中既有祖籍泉州的广大海外侨胞、港澳台同胞，也有实力日益雄厚的本土泉商。

改革开放以来，泉州在市场经济的大潮中乘势而起、奋勇前行，地区生产总值从1978年的不足10亿元，至2009年已跨过3000亿元大关，成为全省最具实力和活力的地区。2020年，泉州全市完成地区生产总值10158.66亿元。在"十三五"收官之年，泉州经济总量首次突破万亿大关。

泉商历史悠久，可以从古代三首诗中生动地体现出来。

一是唐朝诗人张循之的《送泉州李使君之任》。诗中写道："傍海皆荒服，分符重汉臣。云山百越路，市井十洲人。执玉来朝远，还珠入贡频。连年不见雪，到处即行春。"诗中"市井十洲人"描绘的便是唐朝时泉州市井舟楫如织、外商云集的景象。

二是北宋进士、惠安人谢履的《泉南歌》。诗中写道："泉州人稠山谷瘠，虽欲就耕无处辟。州南有海浩无穷，每岁造舟通异域。"写出了泉州人造船出海的缘由，其中有土地贫瘠等原因。

三是南宋著名词人刘克庄的《咏泉州》。诗中写道："闽人务本亦知书，若不耕樵必业儒。惟有桐城南郭外，朝为原宪暮陶朱。"说的是泉州人白天读书、晚上做生意，善于在儒和贾的角色中转换。

明朝进士、泉州人李光缙在其《景璧集》卷四《史母沈孺人寿序》中说："安平镇独矜贾，逐什一趋利，然亦不倚市门。"李光缙说的安平镇在现在泉州市晋江一带。泉州人有外出经商讨生活的传统，沿水路便是海外，沿陆路便是内地。清代以来，新加坡、槟城、马尼拉和北京、广州、上海、福州、鹿港等商埠，均有泉州会馆。单在北京，便有府馆（泉郡会馆）一所，创建于乾隆元年（1736），由陈耻园等集资购置。还有州馆，为永春会馆，馆址位于梁家园，由旅京乡人集资购置。另有县馆晋江会馆、安溪会馆、同安会馆和惠安邑馆四所，分别位于南柳巷、板章胡同和耀武胡同等地。

台湾著名女作家林海音在《城南旧事》中一开笔《惠安馆传奇》就写到惠安馆：

> 惠安馆在我们这条胡同的最前一家，三层石台阶上去，就是两扇大黑门凹进去，门上横着一块匾，路过的时候爸爸教我念过："飞安会馆"。爸说里面住的都是从"飞安"那个地方来的学生，像叔叔一样，在大学里念书。

林海音写得很生动。的确，至今泉州人仍有人"惠""飞"读音不分。

会馆支持泉商在大江南北贸易通商，同时也宣传泉州悠久的历史和杰出的人文。同治十三年（1874），探花黄贻楫上京赴试，寓居后孙公园泉郡会馆，会馆同仁请他题词留念。他题写一副脍炙人口的对联："清紫葵罗钟间气，蒙存浅达有遗书。"据说此联一出，京城为之轰动，因为下联的"蒙存浅达"指泉州学者诠注四书的四部名著，即蔡清的《四书蒙引》、林希元的《四书存疑》、陈紫峰的《四书浅说》和王振熙的《四书达解》。这四部研究四书的专著，同朱熹的《四书章句集注》一起，当年都是天下学子研读先贤典籍、蟾宫折桂的必备之书，无人不知，但却很少人知道这四部书均出自泉州人之手。

100多年前，法国的雨果曾经这样感叹："世界上最宽广的是海洋，比海洋更宽广的是天空，而比天空更宽广的，是人的胸怀。"

泉州人有着自强不息、坚韧不拔、团结进取、爱拼敢赢的精神，他们开放包容、兼收并蓄、放眼世界，市场意识流淌于血液之中。

首先，他们重商务实。明清时期，泉州人的从业观念不再局限于农业，重商更为人们所崇尚。其次，他们开拓拼搏。缘于宋元时期海外贸易，泉州商人更富于"敢拼爱赢"的商业冒险精神，他们普遍信奉"三分天注定，七分靠打拼"。第三，他们恋祖爱乡。移民的传统使他们更重视血缘与地缘的关系，在商业经营中采取家族经营模式来发展壮大企业。第四，他们兼容并蓄。泉州文化由古越族文化与中原汉族文化、"海丝"文化融合而成。秉承着兼容并蓄精神的泉商，创出许多缤纷多彩的发展奇迹。

同时，"爱国爱乡、海纳百川、乐善好施、敢拼会赢"的泉商精神也浓缩了泉州千年来的民风。"达则兼济天下。"早在唐宋时期，泉州善举之风盛行。泉州市区花桥慈济宫，始建于宋代绍兴年间，祀北宋泉州名医吴夲。吴夲一生"以济人救物为念，而义不取人一钱"。光绪四年（1878），"泉郡施药局"在花桥慈济宫建立，开始善举事业，100多年来，不仅赠药义诊，灾年还济粮赠衣。在泉州，至今仍流传着一句话："富不过李五，善不过李五。"明代晋江富商李五是一位著名的慈善家，其"宁波瘟疫时开仓施糖""三年耗万金重修洛阳桥"等故事，至今仍被广为传颂。泉州企业家在慈善仁爱传统的熏陶下，致富不忘回报社会。早在2002年，民营经济发达的晋江，就成立了中国内地首个县级慈善总会。泉州也获得慈善城市的称号。如今，"慈善文化"已深深根植于泉州企业界，从扶危济困、捐资办学，到抗震救灾，泉商拼搏商海时，善举也遍布全国各地。

重振古港雄风

历史上的泉州港曾以"四湾十六港"闻名于世,是中国古代海上丝绸之路起点之一,被誉为"东方第一大港"。

时光跨越千年,辉煌的泉州港留下的印记随着海风渗入城市的每一寸肌理,成为泉州深厚的文化积淀。

泉州港海岸线北起小岞镇东山村,南至石井镇菊江村,大陆海岸线长约451.2公里。规划港口开发自然岸线长约38公里,其中已开发利用港口岸线17.2公里,规划可建万吨级以上泊位深水港口自然岸线总长20.2公里。

泉州港"十三五"期间共完成港航固定资产投资49.74亿元,"十四五"期间计划完成42.57亿元。

从总体布局上看,泉州港现状为三港区十作业区二作业点组成。根据福建省政府批复的《泉州港总体规划(2020—2035年)》,规划对泉州港各港区作业区进行资源整合、调整功能布局,促使其集约化、规模化发展。未来泉州港将形成"一港三港区六作业区一作业点"的总体格局。

泉州港三港区为泉州湾港区、深沪湾港区、围头湾港区。

泉州湾港区是泉州港的中心港区、沿海内贸集装箱枢纽港、东南亚地区最大的石材交易市场。

深沪湾港区是泉州港外贸化工原料的主要进口港区,将根据后方产业的布局和发展,主要发展散杂货和液化天然气运输,服务于地方经济社会的发展。

围头湾港区拥有两岸旅客往返最便捷的黄金通道,是泉州港对台"三通"的主要港区,将依托并服务于后方石材资源和建材工业发展,重点发展石材、粮食、件杂货和对台直航运输,逐步拓展集装箱运输功能,开拓外贸航线。

因港而兴,因湾而盛。

新中国成立70多年来,在一代又一代港口人的接力奋进下,逐渐复兴的泉州港,经历数次"蝶变",焕发新的生机。

改革开放之后,泉州港再次迎来机会:1979年后渚港被批准为外贸物资起运点,通航香港;1983年1月正式恢复对外籍船舶开放,成为国务院批准的全国24个对外开放港口之一,外籍轮船可以再次出入泉州港,世界各地货物可通过泉州港往来。

1990年,泉州港货物吞吐量突破百万吨。

1997年,泉州港货物吞吐量突破千万吨大关。

2006年6月,开航的泉金客运航线,也让对台海上客运实现从无到有再到繁忙的历史性跨越,成为两岸交往的重要通道。

2012年,泉州港跨入亿吨大港,与世界60多个国家和地区通航。

泉州港主要从"海丝"沿线国家进口荒料石、化工原料、食品、椰壳炭等货物,向"海丝"沿线国家出口轻工原材料、服装及周边制品等货物。

据福建省泉州港口发展中心消息,2020年,泉州港外贸货物吞吐量逆势增长,上半年累计完成192.40万吨,同比增6.36%。其中,对台货物吞吐量保持强劲增长势头,完成70.33万吨,同比增152.41%。

2020年7月30日,泉州首个保税物流中心——泉州石湖港保税物流中心(B型)正式进场动工,2021年7月8日封关运营。项目建成运行后,将为泉州市服装纺织、鞋业、建材家居、食品饮料、工艺美术等多个千亿产业集群结构调整、转型升级提供贴合的新型国际业务服务支撑,推动传统企业和跨境电商的融合发展,进一步提高港口综合经济效益,助推泉州外贸高质量发展。泉州 B 保项目占地 255.8 亩，总投资额约 7.27 亿元。

今天，泉州正乘着"一带一路"的东风，努力重现"舟舶继路，商使交属"的古港雄风。

现在的泉州港是福建省建设 21 世纪海上丝绸之路核心区的重要基础，是福建沿海地区性重要港口，是福建省综合运输体系的重要枢纽；是福建省对外开放、深化闽台融合发展的重要窗口，是泉州市开启现代化建设新征程、引导和优化本地区生产力布局、促进地区经济高质量发展和产业结构调整、更好服务全方位推动高质量发展超越的重要支撑。

迈入新时代，泉州港继往开来再扬帆，朝着建设"以内贸集装箱和矿建材料、煤炭等散杂货运输为主，逐步拓展集装箱外贸航线，对台客货运输优势突出的现代化综合性港口"这一目标继续奋进。

泉州是中国品牌之都

泉州是中国的品牌之都。100多家上市企业，形成了资本市场中耀眼的泉州板块。在造品牌运动的推动下，至2021年上半年，泉州共孕育出159件中国驰名商标，位居全国前列。全市注册商标总量55.5万多件，排名全国地级市第一位。2021年，泉州有19个品牌跻身中国品牌价值5亿元榜单。安溪铁观音荣膺地理标志产品区域品牌价值榜首，已连续6年蝉联中国茶叶类区域品牌价值第一名。

泉州涌现出安踏、恒安、达利、特步、匹克、劲霸、七匹狼、利郎、九牧王等一大批消费者耳熟能详的知名品牌。企业品牌的发展也带动了行业品牌、区域品牌的提升，泉州已拥有"中国鞋都""中国纺织服装基地市""中国休闲服装名城""中国石雕之都""中国民间工艺品之都""中国树脂工艺之乡""中国建材之乡""中国乌龙茶之乡""中国藤铁工艺之乡""中国瓷都"等10多个国家级荣誉称号和"世界藤铁工艺之都""世界石雕之都""世界陶瓷之都"等多个世界级区域品牌。这些都与泉商的倾心打造、苦心经营密不可分。

云起龙骧，群雄逐鹿，40多年来，泉州走过企业品牌城头变幻之后集体崛起的创业奋斗之路，走出了一片广阔天地。泉州市大力实施品牌带动战略，有效促进了民营经济的健康发展，成为全国著名的"品牌之都"，品牌之树成就了经济之林，泉州领航国内蓬勃发展的民营企业。如今走在泉州的大街上，映入眼帘的是各种知名品牌的巨型广告牌；商场里琳琅满目的品牌产品，吸引着一批批来自世界各地的客商。

泉州民营企业的品牌之路，经历着涅槃的过程：从创业初期的冲动——仿造，到"加工"的甘苦——贴牌，再到品牌的觉醒——自创。20世纪80年代初期，泉州人纷纷办起了小工厂、小作坊。进入20世纪90年代中后期，泉州人发现企业多若繁星，但真正叫得响的品牌较少。为此，泉州大力推进名牌发展战略，从财政、信贷、土地、用电、人才引进等方面给予名牌企业奖励和扶持。在政府鼓励扶持的同时，企业的品牌意识也自我觉醒。

1999年，安踏请来乒乓球世界冠军孔令辉当品牌代言人，效果良好。顿时，泉州兴起"明星＋广告"式的造牌运动。短短几年间，泉州就有七匹狼、361°等60多家企业，聘请孔令辉、王楠、李亚鹏等100多位名人、明星作为品牌形象代言人，并在央视一套和五套频繁亮相。特别是体育运动品牌在央视五套"霸屏"，央视五套因而被戏称为"泉州台"。

随后，泉州企业从科技创新入手，不断提升产品核心竞争力，赋予泉州品牌新的内涵。

2008年6月18日，中国品牌研究院公布"中国品牌之都"评定名单，泉州是福建省首个当选"中国品牌之都"的城市。

泉籍商人凭借什么而能事业有成？用闽南语歌曲《爱拼才会赢》可以说明。这首歌唱出了泉州商人奋斗不息的精神。"爱拼敢赢"是一种勇气，一种信念，一种胆识，一种气魄，披荆斩棘，开拓进取，这是取得成功的原动力。浸润海洋文化的泉州人自古以来就有闯荡世界、搏击商海的精神。"爱拼敢赢"的信念世世代代流淌在他们的血液中。改革开放以来，他们尝到"先人一步、领先一路"的甜头，更加坚定"爱拼敢赢"的信念。

从1997年第一家泉州商会在郑州成立以来，泉州商会如雨后春笋在世界各地生长。至2021年上半年，单在国内就组建了包括北京泉州商会、上海泉州商会、深圳泉州商会、武汉泉州商会、重庆泉州商会等257家异地泉籍商会。

还有100多万泉州人，循着老一辈华侨的水路陆路，远渡重洋，拓展商路，设立包括阿联酋闽南商会、俄罗斯闽南商会等商会、同乡会。

今天，在国内外商海拼搏的泉商已是各自领域的风流人物。如南安掌握着国内水暖市场的定价权，坊间甚至有"离开了南安人，全国的水龙头都关不住"的戏称。世界旅游鞋产量的约20%来自泉州。纺织服装、工艺陶瓷、糖果、石材、石雕、树脂工艺品等产量或经销，均在全国数一数二。

行走泉州，不禁感叹，这座品牌大城，未来将在许多新兴领域攻城略地，续写华章。

老城区的新追求

如何保护传承和改造利用好老城区，如今成为市民关注的焦点。泉州名列全国首批历史文化名城，是闽南文化的发祥地，同时，旧厂房、古民居等遍布古城，如何在古城保护和城市发展中求得平衡？如何让文化根植于城市肌理，成为生活中呼吸的空气？如何让传承成为一种自觉，为创意产业提供源源不断的养分？泉州的点子是让一些老街区转身成为文化创意园区。

正是在古老与新兴、传统与时尚的交错中，近几年泉州的创意产业园如雨后春笋般不断涌现，源和1916创意产业园、领SHOW天地、T淘园、六井孔音乐创意园等一批传统与时尚兼具的创意空间，闯进了市民的生活。小西埕、觅鲤等网红点，成为市民和外地游客的打卡地。

"文化创意"，是个热词。文化和创意相结合，就是对文化资源进行更为深入的挖掘，并致力于差异性和个性化开发。

在泉州，特别是在西街，厚重的历史文化，为文化创意提供了取之不竭的资源。走进西街片区不远由老字号"源和堂"改造转型的源和1916创意产业园，绿树掩映下，影视创意、装潢设计、工业设计等企业150多家，让创意园现代感十足。泉州源和1916创意产业园以传统青石红砖建筑风格为主，是泉州乃至海峡西岸最纯粹的文化艺术及商业休闲聚集地。园区前身为享誉海内外的百年老字号"源和堂"蜜饯厂，是泉州20世纪初至五六十年代的工业厂房的代表，也是泉州重要的工业遗产。独特的建筑美感和时代建筑印记，以及"用文化涵养城市，用创意溢满园区"的理念，集创意产业集群、现代创意服务集群、创意生活商业集群多功能于一体，令源和1916创意产业园成为区域范围内的行业领先者，深受艺术爱好者、怀旧人群的喜爱。2015年12月，经福建省旅游景区质量等级评定委员会组织评定，源和1916创意产业园景区成为国家4A级景区。

在这里，人们可以到创意集市淘宝，看画展影展，听南音悠扬，还可以亲手学做陶艺或剪纸，也可以品茗聊天。而它的周边，有20世纪50年代的苏联风情建筑——旧面粉厂、旧油厂、旧麻纺厂，还有旧电视机厂等，都留下了浓郁的工业文化氛围，是发展文化创意的黄金地段。它就这样舒适、安静地在古城泉州盛放着。

来到泉州市区泉秀路边的领SHOW天地，一入大门，可见泉州领SHOW天地标志，逗号形状，象征领SHOW天地永葆"只有起点，没有终点"的进取心。俯视角度形成两个人拥抱起舞的形态，传达领SHOW天地可让人们尽情释放压力，乐在其中。以橙色、紫色、红色、绿色四大颜色，对应项目的四大业态，呈现乐园的缤纷多彩，塑造一个拥有无限可能的乐园形象。

领SHOW天地以建设海峡西岸最大的人才银行与会展基地为愿景，致力于从人才战略上，协力泉州市丰泽区乃至整个泉州打造人才群聚平台，营造整体的城市建筑环境与设计文化氛围，为泉州各县（市、区）支柱产业链储备人才，助推城市产业结构转型。领SHOW天地以国际、新悦的设计理念，为旧工业厂房注入新生命，它以别具一格的欧陆建筑景观打造成泉州创意旅游的新地标。这里是广告创意、建筑艺术、时装设计、电子商务、互动休闲软件、影视传媒等10多个创意行业企业群聚办公之所。

此外，领SHOW天地将只有208米长的乐其道打造成一处"泉州夜生活时尚地标"。这短短的一段路两侧，竖立着极具创意的小洋楼，有人文咖啡馆、个性主题酒吧、多国料理、当代艺术展览馆等。这里不仅是创意写字楼里的休闲配套，上班族下班后也可以在此惬意小憩，放松心情，开阔心胸。

一边参观，我一边想，文化创意产业，应该坚持有形文化旅游项目建设与无形旅游产品开发同步推进，如此方能以文化为魂，进一步提升城市品位，擦亮历史文化名城的名片。老城区创意产业可选择两大方向：一是老城区改造转型为文化时尚休闲娱乐园区，同时提升旅游人群和商务人群。另一个是轻工产品创意设计和创新研发聚集园区，还可涉及地方特色的食品、旅游纪念品等。

文化创意之所以能够带来震撼力，很多时候在于它的独创性，因此如何避免创意被多次复制，如何处理资源开发与传统文化保护之间的关系，促进老城区文化创意产业的可持续发展，是值得思考的问题。无论传承千年的老街古巷，还是曾经辉煌的都市工业，都在期待一场与创意的美丽约会。让废旧的厂房魔幻般地接上神奇的翅膀，打造一个集文化创意、展览和休闲娱乐等功能于一体的现代文化产业园区，走出一条"保护、更新、利用、复兴"之路，同时要确保历史文化名城的传统风貌、视域空间、街巷肌理和人文遗产的延续，从而实现经济效益、社会效益与环境效益的有机统一。

文化支撑、项目提升、产业谋划，文化的传承在创意中焕发异彩，而文化的创意又循着传承之脉迸发出无穷的活力，让泉州名城建设的步伐迈得如此矫健、如此持续。

文化创意产业园不再只是一个文化符号，它已经成为泉州古城文化的一部分。

徜徉在领SHOW天地，可以想见，一个古典与时尚交相辉映的文化创意产业聚集带已然形成。泉州，这座古城，正在获得新的生命张力。

展望泉州城市的未来发展

泉州承载着文明的脚步,一路走来,穿过出砖入石的老街古巷,穿过古渡口宋代帆船的背影,穿过泛着蔚蓝色波光的记忆,走向港湾,拥抱海洋。

历史的责任,让现在与未来在泉州邂逅。

海阔凭鱼跃,天高任鸟飞。空间的拓展,让侨乡人民找到了"大泉州"的感觉,也让英雄才俊在泉州这方热土寻到了更广阔的用武之地。

海洋使人胸襟开阔,让人激情澎湃。当泉州的经济巨轮驶进蔚蓝的大洋时,鸣笛扬帆,乘风破浪,犁开航道。港口经济在崛起,依港而兴的城市,同步进行着格局调整,泉州立意高远的举措,充分显现了大家气魄和恢宏气势。"海峡""港口"等字眼,意味着泉州这个海上丝绸之路起锚地,将重振"海丝"雄风,进一步拓展发展空间。

2010年,《泉州市城市总体规划(2008—2030)》在福建省政府批准下一锤定音,具备了法律效力。

这次总体规划将泉州的城市性质确定为海峡西岸经济区中心城市之一、国家历史文化名城、现代化工贸港口城市,提升城市对海峡西岸经济区建设的支撑带动作用,将泉州的总体目标确定为:将泉州建设成为全国重要的先进制造业基地和海峡西岸经济区的中心城市。

在《泉州市城市总体规划(2008—2030)》蓝本中,环湾成为点睛之笔。在一首建设进行曲里，逐水而居的环湾城市群，随着泉州湾跨海大桥的建成正式成环，风姿绰约。更远的地方，安溪、永春、德化，在涵养环湾核心区生态魅力的同时，也分享到其强大的辐射带动作用。

在加快转变发展方式、加快建设经济强市的历史新篇章中，泉州豪情万丈，用大手笔规划蓝图，在海西城市群的发展中屹立潮头。泉州，从沿江时代走向面海时代，泉州空间格局将实现质的改变，海湾型生态城市终将卓立于泉州湾畔。

时代在前行，蓝图再描绘。

2021年5月，泉州市政府正式发布经泉州市人大批准的《泉州市国民经济和社会发展第十四个五年规划和2035年远景目标纲要》，再一次清晰描绘了泉州未来五年乃至更长一段时期经济社会发展的宏伟蓝图。

到2035年，我国基本实现社会主义现代化之时，泉州市与福建全省一道基本实现全方位高质量发展超越。

《纲要》锚定了泉州未来几个阶段的具体发展目标——2025年地区生产总值达1.5万亿元左右；2030年地区生产总值达2.1万亿元左右；2035年地区生产总值超2.8万亿元，常住人口1000万人，人均地区生产总值达28万元。

"一带一路"春风吹拂。要推动泉州建设现代化中心城市，最重要的是要把"海丝"和"制造"两大比较优势和支撑带动作用发挥出来。

泉州举全市之力打造具有全国影响力的"海丝"名城、制造强市，加快建设现代化中心城市，届时，城市综合竞争力进入全国前列。具体将建成"海丝"重要门户城市、全球新制造重要基地、全国民营经济示范城市、两岸融合发展示范区、山水田园善治之城。

建设"海丝"名城，历史使命在呼唤。未来泉州将充分发挥历史文化积淀深厚的优势，建设"海丝"先行区，建设对话世界的交流平台，不断为泉州城市、经济注入源头活水。

建设"制造强市"，未来担当勇在肩。泉州工业增加值位列全国城市前十，民生消费品制造地位举足轻重。泉州坚持把发展经济着力点放在实体经济上，围绕全面优化产业结构，培优做强纺织鞋服、石油化工、建材家居、机械装备、电子信息、健康食品六大主导产业，培育壮大新材料、新能源、生物医药三大战略性新兴产业，加快发展数字服务、商贸物流、文化旅游、健康服务、金融服务五大现代服务业，打造"六三五"产业新体系。到2035年，锻造纺织鞋服、石油化工、建材家居等3个万亿级产业集群和机械装备、电子信息、健康食品等3个五千亿级产业集群。

"十四五"期间，泉州将在全方位推进高质量发展超越上迈出重要步伐，奋力实现"七个新"：一是经济实力攀升新高度。力争经济总量继续保持全省领先，产业集群竞争力走在全国前列，国家创新型城市格局基本形成，现代化经济体系建设取得重要进展。二是城市格局集聚新优势。环湾区域建成面积拓展至255平方公里以上，区域中心城市的综合承载力、核心竞争力、辐射带动力明显提升。三是改革开放闯出新天地。力争更高水平开放型经济新体制基本形成，两岸融合发展示范区建设迈出新步伐，打造一批改革发展标杆民营企业，产值亿元以上民企超3000家，产值超百亿元民企10家以上。四是精神文明树立新风尚。红色文化、"海丝"文化、闽南文化等交相辉映，城市文化辨识度明显提升。五是生态环境展现新颜值。国家生态文明试验区建设深化拓展，生态连绵带建设连线成面，山水田园城市成为亮丽名片。六是生活品质再上新台阶。到2025年，劳动年龄人口平均受教育年限达12.5年，每千人口拥有执业（助理）医师数达3.05人，基本养老保险参保率达95%。七是治理效能实现新提高。依法依规"马上就办"成为常态化，"强基促稳"等制度创新实践深化拓展，自然灾害防御水平明显提升。

《纲要》还围绕打造区域科技创新高地、加快构建具有区域竞争力的现代产业体系、打造双循环战略支点城市、构建高水平市场经济体制、加快推进农业农村现代化、加快构建高质量发展的国土空间布局和支撑体系、加快建设文化强市、一体打造自然亲和的山水田园城市、全面提高对外开放水平、提高共建共治共享水平、促进人的全面发展、加快建设台胞台企登陆的第一家园、建设更高水平的平安泉州、深化法治泉州建设等方面，提出具体任务。

展望2035年，"海丝"名城、智造强市、品质泉州，一座城市综合竞争力跻身全国前列的现代化中心城市呼之欲出，令人期待，催人奋进。

2021年5月，据中央广播电视总台发布的榜单数据，泉州入选2020年中国十大"秀美之城"。

我们徜徉在泉州的大街小巷，众多古老的文化遗存，与历史老人一道诉说着泉州昨日的荣光，让我们从中读到了泉州往昔的辉煌。

而沿途鳞次栉比的商店、琳琅满目的商品，无不展现着泉州今天的繁华。崭新的街区，绿色的社区，如火如荼的文体活动，其乐融融的人们，这一切都在告诉世人，泉州在如今的经济社会建设和精神文明建设中闪耀着夺目的光彩。

如今，人们走进泉州各社区，在绿地之间徜徉，到处是鸟语花香，我们倾听着楼房里传出的悠扬乐曲，欣赏着公园里草长莺飞的自然美景，品味着书亭里思想与智慧交融的宁静……

在泉州，深切感受到的是邻里和睦、社区平安、社会和谐。

衣食住行的民生工程，事关市民的幸福指数。一座有着幸福感的城市，充满活力，也拥有未来。

历史上，泉州的灿烂文明史，造就了泉州人敢为天下先的精神品质和活力内涵。历史的发展证明，活力是城市发展的根和源，一座城市的活力如果得到充分发挥和释放，则生气盎然、生机勃勃。

如果说昨天留给我们的是光荣、辉煌的一页，那么今日我们只有义无反顾地延续明天的梦想。起点是美的，但更美的是在奋斗中崛起。

一个个项目，记录着泉州市跨越式发展的又一次起跳。一个个项目，形成一个个新的增长点，展现一幅幅发展的壮美宏图。

交通方面，则以铁路、高速公路、海空港为骨架。

规划中，通过以港口为重点的现代化集疏运体系建设，同时构建以铁路、高速公路、海空港为骨架的市域交通网络。

未来泉州港将形成"一港三港区六作业区一作业点"的总体格局。

2020年1月，泉州晋江国际机场扩能改造工程正式获得福建省发改委批复立项。"十四五"期间，年旅客吞吐量突破1000万人次。

高速公路规划形成"一环、两纵、三横"的高速公路骨架。泉州各城镇通过二级以上公路与高速公路连接,绝大多数乡镇在半小时内、个别偏远乡镇在1小时内可上高速公路。未来,泉州着眼于线网优化和扩容改造,高速路网辐射将更加深远。

铁路积极构筑以"三纵二横多支"为基本结构的泉州市域铁路网络。至2023年,泉州铁路将实现从"慢"到"快"再到贴地安全"飞"的跨越,正在全力推进建设的时速350公里的福厦客专将建成通车。福州、厦门、泉州三地正实现"一小时经济圈"。

站在泉州的建设工地上,我们仿佛一只脚站在往事如烟的历史尘埃上,另一只脚又牢牢立足于现在。这是历史与现在的对话,更是现在与未来的对话!

一路精彩,一路欢歌。

泉州城市建设留下了坚实的足迹。

道路拓宽、城市更美、乡村蝶变、新区成型……人们每天都能发现新的变化,都能感受到越来越多的城市希望在滋长。

一曲跨越发展的磅礴进行曲正在泉州这片热土上激情奏响。无数建设者以坚守和坚韧,推进泉州的激情跨越。

泉州,一座美丽富饶、文化繁荣、朝气蓬勃的名城,无愧于历史和时代的呼唤,屹立于海上丝路,成为一颗光彩夺目的明珠,在祖国的东南海疆熠熠生辉!

后　记

也许有人会问我：为什么写《泉州传：海上丝绸之路起点》一书？

因为我是土生土长的泉州人，我热爱这片充满魅力和活力的土地。这种感受，奠定了我写这本书的思想基础。

古代的泉州可谓声名远扬，商贾云集，来自世界各地的客人将泉州称为"刺桐城"，将泉州港称为"刺桐港"。这是因为从唐代开始泉州城遍植刺桐树，每到春季，城内就会盛开艳红似火的刺桐花。海外来客从刺桐港踏上泉州的土地，又从刺桐港启航，载回中国的丝绸、瓷器、茶叶……

宋元时期，泉州成为沟通东西方文明的海上丝绸之路的起点，是中国的世界海洋商贸中心。

泉州文化底蕴深厚，是国务院首批历史文化名城、首个东亚文化之都、古代海上丝绸之路起点城市，素有"海滨邹鲁""世界宗教博物馆""光明之城"等美誉。泉州是全国著名侨乡和台湾汉族同胞主要祖籍地。泉州保留着弥足珍贵、蜚声海内外的戏曲文化遗产，有南音、梨园戏、高甲戏、木偶戏、打城戏等音乐和剧种。

时光荏苒，韶华易逝。我写作40年，不能再满足于在报刊上发表一些零散的诗文，应该做一件更有意义的事。

2015年，我正式出版了文化散文集《丝路交响》之后，就一直琢磨再写一本有关泉州海上丝绸之路文化的书。对海上丝绸之路文化的挖掘是个巨大而系统的工程。当"一带一路"被纳入国家级顶层合作倡议后,国内外关于"一带一路"书籍的出版如火如荼。但我注意到,无论是专业图书、学术期刊,还是文献大数据及相关衍生品,更多是滔滔宏论,极具指导意义,却让普通百姓读起来有些距离感。

作为记者和作家,作为泉州人,我想尝试用散文的写法填补这一空白。

恰好2019年底,福建省委宣传部向中国外文局推荐,让我撰写《泉州传》。这个课题是我早就想做的,于是我十分乐意地接受了。

古老的海上丝绸之路犹如一条彩带,将古代亚洲、欧洲、非洲的文明联系在一起,促进了东西方文明的交流,孕育了光辉灿烂的古代文明。作为古代海上丝绸之路起点城市,泉州遗留下了大量的文明古迹,有着令后世惊叹的东西方艺术珍宝,凝集着古代劳动人民的智慧和创造,也给后世留下了一个个难解的谜团,吸引着一代又一代的人去探索、去发掘。

"这是一座崇高的、令人敬畏的古迹,它诉说着多少事情,同时又告诉人们,它隐藏着更多的事情。"英国19世纪名相格莱斯顿,在评价伦敦以西索尔兹伯里平原上的巨石阵时如是说。

这话用在海上丝绸之路起点城市泉州,同样适合。

动笔之前,我思考着:写什么?怎么写?万事开头难,慢慢构思,决定围绕海上丝路起点,再辐射到古城、文化、经济等。纲目写出来了,书的副题取名"海上丝绸之路起点"。

我当过近30年的新闻工作者,我认为非虚构写作必须遵循"真实"这一至高无上的铁律,用生动的笔墨、独特的视角再现历史、见证现实。非虚构写作因其叙事美感和艺术性更具表现力,也同样具备文献价值、史志价值、社会学价值和文学价值。这一点,是常规新闻写作难以做到的。

《泉州传》共有15章,分别是:一座与水相伴相生的城市、叩开千年古城的悠悠记忆、海上丝路起点刺桐港、宋元中国的世界海洋商贸中心、泉州"番客"下南洋、世界多元文化交融共生、古街巷深处的韵味、闽南古建筑"大观园"、中国首个东亚文化之都、泉州南派工艺婉约精美、寻踪南少林、泉州桥梁甲闽中、海滨邹鲁光耀古今、舌尖上的泉州、跨越式发展的又一次起跳。其中"海上丝路起点刺桐港""宋元中国的世界海洋商贸中心"等章节内容丰富，有泉州是联合国唯一认定的"海丝"起点、郑和在泉州留下史迹、随郑和下西洋的泉州人、史迹见证"海丝"盛景、闪烁海洋文明之光的城市，等等。

海洋的血性涌动在今天泉州人的骨子里，蔚蓝色飘荡在这块历史浑厚、文化多元的城市里，他们秉承先民"以舟为车，以楫为马""以网罟为耕耘"、面向海洋的博大精神，创造着一个新世纪泉州的美好未来。这部分在书中也有所体现。

在这本书中，我力求有宏观的叙述，也有局部的细节，有翔实的史料，也有生动的故事。文章基本采用散文笔法，时常体现所见所闻，将泉州的悠久历史、灿烂文化和爱拼敢赢的泉州精神融合在一起。

《泉州传》的撰写和出版，要感谢的人很多。感谢中国外文局领导，感谢福建省委宣传部、泉州市委宣传部领导等，以及所有提供帮助和支持的人。这本书，也是奉献给你们的！

立秋已至。秋天是收获的季节，希望这本《泉州传》能成为我写作生涯的一个小小收获。

几天前，2021年7月25日，第44届世界遗产大会在中国福建省福州市举行，"泉州：宋元中国的世界海洋商贸中心"成为世界文化遗产，泉州申报"世遗"终于梦圆。

在此，我以诚挚的敬畏之心，以此书向"泉州：宋元中国的世界海洋商贸中心"申报世界文化遗产成功献礼！向伟大的海上丝绸之路致敬！向生我养我的家乡泉州致敬！

林轩鹤

2021年立秋，泉州云谷花苑钓云轩

图书在版编目（CIP）数据

泉州传：海上丝绸之路起点 / 林轩鹤著 . —— 北京：外文出版社，2022.8（2024.8 重印）
（丝路百城传）
ISBN 978-7-119-12829-0

Ⅰ. ①泉… Ⅱ. ①林… Ⅲ. ①文化史－研究－泉州 Ⅳ. ① K295.73

中国版本图书馆 CIP 数据核字 (2021) 第 198371 号

出版指导：陆彩荣
出版统筹：胡开敏　文　芳
责任编辑：陈丝纶
封面图片：视觉中国
装帧设计：冷暖儿　魏　丹
印刷监制：章云天

泉州传
海上丝绸之路起点

林轩鹤　著

©2022 外文出版社有限责任公司
出　版　人：胡开敏
出版发行：外文出版社有限责任公司

地　　址：	北京市西城区百万庄大街 24 号	邮政编码：	100037
网　　址：	http://www.flp.com.cn	电子邮箱：	flp@cipg.org.cn
电　　话：	008610-68320579（总编室）	008610-68996181（编辑部）	
	008610-68995852（发行部）	008610-68996185（投稿电话）	
印　　刷：	北京盛通印刷股份有限公司		
经　　销：	新华书店 / 外文书店		
开　　本：	787mm×1092mm　1/16		
装　　别：	精装		
字　　数：	568 千		
印　　张：	28.75		
版　　次：	2022 年 8 月第 1 版第 1 次印刷　2024 年 8 月第 1 版第 3 次印刷		
书　　号：	ISBN 978-7-119-12829-0		
定　　价：	99.00 元		

版权所有　侵权必究　如有印装问题本社负责调换（电话：68996172）